Gudrun Krämer

Geschichte des Islam

Gudrun Krämer
Geschichte des Islam

Verlag C. H. Beck

Mit 87 Abbildungen und 5 Karten

© Verlag C. H. Beck oHG, München 2005
Gesamtherstellung: Kösel, Krugzell
Gedruckt auf säurefreiem, alterungsbeständigem Papier
(hergestellt aus chlorfrei gebleichtem Zellstoff)
Printed in Germany
ISBN 3 406 53516 X

www.beck.de

Inhalt

Vorwort 7

I. Gebahnte Wege: Von der Tradition zur Religion 9

   Arabien um 600 10
   Muhammad, der Prophet 17
   Die Macht des Wortes und die Gewalt des Schwertes 22

II. Eine Gesellschaft in Bewegung 27

   Aufbruch: Die frühen Eroberungen 29
   Drama und Trauma: Die Nachfolge des Propheten 35
      Die 1. fitna: Ali gegen Muʿawiya (656–661) 38
   Übergänge: Die Ausformung islamischer Herrschaft 41
      Die 2. fitna (683–692) 47
   Die «marwanidische Restauration»: Abd al-Malik
   und seine Nachfolger 53
   Nichtmuslime und Neumuslime 56
   Der Sturz der Umayyaden 63

III. Goldene Zeiten? Die frühen Abbasiden 69

   Schwarz und weiß: Die Abbasiden und ihre Feinde 69
   Die «abbasidische Revolution» 75
      Harun ar-Rashid und al-Maʾmun 82 – Die Militarisierung der
      Herrschaft 86
   Religion, Kultur und Wissenschaft 89
      Die Entstehung der islamischen Wissenschaften 91 – Religiöse
      Autorität: Kalif und Rechtsgelehrte 98

IV. Einheit und Vielfalt 103

   Regionalisierung und Autonomisierung 104
   Die schiitische Herausforderung 112
      Von der Imamiyya zur Zwölferschia 115 – Die Ismailiten
      (Fatimiden, Qarmaten und Nizaris) 117
   Die Abbasiden unter buyidischer Vorherrschaft 127
   Das Kalifat unter den Seldschuken 131

V. Grenzziehungen und Grenzüberschreitungen 139

Muslime und Christen am Mittelmeer 139
Neuordnung im Maghreb: Banu Hilal, Almoraviden und Almohaden 140 – Al-Andalus: das muslimische Spanien 144 – Die Reconquista 149 – Die Kreuzzüge 153
Neue Wege, neue Institutionen 160
Die Entstehung der Madrasen 162 – Die Verbreitung der Sufi-Orden 164

VI. Neue Horizonte 171

Der islamische Osten im Mongolensturm 171
Timur und die Timuriden 182
Neuland I: Die europäische koloniale Expansion 187
Neuland II: Der Islam in Südostasien 192
Neuland III: Der Islam im subsaharischen Afrika 198

VII. Reichsgründungen 203

Das Osmanische Reich 203
Die klassische Ära, 1450–1600 205 – Imperialer Niedergang, 1600–1800 225
Iran unter den Safawiden 231
Das muslimische Indien 245
Das Sultanat von Delhi 246 – Die Zeit der Großmoghuln 251

VIII. Reform, Aufbruch, Umbruch 263

Reform 263
Die koloniale Expansion Europas: Vom Freihandels- zum Hochimperialismus 267 – Staatliche Reformen: Muhammad Ali und die Tanzimat 269 – Iran unter den Qajaren 277 – Islamische Neubesinnung 281
Der Erste Weltkrieg und seine Folgen 285
Nationalstaat und autoritäre Modernisierung: Das Beispiel Türkei 286 – Die Neuordnung der nahöstlichen Staatenwelt 289
Der Zweite Weltkrieg und seine Folgen 292
Die islamische Wende 295

Anhang 305

Literaturhinweise 305
Bildnachweis 312
Namenregister 315
Geographisches Register 327

Vorwort

Kann man eine Geschichte des Islam schreiben? Fachleute werden zusammenzucken – nicht nur, weil es so überaus ehrgeizig klingt, sondern weil es die Gefahr des Orientalismus heraufbeschwört, der alle Lebensregungen von Muslimen und alle Erscheinungen der von ihnen bewohnten Welt auf den Islam zurückführt, diesen mit den Lehren von Koran und Sunna gleichsetzt und im Ergebnis für einheitlich, einförmig und im Kern unwandelbar erklärt. Die Gefahr besteht, zumal wenn wie hier so ausführlich von Religion, Kultur und Politik die Rede ist. Aber es bleibt doch ein Anliegen dieses Buches, die Beziehungsgeschichte in den Mittelpunkt zu rücken und damit den - keineswegs immer harmonischen - Austausch zwischen Muslimen unterschiedlicher Herkunft und Orientierung sowie zwischen Muslimen und Nichtmuslimen ebenso unterschiedlicher Herkunft und Orientierung, ein Austausch, der überhaupt erst das hervorbrachte, was zu bestimmten Zeiten an bestimmten Orten unter Islam verstanden wurde. Das kann zugleich die Vielfalt und Wandelbarkeit islamischer Ideen und Lebenswelten beleuchten, die eben nicht geradlinig aus Koran, Sunna oder gar der beduinischen Kultur der Arabischen Halbinsel erwachsen sind. „Islam" ist in diesem Sinne eine Bezugsgröße, keine Zwangsjacke.

Die frühen Muslime haben erobernd ihren Horizont geweitet, ich den meinen lesend, schreibend, zuhörend, diskutierend. Einmal mehr ist es unmöglich, auf alle zu verweisen, denen ich eigentlich danken müßte (zumal das Format der Reihe Fußnoten nicht erlaubt). Einige aber möchte ich nennen: Meine Kollegen Axel Havemann und Sabine Schmidtke, die sich die Mühe gemacht haben, ein Rohmanuskript kritisch zu lesen; Ulrich Nolte, der den Band beim Beck-Verlag betreut, Carola Samlowsky, die sich um die Bildrechte und Bildnachweise gekümmert, und Petra Rehder, die das Register bearbeitet hat. Philipp Speiser schließlich, mein Mann, hat mehr zu diesem Buch beigetragen als die Diapositive, die nun in ihm erscheinen, das wissen wir beide. Ich danke allen herzlich.

Berlin, im Juli 2005 *Gudrun Krämer*

Wie das historische Yathrib/Medina aussah, erfahren wir nur aus literarischen Quellen. Diese moderne Aufnahme des jemenitischen Dorfes Nuhman (Wadi Amlah) zeigt eine Oasensiedlung mit kleinen Gärten und in Lehmbautechnik errichteten Wohntürmen, wie sie auch Yathrib aufwies, wobei sich Bauweise und Dekor im einzelnen unterschieden haben mögen.

Gebahnte Wege: Von der Tradition zur Religion

Der Anfang scheint so einfach: Berichtet wird von einer Gemeinschaft, die im Zeichen des Islam und aus dem arabisch-islamischen Geist geboren, in kürzester Zeit ein Reich errichtete, in dem Religion und Staat zunächst ganz ungeschieden waren, bis *beide* sich allmählich auffächerten und auseinanderentwickelten. Ganz so ist es nicht gewesen. Nun stellt die frühe islamische Geschichte, gerade weil sie für Muslime zentrales Element der Heilsgeschichte ist mit paradigmatischer Bedeutung für spätere Zeiten und Generationen, die Wissenschaft vor große Probleme: Zwar ist Muhammad eine historische Gestalt. Sein Leben aber und das Umfeld, in dem er sich bewegte, sind nur in Umrissen bekannt. Materielle Zeugnisse und Überreste, die Aufschluß über damalige Lebensverhältnisse, Ereignisse oder gar Sichtweisen geben könnten, sind für Nordwestarabien außerordentlich rar, arabische Inschriften aus der fraglichen Zeit nicht überliefert, archäologische Grabungen kaum möglich. Das Leben Muhammads und der frühen Gemeinde wird daher, ungeachtet aller wissenschaftlichen Skrupel, im wesentlichen doch aus den literarischen Quellen rekonstruiert, die von gläubigen Muslimen einige Generationen nach dem eigentlichen Geschehen in arabischer Sprache verfaßt oder überarbeitet wurden: dem Koran, der nun allerdings gerade kein chronologisch aufgebautes Geschichtswerk ist; der Prophetenbiographie (*sira*), die uns in der Fassung von Ibn Ishaq (st. um 767), bearbeitet von Ibn Hisham (st. um 833) überliefert ist; Schlachten- und Eroberungsberichten, Annalen und Chroniken, dazu einer außerordentlich reichen genealogischen, biographischen und geographischen Literatur.

Ihren Grundstock bilden Anekdoten und Berichte aus dem Leben des Propheten und der frühen Gemeinde, die von Gelehrten, Predigern und Geschichtenerzählern verbreitet wurden, «Erzählungen» im unmittelbarsten Wortsinn, die wohl erst im 2. Jahrhundert islamischer Zeitrechnung zu durchgehenden, chronologisch geordneten Geschichten verarbeitet wurden. Die muslimischen Quellen (denen die westliche Forschung zum Teil radikal kritisch gegenübersteht) wurden nicht nur dazu benutzt, die islamische Geschichte als Heilsgeschichte kenntlich zu machen, sondern auch, um in den Kontroversen der eigenen Zeit Position zu beziehen. Sie dienten also nicht nur der religiösen Erbauung der Gläubigen, die den Geschichten lehrreiche Beispiele und orientierende Rollenvorbilder entnahmen. Sie verfolgten in vielen Fällen zugleich spezifische Interessen, verfaßt zu einer Zeit, als noch zählte, was genau von einzelnen Personen, Clans und Stämmen berichtet wurde. Damit spiegeln sie zugleich das, was bestimmte Gruppen von Muslimen erinnern wollten. Und einzelne Gruppen «erinnerten», wie das Beispiel von Sunniten und Schiiten oder auch von höfischen und oppositionellen Kreisen zeigt, durchaus Verschiedenes. Gerade diese Vielstimmigkeit kennzeichnet die islamischen Quellen.

Arabien um 600

Um 600 war die Arabische Halbinsel – ein riesiges Gebiet, größer als der Indische Subkontinent – allenfalls Peripherie bedeutender Kulturzentren im Norden, Osten und Süden, wo die beherrschenden Mächte ihrer Zeit, Byzanz und die persischen Sassaniden, um Einfluß und Kontrolle stritten. Von den Sandwüsten und Wüstensteppen Zentral- und Westarabiens, die nur in den Oasen eine intensivere Siedlung und Kultivierung zuließen, sind allerdings die Randzonen zu unterscheiden: im Norden der Grenzstreifen zu Syrien und Mesopotamien (Irak), im Osten Oman und die Küste des Persischen Golfs (damals als Bahrain bekannt), im Südwesten Asir, Jemen und Hadramaut. Altsüdarabien, das «Glückliche Arabien» (*Arabia felix*) der Antike, war dank des Monsunregens oder ausreichenden Grundwassers in Teilen fruchtbar, früh und dauerhaft besiedelt und mit Hilfe komplizierter Bewässerungstechniken landwirtschaftlich intensiv genutzt. Es war die Stätte alter Hochkulturen mit eigener Schrift, anspruchsvoller Architektur und einem differenzierten religiösen Leben. Seinen Reichtum verdankte es nicht zuletzt dem Fernhandel: Die Weihrauchstraße, eine der bedeutendsten Handelsrouten der Alten Welt, die zumindest indirekt auch an die Seidenstraße angebunden war, hatte in der Antike vor allem dem Handel mit Luxusgütern gedient. Dazu gehörten neben Weihrauch und Myrrhe, die in Südarabien (Dhofar und Hadramaut) selbst wuchsen, vor allem Gewürze, Pfeffer, Seide und andere wertvolle Stoffe, Porzellan, Edelhölzer, Edelsteine und Sklaven, die aus Ostafrika, Indien, Südostasien und sogar China entweder an den

Mittelmeerhafen Gaza oder nach Gerrha am Persischen Golf verbracht und von dort weiter nach Ägypten, Mesopotamien, Griechenland, Rom und Byzanz geleitet wurden; in die Gegenrichtung gingen vor allem Textilien, Metalle, Wein, Öl und Getreide. Als zwischen dem 1. Jahrhundert vor und dem 1. Jahrhundert n. Chr. der Rhythmus der Monsunwinde entdeckt wurde, verlagerte sich der Fernhandel zunehmend auf die See und erweiterte sich dabei zugleich um Massengüter. Der Zerfall des Römischen Reiches und seine Christianisierung ließen im 4. Jahrhundert die Nachfrage nach Weihrauch zurückgehen; um 600 hatte die Weihrauchstraße ihre frühere Bedeutung längst eingebüßt. Das sagenumwobene Königreich von Saba war um 250 n. Chr. im Königreich von Himyar aufgegangen. Dort breitete sich im 4. Jahrhundert das Christentum aus, bis 523 König Yusuf (in den arabischen Quellen Dhu Nuwas, «der Gelockte»), der sich zum Judentum bekannte, mit der Verfolgung der Christen begann, die er wohl als Agenten der christlichen Mächte Äthiopien (Aksum) und Byzanz verstand. Sie forderte vor allem in Najran zahlreiche Opfer. Unterstützt von einer kleinen byzantinischen Flotte, besetzten 525 die Äthiopier den Jemen. Das war das Ende des Königreiches von Saba und Himyar. Der äthiopische Statthalter Abraha machte sich bald selbständig und unternahm in den 550er Jahren verschiedene Vorstöße nach Zentral- und Westarabien, wobei er mit Kriegselefanten bis in die Nähe Mekkas gelangt sein soll (das «Jahr des Elefanten» wurde später fälschlich auf 570 datiert, das vermutliche Geburtsjahr Muhammads). Von einheimischen Gegnern der Äthiopier eingeladen, marschierten 575 die Sassaniden im Jemen ein. Wenig später brach erneut und dieses Mal für alle Zeit der berühmte Staudamm von Marib.

Auch das syrisch-mesopotamische Grenzland war seit alters in die regionalen Großreiche eingebunden, die sich beinahe unablässig bekriegten. Das Reich der arabischen Nabatäer mit der Hauptstadt Petra und der Stadtstaat Palmyra waren um 600 längst untergegangen. An ihrer Stelle standen arabische Stammesgebilde, die Byzanz und den Sassaniden als Grenzschutz und Puffer dienten, zu Beginn des 7. Jahrhunderts allerdings ihre Eigenständigkeit verloren, als die Perser Syrien und Palästina besetzten und die Byzantiner im Gegenzug nach Mesopotamien vorrückten: Das dortige Königreich der Lakhmiden (Banu Lakhm) mit der Hauptstadt Hira südlich des heutigen Najaf war zu einem gewissen Grad vom nestorianischen Christentum geprägt. Sitz bedeutender Klöster und ein Zentrum alt-

Die (möglicherweise zu einem Altar gehörende) sabäische Kalksteinstele aus dem 2. Jahrhundert n. Chr. zeigt oben eine Bankettszene, unten einen mit Schwert und Lanze bewaffneten arabischen Reiter mit Pferd und Kamel, vielleicht den Begleiter einer Karawane. (Bis ins 20. Jahrhundert wurden Beduinen als Eskorten von Handels- und Pilgerkarawanen angeworben.) Der Reiter benutzt keinen Steigbügel. Das «Kamel» ist, wie überall im Vorderen Orient, ein einhöckeriges Dromedar; das zweihöckerige Kamel ist in Zentralasien heimisch. Auf ihren Razzien und Feldzügen benutzten die Araber häufig Pferd oder Kamel (Dromedar) für die längeren Ritte, kämpften meist jedoch zu Fuß.

arabischer Dichtung, in dem in der ersten Hälfte des 4. Jahrhunderts auch eine Frühform der arabischen Schrift entwickelt wurde, sollte es eine wichtige Mittlerrolle zwischen Spätantike und Islam spielen. Die Könige selbst waren bis ins ausgehende 6. Jahrhundert allerdings keine Christen. König Imru l-Qais («der Mann der Qais», st. 328) ist als einer der bedeutendsten altarabischen Dichter bekannt. 602 bereiteten die Sassaniden der Eigenmächtigkeit ihrer bisherigen Vasallen ein Ende, 627/28 stießen die Byzantiner nach Mesopotamien vor. Vom monophysitischen Christentum beeinflußt war demgegenüber das Königreich der Ghassaniden (Banu Ghassan), die 490 n. Chr. als Verbündete (*foederati*) in das Byzantinische Reich eintraten. Die Ghassaniden waren nicht seßhaft, besaßen aber den späteren umayyadischen Wüstenschlössern vergleichbare feste Residenzen wie etwa Jabiya auf den Golanhöhen.

Die naturräumlichen Gegebenheiten in West- und Zentralarabien – dem *Arabia deserta* der Antike – ließen Landwirtschaft, Handel und Gewerbe nur in bescheidenem Umfang und konzentriert auf die Oasen zu. Man sollte sich Arabien dennoch weder völlig isoliert noch kulturlos vorstellen. Verwandtschaftliche Beziehungen, Handel, Kultus und die arabische Dichtung sorgten für Kontakte innerhalb der Halbinsel wie auch über sie hinaus. Von «Arabern» lesen wir erstmals in einer assyrischen Inschrift des 9. vorchristlichen Jahrhunderts, die von *aribi*, Kamelreitern aus der syrischen Wüste, berichtet; spätere griechische Quellen sprechen von «Zelt-Arabern» (*sarakenoi*, davon abgeleitet Sarazenen). Die Araber selbst nennen die Bewohner der Wüstensteppe (*badiya*) Beduinen (*badu*, Sg. *badawi*). Doch umfaßte die Bevölkerung Zentral- und Westarabiens neben Nomaden und Halbnomaden auch seßhafte Bauern, Händler und Handwerker. Wie überall waren Hirtennomaden (Kamelhalter, später auch Pferdezüchter), Oasenbauern und Händler aufeinander angewiesen und lebten in einem gewissen Austausch miteinander, wenn auch nicht immer in einem friedlichen. Sowohl die nomadische als auch die seßhafte Gesellschaft war tribal, das heißt nach Stämmen, Clans und Familien gegliedert. Relevante soziale Einheiten wurden, selbst wenn sie nicht auf Blutsverwandtschaft beruhten, in der Sprache der Verwandtschaft ausgedrückt; daher auch die große Bedeutung der Genealogie und ihrer Kenner. Politische Autorität war in der Regel an bestimmte Abstammungslinien gebunden, deren Angehörige auf Grund militärischer Leistungen und/oder der Verwaltung von Kultorten «Ehre» erworben hatten. Ehre aber war ein vielschichtiger Begriff: Er beschrieb sowohl die vornehme Abkunft (*nasab, sharaf,* wobei die väterliche Linie in der Regel mehr Gewicht hatte als die mütterliche) als auch Verdienst (*hasab*), die beide durch edle Taten und Gesinnung nachgewiesen wurden – in der arabischen Gesellschaft vor allem durch Tapferkeit und Großzügigkeit. Auch im alten Arabien galt, daß «Adel verpflichtet», doch war dieser Adel nicht juristisch definiert und mit festen Privilegien verbunden. Verdienst konnte in einer Abstammungslinie gewissermaßen angesammelt und

vererbt, aber auch – unabhängig von der Abstammung – individuell erworben werden. Das Recht der Arabischen Halbinsel war im wesentlichen von den Vätern übernommener Brauch (*sunna*); es galt nicht als göttlich sanktioniert, war nicht schriftlich fixiert und beruhte auf dem Grundsatz von Schädigung und Entschädigung (Vergeltung, Blutrache und Blutgeld). Da es keine Obrigkeit gab, die die anerkannten Normen durchsetzen konnte, war der einzelne auf den Schutz seiner Solidargemeinschaft (Familie, Clan, Stamm) angewiesen. Die größte praktische Bedeutung hatte dabei der Clan (die Sippe) als Wohn-, Lebens- und Wirtschaftseinheit. Stämme konnten Nomaden, Halbnomaden und Seßhafte zusammenfassen und damit überlokale Verbindungen schaffen und bewahren, erwiesen sich häufig genug aber als «spaltbares Material». Stammeskonföderationen dienten allenfalls als zeitlich begrenzte Zweckbündnisse, die kaum dauerhafte Strukturen und Hierarchien hervorbrachten. Eine der wenigen Ausnahmen bildete zwischen 350 und 550 die Föderation der Kinda mit dem Zentrum Qaryat Dhat Kahl (heute Qaryat al-Fau).

Über die tribal definierten Gruppen hinaus ist das vorislamische Sozialgefüge schwer zu erkennen: Die arabische Vorgeschichte erscheint in der muslimischen Tradition als «Zeit der Unwissenheit» (Jahiliyya), als «dunkles Zeitalter», als Negativfolie, von der sich der Islam mit seiner *mission civilisatrice* strahlend abhob. Als Musterbeispiel dient hier bezeichnenderweise die Rolle der Frau in vorislamischer Zeit, die im Koran wohl negativer gezeichnet wird, als sie es tatsächlich war. Nur in einem Punkt erfährt die Jahiliyya eine positivere Wertung: Sie galt auch muslimischen Arabern als goldenes Zeitalter einer spezifisch arabischen Kultur und Geschichte, die sich vor allem in der Dichtung ausdrückte; die wichtigsten Anthologien mit Gedichten aus vorislamischer Zeit (Diwane, darunter die berühmten Muʿallaqat, «die Aufgehängten») wurden im 8. und 9. Jahrhundert in den Zentren islamischer Kultur und Gelehrsamkeit zusammengestellt. Die äußerst anspruchsvolle, in verschiedenen Dialekten gesprochene arabische Sprache kann als die größte kulturelle Leistung der vorislamischen Araber gelten, auf die Muhammad in virtuoser Weise zurückgreifen sollte. Noch wurde sie fast ausschließlich mündlich weitergegeben, obgleich schon aus der ersten Hälfte des 4. Jahrhunderts Graffiti und Inschriften in verschiedenen Alphabeten erhalten sind. Als Ausdruck gesellschaftlicher Normen und Orientierung war die Dichtung wohl wichtiger als im engeren Sinn religiöse Vorstellungen und Praktiken, und doch darf man sie natürlich ebenso wenig als direktes Abbild gesellschaftlicher Wirklichkeit lesen wie den mittelalterlichen Minnesang. Sie preist die Tugenden der Männlichkeit, der Tapferkeit und Gastfreundschaft; sie unterstreicht den Wert individueller und kollektiver Ehre, die Bedeutung von Stammesgeist und Solidarität (*ʿasabiyya*), aber auch die Größe individueller Bewährung. Alles in allem bringt sie eine ganz eigene, sozial wie kulturell bedeutsame Verbindung von Gemeinschaftsbindung und Eigensinn zum Ausdruck, die auch unter islamischen Vorzeichen ihre Bedeutung behalten sollte.

Hoch umstritten ist die religiöse Landschaft, in die Muhammad hineingeboren wurde. Gerade für dieses sensible Feld fehlen uns authentische Quellen und Zeugnisse. Im Kern geht es um Ursprung und Charakter des Monotheismus auf der Arabischen Halbinsel: Ist der Islam Ergebnis indigener, autochthoner Entwicklungen (erwachsen aus der Vorstellung an einen Hochgott Allah, der Legende von Abraham und dem Bau der Kaaba in Mekka, getragen von arabischen Monotheisten, den sogenannten Hanifen), oder verdankt er sich äußeren Einflüssen, ausgehend von den angrenzenden Imperien und deren Vasallen? Generell war der Vordere Orient in der Spätantike ein Raum rivalisierender religiöser Überzeugungen, intensiver Konkurrenz und Missionstätigkeit. Es kann daher nicht verwundern, daß der Islam sich später in diesen Wettbewerb einordnete. Allerdings darf man sich die Grenzen zwischen den religiösen Vorstellungen und Praktiken der einzelnen Gruppen nicht allzu scharf gezogen denken; vieles war im Fluß und doktrinär noch nicht festgelegt. Charakteristisch ist auf jeden Fall die Überlagerung «heidnischer» Kulte und monotheistischer Lehren. Für Zentral- und Westarabien muß man wohl von einer vielgestaltigen Kultlandschaft ausgehen mit einem weiten Spektrum von Familien- und Clangottheiten über lokale Idole und Heiligtümer bis hin zu übertribalen Kultgemeinschaften. Eine zentrale politische Autorität, die sich mit einem bestimmten Kult hätte verbinden können (und umgekehrt), gab es nicht. Eine gewisse verbindende Wirkung hatten Wallfahrten zu lokalen Heiligtümern mit ihren heiligen Bezirken (Sg. *haram*), die Angehörige unterschiedlicher Stämme zu bestimmten Zeiten («heiligen Monaten») an geschützten Orten zusammenführten, die zugleich Anlaß für Jahrmärkte und Dichtertreffen sowie zur Schlichtung von Konflikten boten. Aufgehoben wurden die Stammes- und Clanbindungen dabei freilich nicht, in Gestalt der tribalen Rangstreitdichtung vielmehr intensiv gepflegt (neben dem Lobgesang kannte die altarabische Dichtung auch die Satire und das Schmählied).

Verehrt wurden lokale Gottheiten männlichen und weiblichen Geschlechts, die mit Gestirnen, heiligen Steinen und Bäumen assoziiert wurden; vertraut war auch der Glaube an Geister und Dämonen (Dschinnen), Engel und Teufel. Die männlichen Gottheiten wurden «Herr» (*rabb*) genannt; die häufigsten theophoren Namen lauteten «Sklave (*'abd*) der Gottheit xy» (z. B. Abd Manat, Abd ar-Rahman, Abdallah). Sehern, Wahrsagern, Zauberern und Dichtern kam eine wichtige Mittlerstellung zwischen sakraler und irdischer Sphäre zu. Am schwierigsten zu entscheiden ist die Frage, ob die Araber tatsächlich an einen übertribalen Hochgott namens «Allah» glaubten und welche Bedeutung dieser Glaube gegebenenfalls für sie hatte: Der Name des Gottes «Allah», der (vermutlich) in Mekka an der Kultstätte der Kaaba verehrt und während der Pilgerfahrt namentlich angerufen wurde (*allahumma*), wird meist von arab. *al-ilah* abgeleitet, «der» Gott. In der Kaaba stand jedoch, wie die muslimische Tradition selbst berichtet, eine Statue des Mondgottes (?) Hubal, vor der auch das Los geworfen wurde. Allah selbst hatte kein Kultbild. Dem Koran zufolge war er so fern, daß andere Gottheiten vor ihm als Fürsprecher auftraten (Sure 39,3; 10,18) und er nur in bestimmten Situationen, vor allem in Seenot (in die gerade die Mekkaner nur selten geraten sein dürften), angerufen wurde (Sure 17,67–70; 29,65; 31,32). «Ar-Rahman» («der Barmherzige»), wie Gott im Koran zunächst hieß, wurde nicht in Mekka, sondern (als Rahmanan) im Jemen und der zentralarabischen Region Yamama verehrt. Den Mekkanern vertraut waren hingegen drei weibliche Gottheiten: al-Lat (Allat, «die Göttin»), die vor allem in Ta'if verehrt wurde, Manat mit ihrer Kultstätte in Qudaid nahe Yathrib/Medina sowie al-Uzza («die Allmächtige», die gelegentlich mit dem Planeten Venus und der Göttin Aphrodite identifiziert wurde) mit ihrem Baumheiligtum in Nakhla nahe Mekka. Sie galten als Allahs «Töchter», was wiederum auf die Vorstellung von einem Götterpantheon mit Allah als Hochgott hinweisen könnte (aber nicht muß).

Über das religiöse Empfinden der Araber wissen wir so gut wie nichts. Kultstätten waren Wunschstätten, Gottheiten im wesentlichen «käufliche Nothelfer» (Ammann 2001: 33). Das spricht nicht für ein tiefes religiöses Bedürfnis, von einer spirituellen Krise der altarabischen Gesellschaft ganz zu schweigen. Der Koran und die muslimische Tradition berichten von vereinzelten «Gottsuchern» (Sg. *hanif*), die – ohne einer der bekannten monotheistischen Gemeinschaften anzugehören oder bestimmten Riten zu folgen – nach einer spirituell befriedigenderen Lösung suchten, als ihre Umgebung sie ihnen anzubieten hatte. Die Berichte sind allerdings nicht als Beschreibung der aktuellen Lage zu verstehen, sondern als Versuch einer Beglaubigung der prophetischen Sendung Muhammads und Beleg für die authentisch-indigene Entwicklung eines arabischen Monotheismus. An erster Stelle steht hier Abraham – kein Zeitgenosse Muhammads, sondern von diesem als Erzvater des reinen Monotheismus in Anspruch genommen. Gesichert ist demgegenüber die Präsenz christlicher und jüdischer Einzelpersonen, Clans und Stämme, und zwar selbst unter Nomaden. Die Christen verteilten sich auf verschiedene Kirchen und Sekten von den Anhängern der Lehre von Chalkedon (Melkiten) über die monophysitischen Jakobiten bis zu den Nestorianern, von denen nur erstere in Byzanz als rechtgläubig galten, die anderen jedoch als Häretiker. Monophysiten lebten vor allem im syrischen Grenzland (Ghassaniden) und in der Oase Najran, die seit der Christenverfolgung unter Dhu Nuwas als «Märtyrerstadt» das Ziel christlicher Pilger war, sowie im Jemen; monophysitisch war im übrigen auch das äthiopische Königreich von Aksum. Nestorianer lebten in Mesopotamien (Lakhmiden) und entlang der Küste des Persischen Golfs, die Melkiten fanden sich überall nur als Minderheit. Zahlenmäßig wohl bedeutender als die Christen waren die Juden, deren Herkunft (Zuwanderung plus Konversion?) ungeklärt ist, die um 600 aber im Jemen und in einer Kette von Oasen von Yathrib (dem späteren Medina) über Wadi l-Qura, Khaibar und Taima bis Fadak als tribal organisierte, arabisierte und überwiegend seßhafte Gruppen auftraten. Das religiöse Spektrum ergänzten Zoroastrier (arab. *majus*), die im großen und ganzen als iranische Religionsgemeinschaft galten und sich auf den sassanidischen Einflußbereich am Persischen Golf und in Südarabien konzentrierten (im Jemen waren sie als «die Söhne», *al-abna'*, bekannt). Kleinere Minderheiten bildeten die gleichfalls aus Iran und Irak stammenden Anhänger Mazdaks und die Manichäer, die in den arabischen Quellen meist beide als *zindiq* oder *zandaqa* bezeichnet werden (was in islamischer Zeit gleichbedeutend wurde mit Ketzer). Das Zusammenleben der verschiedenen Gemeinschaften war sicher nicht spannungsfrei, zumal sie ja nicht alle nur als religiöse Minderheiten auftraten und wahrgenommen wurden, sondern auch als Vertreter regionaler Mächte mit imperialen Ambitionen.

Muhammad, der Prophet

Die Geschichte Muhammads und seiner Gemeinde muß man auf der Grundlage muslimischer Quellen schreiben, oder man kann sie nicht schreiben. Ihnen zufolge wurde Muhammad b. Abdallah um 570 n. Chr. in Mekka als Angehöriger der Banu Hashim, einer der weniger bedeutenden Sippen des Stammes Quraish geboren. Im Gegensatz zu vielen anderen arabischen Siedlungen war Mekka keine Oase, die von Landwirtschaft und Handwerk lebte. Seine Bedeutung gewann es als Wallfahrtsort mit der Kultstätte der Kaaba (arab. *ka'ba*, Würfel), in dessen Umgebung noch mehrere andere Kultstätten und wichtige Jahrmärkte wie Ukaz lagen, und als Handelszentrum mit Verbindungen in das südliche Syrien, den Jemen und nach Äthiopien. Wie bedeutend der arabische Handel um 600 tatsächlich war, ist in der Forschung heiß umstritten und für die islamische Geschichte vor allem unter dem Gesichtspunkt relevant, inwieweit Muhammad und seine Zeitgenossen über religiöse und gesellschaftliche Vorstellungen und Praktiken jenseits ihres engeren Lebensumfeldes informiert waren. Die Existenz von Handelsverbindungen nach Norden (Syrien, Palästina mit dem Umschlagplatz Gaza und Obermesopotamien mit Hira), nach Südwesten (Jemen, Hadramaut und Äthiopien) und nach Osten (Bahrain, Oman) steht außer Frage. Kontrovers sind Art und Umfang der gehandelten Waren. Um 600 waren es wohl Waren des eigenen Bedarfs; hinzu kam ein gewisses Maß an Transithandel, den die vermögenden Mekkaner mit Geldgeschäften verbanden (an der Weihrauchstraße hatte Mekka selbst zu deren Blütezeit nie gelegen). Belegt sind Landgüter reicher Mekkaner im heutigen Palästina und Jordanien. Verwandtschaftliche Bindungen bestanden auch in die großen Oasensiedlungen Yathrib und Ta'if, das für seine Gärten berühmt war. Mekka hatte somit Anteil an der städtischen, von Kaufleuten geprägten Kultur des Vorderen Orients, blieb unter den besonderen Bedingungen Arabiens allerdings abhängig von den kriegerischen Kamelnomaden, die die innerarabischen Handelswege kontrollierten. Die Mekkaner waren – das sollte sich später als wichtig erweisen – wehrhaft, ihr Handel bewaffnet. Mit wenigen Ausnahmen scheinen sie dem Stamm der Quraish angehört zu haben, der von einer Versammlung der Clanführer (*mala'*) «regiert» wurde. Die mekkanische Gesellschaft wies ohne Zweifel soziale Unterschiede auf, sie kannte bessere und schlechtere Sippen, Arme und Reiche, Freie und Sklaven, doch gibt es keine Hinweise auf besonders ausgeprägte soziale Spannungen oder gar Klassengegensätze.

Was Muhammad betrifft, so betont die muslimische Tradition zweierlei: daß er Waise war (Koran 93,6) und im Handel weit über Mekka hinaus tätig. Mit Mitte zwanzig heiratete er eine deutlich ältere, wohlhabende Kauffrau, Khadija bint Khuwailid, mit der er mehrere Kinder hatte, von denen (wie meist gesagt wird, «nur») die Töchter Zainab, Umm Kulthum, Ruqayya und Fatima überlebten, unter denen wiederum allein Fatima Söhne haben sollte. Die Über-

Die Kaaba, ein etwa 15 Meter hoher Würfel aus graublauen Steinblöcken, war in vorislamischer Zeit Mittelpunkt eines heiligen Bezirkes (*haram*), zu dem auch die Quelle Zamzam zählte. In der Kaaba und um sie herum waren zahlreiche Götterstatuen aufgestellt, die Muhammad nach der Einnahme Mekkas zerstören ließ. In islamischer Zeit, vielleicht auch schon zuvor, wurde die Kaaba mit einem (meist schwarzen) Brokatüberwurf (*kiswa*) bedeckt. Während der Pilgerfahrt umrunden die Gläubigen die Kaaba mehrfach (*tawaf*, Umlauf) und berühren dabei nach Möglichkeit den in einer Ecke eingelassenen Schwarzen Stein, möglicherweise ein Meteorit. Seit den Umayyaden wurde der heilige Bezirk einschließlich der Kaaba immer wieder um- und ausgebaut.

lieferung berichtet von der religiösen Sinnsuche des jungen Mannes, der sich regelmäßig in eine Grotte des Berges Hira' (später als Jabal an-Nur, Berg des Lichts, bekannt) nahe Mekkas zurückzog, um dort zu meditieren. Mit vierzig Jahren (nach muslimischer Überlieferung in der Nacht vom 26. auf den 27. Ramadan, der «Nacht der Bestimmung», *lailat al-qadr*, von der Sure 97 spricht) hatte er ein erstes Offenbarungserlebnis. Die Altersangabe ist sicher nicht ohne Bedeutung: Mit vierzig war Muhammad ein reifer Mann mit klar definierter Stellung in der eigenen Gesellschaft – was seine spätere Mission nicht unbedingt erleichterte, war er doch allem Anschein nach bislang nicht als außergewöhnlich aufgefallen. Der ersten aufrüttelnden Erfahrung folgten nach längerer Pause weitere Offenbarungserlebnisse, die sich bis zu seinem Tod fortsetzten. Dabei handelte es sich um Visionen und Auditionen, die Muhammad in Reimprosa (*sajʿ*) wiederzugeben suchte, wie sie üblicherweise die arabischen Dichter und Wahrsager pflegten.

Nach anfänglicher Verunsicherung gewann Muhammad zunehmend an Selbst- und Sendungsbewußtsein, erklärte sich offen zum Gesandten Gottes (*rasul allah*) und warb in seiner engeren Umgebung erste Anhänger. Daß es die Mühseligen und Beladenen waren, die Armen, Sklaven und Entrechteten, die sich zu ihm bekannten, ist nicht nachzuweisen. Wahrscheinlich sprach er vor allem jüngere Menschen an, und zwar den sozialen Gegebenheiten entsprechend in erster Linie jüngere Männer. Zunächst verstand Muhammad sich wohl als Rufer und Warner an die Araber, die noch keine Offenbarungsschrift erhalten hatten. Die Mekkaner reagierten hierauf gleichgültig bis ungläubig. Zum einen kannten sie Muhammad («der Prophet gilt nichts im eigenen Land»), zum anderen hörten sie nicht das erste Mal von dem Einen Gott, dem Jüngsten Gericht und dem Paradies. Sie glaubten nicht an ein Leben nach dem Tod und mokierten sich, wie der Koran berichtet, über die Rede von einer Auferweckung der Toten. Die von Muhammad verkündete Religion war ihnen schlicht kein Anliegen, «der Väter Brauch und Sitte» war ihnen genug. Zudem erhob der Gott, von dem Muhammad kündete, völlig andere Ansprüche als die Götter der Väter: Er forderte Gottes*dienst* im unmittelbaren Wortsinn (*islam* heißt ja zunächst einmal Hingabe und Unterwerfung), der neben Solidarabgaben in Gestalt des Almosens (*zakat* und *sadaqa*) auch regelmäßige Gebets- anstelle gelegentlicher Opferriten umfaßte. Gerade die Niederwerfung im Gebet war den Arabern als erniedrigender Brauch *anderer* Religionen und Völker bekannt und so anstößig, daß sie, selbst als sie sich später bekehrten, nicht selten um Befreiung von dieser Pflicht baten. Muhammads Aufruf zu einem bedingungslosen Monotheismus, seine Absage an jede «Beigesellung» (dies die etwas unglückliche Übersetzung des arabischen Begriffes *shirk*, des Glaubens daran, daß es neben dem Einen Gott andere Gottheiten gibt, und sei es in untergeordneter Position) stellte nicht nur die tradierte Denk- und Lebensweise in Frage. Er griff die eigenen Vorfahren an und damit auch die eigenen Verwandten, die Muhammad und seinen Anhängern trotz der provozierenden Lehren nach wie vor Schutz boten. Die islamische Botschaft belastete so zunächst einmal die bestehenden Solidarbindungen. Gefährdet schienen auch die wirtschaftlichen Interessen des Handels- und Wallfahrtsortes Mekka – denn daß sie langfristig durch die islamische Pilgerfahrt (*hajj*) über jedes bekannte Maß hinaus gestärkt werden sollten, konnten Muhammads Zeitgenossen nicht ahnen. Als 619 kurz nacheinander Muhammads Onkel Abu Talib und seine Frau Khadija starben, stand der bisher gewährte Schutz durch den eigenen Clan in Frage.

Der Beginn der islamischen Zeitrechnung ist bezeichnenderweise nicht Muhammads erstes Offenbarungserlebnis, sondern ein politischer Akt, die Hijra: Im Jahr 622 verließen Muhammad und etwa siebzig seiner Anhänger (die sogenannten *muhajirun*, diejenigen also, die an der Hijra teilnahmen) ihren Stammesverband in Mekka und übersiedelten in das gut 300 Kilometer nördlich gelegene Yathrib, das spätere Medina (*madinat an-nabi*, Stadt des Propheten). Damit folgte Muhammad muslimischen Quellen zufolge einer Einladung, als Schlichter (*hakam*) nach Yathrib zu kommen (sogenanntes Abkommen von Aqaba), wo bereits eine Reihe von Männern und Frauen zum Islam übergetreten war. Hier fand Muhammad ganz andere Rahmenbedingungen vor als in Mekka: Yathrib war eine weit auseinandergezogene Oasensiedlung, die dank fruchtbarer Böden und ausreichender Grundwasserversorgung Landwirtschaft und Handwerk betrieb, nicht, wie Mekka, Handel und Geldgeschäfte. In Yathrib lebten mehrere Clans und Stämme nebeneinander, zum Teil in ausgeprägter Feindschaft, wovon eine Vielzahl befestigter Wohnburgen zeugte. Zu ihnen zählten auch mehrere jüdische Clans, die als Klienten in das lokale Stammesgefüge eingebunden waren. Den Einwohnern Yathribs waren monotheistische Vorstellungen und Praktiken somit seit längerem bekannt. Zugleich hatten sie, anders als die Mekkaner, keine eigene Kultstätte zu verteidigen.

Seine Anhänger suchte Muhammad zunächst durch eine individuelle Verbrüderung mit den medinensischen Muslimen abzusichern, die in der islamischen Tradition als «Helfer» (*ansar*) bekannt wurden. Damit schuf er eine neue Solidargemeinschaft auf religiöser Grundlage. Sie wuchs rasch, wobei von früher Stunde an ein verändertes Konversionsmuster zu beobachten war: Anders als in Mekka, wo das Bekenntnis zum Islam Ausdruck einer individuellen religiösen «Umkehr» war (selbst wenn dieser nicht notwendig eine spirituelle Krise vorausging), die schwere persönliche Nachteile nach sich ziehen konnte, erfolgte die Konversion in Medina mehrheitlich gruppenweise, indem ganze Clans und Unterclans der immer stärker werdenden, wehrhaften muslimischen Gemeinschaft beitraten. Das schloß die im engeren Sinn religiös motivierte, individuelle Bekehrung nicht aus, die wir wohl für eine Anzahl von Frauen voraussetzen können, die zu dieser Zeit den Islam annahmen. Unter den Juden scheint kaum jemand zum Islam übergetreten zu sein. Neben die Verbrüderung als Akt religiös begründeter Vergemeinschaftung trat in Gestalt der sogenannten Gemeindeordnung von Medina eine neue politische Einheit. Sie verband die Muslime mit einzelnen «heidnischen» und jüdischen Clans zu einer politischen Schutz- und Solidargemeinschaft (*umma*) mit Muhammad als Schiedsrichter und Oberhaupt. Die Gemeindeordnung definierte Medina als «heiligen Bezirk» (*haram*) ähnlich der Kaaba in Mekka und bezeichnete die Gegner als «Ungläubige». Sie sollte in der Moderne vielen Muslimen als Vorbild einer islamischen Verfassung dienen, kann den muslimischen Quellen zufolge jedoch nur für kurze Zeit (623/24?) in Kraft gewesen sein.

Die Macht des Wortes und die Gewalt des Schwertes

Von Beginn an scheint Muhammad in Medina eine Doppelstrategie verfolgt zu haben, die die religiöse Mission mit politischen und militärischen Maßnahmen gegen Kritiker und Widersacher jeglicher Natur verband, seien es arabische Dichter und jüdische Clans in Medina, die Mekkaner oder die Beduinenstämme des Umlandes, die teils mit Gewalt, teils mit diplomatischen Mitteln angegangen wurden. In einer Gesellschaft, in der die Kunst der Rede so hoch geschätzt wurde, kam der Macht des Wortes große Bedeutung zu. Mit seiner Hilfe konnte Muhammad, der, wie der Koran bestätigt, keine Wunder wirkte, sich vor seinen Zeitgenossen als Gesandter Gottes ausweisen: Der Koran war sein Zeugnis, ihm nicht von Dschinnen eingegeben, mit denen die Dichter und Wahrsager in Verbindung standen, sondern von Gott auf ihn «herabgesandt». Muslimen galt der Koran später auf Grund der ihm zugeschriebenen unnachahmlichen sprachlichen Vollendung als Gottesbeweis und zugleich als Beglaubigungswunder Muhammads (Lehre vom *i'jaz*, dem Wundercharakter des Koran). Die Dichter waren in dieser Hinsicht Konkurrenten, sie konnten Muhammad – man denke an die Tradition der Schmährede – unter Umständen ebenso gefährlich werden wie bewaffnete Widersacher. Gegen sie ging er, sobald die Verhältnisse es ihm erlaubten, auch gewaltsam vor.

Religions- und machtpolitisch besonders bedeutsam war Muhammads Wendung gegen die Juden von Medina. Folgt man den mus-

Handbücher unterrichteten die Gläubigen über die Riten der Pilgerfahrt. Vor allem in osmanischer Zeit waren Abbildungen der Pilgerstätten in Mekka und Medina auf Keramikfliesen und Wandbildern sehr beliebt. Diese wahrscheinlich von einem indischen Künstler im 17./18. Jahrhundert im Hijaz angefertigte Illustration zeigt den heiligen Bezirk mit der Kaaba (deutlich zu sehen die schwarze Kiswa und der Schwarze Stein), der Quelle Zamzam, dem «Gebetsplatz Abrahams» und überdachten Plätzen für die Imame der vier sunnitischen Rechtsschulen. Die Abbildung ist allerdings nicht naturgetreu: Die Hofgebäude und Minarette trugen in Wirklichkeit keine Kuppeln, schon gar nicht im indischen Stil.

limischen Quellen (auf jüdische Zeugnisse können wir nicht zurückgreifen), so rechnete Muhammad damit, von den Juden als Prophet anerkannt und legitimiert zu werden. Diese Hoffnung erfüllte sich nicht. Die Enttäuschung führte zur Entfremdung und schließlich zum offenen Konflikt: Entschiedener als zuvor deutete Muhammad den Islam nun als Erneuerung der monotheistischen «Religion Abrahams» (*din* oder *millat Ibrahim*) und wertete damit das Judenwie das Christentum als spätere und zudem verfälschende Versionen dieser ursprünglich-reinen Offenbarungsreligion ab. Das muß recht schnell gegangen sein, denn schon bald nach seiner Ankunft in Yathrib soll Muhammad – so berichtet die muslimische Tradition mehrheitlich – die Gebetsrichtung der Muslime (*qibla*) von Jerusalem auf das arabische Mekka mit dem vorislamischen Heiligtum der Kaaba umgekehrt haben (vgl. Koran 2,142–152). Hatten die Muslime ihrer Umgebung in Mekka gewissermaßen den Rücken gezeigt, so wandten sie sich in Medina dem Ort zu, von dem sie unfreiwillig ausgezogen waren. Daraus ließe sich schließen, daß Muhammad an eine Rückgewinnung Mekkas dachte, und die konnte nach den bisherigen Erfahrungen nur gewaltsam erfolgen. Tatsächlich berichtet die muslimische Geschichtsschreibung von zahlreichen Überfällen auf mekkanische Karawanen entlang der bestehenden Handelsroute nach Syrien und Palästina. Diese «Razzien» (der Begriff ist abgeleitet von arab. *ghazwa*, Überfall) hatten möglicherweise zunächst einmal das Ziel, den muslimischen Mujahirun eine Lebensgrundlage zu verschaffen. Was hätten sie als städtische Zuwanderer in einem vorwiegend agrarischen Umfeld sonst tun können? Sicher aber dienten sie auch dazu, die neue Gemeinschaft enger zusammenzuschmieden. Dabei machten sich die Muslime in fortgesetztem Tabubruch selbst der Verletzung des «Gottesfriedens» in den heiligen Monaten schuldig. In Medina wurden in parallelen Aktionen die jüdischen Clans als eigenständige Machtfaktoren (die nie gemeinsam handelten!) ausgeschaltet – im allgemeinen, indem man ihnen Kollaboration mit dem äußeren Feind vorwarf. Wieviel in diesem Zusammenhang das religiöse Moment zählte und wieviel die Tatsache, daß sie konfliktfähige und zumindest potentiell feindselige Kräfte darstellten und daher ebenso bekämpft wurden wie alle anderen, die sich der jungen Bewegung in den Weg stellten, läßt sich nicht mehr klären.

Im März 624 erzielten die Muslime bei Badr südwestlich von Medina einen unerwarteten Sieg über eine zahlenmäßig überlegene mekkanische Karawane, der ihnen als Zeichen göttlicher Gnade erschien. Schon im April desselben Jahres vertrieben sie den (militärisch eher schwachen) jüdischen Clan der Banu Qainuqaʿ aus Medina. Die Niederlage am Hügel von Uhud, etwa fünf Kilometer nördlich von Medina, stellte diese Gewißheit im März 625 zwar in Frage, doch wurden schon im August die jüdischen Banu n-Nadir vertrieben, die immerhin einen Teil ihres Besitzes retten konnten. Der «Grabenschlacht» im März 627 schließlich, die uneindeutig endete, von den Muslimen aber als Sieg gedeutet wurde, folgte das Massaker an den jüdischen Banu Quraiza. Damit waren nicht unbedingt alle Juden aus Medina vertrieben, aber sie verfügten dort über keine militärische Macht mehr. Etwa in dieselbe Zeit fielen erste Vorstöße auf byzantinisches Gebiet, wobei die Muslime allerdings (von einer byzantinischen Quelle bezeugt) 629 bei Muʾta in der Nähe des Toten Meers geschlagen wurden. Im Frühjahr 628 schlossen die Mekkaner mit den Muslimen bei dem Dorf Hudaibiyya einen zehnjährigen Waffenstillstand und erkannten damit erstmals deren Gleichrangigkeit an. Noch heute dient der Vertrag vielen Muslimen als Vorbild einer Waffenruhe, wenn nicht gar eines (zeitlich begrenzten und aus einer Position der Stärke heraus geschlossenen) Friedens. Wenig später wurden die jüdischen Clans in den nördlichen Oasen von Khaibar bis Taima unterworfen und tributpflichtig gemacht. Nach einem Streit zwischen ihren Verbündeten erklärten die Muslime den Waffenstillstand mit den Mekkanern einseitig für beendet. 630 fiel Mekka, die führenden Familien der Quraish traten zum Islam über, doch verlegte Muhammad seinen Wohnsitz nicht in die alte Heimat zurück, sondern blieb in Medina. Es folgte die Einnahme des reichen und gut befestigten Ta'if, Hochburg des Stammes der Thaqif (die später vor allem im Irak eine bedeutende Rolle spielen sollten). Die Erfolge steigerten Muhammads Ansehen und Einfluß weit über das engere Umfeld Mekkas und Medinas hinaus; eine immer größere Zahl beduinischer Stämme und lokaler Machthaber bis hin zum persischen Gouverneur des Jemen banden sich vertraglich an den Islam. Dabei wurde der Beitritt zum islamischen Bund ausgehandelt und an bestimmte Leistungen geknüpft, darunter die «Almosengabe» (*sadaqa*) und die Heerfolge; die Bekehrung zum Islam schloß das nicht zwingend mit ein. Zur gleichen Zeit eroberte der byzantinische Kaiser Heraclius (Herakleios) 629–630 Syrien und Palästina von den Sassaniden zurück. 631/32 pilgerte Muhammad noch einmal zur Kaaba. Am 13. Rabi' al-Awwal des Jahres 11, entsprechend dem 8. Juni 632, starb er nach muslimischer Überlieferung in Medina.

Muhammad hatte als Prophet und politischer Führer nach anfänglichen Schwierigkeiten überwältigenden Erfolg. Der «prophetische Zyklus», der ihn in gut zwanzig Jahren von der Berufung und Verkündigung über Widerstand und Vertreibung, Kampf und Sieg bis zum endgültigen Triumph über seine Feinde führte, gilt Muslimen bis in die Gegenwart als vorbildlich. Von Anfang an verband sich im Islam der Glaube an den Einen und Einzigen Gott mit gemeinschaftlichen und gemeinschaftsbildenden Riten und Praktiken. Dazu zählte konstitutiv der Jihad als bedingungsloser Einsatz für die Sache Gottes, der auch den bewaffneten Kampf gegen seine Feinde mit einschloß. In diesem Sinne diente der Jihad von frühester Stunde an als positiver Glaubensbeweis. Welch ungeheure Dynamik der Glaube an die islamische Sendung freisetzte, sollte sich bald zeigen.

Die moderne Aufnahme vermittelt einen Eindruck von der Umayyadenmoschee in Aleppo, die, wie die ungleich bekanntere Große Moschee in Damaskus, seit 700 vielfach restauriert wurde. Die Moschee ist nicht nur Ort des gemeinschaftlichen und des individuellen Gebets, sondern auch des Studiums, der Ruhe und der Erholung, den vor allem die Bewohner dicht besiedelter Stadtviertel gerne aufsuchen.

Eine Gesellschaft in Bewegung   II

Beim Tod Muhammads war die Frage seiner Nachfolge ungeklärt. An ihr entzündeten sich Konflikte um Legitimität und Macht, die in Verbindung mit den Umwälzungen der Eroberungszeit zu innermuslimischen Kämpfen, regelrechten Bürgerkriegen (im Arabischen als *fitna* bekannt und gefürchtet) und schließlich zur Herausbildung verschiedener religiös-politischer Strömungen innerhalb der muslimischen Gemeinschaft führten. Eine Unterscheidung in die Ära der «rechtgeleiteten Kalifen» (*al-khulafa' ar-rashidun*) und der Umayyaden, wie sie die muslimische Geschichtsschreibung vornimmt, ist ideologisch bestimmt; sie bezeichnet keinen echten historischen Bruch. Zumindest die Sunniten sehen die rund dreißigjährige Ära der «rechtgeleiteten Kalifen» Abu Bakr, Umar, Uthman und Ali (632–661) als Fortsetzung der prophetischen und verklären sie zur goldenen Frühzeit: Alles, was zu dieser Zeit geschah, war ein potentielles «erstes Mal» und damit zugleich ein normatives Vorbild für fromme Muslime bis in die Gegenwart. Der Glanz und die Glorie, die sich mit dieser im Innern so unruhigen Ära verbinden, haben vor allem aber mit der Ausbreitung des Islam zu tun, die innerhalb kürzester Zeit das größte zusammenhängende Reich entstehen ließ, das die Welt bis dahin gesehen hatte.

Unter den frühen Muslimen war unstrittig, daß Muhammad, den der Koran an einer Stelle (Sure 33,40) als «Siegel der Propheten» bezeichnet, in seiner Eigenschaft als Prophet keinen Nachfolger haben konnte. Es ging allein um die Führung der Gemeinde. Der Koran gab hier keine eindeutigen Hinweise: In Sure 4,59 ist von Gehorsam gegenüber Gott, dem Propheten und «den Autoritätspersonen» die Rede; an verschiedenen Stellen werden Muhammad und die Muslime zu gegenseitiger Beratung (*shura*) in allen wichtigen Belangen aufgerufen. Muhammad hinterließ keinen Sohn, so daß die Möglichkeit einer Erbfolge ausschied; seine überlebenden Töchter wurden hierfür nicht in Betracht gezogen. Er designierte nach vorherrschender Auffassung aber auch keinen Nachfolger. Anderer Überzeugung waren allein die Parteigänger seines Cousins und Schwiegersohns Ali b. Abi Talib, die als *shi'at 'Ali*, die Partei Alis, bekannt wurden. Nicht geregelt war bis auf weiteres, wie das neue Oberhaupt der Gemeinde ermittelt werden sollte. Im Vordergrund stand die Frage nach Verdienst und Ehre und nach welchen Kriterien sie sich bemaßen – im engen Sinn religiösen oder überkommenen sozialen: Sollte der frühe Übertritt zum Islam (Anciennität) ausschlaggebend sein, wie ihn die mit Muhammad von Mekka nach Medina übergesiedelten Muhajirun und die zum Islam konvertierten Medinenser (die sogenannten Helfer, *ansar*) aufzuweisen hatten? Sollte über die frühe Gefährtenschaft hinaus womöglich die Verwandtschaft mit dem Propheten eine Rolle spielen? Oder war die Zugehörigkeit zu einem der großen Clans und Stämme höher zu bewerten, die einige spätbekehrte Muslime aus Mekka und Ta'if oder auch die Führer starker Beduinenstämme auszeichnete?

Die in Medina versammelten Muslime einigten sich nach kurzer, scharfer, aber, wie es scheint, ohne theologische Argumente geführter Auseinandersetzung darauf, nur *einen* Führer als Nachfolger *(khalifa,* Kalif) Muhammads zu wählen, und zwar gemäß dem genealogischen Prinzip (*nasab*) aus dessen Stamm, den Quraish. Angesichts der Vielzahl seiner Sippen und Familien ließ das erheblichen Spielraum, schloß jedoch ungeachtet ihrer frühen Verdienste um den Islam die medinensischen «Helfer» von der Führung aus. Clan- und Stammesbindungen verloren in der frühislamischen Gesellschaft mithin keineswegs ihre Bedeutung. Das koranische Gleichheitsideal, das soziale Unterschiede nicht verleugnet, zumindest vor Gott jedoch die Frömmsten zu den Edelsten erklärt (Sure 49,13), konnte altarabische und andere Vorstellungen von Adel und Ehre nie vollständig verdrängen. Zudem fällt auf, daß die ersten Kalifen zumindest durch Heirat der Familie des Propheten verbunden waren, der nach Khadijas Tod eine ganze Reihe von Frauen geheiratet hatte, und daß ihr Alter bei der Auswahl eine Rolle spielte: Auf zwei Schwiegerväter Muhammads (Abu Bakr und Umar) folgten zwei seiner Schwiegersöhne (Uthman und Ali). Im Juni 632 wurde Abu Bakr b. Abi Quhafa, einer der ersten und treuesten Anhänger Muhammads (hier zählte also das religiöse Verdienst), Vater der jungen Aisha, die als Muhammads Lieblingsfrau galt, und exzellenter Kenner der arabischen Genealogie, von den führenden Männern der Gemeinde per Akklamation zum Kalifen bestimmt.

Aufbruch: Die frühen Eroberungen

Beim Tod Muhammads kontrollierten die Muslime einen nach Norden reichenden Korridor, der sich entlang der alten Handelswege von Mekka bis in das syrische Grenzland erstreckte; darüber hinaus standen der Jemen, Hadramaut, Oman und die Küste des Persischen Golfs unter muslimischem Einfluß. Der Bestand der Gemeinde (*umma*) war dennoch nicht gesichert. Die Schwierigkeiten begannen mit der Weigerung arabischer Clans und Stämme, nach Muhammads Tod weiterhin die Abgaben (*sadaqa*) zu leisten, die für die muslimische Umma eine unverzichtbare Einnahmequelle darstellten. Ihr «Abfall» (*ridda*) zeigte, wie eng schon im frühen Islam religiöse und politische Motive ineinandergriffen – ohne ganz ineinander aufzugehen. Die muslimischen Historiker stellten den Abfall später nicht als politischen Akt dar, sondern als religiösen. Das trifft die Sache nicht wirklich: Einige dieser Clans und Stämme waren vermutlich gar nicht zum Islam übergetreten; andere fühlten sich an die Verträge nach Muhammads Tod nicht länger gebunden; wieder andere erhoben sich unter der Führung eigener Propheten, die nicht nur in der muslimischen Historiographie, sondern auch in westlichen Darstellungen meist als «falsche Propheten» abqualifiziert werden. Berühmt wurden Musailima b. Habib und die Prophetin Sajah, die beide unter zentral- und ostarabischen Stämmen wirkten – den in Teilen seßhaften Banu Hanifa und den nomadisierenden Banu Tamim und Banu Taghlib, die wohl zu einem gewissen Grad mit christlichen Ideen vertraut waren. Anders als Muhammad scheinen diese Propheten jedoch keine übertribalen Ansprüche erhoben zu haben. Den Muslimen gelang es in bemerkenswert kurzer Zeit, die Abtrünnigen zu unterwerfen. Bei Abu Bakrs Tod im Jahr 634 stand die gesamte Arabische Halbinsel unter muslimischer Oberhoheit; zu dem Erfolg trug neben militärischer Gewalt ohne Zweifel auch eine kluge Geschenk-, Heirats- und Bündnispolitik bei.

Abu Bakr designierte nach muslimischer Überlieferung noch vor seinem Tod Umar b. al-Khattab zu seinem Nachfolger. Umar, einer der frühesten mekkanischen Muslime und zugleich einer der Schwiegerväter Muhammads, seines Zeichens Händler mit Beziehungen nach Syrien und Palästina, war eine der starken Persönlichkeiten des frühen Islam, auf den sich auch heutige Muslime vor allem in Fragen von Recht, Politik und Verwaltung berufen, die er in

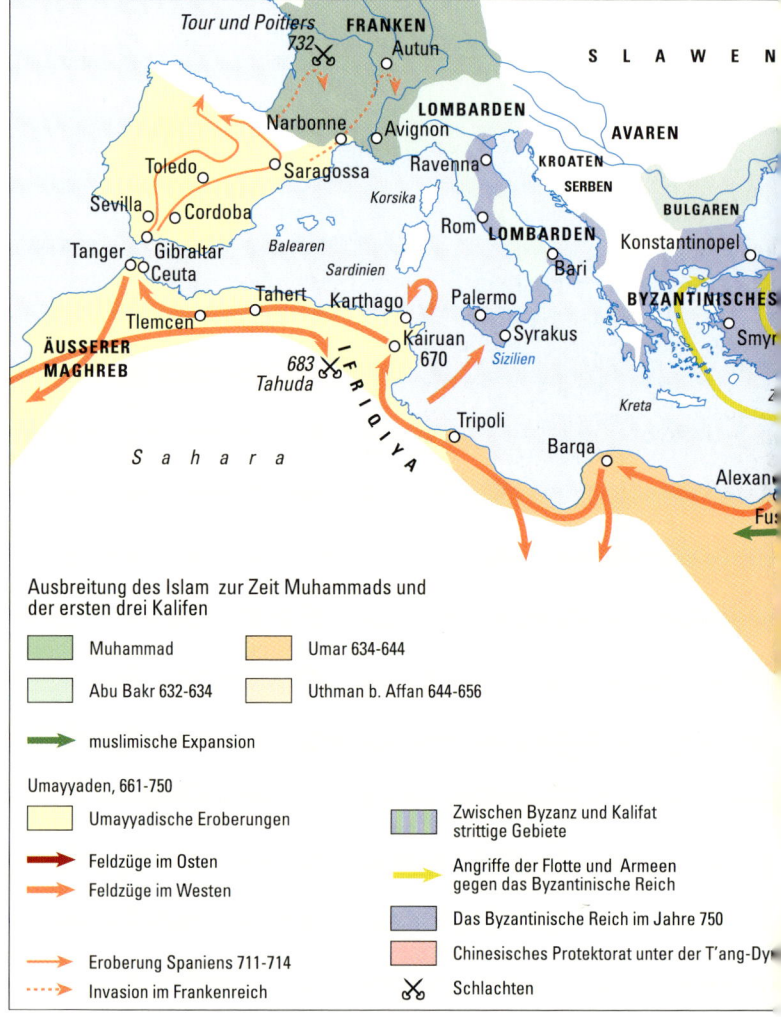

der Tat energisch mitgestaltete. Im Zuge der *ridda*-Kämpfe waren Muslime auf byzantinisches und sassanidisches Gebiet vorgedrungen, wo sie auf wenig Widerstand stießen. Das gab den Auftakt zu den muslimischen Eroberungen (arab. *futuh*, wörtlich Öffnungen) jenseits der Arabischen Halbinsel, deren Verlauf und Formen allerdings nur in groben Zügen zu erkennen sind: Sie verliefen rasch und stetig, waren jedoch nicht durchgängig zentral geplant und gesteuert. Die Kalifen, die über keine eigenen Truppen verfügten, konnten nur punktuell – etwa bei der Ernennung von Befehlshabern

und Gouverneuren und der Zuteilung der Beute – in das Geschehen eingreifen. Die einzelnen muslimischen Verbände waren tribal gegliedert, kämpften unter ihren eigenen Anführern und operierten weitgehend autonom; wichtige Eroberungszüge gingen von Garnisonen in den eroberten Gebieten aus, nicht von der Hauptstadt Medina (bzw. später Damaskus). Die Muslime fochten nur wenige große Schlachten, und ihre Heere darf man sich nicht allzu gewaltig vorstellen: In der Schlacht am Yarmuk 636 beispielsweise dürften sich je 20000–40000 Mann gegenübergestanden haben, bei Qadisiyya 6000–12000. Besonders auffällig ist die geringe Professionalisierung der «Kriegskunst»; einige der berühmtesten muslimischen Feldherren waren bis vor kurzem nicht Soldaten, sondern Kaufleute gewesen. Ihre Truppen zeichneten sich durch keine geschulte Taktik aus, wohl aber durch hohe Moral und Mobilität. Die Eroberer orientierten sich nicht an «natürlichen» Grenzen und überwanden auch große Ströme wie Nil, Euphrat, Tigris und Amu Darya (Oxus), hohe Gebirgsketten und ausgedehnte Wüstenzonen, drangen wie andere Eroberer vor und nach ihnen jedoch vielfach nicht allzu tief in das jeweilige Landesinnere vor.

Bei der Suche nach den Motiven der Kämpfer wird man davon ausgehen müssen, daß sie ebenso uneinheitlich waren wie ihre soziale und tribale Zusammensetzung – immerhin fochten bislang seßhafte Städter und Oasenbewohner neben Nomaden und Halbnomaden für die eine Sache. Auch ihr Erfolg war durch verschiedene Faktoren bedingt: Der Islam diente den rivalisierenden Stammesgruppen ohne Zweifel als einigende, mobilisierende Kraft, wobei sich Glaubensinhalt und Glaubenseifer der frühen Muslime nicht exakt bestimmen lassen: Der Islam war als Lehre und Praxis zu dieser Zeit im einzelnen ja noch gar nicht ausgearbeitet. Auf jeden Fall erhöhte er den Kampf um Sieg und Beute zum Einsatz «auf dem Wege Gottes»: Spirituelles Heil und materielles Wohl fielen somit tendenziell in eins. Ohne die reiche Beute hätten die Eroberungen ihre Durchschlagskraft kaum bewahrt; ohne sie wären sie gar nicht zu finanzieren gewesen. Mit der Kombination religiöser und materieller Motive ist wohl auch die Hartnäckigkeit zu erklären, mit der die Muslime selbst nach schweren Rückschlägen den Kampf fortsetzten. Vor allem zu Beginn waren die äußeren Rahmenbedingungen allerdings ungewöhnlich günstig: Die dominierenden Mächte, Byzanz und das Sassanidenreich, hatten sich in langen Kämpfen verbraucht; die Vorstöße muslimischer Araber an den Rändern ihrer Herrschaftsgebiete nahmen sie zunächst nicht ernst; der geringe Widerstand wiederum ermutigte die Muslime («Gott mit uns»). Zumindest anfangs waren daher alle überrascht, die Eroberer ebenso wie die Eroberten. Die Bevölkerung in den syrisch-irakischen Grenzgebieten – zum Teil handelte es sich um arabische Vasallen der Byzantiner und Sassaniden, ansonsten um verschiedene ethnische und religiöse Gemeinschaften, die den herrschenden Mächten innerlich durch nichts verpflichtet waren – hatte gerade erst die persische Eroberung und die byzantinische Rückeroberung ihrer Heimat

(Syrien) oder einen byzantinischen Einmarsch (Mesopotamien) überstanden. Sie war durch wiederholte Pestepidemien geschwächt und handelte pragmatisch: Wo Widerstand zwecklos schien und Flucht wenig aussichtsreich, konnten nur Verhandlungen mit der neuen, in ihren Fähigkeiten und Überzeugungen noch schwer einzuschätzenden Macht das eigene Leben, Land und Eigentum retten. Bislang diskriminierte religiöse Gemeinschaften erhofften sich nicht selten sogar eine Verbesserung ihrer Lage. Die Ortskenntnisse und technischen Fähigkeiten der Unterworfenen, vor allem bei der Belagerungstechnik und im Flottenbau, erleichterten den Muslimen weitere Vorstöße. Der Sog des Erfolges riß immer neue Gruppen mit sich. Von früher Stunde an kämpften auf muslimischer Seite daher auch nicht-arabische Hilfstruppen, unter ihnen persische Bogenschützen und gepanzerte Reiter.

Man darf sich das folgende Geschehen nicht zu geordnet vorstellen. Die Kategorien, mit denen Historiker die Ereignisse später beschrieben, spielten vor allem in abbasidischer Zeit eine wichtige Rolle für Status und Steuerpflicht der Betroffenen, nicht jedoch zu Beginn der Eroberungen selbst. Hier gaben spontane Entscheidungen von Militärführern den Ausschlag, die von den konkreten Gegebenheiten bestimmt wurden und nicht so sehr von koranischen Vorgaben. Die im islamischen Recht später getroffene Unterscheidung zwischen solchen Gebieten, die «mit Gewalt» (*'anwa^{tan}*) und solchen, die «durch Vertrag» (*sulh^{an}*) unterworfen wurden (im allgemeinen die großen Städte mit ihrem Umland), ist viel zu schematisch, als daß sie die tatsächlichen Abläufe beschreiben könnte. Im übrigen kamen auch die Verträge unter der Androhung von Gewalt zustande, stellten also «ungleiche Verträge» dar. Für die Behandlung der Eroberten zählten im allgemeinen weniger die religiös-rechtlichen Kriterien, nach denen der Koran sie einordnete (ob es sich um monotheistische «Schriftbesitzer» handelte oder um polytheistische Heiden), als vielmehr ihre Stärke und ihr eigenes Verhalten. Bei der Beute wurde gewiß nicht so klar zwischen unbeweglich und beweglich (*fai*' und *ghanima*) unterschieden, wie das islamische Recht es (später) vorsah.

Die ersten Vorstöße der Muslime richteten sich nach Norden. In parallelen Aktionen ging es gegen byzantinische Territorien in Syrien und Anatolien sowie gegen die Sassaniden in Irak, West- und Zentraliran. 633 stand Khalid b. al-Walid, genannt das «Schwert Gottes» (auch er ehedem Kaufmann zu Mekka), erstmals vor Hira, dem Zentrum der Lakhmiden (die allerdings schon 602 von ihren sassanidischen Oberherren entmachtet worden waren). Die Stadt wurde zur Kapitulation gezwungen, von den Sassaniden aber noch einmal kurzfristig zurückerobert. Von dort drangen muslimische Verbände weiter in den ethnisch wie religiös gemischten und zwischen Byzantinern und Persern geteilten Irak vor. 636/37 siegte in der Schlacht von Qadisiyya nahe Hira ein starkes muslimisches Heer unter Saʿd b. Abi Waqqas über eine deutlich größere sassanidische Streitmacht; der Großkönig, Yazdagird III., flüchtete nach Osten. Bei der Eroberung der sassanidischen Hauptstadt Ktesiphon (Tesfon, arab. al-Madaʾin) – Sitz der sassanidischen Zentralverwaltung, des jüdischen Exilarchen, des nestorianischen Katholikos und zugleich Winterresidenz des Großkönigs – machten die Muslime wenig später reichste Beute. Im Irak legten sie die Garnisonen Basra und Kufa an, die als Ausgangspunkt für die weitere Expansion nach Norden und Osten dienen sollten. 642 unterlag das sassanidische Heer in der Schlacht von Nihawand dem muslimischen Gegner; in langen, schweren Kämpfen wurde ab 650 ganz West-, Zentral- und Nordostiran bis auf die südkaspische Küste unterworfen, die schon zu sassanidischer Zeit ihre Eigenständigkeit verteidigt hatte. Der Großkönig wurde 651 bei Merw ermordet. Anders als im byzantinischen Grenzland besaßen die Bewohner der iranischen Hochebene kaum Fluchtmöglichkeiten in sicheres Terrain: Sie konnten sich nur unterwerfen und mit den neuen Herren arrangieren oder aber den Kampf fortsetzen. Vor allem in unzugänglichen Regionen blieb der Widerstand auch nach dem Fall der Sassaniden lebendig.

Parallel dazu liefen die Aktionen in Syrien: Nach dem Sieg über eine von lokalen Kräften und eilig angeworbenen Söldnern verstärkte byzantinische Armee am Yarmuk, einem Nebenfluß des Jordan, fielen Damaskus, Antiochia, Aleppo und Jerusalem in muslimische Hand. Der Kalif Umar selbst war an den Feldzügen nicht beteiligt; belegt ist lediglich sein Aufenthalt in Jabiya, der ghassanidischen Residenz auf dem Golan, wo er die Verteilung der Beute regelte. 638 soll er auf dem Tempelberg in Jerusalem das Gebet verrichtet und veranlaßt haben, eine erste, noch sehr bescheidene Gebetsstätte zu errichten, die der gallische Bischof Arculf um 680 beschrieb. Die Stadt hatte unruhige Zeiten hinter sich: 614 die Eroberung durch die Sassaniden, 630 den triumphalen Einzug des byzantinischen Kaisers Heraclius, der die von den Persern geraubte Kreuzesreliquie zurückführte. In den folgenden Monaten vollendete

Amr b. al-As – auch er zuvor Kaufmann in Mekka mit Verbindungen ins südliche Syrien – die Eroberung Palästinas, bis 641 mit Caesarea die letzte byzantinische Festung fiel. Wie lange sich die neuen Herren halten würden, wußte zu diesem Zeitpunkt niemand; ein Ausbruch der Pest erhöhte die allgemeine Verunsicherung. Nicht wenige Grundbesitzer und Verwaltungsbeamte flüchteten sich in das vergleichsweise nahe gelegene byzantinische Herrschaftsgebiet, während immer neue arabische Verbände in den syrisch-irakischen Raum eindrangen.

Im Kontrast dazu stand die Eroberung Ägyptens und der Cyrenaika im heutigen Libyen: Nach gewissem Zögern hatte Amr b. al-As 639 von Gaza aus den Angriff gestartet, den der Kalif nachträglich billigte. Auch Ägypten war nach zehnjähriger persischer Herrschaft (619–628/29) gerade erst von den Byzantinern zurückerobert worden, die Lage verworren. Doch fiel das vergleichsweise hoch zentralisierte Land letztlich relativ rasch und leicht in die Hand der Muslime, nachdem 641 die byzantinische Besatzung der Zitadelle von Babylon kapituliert hatte, die den Eingang des Nildeltas kontrollierte. In ihrer unmittelbaren Nähe ließ Amr das Heerlager Fustat (von griech. *fossaton*, Wallanlage) anlegen. Nach dem Tod von Kaiser Heraclius ergab sich 642 Alexandria. Die Eroberung des reichen Ägypten erbrachte große Beute und eine gewaltige Zahl von Gefangenen, die entweder versklavt oder gegen Lösegeld freigelassen wurden; auf dem Land scheinen sich die Plünderungen und Vertreibungen jedoch in Grenzen gehalten zu haben. Gegen erheblichen Widerstand der lokalen Bevölkerung stießen muslimische Verbände nach Oberägypten und in die Cyrenaika vor und von dort weiter nach Nordafrika, das unter byzantinischer Herrschaft ungleicher Intensität und Dichte stand.

Drama und Trauma: Die Nachfolge des Propheten

Als Umar b. al-Khattab 644 nach zehnjährigem Kalifat von einem christlichen Sklaven ermordet wurde, geschah dies nicht aus politischen Gründen, sondern aus persönlicher Rache. Auf dem Totenbett soll er ein allein aus Quraish bestehendes Sechsmänner-Gremium berufen haben, das aus seiner Mitte Uthman b. Affan zum Kalifen wählte. Uthman, Angehöriger der einflußreichen Sippe der Banu Umayya b. Abd Shams (er war damit der erste Umayyade an der

Auf Pergament ist in kufischer Schrift Vers 20 der Sure 48 (*al-fath*, Der Sieg) festgehalten. Die Wörter sind nicht zusammenhängend geschrieben, der Text ist mit roten Punkten teilweise vokalisiert; da jedoch die diakritischen Punkte fehlen, die verschiedene Konsonanten wie etwa b, t, th, n und y voneinander unterscheiden, kann er nur von dem «gelesen» werden, der ihn bereits kennt. Das Blatt stammt aus dem 9./10. Jahrhundert und damit aus abbasidischer Zeit.

Spitze des islamischen Staates) hatte einiges vorzuweisen: die frühe Zugehörigkeit zum Islam, edle Abkunft, Einheirat in die Familie des Propheten (er ehelichte zwei seiner Töchter, Ruqayya und Umm Kulthum), Alter und Erfahrung; daß er überdies reich war, scheint bei der Wahl keine Rolle gespielt zu haben. Vor allem im Osten ging die Expansion ungebrochen weiter. Dennoch oder gerade deshalb brachen unter Uthman die Spannungen im Innern der jungen und so rasch expandierenden Gemeinschaft auf, die in kürzester Zeit über die kleine Ursprungsgemeinde hinausgewachsen war. Konfliktträchtig war vor allem die Verteilung der ungeheuren Beute zwischen den einzelnen Gruppen der Eroberer sowie zwischen ihnen und der kalifalen «Zentralgewalt». Was sich als stupende Erfolgsgeschichte sehen ließ und läßt, hatte eine offenkundige Kehrseite – den raschen sozialen und kulturellen Wandel, auf den die Eroberer in keiner Weise vorbereitet waren und der enorme innere Spannungen mit sich brachte. Der fulminante Siegeszug bedeutete für die Sieger damit zugleich Entlastung und Belastung.

Erhalten ist die lange Liste der Klagen, die Uthmans Kritiker vortrugen: Sie betrafen nicht nur die ungerechte Verteilung der Beute und der Steuereinnahmen sowie die Besetzung der wichtigsten Positionen im neu entstehenden Reich mit Angehörigen seines eigenen Clans (tatsächlich hatten Umayyaden die Gouverneursposten von Syrien, Ägypten, Basra und Kufa inne), sondern auch die «Sammlung» des Koran in einer offiziellen Version zu Lasten anderer Varianten, die in mündlicher oder schriftlicher Form in Umlauf waren. Damit trat der Kalif zwar durchaus legitim als Hüter des Glaubens auf, doch warfen seine Kritiker ihm vor, Gottes Wort unvollständig und in Teilen sogar falsch wiederzugeben. Gerade seine «Sammlung» in einem Buch, das in die verschiedenen Provinzen verschickt wurde, machte es von nun an jedoch noch leichter, unter Berufung auf den Koran die Verhältnisse zu kritisieren und damit auch die Herrschenden. Kritik an Uthman kam mithin aus ganz unterschiedlichen Kreisen: von frommen Muslimen, die sich über die Koranredaktion und allgemeiner über die Verweltlichung von Staat und Gesellschaft empörten; von arabischen Stämmen und ihren Führern, die sich um ihren Anteil an der Beute betrogen sahen; von

Prophetengefährten, die sich von Uthman und seinen Verwandten an den Rand gedrängt fühlten. Schon 651 kam es unter den in Kufa und Khurasan (Nordostiran) stationierten Einheiten zu Unruhen, aus Ägypten marschierten Truppen auf Medina; die herausragenden Prophetengefährten hielten sich in dem Konflikt zurück, die Prophetenwitwe Aisha ging auf Pilgerfahrt. Im Juni 656 ermordeten Rebellen den Kalifen in seinem eigenen Haus, der Tradition zufolge über den Koran gebeugt: ein Skandal ohnegleichen.

Kurz darauf wurde Ali b. Abi Talib mit Unterstützung der medinensischen «Helfer» zum Kalifen ausgerufen. Ali ist eine der zentralen Gestalten der islamischen Geschichte, an die sich unterschiedlichste Ideale und «Erinnerungen» knüpften und knüpfen. Ihm wurden die Tugenden zugeschrieben, die muslimische wie nichtmuslimische Araber so besonders schätzten: Er galt als tapfer, beredt, gerecht, bescheiden und fromm. Auf Ali beriefen sich in späterer Zeit nicht nur Schiiten unterschiedlicher Couleur, sondern auch viele Sunniten, die Freunde der arabischen Redekunst (*balagha*), Sufis, Jungmännerbünde (*futuwwa*) und Handwerkergruppen. Das macht die Beschäftigung mit der historischen Gestalt nicht einfacher, bei der wir von späteren Historikern abhängen, die, gerade was sein Kalifat anbelangt, weder gleichgültig noch unparteiisch waren. Am wenigsten kontrovers ist, wie so oft, die Genealogie, die Ali vor den anderen Kalifen, aber auch der Mehrheit der Prophetengefährten auszeichnete: Er war ein Cousin Muhammads und einer der ersten Muslime, als Ehemann der Prophetentochter Fatima zugleich dessen Schwiegersohn und schließlich Vater der einzigen männlichen Nachkommen Muhammads. Aus seiner Zugehörigkeit zur Familie des Propheten leiteten seine Anhänger die Überzeugung ab, er allein sei zur Nachfolge berechtigt und das Kalifat Abu Bakrs, Umars und Uthmans daher illegitim. Obgleich Ali mehr Pluspunkte vorzuweisen hatte als alle Kalifen vor und nach ihm, kam es unter ihm zum Desaster: der Spaltung der Gemeinde, die so viel Wert auf ihre Geschlossenheit legte, in deren Folge sogar Muslime gegen Muslime in den Kampf zogen.

Die 1. fitna: Ali gegen Mu'awiya (656–661)

Wir kennen die Gruppierungen, die in dem Konflikt gegeneinander antraten, in erster Linie als Vertreter bestimmter religiös-politischer Anliegen, die sich an der Frage von Rechtleitung und Kalifat festmachten und ganz allmählich zu eigenständigen Strömungen mit je eigener religiöser Lehre, Stimmungslage und Sensibilität verfestigten. Dabei waren die Kharijiten durch eine religiös formulierte Grundsatzpolitik gekennzeichnet; die Schiiten durch die Loyalität zu Ali, über dessen etwaiges religiöses Programm wir wenig Sicheres wissen; eine dritte Gruppe durch die Bindung an den syrischen Gouverneur Mu'awiya b. Abi Sufyan, der mit keiner besonderen religiösen Position identifiziert wurde; eher politische denn religiöse Interessen verfolgten auch die Vertreter des mekkanischen Verdienstadels, die sich gegen Ali erhoben. Eine eigene «sunnitische» Strömung sollte sich erst viel später verfestigen; gerade Ali nahm für sich in Anspruch, die Sunna des Propheten getreulich zu befolgen. Es standen sich zugleich aber Gruppierungen mit je eigenem tribalen und regionalen Hintergrund gegenüber, mit unterschiedlichen Handlungsfeldern und Handlungsmustern, je eigener Organisation, Sprache und Symbolik. Besonders auffällig ist der heilige Ernst, mit dem die Kharijiten und Aliden den Kampf führten. Die Rivalität der Kalifatsanwärter verband sich mit tribaler Konkurrenz um Status, Besitz und Macht. Räumlich war der Rahmen von Mekka und Medina über Syrien und die Heerlager in Irak und Ägypten bemerkenswert weit gespannt; nur Iran und Nordafrika blieben außen vor. Sozial hingegen handelte es sich um eine kleine Minderheit, denn aktiv an den Auseinandersetzungen beteiligt waren nur arabische Muslime, was nicht heißt, daß die Mehrheit der Nichtmuslime von den Kämpfen nicht in Mitleidenschaft gezogen worden wäre.

Gegen den mittlerweile rund sechzigjährigen Ali erhob sich eine Gruppe führender mekkanischer Quraish um Muhammads deutlich jüngere Witwe Aisha (ihr wird bezeichnenderweise keine religiöse oder politische Idee zugeschrieben, sondern persönliche Abneigung, ja Haß auf Ali) und zwei der angesehensten Prophetengefährten, Talha b. Ubaidallah und Zubair b. al-Awwam (der mit Aishas Halbschwester Asma verheiratet war), die ihrerseits heftig konkurrierten. Ihre Motive sind nicht ganz klar; sie mögen aber mit Alis «egalitärer» Haltung bei der Verteilung von Land, Beute und Steuereinnahmen zu tun gehabt haben, die ihm Zustimmung bei der kämpfenden Truppe einbrachte, jedoch die Gegnerschaft der altneuen muslimisch-arabischen «Aristokratie», die Talha und Zubair vertraten. Auf sie wirkte Alis viel beschworenes Charisma ganz offenkundig nicht. Sie forderten Rache für Uthman und die Bestrafung seiner Mörder, gegen die Ali auffallend untätig blieb, marschierten in Richtung Irak und besetzten nach ziemlich schäbigem Gerangel Basra, wo sie ein Massaker unter Uthmans früheren Kritikern anrichteten. Ende 656 kam es in der Nähe Basras zu der sogenannten Kamelschlacht, die ihren Namen nach dem Kamel erhielt, von dem aus Aisha die Kämpfenden anfeuerte und in der selbst enge Familienangehörige gegeneinander fochten. Alis Truppen siegten, Talha und Zubair fielen, Aisha wurde unter Bewachung nach Medina zurückgesandt, die Rebellen mehrheitlich begnadigt. Die Kamelschlacht war als Kampfhandlung unbedeutend, aber ein bedeutungsschweres, böses Omen, das grundlegende ethische und politische Fragen aufwarf und auf die Beteiligten tief verstörend wirkte – die erste Begegnung von Muslimen auf dem Schlachtfeld, eine «Heimsuchung» (fitna) ersten Grades.

Langfristig noch bedeutsamer war die Schlacht von Siffin, die im Sommer 657 am mittleren Euphrat nahe dem heutigen Raqqa stattfand. Hier stand Ali einem neuen Gegner gegenüber: Muʿawiya b. Abi Sufyan, einem Cousin zweiten Grades des ermordeten Kalifen Uthman und seit mehr als einem Jahrzehnt Gouverneur der Provinzen Syrien und Jazira. Er verweigerte Ali den Gehorsam und forderte wie vor ihm Aisha, Talha und Zubair Rache für Uthman und die Bestrafung seiner Mörder. Bei Siffin trafen zwei ungewöhnlich große muslimische Armeen aufeinander, die vereinfachend als «irakisch» (pro-Ali) und «syrisch» (pro-Muʿawiya) bezeichnet und damit bereits als Vertreter regionaler Interessen und Loyalitäten wahrgenommen wurden. In das lang gedehnte Kampfgeschehen fiel einer der berühmtesten symbolischen Akte der islamischen Geschichte: Die syrischen Truppen hefteten Koranblätter an ihre Lanzenspitzen, um in Anlehnung an Koran 4,59 «die Sache an Gott zurückzuverweisen», wobei sie Gottes Entscheidung nicht auf dem Schlachtfeld, sondern in einem Schiedsspruch suchten. Eher widerwillig stimmte Ali der Einsetzung eines Schiedsgerichts zu, das über das Verhalten Uthmans, die Schuld an dessen Tod und damit indirekt auch die Rechtmäßigkeit seines eigenen Kalifats entscheiden sollte. Ein Teil seiner Anhänger lehnte mit Verweis auf andere Koranverse, die den Kampf gegen Rebellen gebieten, gerade ein solches Schiedsgericht als unrechtmäßig ab, da es nur ein menschliches Urteil fällen konnte, während sie den Ausgang der Schlacht als Gottesurteil verstanden. Der Schiedsspruch fiel, wenn er denn überhaupt (658 in Adhruh?) gefällt wurde, so undeutlich aus, daß beide Seiten ihn zu ihren eigenen Gunsten auslegten. Muʿawiya bemächtigte sich ohne große Probleme Ägyptens. Währenddessen wuchs im Lager Alis die Schar der Unzufriedenen. Eine Gruppe (die wohl nur zum Teil identisch war mit denjenigen, die sich in Siffin der Einsetzung eines Schiedsgerichts widersetzt hatten) trennte sich im März 658 endgültig von ihm. Das gab einer neuen religiös-politischen Bewegung ihren Namen, den Kharijiten, abgeleitet von arab. *kharaja*, «hinausgehen», «sich absondern». Für Ali waren die Kharijiten, die sich an dem östlich des Tigris gelegenen Kanal von Nahrawan sammelten, Deserteure. Das Blutbad, das er wenige Monate später unter ihnen anrichtete, entfremdete ihm weitere Gläubige, so daß er den Kampf gegen Muʿawiya bis auf weiteres einstellen mußte. Im Januar 661 wurde Ali vor einer Moschee in Kufa von einem Kharijiten ermordet, der seine am Kanal von Nahrawan gemeuchelten Brüder rächte.

Nach Alis Ermordung setzte sich Muʿawiya als Kalif durch. Im August 661 erkannten ihn die wichtigsten Führer der Gemeinde als Kalifen an; selbst Alis ältester Sohn aus der Ehe mit Fatima, Hasan, leistete ihm den Treueid (sogenanntes Jahr der Gemeinschaft, *ʿam al-jamaʿa*). Ausgerechnet ein Sohn des Abu Sufyan b. Harb und der Hind bint Utba, die Muhammad bis zur Einnahme Mekkas in Wort und Tat bekämpft hatten, übernahm eine Generation später die Macht im islamischen Staat – eine Erfolgsgeschichte, die ihm die Nachwelt nicht lohnte: In den muslimischen Annalen wird

Muʿawiya im Gegensatz zu Uthman und Ali nicht mehr als «rechtgeleitet» geführt.

Übergänge:
Die Ausformung islamischer Herrschaft

Die Eroberungen trugen die arabischen Muslime über die Grenzen der ihnen bekannten Welt hinaus und erweiterten in jeder Hinsicht ihren Horizont. In ihrem Verlauf bildeten sich allmählich die Grundstrukturen islamischer Herrschaft, Kultur und Gesellschaft heraus. Während die Eroberer sich, soweit es ging, die politische und militärische Gewalt vorbehielten, übernahmen sie in der Zivil- und Finanzverwaltung zunächst die bestehenden Strukturen samt dem vorhandenen Personal. Das entsprang nicht unbedingt dem erklärten Willen zur Toleranz, sondern der schieren Notwendigkeit: Zu den bestehenden Institutionen, Verfahren und Personen, die allein über die notwendigen Orts-, Sach- und Sprachkenntnisse verfügten, gab es zu dieser Zeit keine «islamische» Alternative. Aus dem pragmatisch-flexiblen Ansatz folgten zwangsläufig uneinheitliche Regelungen, die erst nach 700 einer größeren Vereinheitlichung wichen. Einen islamischen Staat mit fest gefügter Struktur gab es noch nicht, sondern nur ein lockeres, konflikträchtiges Gefüge städtischer und tribaler Eliten, die ganz überwiegend nicht zu den Muslimen der ersten Stunde gezählt hatten, sich dem Islam vielmehr erst anschlossen, als dieser sich als unwiderstehlich erwies. Über die Verteilung von Land, Beute und sonstigen Zuwendungen wuchsen dem Kalifen und den von ihm eingesetzten Gouverneuren Patronagemöglichkeiten ganz neuen Stils zu, die für Erwerb und Sicherung von Herrschaft größte Bedeutung erlangten – zugleich aber die Konkurrenz der Eliten um Posten und Ressourcen enorm verschärften.

Im Einklang mit der Tendenz der muslimischen Überlieferung, bestimmte Ideen, Verfahren und Einrichtungen mit einzelnen Personen zu identifizieren, die sie begründet haben sollen, werden Maßnahmen rechtlicher und administrativer Art gerne auf den als besonders fähiger Organisator geltenden Umar zurückgeführt: die zentrale Verwaltung der irakischen Ländereien, die nicht unter die Eroberer aufgeteilt wurden; die Aufgliederung Syriens in Militärbezirke (Sg. *jund*), die byzantinischem Vorbild folgte; die Gründung befestigter Heerlager (Sg. *misr*) in den besetzten Territorien; die Einrichtung eines Registers (*diwan*) der muslimischen Kämpfer, die Ernennung von Richtern (Kadis), die Einführung des Hijra-Kalenders, die Regelung rechtlicher Sachfragen und gottesdienstlicher Handlungen und schließlich der sogenannte Umar-Pakt, der die Beziehungen zu den Nichtmuslimen in den besetzten Gebieten ordnen sollte. Was davon historisch ist, läßt sich im einzelnen kaum mehr klären; sicher aber war das islamische Staatswesen unter Umar weniger durchorganisiert und gefestigt, als spätere Historiker es darstellten. Neu war sein Titel «Befehlshaber der Gläubigen» (*amir al-mu'minin*), den Abu Bakr noch nicht geführt hatte, der sich wohl schlicht «Nachfolger des Gesandten Gottes» (*khalifat rasuli llah*) nannte. Auf jeden Fall verfügte Umar über ein Maß an Autorität, das den unterworfenen Völkerschaften vertraut, für die arabischen Stämme aber neu war.

Tatsächlich scheint Umar gegen erhebliche Widerstände durchgesetzt zu haben, daß die mit Gewalt (*'anwa^{tan}*) eroberten Länder nicht an die siegreichen Truppen verteilt wurden, sondern in den Besitz der muslimischen Gemeinschaft als Ganzer übergingen; ihr Status als eine Art anvertrauten Gutes wurde später meist mit den religiösen Stiftungen, Sg. *waqf*, gleichgesetzt. Am besten belegt ist das für den Irak, dessen reiches Agrarland nach der schwarzen Farbe der Erde als *sawad* bekannt war. Verwaltet wurde dieses Land durch den Kalifen bzw. den von ihm eingesetzten Gouverneur, der aus den erhobenen Steuern unter anderem die Truppen unterhielt, die somit nicht allein von der Beute lebten. An den Kalifen fielen auch die byzantinischen und sassanidischen Krongüter. Die Übernahme des Irak in «Staatseigentum» verhinderte zugleich, daß die Kämpfer sich als Grundbesitzer zerstreuten und zur Ruhe setzten. Stattdessen wurden sie in befestigten Heerlagern oder Garnisonen (Sg. *misr*) zusammengezogen, die entweder ganz neu geschaffen (Beispiel Basra, Kufa, Fustat und später Kairuan) oder innerhalb bestehender Ortschaften als getrennte Viertel angelegt wurden (Beispiel Damaskus, Isfahan, Rayy), und von dort zu weiteren Feldzügen ausgesandt. Durch die räumliche Konzentration und Abgrenzung sollte die Dynamik der Eroberungen, der ungebrochene Geist des Jihad-Staates (Blankinship), erhalten bleiben. Das erforderte die fortgesetzte Expansion in Territorien, die den Aufwand ihrer Eroberung lohnten – auch dies eine Form der Kriegswirtschaft.

Ob es tatsächlich Umar war, der in Medina ein erstes Register (Diwan, pers. Liste, Verzeichnis) all derer anlegen ließ, die auf Grund bereits erworbener Verdienste um den Islam Anrecht auf feste Zuweisungen aus der Staatskasse zugesprochen bekamen, und welche praktische Bedeutung dieses Register gegebenenfalls erlangte, ist nicht ganz klar. Für das Ende des 7. Jahrhunderts sind derartige Diwane in einzelnen Zentren des islamischen Reiches nachgewiesen. Grundsätzlich waren alle männlichen Muslime, sofern sie über die notwendigen Mittel verfügten, zum Jihad im Sinne des bewaffneten Kampfes verpflichtet. Als Ausgleich erhielten sie in der frühen Phase keinen regelmäßigen Sold, sondern neben dem Anteil an der Beute eine finanzielle Zuwendung (*ata*', wörtlich Geschenk, Gabe, Dotation, im Deutschen häufig ungenau mit «Pension» wiedergegeben). Das setzte die Aufnahme in den Diwan voraus, der für Status und Einkünfte der Betroffenen und ihrer Familien enorm wichtig wurde. Die Zahlungen erfolgten überwiegend in bar, was außerordentliche Mengen an Edelmetall und Münzen erforderte. Neben den eingetragenen Kämpfern (*muqatila*) gab es arabische wie nicht-arabische Freiwillige (*mutatawwiʿa*), die in der Regel keine Dotation, sondern lediglich einen Anteil an der Beute erhielten – und die Hoffnung, in Anerkennung ihrer militärischen Leistungen in den Diwan aufgenommen zu werden.

Muʿawiya verstand es im Laufe seiner zwanzigjährigen Herrschaft (er regierte 661–680), die eigene Stellung durch eine geschickte Politik zu sichern, die noch erkennbar in der arabischen Stammestradition stand, jedoch auf ganz andere materielle und ideelle Grundlagen zurückgreifen konnte: Tradierten Erwartungen entsprach die Verbindung von Großzügigkeit, Milde und Selbstbeherrschung (*hilm*), für die Muʿawiya berühmt wurde, mit Härte gegen seine inneren und äußeren Feinde. Wie seine Vorgänger berief sich Muʿawiya auf göttliche Rechtleitung; er nannte sich «Stellvertreter Gottes» (*khalifat allah*) und nicht nur «Nachfolger des Propheten» (*khalifat rasuli llah*), mied aber die Gesten und Symbole königlicher Herrschaft und legitimierte sich durch Leistung, namentlich den Jihad. In klassisch patrimonialer Manier vergab er, ganz wie vor ihm Uthman, wichtige Ämter und die entsprechenden Einkünfte an Männer seines Vertrauens: Angehörige der eigenen Familie (rasch erwarben Umayyadenprinzen von Syrien bis Westiran einträgliche Landgüter), Anführer arabischer Stämme (*ashraf*) vor allem der syrischen Armee, die seine Machtbasis darstellte, sowie ehemalige byzantinische und sassanidische Granden; schon zu seiner Zeit war die Machtelite somit nicht exklusiv arabisch. Die Gouverneure wurden aus dem engsten Umfeld des Kalifen rekrutiert und besaßen umfassende militärische, zivile und schiedsrichterliche Kompetenzen; sie befehligten die in ihrer Provinz stehenden Truppen, prägten eigene Münzen und bestimmten weitgehend den eigenen Kurs, konnten allerdings jederzeit vom Kalifen abberufen werden. Herausragende Beispiele sind der aus Ta'if stammende Ziyad b. Abihi (Ziyad, Sohn seines Vaters; da Muʿawiya ihn als Bruder adoptierte, ist er auch als Ziyad b. Abi Sufyan bekannt), ab 665 Gouverneur des Irak und der östlichen Territorien einschließlich Irans, sowie dessen Sohn Ubaidallah. Die Steuer- und Finanzverwaltung blieb in einheimischen Händen; die Abgaben flossen in die Kasse des Gouverneurs, der sie, vermittelt über die Stammesführer, an die Krieger verteilte. Einen Teil führte er an den Kalifen ab, dem laut Koran 8,41 ein Fünftel der Einnahmen zustand. Besonders wertvolle Beutestücke wie Throne, Kronen und andere Herrschaftsinsignien wurden nach Mekka gesandt und nahe der Kaaba ausgestellt. Tatsächlich blieben die Zahlungen aus den vier Großprovinzen Syrien, Jazira, Irak und Ägypten mit den von dort aus verwalteten Territorien so bescheiden, daß Muʿawiya hauptsächlich von der ihm direkt unterstellten Provinz Syrien lebte.

Die Provinzen wahrten ihren Eigencharakter, und die Verhältnisse vor Ort waren durch unterschiedliche Faktoren bestimmt: die politischen, wirtschaftlichen und demographischen Gegebenheiten vor der Eroberung; Verlauf und Form der Eroberung selbst, die maßgeblich durch die Beziehungen zu lokalen Eliten bestimmt und in vielen Fällen vertraglich festgehalten wurde; die Zusammensetzung der neu angesiedelten oder aus eigenem Antrieb zugewanderten arabischen Stammesgruppen. Muʿawiya machte Syrien zum Zentrum des Reiches: Unter dem Druck seiner Gegner hatte Ali seine Residenz 657 von Medina in das zentraler gelegene Kufa verlagert; die Umayyaden verlegten die Hauptstadt nach Damaskus. Sie selbst residierten allerdings die längste Zeit in kleineren Orten, darunter den bekannten Wüstenschlössern. Damaskus war daher – anders als später Bagdad – nicht eigentlich Sitz des Kalifats, Syrien hingegen das Machtzentrum der Umayyaden, in dem reguläre Truppen mit schätzungsweise 100 000–175 000 Mann standen. Syrien unterschied sich von anderen Provinzen durch seine relativ große und heterogene arabische Bevölkerung, die zum Teil bis vor die islamische Eroberung zurückreichte und durch Zu- und Abwanderung tribaler Verbände dauernd in Bewegung blieb; anders als im Irak und in Ägypten lebte sie nicht (nur) in einigen wenigen Garnisonen, sondern auf die gesamte Provinz verteilt. Wiederum eigene Verhältnisse wies die Provinz Jazira (Nordsyrien und Mesopotamien) an der prestigeträchtigen byzantinischen Front auf, die zu großen Teilen aus Steppe und Wüstensteppe (*badiya*) bestand, die nomadische Zuwanderer anzog, aber auch bedeutende christliche Zentren wie Edessa (arab. ar-Ruha, heute Urfa) aufwies. In der Jazira standen wohl rund 75 000 Mann, wobei sicher nicht alle hier lebenden Stammesangehörige im Diwan registriert waren. Zu der am Tigris konzentrierten Stammesgruppe der Rabi'a zählten im übrigen auch die nomadischen Banu Taghlib, die gegen Entrichtung einer besonderen Steuer Christen bleiben durften: «Araber» war in dieser Zeit somit nicht zwingend identisch mit «Muslim». Im Laufe der Eroberungen stand die Jazira in lockerem und sich ständig änderndem Verbund mit den Unterprovinzen Mosul, Armenien, Arran und Aserbaidschan, gelegentlich auch Georgien.

Die mit Abstand größte, ressourcen- und bevölkerungsreichste umayyadische Provinz bildete der Irak, der etwa die Hälfte der Gesamtfläche des Staates wie seiner Einnahmen ausmachte und neben dem unteren Euphrat-Tigris-Gebiet auch die sehr heterogenen Territorien West- und Zentraliran (Fars) sowie Nordostiran (Khurasan) umfaßte, die von Kufa oder Basra aus erobert worden waren. Der sassanidische Großkönig und die höchsten Amtsträger waren früh geflohen, das Kronland wurde zum Teil aufgeteilt, jedoch kaum an Quraish vergeben. Die Landadligen (Dihqane, pers. Sg. *dehkan*), die in der Regel auch die Steuern eintrieben, blieben überwiegend auf dem Land, so daß sich in Irak und Iran wesentlich weniger verlassene Grundstücke und Häuser fanden als in Syrien. Die Bevölkerung des Irak selbst war mehrheitlich christlich und aramäischsprachig; dazu kamen starke jüdische und zoroastrische Minderheiten sowie alteingesessene und neu zugewanderte arabische Stämme, die die Gouverneure nicht wirklich kontrollierten. Besonders zugespitzt war die Lage in den Heerlagern Basra und Kufa, die als Ausgangspunkt für die Eroberungen im Norden und Osten dienten: Von einer reichen landwirtschaftlichen Zone umgeben, zogen sie viele Zuwanderer an; um 700 sollen sie je etwa 200 000 Einwohner gehabt haben (Morony 1988: 253). Kalifen, Gouverneure und reiche Stammesführer förderten die landwirtschaftliche Entwicklung durch die Trockenlegung von Sümpfen, Anpflanzung von Palmen und Ausbeutung der Salzmarschen. Für eine kurze, aber wichtige Phase bildeten Kufa und Basra das intellektuelle Zentrum der muslimischen Welt, das Medina überschattete; im 8. Jahrhundert wirkten hier einige der bedeutendsten muslimischen Gelehrten. Ungeachtet seines demographischen, kulturellen und militärischen Gewichts – bei Muʻawiyas Tod sollen rund 100000 Mann in der Großprovinz stationiert gewesen sein – besaß der Irak am Kalifenhof wenig politischen Einfluß: daher die große Unzufriedenheit über Landvergabe und Steuern und der stete Vorwurf der «Gottlosigkeit» an die Umayyaden, die sich unter verschiedenen Vorzeichen in zahlreichen Aufständen entluden.

Ganz eigene Bedingungen bot Iran, das als Teil der Großprovinz Irak von Basra und Kufa aus verwaltet wurde: Gegen erheblichen Widerstand wurde die westiranische Provinz Fars erobert, die Persis, Stammland der Achämeniden (558–330 v. Chr.) und der Sassaniden (seit 224 n. Chr.), in dem der zoroastrische Glaube und die mittelpersische Sprache (Pahlavi) bis ins 9. Jahrhundert stark verbreitet blieben. Die Zuwanderung arabischer Clans und Familien aus den irakischen Garnisonen ließ sich von den dortigen Gouverneuren in gewissem Umfang steuern, nicht aber der Zustrom tribaler Verbände aus der Arabischen Halbinsel, die zum Teil die lokale Bevölkerung vom Land verdrängten, es zum Teil aber auch in aller Form käuflich erwarben. In diesem im einzelnen nicht mehr nachvollziehbaren Prozeß scheinen die Städte mit ihren sassanidischen Festungen insgesamt mehr gelitten zu haben als das flache Land; alles in allem blieb die arabische Bevölkerung deutlich dünner als im irakisch-syrischen Raum. Die landwirtschaftlich reiche und dicht bevölkerte südkaspische Region Dailam war noch nicht unterworfen. Wiederum anders gestalteten sich die Verhältnisse in der riesigen, im Innern sehr heterogenen Provinz Khurasan mit ihren durchlässigen Grenzen, wo die neue Verwaltung lange brauchte, stabile Formen anzunehmen. Unter den Sassaniden eine der vier großen Reichsprovinzen, die von der Oase Merw aus regiert wurde, umfaßte Khurasan in frühislamischer Zeit gelegentlich den gesamten nördlichen Landstreifen vom Zagros-Gebirge über Aserbaidschan und Afghanistan bis zum Indus, zeitweise war es mit Transoxanien vereint, dann wieder von diesem getrennt. Auch Transoxanien (arab. *ma wara' an-nahr*, «was hinter dem Fluß liegt», gemeint ist der Oxus), das alte Sogdien mit der Hauptstadt Samarkand, eine Drehscheibe des Fernhandels, war in ethnischer und religiös-kultureller Hinsicht heterogen, wobei im 6. Jahrhundert die Zoroastrier die Nestorianer,

Manichäer, Buddhisten und Hindus in den Hintergrund gedrängt hatten. Hier stießen die muslimischen Eroberer auf starken Widerstand der einheimischen Bevölkerung, so daß der Sturz der Sassaniden nicht zugleich die Unterwerfung und Befriedung dieser Territorien bedeutete. Die arabisch-muslimische Präsenz wurde in den 670er Jahren massiv verstärkt, als Ziyad b. Abihi etwa 50000 Mann mit ihren Familien von Basra und Kufa nach Merw umsiedelte, wo sie die muslimische Eroberung konsolidieren und ausweiten sollten. Schon damals galt: Unruhige Elemente an die Front! In der Folgezeit fanden die iranischen und die arabisch-muslimischen Eliten jedoch gerade in Khurasan zu einem Modus vivendi.

Der Westen spielte für das frühe Kalifat kulturell und machtpolitisch eine geringe Rolle. Aus Ägypten und der Cyrenaika waren die Griechen vielfach mitsamt ihrer beweglichen Habe geflüchtet, die ägyptischen Kopten zeigten sich gegenüber den neuen Herren kooperativ. In Fustat und einigen kleineren Garnisonen waren wohl maximal 40000 Mann stationiert, die kein Land erhielten, sondern lediglich Weiderechte. Das im allgemeinen ruhige und stabile Ägypten blieb eine Kornkammer und relativ verläßliche Einnahmequelle des Reiches. In Nordafrika westlich der Großen Syrte, dem eigentlichen Maghreb (arab. «der Ort, wo die Sonne untergeht»), hingegen leisteten die Berber den arabischen Invasoren heftigen Widerstand. Sie waren im Gegensatz zu den Kopten das, was man in der modernen Sozialwissenschaft «konfliktfähige Gruppen» nennt. Dementsprechend zäh und mühsam verliefen die Feldzüge, die in den 670er Jahren von dem neuen Heerlager Kairuan im heutigen Tunesien ausgingen. Nennenswerte Erfolge erzielten die Eroberer aber erst in den 690er Jahren, *nachdem* sich zahlreiche nomadische Berbergruppen der Küstenebene den muslimischen Heeren angeschlossen hatten. In der Regel wurden sie wohl nicht in den Heeresdiwan aufgenommen, der arabischen Kämpfern vorbehalten blieb (ganz gesichert ist das nicht), erhielten auf jeden Fall aber ihren Anteil an der Beute.

Die 2. fitna (683–692)

Anders als seine Vorgänger überließ Muʿawiya die Auswahl seines Nachfolgers keinem anderen. Er bestimmte 680 seinen Sohn Yazid und etablierte damit erstmals in islamischer Zeit das Erbfolgeprinzip. Ein Regime mit zweifelhafter Legitimation, das sich durch

Dieser moderne Druck zeigt Ali mit seinen Söhnen Hasan (rechts) und Husain (links), die hier als Knaben dargestellt werden. Ali tritt als Krieger auf und hält sein berühmtes, meist zweispitzig dargestelltes Schwert Dhu l-Faqar (als «Zulfikar» vor allem unter indo-pakistanischen Muslimen ein gern gewählter Personenname) in Händen, das Muhammad nach muslimischer Überlieferung in der Schlacht von Badr erbeutete. Abbildungen dieser Art sind in schiitischen Kreisen sehr beliebt und verbreitet. Häufig werden die Mitglieder der «heiligen Familie» mit unverhülltem Antlitz abgebildet (vgl. aber S. 299). Allerdings fehlt (nicht nur hier) die Frau und Mutter: Muhammads Tochter Fatima.

Leistung legitimieren muß, bleibt immer angreifbar. Tatsächlich kam es zu erbitterten Kämpfen innerhalb des umayyadischen Clans und unter den arabischen Stämmen, zahlreichen Aufständen und wiederholten Meutereien unterschiedlicher Truppen, die sich in zwei «Bürgerkriegen» (2. und 3. *fitna*) verdichteten. Einzelne Gruppen folgten eigenen Führern, die nur aus umayyadischer Sicht als illegitime «Gegenkalifen» erschienen; Gewalt wurde nach außen wie nach innen ausgeübt. Als wichtigste Akteure traten neben den Kalifen und seine Gouverneure der muslimische Verdienstadel, sich neu gruppierende Stammeseinheiten, die Aliden und die Kharijiten.

Widerstand gegen Yazid (reg. 680–683) kam wiederum aus dem «Verdienstadel» der Familie und Gefährten des Propheten. Unter den Bedingungen von Polygamie und Konkubinat ließ das genealogische Prinzip erheblichen Spielraum, zumal die arabische Gesellschaft eine feste Erbfolge etwa in Gestalt des Rechts des Erstgeborenen (Primogenitur) nicht kannte und die Söhne von Sklavinnen und Konkubinen denen freier Frauen im Prinzip gleichgestellt waren. Sollte nun – wie Muʿawiya es wünschte – eine bestimmte Linie unter den Quraish den Vorrang genießen? Oder begründete – wie die Parteigänger Alis glaubten – die Zugehörigkeit zur Familie des Propheten (ahl al-bait) ein exklusives Anrecht auf die Führung der Gemeinde? Und wenn dem so war, wer gehörte überhaupt zur Familie des Propheten – nur seine Nachkommen über Fatima und Ali, alle Söhne Alis aus unterschiedlichen Ehen und Verbindungen oder auch die Onkel, Großväter und Urgroßväter Muhammads mit ihren eigenen Nachkommen? Für jede dieser Positionen fanden sich einflußreiche Fürsprecher. Alis ältester Sohn Hasan, der 661 Muʿawiya als Kalifen gehuldigt hatte, war mittlerweile still in Medina gestorben. Auf die Nachricht von Muʿawiyas Tod hin riefen die Einwohner des notorisch unruhigen Kufa Hasans jüngeren Bruder Husain auf, die Führung der Gemeinde zu übernehmen, boten ihm aber keine greifbare Unterstützung, als er mit einer kleinen bewaffneten Schar von Mekka aus in den Irak vorrückte. In Kerbela fiel er am 10. Muharram 61 (Oktober 680) im Kampf gegen Truppen des umayyadischen Gouverneurs Ubaidallah b. Ziyad (Yazid selbst war nicht beteiligt) – ein Drama, das, so unbedeutend es machtpolitisch gewesen sein mochte, die Zeitgenossen aufwühlte und von Schiiten noch heute in leidenschaftlichen Passionsriten (Ashura) vergegenwärtigt wird. Bemerkenswert rasch entfaltete sich in alidischen Kreisen ein neues Grundmotiv muslimischer Frömmigkeit: das Gedenken an Husains «Martyrium», verbunden mit dem Ruf nach Rache, Reue und Buße.

Die größte Gefahr für Yazid ging von anderer Seite aus: Wie Husain b. Ali verweigerte ihm auch ein Sohn des 656 in der Kamelschlacht gefallenen Zubair b. al-Awamm, Abdallah (ein Enkel Abu Bakrs und Neffe Aishas), die Huldigung, der sich in Mekka zum «Befehlshaber der Gläubigen» (amir al-muʾminin) erklärte. Das folgende Geschehen ging als 2. Bürgerkrieg (fitna, 683–692) in die Annalen ein, in dessen Schatten sich die – je eigenständig agierende – alidische und kharijitische Opposition entfaltete. In Kufa regten sich nach Husains Tod sogenannte Büßer, die seinen Tod rächen und ihr eigenes Versagen sühnen wollten. Rund 5000 «Büßer» fanden im Frühjahr 685 in einem Gefecht den ersehnten Sühnetod, nur ein kleiner Trupp entkam. Langfristig ebenso bedeutsam war die Aufstandsbewegung des Mukhtar b. Abi Ubaid ath-Thaqafi aus dem Stamm der Thaqif, dem ersten bedeutenden Anführer der alidischen

Bewegung in Kufa. Als Repräsentanten der alidischen Familie verblieben nach dem Tod Hasans und Husains nur noch Söhne Alis aus Verbindungen mit anderen Frauen, die daher nicht von Muhammad abstammten, unter ihnen der in Medina lebende Muhammad b. al-Hanafiyya, so benannt nach seiner Mutter, einer Frau vom Stamm der Hanifa. Mukhtar gab sich um 684/85 als dessen Beauftragter aus und rief nach Rache für Husain. Dabei rekrutierte er wohl in gewissem Umfang nicht-arabische Klienten, Freigelassene und Sklaven, was den aristokratischen Zubairiden und Umayyaden gleichermaßen verdächtig war. 685 wagte Mukhtar den Aufstand. Seine Gegner waren nicht mehr nur die Umayyaden, sondern auch die Gefolgsleute Abdallah b. az-Zubairs (arab. meist Ibn az-Zubair), die den Irak unter ihre Kontrolle brachten. Der Aufstand wurde mit Hilfe einer keulenbewaffneten Miliz unter Führung eines gewissen Abu Amr Kaisan (daher bekannt als Kaisaniyya oder, abgeleitet von dem arabischen Wort für Holz, auch Khashshabiyya; sie selbst nannten sich wohl *kafir kubat*, «Schläger der Ungläubigen») grausam geführt und ebenso grausam niedergeschlagen.

Wiederum klangen neue religiöse Motive an: Während Mukhtar Muhammad b. al-Hanafiyya als Imam (das heißt als legitimes Oberhaupt der Gemeinde) und, wahrscheinlich erstmals in der islamischen Geschichte, als «Mahdi» ankündigte, hielt dieser sich zurück und blieb selbst nach Mukhtars Tod 687 unbehelligt. Dem guten Leben mehr zugetan als dem politischen Kampf, ließ er sich dieses gute Leben vom umayyadischen Kalifen bezahlen. Das hielt einige seiner Anhänger nicht davon ab, nach seinem Tod im Jahr 700 zu erklären, Muhammad b. al-Hanafiyya sei nicht gestorben, sondern lebe «entrückt» in den Radwa-Hügeln nahe Medina und werde am Ende der Zeiten (und das hieß für sie bald) als messianische Heilsfigur wiederkehren. Damit aber war eine Bedeutung von «Mahdi» angesprochen, die in ihm mehr sah als den «Rechtgeleiteten» (das heißt *mahdi* wörtlich). Im Laufe der Geschichte blieben beide Bedeutungen erhalten, so daß der Mahdi mal als charismatischer «rechtgeleiteter Führer», mal als endzeitlicher Heilsbringer verstanden und erwartet wurde. Die Idee der Wiederkunft *(rajʿa)* war in gewissen Kreisen möglicherweise zuvor schon mit Ali in Verbindung gebracht worden. Auf jeden Fall zeigte sich hier eine Tendenz zur religiösen Überhöhung einzelner Personen, und zwar weitgehend unabhängig von deren eigener Politik und Einstellung – auch dies ein religions- wie sozialgeschichtlich ausgesprochen interessantes Phänomen.

Währenddessen etablierten sich im zentralarabischen Najd Kharijiten, die den Küstenstreifen entlang des Persischen Golfs (damals Bahrain), den Jemen, Hadramaut und schließlich sogar Ta'if besetzten, 685/86 aber nach Fars und von dort weiter nach Osten abgedrängt wurden; in Syrien, Ägypten und dem Westen besaßen sie zu dieser Zeit keinen Rückhalt. Die aus dem nomadischen Milieu Arabiens stammenden Kharijiten verkörperten den tribalen Widerstand gegen staatliche Kontrolle und religiöse Routine; sie standen für eine «nonkonformistische» Haltung mit beachtlichem Einfluß auf die Herausbildung islamischer Theologie und Ordnungsvorstellungen. Was zunächst ein konkreter Akt gewesen war (ihr Auszug aus Kufa), wurde zum Ausdruck eigener religiös-politischer Doktrinen, die ihre Gegner als *fitna* deuteten, als aggressiv-bedrohliche Abspaltung von der Gemeinde (mit der die spätere sunnitische Selbstbezeichnung, «Anhänger der Sunna und der Gemeinschaft», *ahl as-sunna wal-jamaʿa*, erkennbar kontrastierte). Sie selbst nannten sich wohl *shurat*, «die (ihre Seele an Gott) verkaufen». Die Kharijiten sahen sich in der Nachfolge des Propheten, der gleichfalls gezwungen worden war, um seines Glaubens willen die gewohnte Umgebung zu verlassen und an anderem Ort eine Gegenordnung aufzubauen. Im Kern ging es auch ihnen um die legitime Führung der Gemeinde. Sie wandten sich gegen das genealogische Prinzip, indem sie die religiös-moralische Qualifikation des Anwärters zum alleinigen Auswahlkriterium machten. Ihnen zufolge konnte jeder Geeignete zum Imam gewählt werden und «sei es ein schwarzer Sklave» (mit einer möglichen Ausnahme war keiner der kharijitischen Imame je ein schwarzer Sklave – aber auch keiner Quraishit). Sie forderten vielmehr Frömmigkeit im Sinne einer asketisch-schlichten Lebensführung (*zuhd*), Kriegstüchtigkeit und Kampfesmut sowie die Kenntnis der islamischen Vorschriften, ohne ihre Führer religiös zu überhöhen und ihnen spirituelle Autorität zuzusprechen.

Die Kharijiten unterbrachen dort, wo sie sich festsetzten, die Steuereintreibung und bedrohten Leib und Leben der umayyadischen Untertanen, wobei sie Nichtmuslime in der Regel unbehelligt ließen. Ihre Gewalt gegen Muslime sollte sie der Gemeinde entfremden. In umayyadischer Zeit stand Kharijit einfach für «Rebell», und noch heute ist es als ausgrenzender Begriff für islamische Gewalttäter gebräuchlich. Der Kampf wurde auf beiden Seiten mit äußerster Brutalität geführt. Tatsächlich verfügten aber auch die Kharijiten über unterschiedliche Handlungsmöglichkeiten vom stillen

Abwarten, bekannt als «Sitzenbleiben» (quʿud), bis zum bewaffneten Kampf, dem sogenannten Auszug (khuruj). Ihr beduinischer Hintergrund bestimmte zunächst ihre Aktions- und Organisationsformen: Rasch bildete sich der Nimbus des zu allem entschlossenen Einzelkämpfers, der mit legendärer Schnelligkeit angriff und sich ebenso schnell zurückzog (einige ihrer Pferde wurden in den einschlägigen Handbüchern verewigt). Bemerkenswert war die Rolle von Frauen in der Bewegung, die beim «Auszug» meist ohnehin dabei waren; zentral die Betonung der Tat des Einzelnen, die Mischung aus Gottvertrauen und Hoffnungslosigkeit, Mut und Verzweiflung, Haß und Rache; auffallend das Motiv der Todessehnsucht in diesen an sich so glorreichen Zeiten. Mit den Schiiten teilten die Kharijiten das Leidensmotiv und die Verherrlichung des Märtyrertums, verliehen ihm jedoch ganz anderen Ausdruck, indem sie es ohne kultische Umformung in die Tat umsetzten – und in Poesie.

Die kharijitische Bewegung erwies sich als hoch dynamisch, jedoch spaltbar und uneinheitlich. Eine größere Breitenwirkung entwickelte sie erst im allgemeinen Chaos des 2. Bürgerkriegs, wo sie sich gegen beide Lager stellte. Die regionale Ausweitung verbreitete ihre soziale Basis, wobei ihr Eintreten für soziale Gleichheit der Mission unter benachteiligten arabischen Clans und Stämmen sowie nicht-arabischen Klienten und Ethnien zugute gekommen sein dürfte. Sie führte aber auch zu einer weiteren Aufsplitterung. Am gefährlichsten für die Obrigkeit wurde die Gruppe um Nafiʿ b. al-Azraq, die um 685 Westiran (Khuzistan und Fars), Kerman und andere Gebiete unter ihre Kontrolle brachte und erst 698/99 blutig ausgeschaltet wurde. Die Azraqiyya unterzog nicht nur mögliche Sympathisanten, sondern auch beliebige Außenstehende einer Gewissensprüfung (istiʿrad), die erst später zu einer Lehre von der Werkgerechtigkeit ausgearbeitet wurde, wonach der rechte Glaube unablässig durch rechte Taten zu untermauern ist. Jede große Sünde war demnach identisch mit dem Abfall vom Islam, der Apostat mußte mitsamt seiner Familie getötet werden. Die kharijitische Bewegung schwächte ohne Zweifel die umayyadische Macht in ihren östlichen Provinzen, wurde nach 700 aber an die Peripherie abgedrängt.

Die «marwanidische Restauration»: Abd al-Malik und seine Nachfolger

Nach Yazids Tod hatte 684 einer seiner Cousins, Marwan b. al-Hakam, die Führung des umayyadischen Hauses übernommen, war aber schon 685 gestorben; seine Linie wird im Gegensatz zu ihren «sufyanidischen» Vorgängern als «marwanidisch» bezeichnet. Sein Sohn und Nachfolger Abd al-Malik (reg. 685–705) setzte sich gegen alle Widersacher durch: Nachdem er seine Stellung mit einem Waffenstillstand an der byzantinischen Front abgesichert und den Irak zurückerobert hatte, entsandte er 691 seinen gefürchteten starken Mann, al-Hajjaj b. Yusuf ath-Thaqafi (auch er also ein Thaqif), gegen Ibn az-Zubair nach Mekka. Während der sechsmonatigen Belagerung wurde die Stadt mitsamt der Kaaba beschossen und beschädigt; mit Ibn az-Zubair fiel eine ganze Reihe hoch geachteter Prophetengefährten. Die Arabische Halbinsel büßte im Folgenden ihre politische Bedeutung ein: Medina genoß zwar weiterhin erhebliches Prestige; hier blühten Wissenschaft, Dichtung, Musik und Gesang, aber es war nicht länger ein politisches Zentrum, sondern allenfalls Zufluchtsort für Dissidenten einschließlich der alidischen Imame. Die Prozesse der Zentralisierung, Arabisierung und Islamisierung, die sich unter Abd al-Malik und seinem Sohn al-Walid (reg. 705–715) sowie ihren starken Gouverneuren al-Hajjaj b. Yusuf im Irak und Qurra b. Sharik in Ägypten beschleunigten, waren prinzipiell autonom, von unterschiedlichen Trägern vorangetrieben, jedoch vielfältig ineinander verwoben.

Im Zuge der inneren und äußeren Kämpfe wandelten sich allmählich die Grundlagen umayyadischer Herrschaft. Dabei spielte die Herausbildung zweier Großformationen, der Nord- und Südaraber (Qais und Yaman), eine zentrale Rolle, die Entsendung der (in diese Lager gespaltenen) syrischen Armee in andere Reichsteile, die Demobilisierung der irakischen Truppen und die Festigung persönlicher Gefolgschaften innerhalb der Armee. Die «reguläre» Armee (*muqatila*) war nach Stammes- und Clanzugehörigkeit untergliedert und damit in der Regel auch nach geographischer Herkunft. In den Heerlagern kamen die einzelnen Einheiten normalerweise in einer Quartiersmoschee zusammen; beim Freitagsgebet in der Hauptmoschee trafen sie auch den Gouverneur. Im Verlauf der Kämpfe bildeten sich nun allmählich neue übertribale Formationen heraus, die weiterhin in tribaler Sprache ausgedrückt wurden, faktisch aber als Interessengruppen (*asabiyya*) auftraten, wobei, was die Orientierung erschwert, die beteiligten Stämme, Clans und Einheiten in den verschiedenen Provinzen unterschiedliche Namen trugen. Vereinfacht stand dabei die Stammesgruppe der Quda'a, die als südarabische «Yaman» (Jemen) bekannt und auf den Stammvater Qahtan zurückgeführt wurde, den nordarabischen «Qais» gegenüber (zu denen auch die Quraish zählten), die in den östlichen Provinzen als Mudar bekannt waren und Adnan als ihren Stammvater benannten. Das hatte nur bedingt etwas mit Genealogie und umso mehr mit Politik zu tun. Die Spaltung in Nord- und Südaraber, Qais und Yaman – eine vormoderne «vorgestellte Gemeinschaft» (*imagined community*), wie sie im Bilderbuch steht – sollte über Jahrzehnte eine der wichtigsten Identifikations- und Trennlinien muslimischer Politik und Gesellschaft abgeben; in Syrien und Palästina traten noch zu Beginn des 20. Jahrhunderts rivalisierende Clans als Qais und Yaman auf. Zur gleichen Zeit schufen die Umayyaden eine professionalisierte Armee, die überwiegend in Syrien rekrutiert, aber nicht länger nur dort eingesetzt wurde. Das erwies sich als eine zweischneidige Maßnahme, da sie ihre internen Konflikte in andere Reichsteile exportierte, unter den dortigen Truppen erhebliche Unzufriedenheit hervorrief, zugleich aber die bislang kompakten syrischen Einheiten ausdünnte. Die Folgen ließen sich im Irak beobachten, wohin syrische Truppen nicht zuletzt zur Bekämpfung der Kharijiten entsandt wurden. Die Anlage einer syrischen Garnison in Wasit steigerte die Empörung unter den irakischen Truppen noch, die nach einem gescheiterten Aufstand (701/02 Ibn al-Ash'ath al-Kindi) schließlich weitgehend demobilisiert und aus dem Heeresdiwan gestrichen wurden.

Schon 692 nahm Abd al-Malik den Jihad an der byzantinischen Front und in Nordafrika wieder auf. Unter al-Walid (reg. 705–715) errangen muslimische Heere an entfernten Fronten noch einmal glänzende Siege: Nordafrika, Spanien, Transoxanien und Sind wurden dem Reich, wenn auch in lockerer Form, eingegliedert. Im heutigen Tunesien und Ostalgerien (der ehemaligen byzantinischen Provinz Africa, arab. Ifriqiya) entflammte 693 ein großer Berberaufstand, der nach 700 jedoch zusammenbrach. Mit Hilfe berberischer Nomadenstämme, die sich mittlerweile dem Islam angeschlossen hatten, unterwarf Musa b. Nusair zwischen 705 und 714 den gesamten Maghreb bis zur Atlantikküste; 708 legte er im heutigen Marokko das Heerlager Tanger an. Über das Steueraufkommen herrscht

Da die Steuerzahlung wie die Vergabe von Dotationen ('ata') überwiegend in bar erfolgten, bestand im frühislamischen Reich ein enormer Bedarf an Münzmetall und Münzen. Die Muslime benutzten zunächst byzantinische und sassanidische Münzen mitsamt ihren Herrscherporträts auf der Vorder- und einer Säule, einem Kreuz oder Feuertempel auf der Rückseite, die sie in ihren Münzanstalten auch neu prägten und lediglich um eine Inschrift wie «Gott ist groß und Muhammad ist sein Prophet» sowie den Namen des regierenden Kalifen oder Gouverneurs ergänzten (letzteres ein Hinweis auf deren starke Stellung in frühislamischer Zeit). Unter Abd al-Malik wurden bildliche Darstellungen schrittweise

durch koranische Inschriften ersetzt. Hier sind zwei Goldmünzen abgebildet: ein byzantinischer Solidus mit drei männlichen Personen und einer Säule *vor* der Münzreform (691–694?) sowie ein umayyadischer Dinar mit koranischer Inschrift *nach* ihr (696–697). In späteren Jahrhunderten ließen jedoch vor allem außerhalb der arabischen Welt auch muslimische Herrscher erneut Münzen mit königlichen Symbolen (Schwert, Löwe usw.), ihrem Namen und selbst ihrem Abbild prägen.

wenig Klarheit, erwähnt wird jedoch eine große Zahl von Sklaven, die den muslimischen Herren als Tribut ausgeliefert werden mußten. Schon 711 setzten berberische und arabische Truppen unter dem frisch konvertierten Tariq b. Ziyad über die Meerenge von Gibraltar (arab. Jabal Tariq, Tariq-Berg) nach Spanien über, wo die Herrschaft der Westgoten bereits im Zerfall begriffen war. Angehörige der Königsfamilie, die sich des Usurpators Roderich nicht anders zu erwehren wußten, hatten die muslimischen Invasoren ins Land gerufen. 711 fiel König Roderich, wenig später die Hauptstadt Toledo, bis 720 war die Iberische Halbinsel mit Ausnahme Asturiens im Norden in muslimischer Hand. Am anderen Ende des Horizontes brachten die Vorstöße nach Sind (Industal, heutiges Pakistan) 712–714 reiche Beute einschließlich zahlloser Kriegsgefangener und Sklaven. Mühsamer war der Kampf in Transoxanien, wo die eigenen Truppen nach jahrelangen blutigen Feldzügen, in deren Verlauf Bukhara, Samarkand und das Ferghana-Tal erobert wurden, gegen ihren Befehlshaber, Qutaiba b. Muslim, revoltierten und ihn schließlich ermordeten.

Um 700 nahmen Herrschaft und Verwaltung klarer definierte arabisch-islamische Züge an: In den Zusammenhang des Jihad gegen das christliche Byzanz gehört die umayyadische Baupolitik, die mit dem Felsendom und der Aqsa-Moschee in Jerusalem, den Großen Moscheen von Damaskus und Aleppo sowie dem Neubau der Moschee in Medina binnen zweier Jahrzehnte einige der bedeutendsten islamischen Sakralbauten entstehen ließ; etwas älter ist die Amr b. al-As-Moschee in Fustat. Wie anderswo auch erfüllten Großbauten, Infrastrukturmaßnahmen und öffentliche Wohlfahrt neben ihrem unmittelbaren Zweck vielfältige Funktionen von der Repräsentation und Patronage bis zur religiösen Legitimation der Herrschenden. Der Pflege politischer Beziehungen zu den Beduinenstämmen ebenso wie dem eigenen Wohlergehen dienten die berühmten Wüstenschlösser der Umayyadenprinzen. Die umayyadische Baulust bedeutete allerdings zugleich eine enorme Belastung der syrischen Bevölkerung, die gerade in den 680er und 690er Jahren unter einer Serie von Epidemien und Naturkatastrophen zu leiden hatte. Ausdruck einer gezielten Islamisierungspolitik war die Ersetzung der byzantinischen Gold- und der sassanidischen Silberwährung durch eigene Münzen, ohne daß dies zu einer Vereinheitlichung des Münzwesens innerhalb des Reiches geführt hätte. Eine gezielte religiös-politische Geste war der Export von Papyrus mit dem muslimischen Glaubensbekenntnis in griechischer Sprache in den byzantinischen Herrschaftsbereich. Parallel dazu begann die schrittweise Einführung des Arabischen als Amtssprache, die allerdings in den verschiedenen Teilen des Reiches unterschiedlich rasch voranging. Bislang hatten in den einzelnen Provinzen unterschiedliche Amts- und Verwaltungssprachen gegolten: Latein und Griechisch in Nordafrika, Syrien und Ägypten, Pahlavi in Irak und Iran. Die Heeresregister und die Korrespondenz des Kalifen waren natürlich von Anfang an in arabischer Sprache verfaßt.

Nichtmuslime und Neumuslime

Von seiner Fläche her war das umayyadische Reich unter Hisham b. Abd al-Malik (reg. 724–742) das größte Reich, das die Welt bis dahin gesehen hatte, viel größer als T'ang-China (618–907), größer aber auch als das untergegangene Römische Reich. Die Entfernungen waren riesig; zwischen Mekka und dem muslimischen Spanien beispielsweise lagen 4600 Kilometer. Da die Gesamtfläche aber große Wüsten und Steppen umfaßte, lag die Bevölkerungszahl mit vielleicht 30 Millionen – angesichts des völligen Mangels an überprüfbaren zeitgenössischen Daten kann das nur eine grobe Schätzung sein – deutlich unter der des chinesischen oder des Römischen Reiches (McEvedy nach Blankinship 1994: 37f). Zwischen den mehr oder weniger effektiv kontrollierten Gebieten lagen Territorien wie Tabaristan, Zabulistan oder Makran, in die sich kaum eine muslimische Armee vorwagte – auch, weil es sich materiell nicht lohnte. Noch aber galt die Identität von Kalifat und islamischem Hoheitsgebiet, selbst wenn die kalifale Herrschaft an vielen Orten schwach war und alles andere als homogen. Dies schuf die Voraussetzung für den hohen Grad an Mobilität und Bewegungsfreiheit, die zumindest bestimmte Bevölkerungsgruppen in räumlicher wie in sozialer Hinsicht genossen. Die Eroberungen, die Wanderungsbewegungen und die Konsolidierung des neuen Regimes bewirkten in Landwirtschaft und Handel weitreichende Änderungen. Während im Irak vormals getrennte byzantinische und sassanidische Territorien zusammengefügt wurden, entstanden andernorts (etwa zwischen Syrien und Anatolien) neue Grenzen.

In umayyadischer Zeit entstand eine neue, erkennbar arabisch-islamische Kultur. In manchen Fällen trat der von den Arabern getragene Islam neben bestehende Traditionen und Kulte, ohne sie gleich zu verdrängen; in anderen überlagerte er bestehende Vorstellungen und Praktiken, überformte sie und wurde selbst von ihnen beeinflußt. Arabisierung und Islamisierung waren nicht notwendig miteinander verknüpft, und Islamisierung sollte nicht zu sehr unter dem Aspekt der individuellen religiösen Bekehrung gesehen werden. Arabisierung mußte nicht heißen, daß man nur noch Arabisch sprach und schrieb und den Islam annahm; Islamisierung bedeutete nicht zwingend, daß man seine Muttersprache zu Gunsten des Arabischen aufgab und sich nur noch an den Lehren des Islam orientierte. Muslimische Berber sprachen weiterhin ihre eigenen Sprachen, umgekehrt nahmen in Iran und Khurasan auch arabische Muslime die persische Sprache, Kleidung, Sitten und Gebräuche an. In den zentralen Provinzen Ägypten, Syrien, Jazira, Irak sowie in Spanien allerdings setzte sich das Arabische bemerkenswert rasch als Umgangssprache durch. Im Verlauf der Anpassungs- und Neufor-

Der Felsendom in einer Aufnahme um 1900. Nach muslimischer Überlieferung steht er an der Stelle des salomonischen Tempels. Der Felsendom ist keine Moschee (diese Funktion erfüllt die gleichfalls auf dem Tempelberg gelegene Aqsa-Moschee), sondern ein Memorialbau und muslimischer Wallfahrtsort. Der Innenraum ist mit nichtfigürlichen Mosaiken reich verziert; die Außenmauern zeigen die ältesten erhaltenen Koraninschriften, die vor allem die Überlegenheit des Islam gegenüber Christentum und Judentum erklären.

mungsprozesse wurden alle Beteiligten verändert, Sieger wie Besiegte: Die arabische Sprache verfeinerte und veränderte sich, der Islam wurde als Denk- und Lebensweise überhaupt erst ausgeformt und in unterschiedliche Richtungen hin gedeutet, gelebt und vielleicht auch gedehnt.

Inwieweit die *futuh* einen Einschnitt in Leben und Selbstverständnis der Untertanen bedeuteten, läßt sich angesichts des Mangels an zeitgenössischen Quellen nicht befriedigend beantworten. Sie waren Eroberungen, und wie bei jeder Eroberung kam es zu Gewalt, Mord, Plünderung und Zerstörung. Wir lesen von der Versklavung einer großen Zahl von Gefangenen, namentlich Frauen und Kindern, von Raub- und Beutezügen, seltener auch der Verdrängung von Städtern aus ihren Häusern und Bauern von ihrem Land – aber nicht von weitflächiger Verwüstung, wie sie später die Mongolen anrichten sollten. Vielerorts handelten lokale Eliten das Schicksal ihrer Festung, Stadt oder Gemeinschaft aus, so daß sich aus dem Wechsel des Oberherrn zunächst einmal keine Änderung der örtlichen Machtverhältnisse ergab. Einmal erobert, gab es in den landwirtschaftlich reichen Gebieten Ägyptens, Syriens und des Irak kaum mehr aktiven Widerstand. Deren Bewohner waren an ferne und oft fremde Herren gewohnt, anders als vor allem die Bergbewohner in den entlegenen West- und Ostprovinzen. Zu den Bedingungen von Widerstand zählten neben der Lage und Beschaffenheit des jeweiligen Territoriums und der Kriegstüchtigkeit seiner Bewohner auch mögliche externe Bündnispartner in angrenzenden Gebieten.

Status und Rolle von Nichtmuslimen unter islamischer Herrschaft stellen ein besonders umstrittenes Thema dar. Der These vom Fanatismus der Muslime, die die Ungläubigen «mit Feuer und Schwert» bekämpfen und Nichtmuslime zu «Bürgern zweiter Klasse» degradieren wollen, steht jene von der überlegenen «Toleranz des Islam» gegenüber. In Angriff und Apologetik wird selten zwischen Theorie und Praxis unterschieden. Der Koran, in dem sich die Erfahrungen Muhammads und seiner Gemeinde mit den Polytheisten, Juden und Christen der Arabischen Halbinsel spiegeln, gibt keine eindeutigen Hinweise auf das Verhältnis zwischen Mus-

limen und Nichtmuslimen. Ganz allgemein sollen Muslime in erster Linie mit Muslimen solidarisch sein; (monotheistische) Nichtmuslime sollen so behandelt werden, wie sie selbst sich gegenüber den Muslimen verhalten. Verschiedentlich werden Polytheisten und monotheistische «Schriftbesitzer» unter dem Oberbegriff «Ungläubige» (*kuffar*, Sg. *kafir*) zusammengefaßt. Nach Koran 9,29 sollen die «Ungläubigen unter den Schriftbesitzern» solange bekämpft werden, bis sie «klein» sind und eine nicht näher spezifizierte Abgabe (*jizya*) entrichten. Das war und blieb verwirrend.

Die Eroberungen dienten in erster Linie der Ausbreitung islamischer Herrschaft, nicht der Zwangsbekehrung der lokalen Bevölkerung. Damit folgten die Eroberer koranischem Gebot. In Sure 2,111 heißt es klar und unmißverständlich: kein Zwang in der Religion. Sie folgten aber auch praktischen Erwägungen: Die bestehenden Zahlenverhältnisse erforderten ein gewisses Maß an Toleranz. In der Regel wurde der lokalen Bevölkerung unabhängig von ihrer Religionszugehörigkeit ein Angebot gemacht, das vertraglich festgehalten wurde: Schutz (*dhimma*; daher der Begriff «Schutzbefohlener», Dhimmi, für den dauerhaft im islamischen Herrschaftsbereich lebenden Nichtmuslim) von Leib, Leben, Besitz und in gewissen Grenzen auch der Kultausübung, der den einzelnen Gruppen ihre interne Organisation beließ, gegen variable Abgaben. Zu diesen Abgaben zählten die Bodensteuer (*kharaj*) und die Kopfsteuer (*jizya*), die auf byzantinische und sassanidische Rechtspraktiken zurückgriffen (das Lehnwort *jizya* selbst dürfte von mittelpers. *gazidag* abgeleitet sein, das gleichfalls eine Kopfsteuer bezeichnete). Erst später unterschieden die Juristen genauer zwischen zwei Kategorien von Nichtmuslimen: den Polytheisten (Heiden, Götzendienern), die keine Offenbarungsschrift besitzen und mehrere Gottheiten verehren (*mushrikun*, Sg. *mushrik*), die nur die Wahl zwischen Bekehrung, Versklavung oder Tod haben und mit denen Muslime keinen engen Umgang (gemeinsame Mahlzeiten, Ehen) pflegen dürfen, und den monotheistischen «Schriftbesitzern» (*ahl al-kitab*), zu denen unter Beachtung gewisser Einschränkungen der soziale Kontakt bis hin zur Eheschließung gestattet ist. Zu ihnen gehören die Juden, die Christen und die rätselhaften Sabier, deren Religion sich laut Koran auf eine Offenbarungsschrift stützt. Gleichwohl «gesellen» auch sie nach muslimischer Auffassung Gott andere Götter «bei», die Christen Jesus, die Juden Uzair, der mit dem Propheten Ezra identifiziert wurde. Umstritten blieb der Status der Zoroastrier, die in Sure 22,17 als *majus* (Magier) zusammen mit den Schriftbesitzern genannt werden, nach vorherrschender Meinung aber weder einen Propheten noch eine Offenbarungsschrift besaßen; dessenungeachtet genossen auch sie den Rechtsschutz der muslimischen Gemeinschaft (*dhimma*).

Den muslimischen Eroberern waren die konfessionellen Unterschiede zwischen den Nichtmuslimen weitgehend gleichgültig. Manche Religionsgemeinschaften konnten sich unter islamischer Herrschaft daher ungehinderter entfalten als zuvor unter byzantinischer oder sassanidischer Herrschaft. Die Nestorianer in Irak und Iran etwa setzten nach kurzer Unterbrechung (und einigen Verlusten) ihre rege Missionstätigkeit entlang der eurasischen Handelsstraßen fort, errichteten sogar neue Kirchen und Klöster. Auch in Palästina florierte das christliche Leben. Unter den zuvor auf sassanidisches und byzantinisches Gebiet verstreuten jüdischen Gemeinden festigten die rabbinischen Autoritäten (Geonim) in Mesopotamien ihre Stellung. Komplizierter gestaltete sich die Lage der

Zoroastrier, die mit dem untergegangenen sassanidischen Regime identifiziert und vor allem im Irak immer wieder verfolgt wurden. Noch heikler war die Lage der Manichäer, die als Anhänger einer dualistischen Lehre als Heiden galten. Generell zielte die Politik anfangs auf eine klare räumliche, rechtliche und symbolische Unterscheidung (ausgedrückt vor allem in der Kleider- und Haartracht) zwischen den arabisch-muslimischen Herren und den nicht-arabischen, nichtmuslimischen Untertanen. Allzu strikt kann die Trennung jedoch nicht gewesen sein – anders hätten Nichtmuslime nicht relativ schnell Wissen über den Islam erwerben und sich in wachsender Zahl zur Religion der neuen Herren bekehren können.

Nichtmuslime unter islamischer Herrschaft waren das eine – nicht-arabische Konvertiten ein anderes. Konversion ist immer und überall ein vielschichtiges Phänomen und für diese frühe Phase mangels empirischer Daten und Zeugnisse besonders schwer zu fassen. Was bedeutete es zu dieser Zeit überhaupt, den Islam anzunehmen, wo dieser sich doch erst allmählich als klar konturierte Religion und Lebensweise herausbildete, und zwar unter maßgeblicher Mitwirkung der gerade erst Bekehrten? Sicher ist Konversion nicht nur auf ökonomische Motive oder allgemein materielle Interessen zurückführen, wenn die nichtmuslimischen Gemeinschaften sich auch aus materiellen (vor allem fiskalischen) Gründen gegen den Verlust ihrer Mitglieder wehrten und nicht wenige arabische Muslime ihre Privilegien durch Konvertiten gefährdet sahen. Das größte Problem war dabei nicht religiöser, sondern sozialer und rechtlicher Natur: Im vorislamischen Arabien betraf es die Eingliederung von nicht oder nicht länger tribal organisierten Personen und Gruppen in eine Stammesgesellschaft; unter islamischem Vorzeichen stellte sich das Problem für Nichtaraber generell, selbst wenn diese wie die Berber und später die Türken selbst tribal verfaßt waren. Eingegliedert wurden sie in der Regel über das Institut der Klientelbeziehung, bei der ein muslimischer Patron und ein Konvertit eine dauerhafte Bindung eingingen, wobei im Arabischen beide als *maula* (Pl. *mawali*) bezeichnet werden. Die Konversion geschah – gleichgültig ob individuell oder kollektiv – «an der Hand» eines Muslims, der in der frühen Phase grundsätzlich Araber war. Später galt das nicht unbedingt – auch nicht-arabische Mawali konnten ihrerseits Neumuslime als ihre Klienten in die muslimische Gesellschaft einführen. Abgesehen von der Bindung an einen Patron waren Klienten religiös und rechtlich gesehen vollwertige Mitglieder der muslimischen Gesellschaft. Patronatsverhältnisse, die auf die enge Verbindung von persönlicher Nähe und Autorität bzw. Macht verweisen, wie sie später im Zusammenhang mit der Militärsklaverei so bedeutsam wurde, waren aus den meisten Gesellschaften der Antike bekannt und insofern keine islamische Erfindung.

Nun werden die Mawali meist in ihrem Verhältnis zu den arabisch-muslimischen Eroberern betrachtet, nicht zu ihrem Ursprungsmilieu. Sie teilten einen Rechtsstatus, aber nicht die soziale Lage; in dem Sinne waren sie keine soziale Gruppe mit gemeinsamem Handlungsrahmen. In ihrer großen Mehrheit handelte es sich tatsächlich um nicht-arabische Kriegsgefangene, die *nach* ihrer Konversion freigelassen wurden und sich in die islamische Gesellschaft eingliederten. Daher die verbreitete Verachtung freier arabischer Muslime für die Mawali, die ihre Freilassung mit der Konversion erkauft hatten, eine Verachtung, die sich auch auf ihre Nachkommen übertrug. Aber es gab unter den Mawali auch hochstehende Persönlichkeiten, die sich einem arabischen Stamm oder Stammesvertreter unterstellten, um ihren sozialen Rang zu wahren. Dies dürfte insbesondere für die iranischen Grundbesitzer, die Dihqane, gegolten haben, die in der Regel nicht in die Städte abwanderten, sondern auf ihrem Grund und Boden blieben. Bislang Unterprivilegierte konnten ihre Lebens- und Aufstiegschancen durch den Übertritt zum Islam erheblich verbessern. Der mehrfach erwähnte Ziyad b. Abihi, der, um 623 in Ta'if als unehelicher Sohn der Sklavin Sumayya geboren, mit zehn Jahren konvertierte, sehr jung als ungewöhnlich fähig auffiel, unter Umar und Ali als Sekretär Karriere machte, 665 von Mu'awiya adoptiert und zum Gouverneur von Basra und dann auch noch von Kufa ernannt wurde, ist ein (sicher außergewöhnliches) Beispiel für das Ausmaß sozialer Mobilität in der frühislamischen Gesellschaft. Von größerer Breitenwirkung war ein weiterer, mit der Islamisierung verknüpfter Prozeß, der am besten für den Irak dokumentiert ist: die Landflucht von Bauern, die zum Islam konvertierten und entweder auf die Domänen arabischer Grundherren abwanderten oder in die Städte. Damit aber entfiel ihr Anteil an der kombinierten Grund- und Kopfsteuer, die in den meisten Fällen pauschal auf das gesamte Dorf erhoben wurde. Je zahlreicher die Konversionen, desto massiver waren die Steuerausfälle – und zwar sowohl für die muslimische Obrigkeit als auch für die dörfliche Gemeinschaft und/oder die lokalen nichtmuslimischen Autoritäten. Abd al-Maliks Gouverneur des Irak, al-Hajjaj b. Yusuf, versuchte in seiner Amtszeit (694–714), die Bauern, die noch an ihrem angestammten Ort lebten, an der Konversion zu hindern und landflüchtige Bauern mit Gewalt in ihre Dörfer zurückzubringen. Gegen diese fiskalisch sinnvolle, religiös aber höchst bedenkliche Maßnahme wandte sich der als besonders gottesfürchtig beschriebene Kalif Umar b. Abd al-Aziz (reg. 717–720, in der westlichen Literatur Umar II.). Aus dem Dilemma führte zumindest im Irak – über andere Gebiete sind wir schlecht unterrichtet – eine neue, im Prinzip einfache Lösung: Die Bodensteuer wurde künftig unabhängig von der Religionszugehörigkeit des Besitzers erhoben, die Kopfsteuer (Jizya) nur von Nichtmuslimen, während Muslime die Zakat zu entrichten hatten. Das machte die Bekehrung ganzer Dorfgemeinschaften ohne Gefahr für die städtische Versorgung und eine geregelte Steuererhebung möglich. Dies wiederum bahnte den Weg für eine schrittweise Islamisierung des flachen Landes.

Generell ließ sich der Aufstieg der Mawali nicht aufhalten, vor allem nicht in der Verwaltung, wo sie über lange Zeit unentbehrlich blieben. In die Armee gelangten sie zunächst nur als Bedienstete der in den Diwan eingetragenen arabischen Kämpfer, von denen viele ein Gefolge von Freigelassenen, Sklaven und Klienten unterhielten. Auch die Palastgarde (*haras*) setzte sich meist aus Mawali zusammen. Die 2. fitna unterminierte das arabische Monopol auf militärische Macht: Jeder brauchte Soldaten und jeder nahm sie, woher er konnte. Noch bedeutsamer waren gebildete nicht-arabische Klienten für die islamischen Wissenschaften (Koranrezitation und Koranexegese, arabische Grammatik, islamische Jurisprudenz, Prophetentradition); früh traten sie als Erzieher von Kalifen- und Gouverneurssöhnen auf, von etwa 700 an auch als Richter. Wo es um handfeste materielle Interessen ging (namentlich die Eintragung in den Diwan und die Verteilung von Beute allgemein), spielten Ethnizität und Abstammung somit eine entscheidende Rolle, auf anderen Feldern wie etwa der Wissenschaft nicht. Die Gesellschaft war insgesamt sicher nicht «farbenblind» – aber sie verfestigte die sozialen Unterschiede nicht allzu rigide, bewies vielmehr auch auf diesem Gebiet eine bemerkenswerte Offenheit und Aufnahmefähigkeit.

Der Sturz der Umayyaden

Nachdem Abd al-Malik sich im 2. Bürgerkrieg durchgesetzt hatte, herrschte für rund zwei Generationen eine gewisse Ruhe im Reich.

Den Einfluß iranischer Traditionen auf die frühislamische Kultur und Gesellschaft illustriert diese Statue eines umayyadischen Kalifen, wahrscheinlich Walid II. (reg. 743–744), aus dem Wüstenschloß Khirbat al-Mafjar nördlich von Jericho, die ihn als sassanidischen Herrscher zeigt. Auf altiranische Herrscherbilder griffen später auch die Abbasiden zurück. Das islamische Bilderverbot bezog sich auf religiös definierte Räume (Moscheen, später Mausoleen, Schreine usw.); freistehende Statuen wie diese waren in späterer Zeit allerdings verpönt und selten.

Sie endete in den 740er Jahren. Stammeskämpfe, Regionalismus und religiös gefärbter Protest waren allesamt nicht neu; neu waren militärische Niederlagen an mehreren Fronten, deren Wirkung selbst ein so energischer Herrscher wie Hisham b. Abd al-Malık (reg. 724–742) nicht auszugleichen vermochte. Der Kampf gegen die Gegner war kostspielig, aber materiell wenig lohnend, die Steuerverwaltung noch nicht effizient genug, um die vorhandenen Ressourcen systematisch zu nutzen. Die Folge war eine nie dagewesene Finanzkrise, auf die der Staat mit schärferer Besteuerung reagierte, was wiederum die Unzufriedenheit in der Bevölkerung steigerte. Die Kritik wurde zum Teil bereits in spezifisch islamischer Sprache formuliert. An den religiösen Vorgaben wurden die Umayyaden gemessen und für zu leicht befunden. Hier erwies sich der Islam als eminent politische Religion – wenn sich die Religiosität der Gläubigen auch keineswegs in Politik erschöpfte und mancher Fromme die Politik überhaupt zugunsten asketischer Weltflucht ablehnte.

Zentral war und blieb die Frage nach Herrschaft und Heil, Rechtleitung und Kalifat. Hier hatten sich seit Siffin verschiedene Grundpositionen herausgebildet: Die große Mehrheit der Muslime respektierte die Rechte der (nicht allzu präzise definierten) Familie des Propheten und engte den Kreis legitimer Kandidaten auf die Quraish ein; weiter ging die «Partei Alis», die ihn auf ausgewählte männliche Nachkommen Alis als Mitglied der eng gefaßten Familie des Propheten (*ahl al-bait*, *Al Muhammad*) begrenzte. Da Ali mehrere Frauen und zahlreiche Kinder hatte, bot auch diese Position noch verschiedene Möglichkeiten. Ganz im Gegensatz dazu lehnten die Kharijiten das Erbcharisma einer Familie grundsätzlich ab. Die sogenannte Murji'a schließlich enthielt sich um der Einheit der Gemeinde willen eines Urteils über die religiös-moralische Qualifikation der Kalifen Uthman und Ali und verurteilte innermuslimische Kämpfe (so lautete im Grundsatz später auch die Position pragmatischer sunnitischer Bürokraten und Gelehrter). Die Trennlinie zwischen den Anhängern der Aliden und denjenigen Muslimen, die gleichfalls an die Vorrechte des Hauses des Propheten glaubten, war nicht deutlich gezogen, eine religiöse Orthodoxie nicht definiert; in der praktischen Politik waren daher vielerlei Überschneidungen und Allianzen denkbar.

Den Widerstand gegen die Umayyaden bündelte eine neue, die «haschemitische» Bewegung: Auch ihr ging es um das Kalifat bzw. Imamat, das sie (im einzelnen ist hier vieles unklar) für die Nachkommen von Muhammads Urgroßvater Hashim b. Abd Manaf beanspruchte. Die Berufung auf Hashim ermöglichte all denjenigen eine Zusammenarbeit, die an das Erbcharisma der Familie des Propheten glaubten, und das waren eben nicht nur die Schiiten. Einheitsstiftend wirkte der Ruf nach Rache an den gottlosen Umayyaden, die weit über alidisch-haschemitische Kreise hinaus von vielen frommen Muslimen kritisiert wurden: Die Umayyaden waren keine Haschemiten, sie zählten nicht zum «Haus des Propheten», hatten es vielmehr lange genug bekämpft; an die Macht gekommen, errichteten sie ihren Kritikern zufolge kein religiös legitimiertes Kalifat, sondern eine bloße Monarchie (*mulk*). Unter den verschiedenen Linien der Quraish waren die Abbasiden, die sich zu den Nachkommen

Hashims rechneten, bislang nicht als Gruppierung eigenen Formats und Anspruchs aufgefallen. Seit den ausgehenden 680er Jahren residierten sie in Humaima südlich des Toten Meers im heutigen Jordanien. Das Zentrum der haschemitischen Bewegung aber, an deren Spitze sie sich zu einem gewissen Zeitpunkt stellten, lag in Kufa. Von dort aus entfaltete sie in den 730er und 740er Jahren eine intensive Geheimpropaganda (Mission, *daʿwa*), bei der Kaufleute eine führende Rolle spielten. Ihre Anhängerschaft war ethnisch und sozial gemischt, territorial aber recht klar auf die östliche Reichshälfte konzentriert; der Maghreb, Ägypten und Syrien waren an den Geschehnissen ebenso wenig beteiligt wie die Aliden in Medina. Besonders ausgeprägt war die Unzufriedenheit mit den Umayyaden in Khurasan, und zwar unter Arabern wie unter Mawali. Hier fand die haschemitische Opposition ihre stärkste Basis. Die Kommunikation über die weiten Distanzen zwischen Kufa, Humaima, Khurasan und Transoxanien erfolgte im Rahmen von (Handels-)Reisen oder der Pilgerfahrt nach Mekka und Medina.

Um 740 beschleunigten sich die Ereignisse: In Kufa scheiterte der Aufstand des Aliden Zaid b. Ali, auf den sich später die Zaiditen, auch bekannt als Fünferschia, berufen sollten; er wurde gefangengenommen und gekreuzigt; ebenso erging es 743 seinem Sohn Yahya. Kurz nacheinander verstarben die Oberhäupter des abbasidischen und des umayyadischen Hauses, Muhammad b. Ali und Hisham b. Abd al-Malik. Unter den Umayyaden brachen erneut blutige Nachfolgekämpfe aus (3. fitna, 743–750). Währenddessen profilierte sich in der haschemitischen Bewegung immer deutlicher ein Mann namens Abu Muslim, der 744/45 zur Vorbereitung eines Aufstands nach Khurasan entsandt wurde. Über Abu Muslims Hintergrund ist wenig bekannt; möglicherweise wurde er bewußt verschleiert, um ihn allein als frommen Kämpfer für die rechte Sache ohne jede persönliche Bindung oder Färbung hervortreten zu lassen. Nach jahrzehntelanger Arbeit im Untergrund trat die haschemitische Bewegung im Namen von «Koran, Sunna und demjenigen aus der Familie Muhammads, der die Zustimmung (der Muslime? der Bewegung? der Familie? Gottes?) findet» (*ar-rida min Al Muhammad*) an die Öffentlichkeit – ohne Name und Identität dieses Mannes zu enthüllen.

Mehr als die Umayyaden verstanden sich die Haschemiten auf symbolische Gesten: Im Juni 747 entrollte der schwarz gekleidete Abu Muslim in einem Dorf nahe Merw zum Zeichen der Erhebung zwei schwarze Banner. Dieser Farbsymbolik sollte sich die abbasidische Propaganda später ausgiebig bedienen. Im Dezember 747 fiel Merw an die haschemitische Streitmacht, die Abu Muslim unter Arabern und Mawali rekrutiert hatte; Transoxanien hatte sie bereits eingenommen. Über Nishapur drang das haschemitische Heer in den Irak vor, im September 749 zog es in Kufa ein – nicht in Damaskus oder Harran, wo der Kalif Marwan II. residierte. Abu Muslim selbst blieb in Nishapur. Noch war der breiten Masse unklar, in wessen Namen der Aufstand geführt wurde: Das Oberhaupt des abbasidischen Hauses, Ibrahim b. Muhammad, genannt «der Imam», war in Humaima verhaftet worden und 749 im Gefängnis in Harran gestorben. Der neue Gouverneur von Kufa, Abu Salama al-Khallal («der Essighändler»), einer der führenden Männer der haschemitischen Bewegung, suchte vergeblich einen alidischen Kandidaten.

Das sollte ihm zum Verhängnis werden; nur wenig später ließ ihn Abu Muslim ermorden. Erst zwei Monate nach der Einnahme Kufas traten die Abbasiden mit ihrem Führungsanspruch hervor und proklamierten einen Halbbruder Ibrahims, Abu l-Abbas al-Saffah («der Blutvergießer»), zum Imam. Im Januar 750 besiegelte die Schlacht am Oberen Zab im heutigen Kurdistan das Schicksal der Umayyaden. Marwan floh über Syrien nach Oberägypten, wo er im Juni 750 ums Leben kam.

Dem Umsturz folgte ein Blutbad: Die Abbasiden nahmen Rache an den Umayyaden. Am Nahr Abi Futrus (Yarkon) wurden etwa achtzig Angehörige der umayyadischen Familie ermordet; in Basra, Kufa und im Hijaz kam es zu ähnlichen Szenen. Die Gräber ihrer Vorfahren wurden geschändet, die Toten exhumiert. Nicht alle Umayyaden fielen der Verfolgung zum Opfer; vielen ihrer Anhänger wurde Sicherheit angeboten, um sie an das neue Regime zu binden. Der Umsturz bot zugleich Stoff für moralische Erzählungen vom Aufstieg und Fall der Mächtigen. Das Andenken an die Umayyaden bewahrte vor allem die arabische Dichtung – und natürlich al-Andalus, das muslimische Spanien, wo ein Umayyade ein eigenes Fürstentum schuf, das die Oberhoheit der Abbasiden freilich annähernd zweihundert Jahre lang nicht offen in Frage stellte.

Goldene Zeiten?   III
Die frühen Abbasiden

Vom Sturz der Umayyaden bis zum Mongolensturm regierten ein halbes Jahrtausend Kalifen aus dem Hause Abbas, wenn auch die längste Zeit nur nominell, während die wirkliche Macht in andere Hände übergegangen war: Nur von 750 bis 945 herrschten sie weitgehend ungeteilt (wenn auch nie über die gesamte islamische Welt), ab 946 unterstanden sie für ein Jahrhundert den buyidischen Emiren, ab 1055 für ein weiteres den seldschukischen Sultanen, um nur zum Ende des 12. Jahrhunderts noch einmal an Macht zu gewinnen. Der viel gebrauchte Begriff des «abbasidischen Zeitalters» ist sicher nicht mehr als ein Kürzel für eine Epoche, die, so unruhig die Zeiten im Innern waren, doch als Glanz- und Höhepunkt islamischer Kultur gilt. Die militärische Expansion kam etwa gleichzeitig mit der Machtübernahme der Abbasiden zum Stillstand, umkämpft blieb allein die byzantinische Front; am Mittelmeer, im subsaharischen Afrika, in Zentralasien und Nordwestindien trugen autonome Kräfte die islamische Expansion. Über Jahrhunderte reichte die islamische Welt «vom Fluß (gemeint war entweder der Jaxartes oder der Oxus) bis zum Atlantik» (*min an-nahr ila l-bahr*), das heißt von Transoxanien bis nach Marokko und Spanien und vom Jemen bis in den Kaukasus. Nach den Eroberungen trat die Islamisierung der bereits unter islamischer Herrschaft stehenden Gesellschaften in den Vordergrund.

Schwarz und weiß: Die Abbasiden und ihre Feinde

Der erste Abbasidenkalif, Abu l-Abbas as-Saffah, verstarb 754 nur dreiunddreißigjährig. Sein Bruder Abu Ja'far al-Mansur («der Siegreiche», reg. 754–775), verteidigte den Herrschaftsanspruch seiner Familie nach innen und außen. In Humaima als Sohn einer berberi-

---

Scharia ist wörtlich «der Pfad», «die Straße», die zum Heil führt. Sie ist nach muslimischer Auffassung durch Gottes Gebot klar definiert, das wiederum in Koran und Sunna enthalten ist. Taj Mahal (erbaut 1632–1643), Außenmauer, gefliester Boden und Minarett.

schen Sklavin geboren und an der abbasidischen Revolution kaum beteiligt, entledigte er sich rasch ihrer bisherigen Führer einschließlich des überragenden Abu Muslim, der 755 ermordet wurde. Um sich von seinen Vorgängern abzusetzen und inmitten der eigenen Gefolgsleute sicherer zu leben, verlegte al-Mansur seinen Hauptsitz von Syrien, wo die Umayyaden noch immer viele Anhänger hatten, in den Irak. Seine Residenz Hashimiyya (!) lag zunächst in der Nähe von Kufa, wo freilich die alidische Bewegung noch immer stark war. 762 siedelte al-Mansur in eine neue Hauptstadt über, die er «Stadt des Friedens» (*madinat as-salam*) nannte, die jedoch rasch als Bagdad bekannt wurde. In der Nähe der verfallenen sassanidischen Hauptstadt Ktesiphon gelegen, wurde Bagdad nicht nur zum politischen Zentrum des Reiches und festen Sitz des Hofes, sondern erlangte rasch auch eine Vorrangstellung in Wissenschaft, Literatur und Kunst, die sie noch behauptete, als sie ihre politische Bedeutung längst eingebüßt hatte. Die Lage am Westufer des Tigris mit Verbindungen in die Jazira und an den Persischen Golf war strategisch günstig; wichtige Straßen führten nach Iran, Syrien, Mekka und Medina. Die fruchtbare Umgebung und ein dichtes Netz von Kanälen sicherten die Versorgung der Stadt. Die Umayyaden hatten befestigte Heerlager für die arabisch-muslimischen Truppen gegründet, die sich rasch zu «richtigen» Städten entwickelten; Bagdad hingegen wurde als befestigte Palaststadt für den Kalifen, seinen Hof und seine Truppen angelegt, durch drei Mauerringe und einen Wassergraben enorm gut abgesichert. Hier konnten die Khurasaner konzentriert werden, die anderswo auf Widerstand stießen. Aber auch Bagdad entzog sich bald der herrscherlichen Zweckbestimmung. Um den Palastkomplex lagerten sich neue Quartiere für Hofbeamte, Kaufleute und Handwerker an; in den Vorstädten entstanden Märkte; schon bald wurden an den Ufern des Tigris weitere Paläste gebaut und selbst der innere, ursprünglich dem Herrscher und seinem Hofstaat vorbehaltene Ring verwandelte sich in einen normalen Stadtbezirk.

Einmal etabliert, erwiesen sich die Abbasiden in ihrer neuen Heimat Irak als militärisch klar überlegen. In Syrien hingegen erhoben sich immer wieder arabische Verbände zugunsten umayyadischer Herausforderer. Was aber wurde und wird überhaupt als Widerstand wahrgenommen? Wann wurde die Schwelle zur kollektiven Aktion überschritten? Wer waren die konfliktfähigen Gruppen zu einer Zeit, als der Staat kein Gewaltmonopol hatte? Unsere Kenntnisse sind leider höchst lückenhaft. So gut wie alle Widerstandsbewegungen scheinen aus den Reihen der Muslime hervorgegangen zu sein. Die Aufstände ägyptischer Kopten in den Jahren 725, 739 oder 829–830 wandten sich in erster Linie gegen die hohe Steuerlast, aber auch gegen das Verbot des Kirchenbaus. Individuelle Polemik gegen den Islam gab es sehr wohl, wie es scheint jedoch keinen organisierten Widerstand gegen die islamische Herrschaft. Da die Abbasiden die Farbe Schwarz zum Zeichen dynastischer Identität und Loyalität erhoben (al-Mansur erließ entsprechende Kleidervorschriften bei Hofe), nimmt es nicht wunder, daß Rebellen sie als erste ablegten und ihrerseits eine andere wählten – vorzugsweise weiß (der arabische Kurzbegriff für den anti-abbasidischen Widerstand lautet «Weißwerden» oder «Weißmachen», *tabyid*; die Rebellen sind «die Weißen», *al-mubayyida*). Die Farbe Weiß war an sich nicht eindeutig belegt: In Syrien und Spanien galt sie als Farbe der Umayyaden (obgleich die möglicherweise eher Rot als Farbe der Qais bevorzugt hatten), in Khurasan und Transoxanien als Farbe der Zoroastrier.

Neben den vielen Beispielen lokalen Widerstands fallen weitgespannte Netzwerke auf, wie die Haschemiten selbst ja auch eines gebildet hatten: Die arabischen Eliten waren in Teilen noch mobil, andere Bevölkerungsgruppen für unterschiedliche religiöse und politische Ideen mobilisierbar. Pilgerfahrten, Handelsreisen und Märkte boten Gelegenheit zu Kommunikation, Koordination und gemeinsamem Handeln über große Distanzen. Von der ländlichen Gesellschaft wissen wir wenig. Meist vermengt und kaum zu entwirren, fanden sich als Motive des Widerstands die Verteidigung lokaler Autonomie, die Abwehr als illegitim empfundener Forderungen (irreguläre Steuern, Abgaben, sonstige Dienstbarkeiten), der Ruf nach Gerechtigkeit und die Bindung an einzelne Personen und Familien. An vielen Orten bestand die Möglichkeit, allzu harter Unterdrückung durch Flucht zu entgehen. Soziale und religiöse Ideale, Ansprüche und Hoffnungen waren untrennbar miteinander verknüpft; vorgetragen wurden sie meist in einer religiösen Sprache und Symbolik: Eine Obrigkeit, die irreguläre Steuern erhob, galt klassischerweise als «gottlos». Im 8. und 9. Jahrhundert ist viel von endzeitlichen Erwartungen die Rede, eingehender als zuvor wird das Phänomen des religiösen «Extremismus» und – weitgehend neu – des religiösen Synkretismus beschrieben, wobei nicht immer sicher ist, ob es sich dabei nicht um die Entstellungen muslimischer Histo-

Die Miniatur aus den *Maqamen* des Hariri, im mamlukischen Kairo entstanden, zeigt den Helden der Erzählung, Abu Zaid, auf der Kanzel der Moschee von Samarkand. Er trägt die schwarze Kleidung der Abbasiden; schwarz ist auch die Fahne neben ihm. Die Farbe Schwarz war ursprünglich nicht in bestimmter Weise belegt, allerdings soll Muhammad wiederholt unter schwarzen Bannern gegen die Ungläubigen gezogen sein, und auch Ali focht in Siffin wohl unter einem schwarzen Banner. Später galt Schwarz als Ausdruck alidischer Neigungen; in der Moderne tragen schiitische Sayyids, Nachkommen Muhammads über Ali und Fatima, als Zeichen ihres Ranges einen schwarzen Turban.

riker handelt, die mißliebige Personen, Ideen und Praktiken als «häretisch», «extrem(istisch)» oder eben «synkretistisch» und damit als in islamischem Sinn illegitim brandmarken. Zu diesen Ideen und Praktiken zählt bezeichnenderweise alles, was dem frommen Muslim (aber auch dem frommen Juden und Christen) ein Greuel war und ist: die Mißachtung aller religiösen Schranken und Gesetze, sexuelle Freizügigkeit, Inzest, Orgien, Frauentausch, Alkoholexzesse, Magie und Zauberei. Solange die Quellenlage nicht besser ist und die Betroffenen nicht selbst zu Wort kommen, wird man sich hüten, diese Beschreibungen unbesehen zu übernehmen.

Der in den Quellen verurteilte «Extremismus» drückte sich vornehmlich in der «übertriebenen» Verehrung (arab. *ghuluww*) lebender oder verstorbener Personen aus, von denen die Beteiligten annahmen, sie seien Prophet, eine endzeitliche Erlösergestalt (der Mahdi oder der «Sufyani», der ihm in nicht ganz geklärter Weise vorausgeht), wenn nicht überhaupt von göttlichem Wesen. Derartige Vorstellungen verbanden sich in unterschiedlicher Form mit Reinkarnations- und Seelenwanderungslehren, wobei die entsprechenden Vorstellungen und Praktiken nicht notwendig von der verehrten Person selbst gewollt, initiiert oder inszeniert sein mußten. Ein Beispiel für den unwilligen Charismatiker bietet der Abbasidenkalif al-Mansur selbst: «Extreme» Anhänger des abbasidischen Hauses (sogenannte Rawandiyya), die in Mansur ihren Gott und Herrn (*rabb*) sahen, vollzogen um seinen Palast den rituellen Umlauf (*tawaf*), der allein der Kaaba gebührt. Er ließ die unbequemen Eiferer umbringen. In Syrien trat nach 750 der sogenannte Sufyani auf – eine nachgerade geniale Konstruktion, verwies sie doch auf eine eschatologische Figur und zugleich auf die sufyanidische Linie des umayyadischen Hauses. 811 rebellierte in Syrien ein gewisser Abu l-Umaitir, der wohl alle damals denkbaren Möglichkeiten ausschöpfte und sich zum Sufyani, Mahdi *und* Kalifen erklärte. Noch 841/42 agierte im Militärbezirk Urdunn (Jordanien) der geheimnisvolle Abu Harb al-Mubarqaʿ («der Verschleierte»), ein lokaler *outlaw*, der sich als Umayyade ausgab und vor allem unter den Yaman umayyadische Sympathien vermengt mit sufyanidischen Hoffnungen weckte. Ein Echo fand er auch bei verarmten Bauern, und zwar Muslimen wie Christen.

Die «extreme» Verehrung einzelner Personen konnte konfessionelle Grenzen überschreiten und auf Vorstellungen und Praktiken anderer religiöser Traditionen zurückgreifen, die auch dort als marginal, wenn nicht häretisch galten. Die wichtigsten Beispiele finden sich in der östlichen Reichshälfte, wo sie häufig von iranischen Adligen geführt, von der ländlichen Bevölkerung getragen und von den städtischen Eliten bekämpft wurden. Exemplarisch ist die Verehrung Abu Muslims durch die sogenannte Khurramiyya in Khurasan und anderswo, die in ihm eine endzeitliche Figur nach dem Muster des Mahdi sahen und sich weigerten, an seinen Tod zu glauben. Ein gewisser Sunbadh (möglicherweise ein zoroastrischer Würdenträger) sammelte zunächst in Nishapur und Rayy, dann auch im südkaspischen Tabaristan Freiwillige, um seinen Tod zu rächen. Sundbadh nahm einen sassanidischen Fürstentitel an und vertrat wohl Vorstellungen, die sich aus zoroastrischen und muslimischen Quellen speisten, kam jedoch nach wenigen Monaten in einer Schlacht ums Leben. In dieselbe Reihe gehört al-Muqannaʿ (wieder ein «Verschleierter»): Aus Merw gebürtig, hatte er sich um 759 zum Propheten erklärt, wurde verhaftet, stilisierte sich nach seiner Freilassung einige

Jahre später zu einer Manifestation Gottes und warb in Transoxanien Anhänger unter sogdischen Bauern und turkstämmigen Nomaden; nach vergeblichem Aufstand soll er mitsamt seiner Familie um 779 durch Feuertod (das heißt nach zoroastrischem Ritus) geendet haben. Anhänger dieser Lehren hielten sich in Gestalt der «Weißen» noch über mehrere Jahrhunderte.

Neben den neuen gab es die alten Feinde: Präsent und unruhig blieben bis in die Mitte des 9. Jahrhunderts die Kharijiten, die nicht alle so radikal auftraten wie die Anhänger Azraqs. Seit dem 2. Bürgerkrieg hatte sich die Bewegung der Ibaditen herausgebildet, benannt nach dem basrischen Gelehrten Abdallah b. Ibad al-Murri at-Tamimi. Zu Beginn des 8. Jahrhunderts entsandte einer ihrer bedeutendsten Führer «Missionare» in den Maghreb, den Jemen, nach Hadramaut, Oman und Khurasan, um dort den Boden für ein ibaditisches Imamat zu bereiten; kleinere Gemeinden entstanden auch in Irak, Hijaz und Zentralarabien. Noch vor dem abbasidischen Umsturz etablierten Ibaditen 746/47 in Hadramaut ihr erstes Imamat, das sich wohl bis Ende des 11. Jahrhunderts hielt. Ende des 8. Jahrhunderts gaben die ibaditischen Gelehrten in Basra die Politik der vorsichtigen «Verstellung» (*kitman*) auf, die sie wie viele Schiiten praktizierten (dort auch als *taqiyya* bekannt), und wanderten nach Oman aus, das zu einem Zentrum der ibaditischen Lehre wurde und es heute noch ist. Sehr aktiv waren ibaditische Kharijiten darüber hinaus am westlichen Ende der islamischen Welt, im Maghreb.

Die Aliden sahen sich verraten und deklinierten einmal mehr das Rachemotiv. Dieses Mal lautete es Rache an den Abbasiden. Sie waren gefährlich, da dem Herrscherhaus nicht nur ideologisch nahe verwandt. Dementsprechend breit gefächert war die abbasidische Strategie: Wer sich arrangierte, wurde geehrt, selbst bei Hofe konnten Anhänger der Aliden hohe Positionen einnehmen; Widerstand aber wurde ebenso rücksichtslos unterdrückt wie unter den Umayyaden. Entweder al-Mansur oder aber dessen Sohn al-Mahdi (reg. 775–785) entwertete schließlich den Anspruch der rivalisierenden Linie, indem er den Herrschaftsanspruch seiner Familie nun nicht mehr auf Muhammads Urgroßvater Hashim b. Abd Manaf zurückführte, von dem auch die Aliden abstammten, sondern auf Abbas b. Abd al-Muttalib (st. 653), einen der spät bekehrten Onkel Muhammads: Das schloß die Aliden aus dem Kreis der legitimen Kalifatsanwärter aus. Parallel dazu formierten sich mehrere revolutionäre Bewegungen im Namen der Familie Alis, um unterschiedlichen Kandidaten zur Herrschaft zu verhelfen – und scheiterten allesamt bei dem Versuch, die Abbasiden zu stürzen. Einigen gelang es allerdings, an den Rändern des Reiches lokale Herrschaften zu gründen.

Die «abbasidische Revolution»

Inwiefern war der Umsturz eine Revolution im Sinne nicht nur einer Auswechslung der herrschenden Dynastie und der mit ihr verbundenen Machtelite, sondern einer Umwälzung der gegebenen wirtschaftlichen und gesellschaftlichen Verhältnisse? Die Abbasiden selbst weckten vor, während und nach ihrem Umsturz große Erwartungen, und tatsächlich bewirkten sie auf vielen Feldern eine tiefgreifende Änderung. Dabei handelte es sich jedoch um einen langsamen, nicht immer geradlinigen Prozeß, der regional unterschiedlich schnell, tief und dicht verlief. Herrschaft und Verwaltung wurden straffer zentralisiert als unter den Umayyaden, der Staat zeigte – abzulesen unter anderem an der Besteuerung – auch in den Provinzen stärkere Präsenz. Armee und Politik wurden weiter enttribalisiert, die neuen Machteliten – die sich nicht nur aus den (arabisierten) Iranern zusammensetzten, die in der neuen Hauptstadt Bagdad den Ton angaben – verdrängten den arabischen Verdienstadel und die arabischen Stammesführer. Jedoch besaßen auch die Abbasiden keine Alternative zu den Praktiken indirekter Herrschaft, um die Interessen der Zentralregierung auf lokaler Ebene durchzusetzen. Daraus folgten variable, immer wieder neu auszuhandelnde Arrangements zwischen der durch den Gouverneur repräsentierten Zentralgewalt und den lokalen Eliten. In den Dörfern konnte die Zentrale ohne einheimische Helfer gar nichts anfangen, weil ihr die grundlegenden Orts- und Sachkenntnisse fehlten. Die ländliche Bevölkerung sah vom Staat auch weiterhin kaum mehr als den Steuereinnehmer, fallweise auch Soldaten. Man darf sich das weitgestreckte abbasidische Reich daher nicht zu einheitlich vorstellen. Selbst im Zeichen stärkerer Zentralisierung blieben unterschiedliche Sprachen, Münzen, Maße und Gewichte, Zeiteinheiten und Steuerpraktiken erhalten, die Provinzen bewahrten ihre eigenen gesellschaftlichen Strukturen, Leitbilder und Eliten. Die innere Heterogenität und Vielfalt behinderte den wirtschaftlichen und kulturellen Austausch indessen nicht.

In Anlehnung an vor- und nicht-islamische Herrscherbilder grenzten sich die abbasidischen Kalifen noch deutlicher von ihren Untertanen ab, als dies die Umayyaden getan hatten, denen der Vorwurf der unislamischen, weltlichen Lebensführung und des unislamischen, weltlichen Königtums gemacht worden war. Das ließ sich mit den Lehren des Islam nicht leicht in Einklang bringen, die im Grundsatz auf die Gleichheit aller Gläubigen abheben, zumindest der freien männlichen Muslime. Doch orientierte sich die Gesellschaft auch in abbasidischer Zeit nicht ausschließlich am Koran. Die Abbasiden stilisierten sich unter Nutzung aller zu ihrer Zeit bekannten Stilmittel – Hofzeremoniell, Panegyrik, Historiographie und Bauten – ganz bewußt zu islamischen Weltherrschern. Deutlich trat der Einfluß der persischen Tradition des Großkönigtums hervor; als Vorbilder dienten Khusrau (Chosroes), aber auch Alexander der Große als Inbegriff des starken und gerechten Herrschers. Schon die Umayyaden hatten zum Zweck der zeremoniellen Abgrenzung einen Vorhang benutzt; die Abbasiden verwandten den Schleier als Herrschaftssymbol; bezeichnend ist in diesem Sinn das Hofamt des Kämmerers (*hajib*, wörtlich «Hüter des Vorhangs» oder «Schleiers»). Um ihre religiöse Autorität zu unterstreichen, trugen die Kalifen bei offiziellen Anlässen den Mantel des Propheten (*burda*). Noch expliziter wurde der Anspruch in den Thronnamen messianischen Versprechens wie «al-Mahdi», die bislang vor allem Aliden getragen hatten. Ausdruck des herrscherlichen Selbstverständnisses war auch die sogenannte *mazalim*-Gerichtsbarkeit, bei der sich die Untertanen mit Klagen über Ungerechtigkeit, staatliches Fehlverhalten und Unterdrückung direkt an den Kalifen oder seine Vertreter wenden konnten, die damit – in klassisch königlicher Manier – als Verteidiger der Schwachen gegen die Starken auftraten. Das Recht auf höchstrichterliche Entscheidung blieb zwar an die Scharia gebunden, denn nach islamischer Lehre steht auch der legitime Herrscher über seinen Untertanen, aber nicht über dem Gesetz. In Wirklichkeit konnte er weitgehend frei entscheiden. Die Ulama blieben ambivalent: Für sie war der beste Herrscher, so lautete eine klassische Formulierung, wer regelmäßig die Religions- und Rechtsgelehrten aufsucht, der schlechteste Gelehrte aber, wer die Nähe des Herrschers sucht.

Auch die Abbasiden standen vor der Herausforderung, in einer patrimonialen Ordnung verläßliche «Amtsträger» zu finden. Als Pool kamen in Frage: die eigene Familie und Verwandtschaft mit be-

Das iranische Manuskript aus dem 16. Jahrhundert zeigt einen Herrscher mit Familie und Gefolge, der in der Moschee recht entspannt einem Prediger lauscht. Eine Abschrankung trennt die Männer von den Frauen – sie sind bis auf die Dienerinnen alle verschleiert – und den Kindern.

kannt zwiespältigem Aspekt (persönlich nahestehend, aber potentiell gefährlich, da selbst mögliche Thronanwärter); die Familien treuer Anhänger und Klienten, insbesondere aus der Provinz Khurasan; Personen und Familien mit lokaler Machtstellung, seien es städtische Eliten oder Stammesführer (Beispiele sind die aus Basra stammenden Muhallabiden oder die Shaibaniden); schließlich Personen mit militärischem Geschick und Gefolge ohne Verankerung im kalifalen Machtzentrum Irak (Musterbeispiel sind die sogenannten Türken). Abstammung und Familie, die durch Patronagenetzwerke abgestützt, ergänzt und erweitert wurde, was wiederum Besitz und Vermögen voraussetzte, mehrte und verstetigte, bestimmten auf allen Ebenen den Elitenstatus. Für die Zugehörigkeit zur abbasidischen Machtelite blieb die Bindung an die Person des Kalifen bzw. weitergehend das abbasidische Haus grundlegend; in Teilen besaß sie darüberhinaus aber eine eigenständige, nicht vom Herrscher abgeleitete (lokale) Machtbasis. Neu war dabei, daß die Elite sich zumindest im Irak aus Familien iranischer Herkunft (aber arabischer Sprache!) rekrutierte, die zumeist als Klienten (Mawali) in den islamischen Herrschaftsverband eingetreten waren, sich nun aber in jeder Hinsicht emanzipierten. Zu den großen Familien zählten die Barmakiden, ein Geschlecht ehemals buddhistischer Aristokraten aus Balkh im heutigen Afghanistan, die in den knapp zwei Jahrzehnten zwischen 786 und 803 in Bagdad faktisch das Sagen hatten, bis sie von Harun ar-Rashid ausgeschaltet wurden. Eine ähnliche Rolle spielten unter seinem Sohn al-Ma'mun die Tahiriden, die in ihrer Heimatprovinz Khurasan weitgehend autonom walteten. Die Rivalität zwischen Militär und ziviler Bürokratie prägte die gesamte abbasidische Ära, doch waren militärische und zivile Eliten nicht immer klar voneinander getrennt (die Barmakiden und Tahiriden belegen es deutlich); letztlich zählte, ob sie jenseits des Hofes über eine eigenständige Machtbasis verfügten oder nicht.

Sowohl die Armee als auch die zivile Bürokratie gingen unter abbasidischer Herrschaft weitgehend in nicht-arabische Hände über; als arabisch verstand sich die Herrscherfamilie selbst, die bekanntlich den Quraish angehörte. Als «rein arabisch» konnte sie indessen nur gelten, wenn man ihre Mütter, Ehefrauen und Konkubinen ausblendet und allein die männliche Linie betrachtet: Zumindest seit Harun ar-Rashid heirateten die Abbasidenkalifen kaum mehr freie arabische Frauen, sondern Sklavinnen unterschiedlicher Herkunft und Hautfarbe. Insofern könnte man von einem multikulturellen Harem sprechen. Die Heiratspolitik europäischer Herrscher, die auf diesem Wege Land und Besitz erwarben (man denke an das habsburgische Motto «alii bella gerant, tu felix Austria nube»: Laß andere Kriege führen, du, glückliches Österreich, heirate), fand unter diesen Bedingungen keine Entsprechung. Heiraten konnten politische Allianzen festigen, aber nicht zur Besitzerweiterung dienen, weil die in Frage stehenden Frauen keine Königreiche erbten. Das bedeutete nicht, daß Frauen am abbasidischen Hof ohne Einfluß waren. In der Armee übernahmen die aus Khurasan stammenden, in ihrer Mehrheit wohl arabischen «Söhne der Dynastie» (*abna' ad-daula*) die führende Rolle, die sich durch erwiesene Treue und militärische Kompetenz ausgezeichnet hatten. Häufig handelte es sich um ganze Familien, die ihre Truppen selbst anwarben, die allerdings aus der Staatskasse entlohnt wurden. Wem unter diesen Bedingungen im Konfliktfall die Treue galt, dem Kalifen oder dem unmittelbaren Befehlshaber, war eine offene Frage. Der Heeresdiwan spielte nur noch eine untergeordnete Rolle, an die Stelle der Dotationen traten ein regulärer Sold und Landzuweisungen oder Pfründen (Sg. *iqta'*).

Noch deutlicher zeigte sich der Trend hin zu einer Professionalisierung und Ausdifferenzierung in der zivilen Bürokratie der «Schreiber» und Sekretäre (*kuttab*). Selbst die höchsten Bürokraten wahrten die persönliche Bindung an den Herrscher; Personen standen noch immer über Institutionen, doch stiegen die Anforderungen an ihre sachliche und sprachliche Kompetenz stetig an. Territorial wie sachlich gliederte sich die Verwaltung in Diwane (davon abgeleitet ital. *dogana*) mit eigenen Archiven und umfangreicher Korrespondenz. Ein ausgefeiltes Post- und Nachrichtenwesen (*barid* von griech. *beredous*, lat. Pl. *veredi*, Postpferde), das auch die Brieftaube nutzbringend einsetzte, diente nicht zuletzt der Spionage und Überwachung der eigenen Untertanen. All das war eng verknüpft mit der Verbreitung des Papiers: In dem Gefecht bei Talas waren 751 unmittelbar nach der abbasidischen Machtübernahme chinesische Fachleute für die Papierherstellung in muslimische Hand gefallen; vier Jahrzehnte später entstand in Bagdad die erste Papierfabrik. Unter den frühen Abbasiden vervollkommnete sich der arabische Kanzleistil (*insha'*) für die offiziellen Dokumente (*sijill* nach lat. *sigillum*). Da auch und gerade von offiziellen Verlautbarungen ein hohes sprachliches Niveau erwartet wurde, was wiederum eine entsprechende Bildung der Schreiber voraussetzte, entwickelte sich eine eigene, nicht-religiöse Prosaliteratur (*adab*). Noch immer fanden sich unter den Schreibern und Sekretären neben den Klienten nicht-arabischer, vor allem iranischer Herkunft zahlreiche Nichtmuslime – im Irak vor allem Nestorianer, in Ägypten Kopten. Über die konfessionellen Grenzen hinweg waren die hohen Bürokraten einem bestimmten Habitus verpflichtet, der häufig mit dem der chinesischen Mandarine verglichen wurde (Cahen 1968: 102), doch wüßte man gern noch mehr über ihr Selbstverständnis, ihre intellektuelle Orientierung und Interessen, ihre Lebensführung (Wohnen, Kleidung, Konsum, Zeitvertreib) und ihren gesellschaftlichen Umgang.

Wie literarische Quellen belegen, war die Landwirtschaft schon in abbasidischer Zeit hoch entwickelt. Diese Abbildung stammt allerdings aus einem Fachbuch des frühen 13. Jahrhunderts aus dem Herrschaftsbereich der Artuqiden, einer Lokaldynastie in der Jazira und in Anatolien. Sie zeigt eine komplizierte hydraulische Pumpe.

Unser Wissen stützt sich überwiegend auf die von ihnen selbst verfaßte «schöngeistige» Literatur (*adab*), die in arabischer Sprache auch iranisches Bildungsgut vermittelte. Die Arroganz der «Perser» gegenüber den Arabern ist ein Topos der zeitgenössischen wie der späteren Literatur, die nicht als Beleg für die Existenz nationaler Gegensätze zwischen Arabern und Persern in abbasidischer Zeit gewertet werden sollte (sogenannte *shuʿubiyya* von arab. *shaʿb*, Volk). Recht deutlich wird die Abgrenzung gegenüber den Ulama als sozialer Gruppe, obgleich viele Bürokraten sich nachweislich für religiöse Fragen und die einschlägige Literatur interessierten.

Das Steuerwesen wurde nach dem Wegfall der im Jihad gemachten Beute immer ausgefeilter, wobei die konkrete Ausgestaltung sich nach den lokalen Gegebenheiten richtete. Prinzipiell bestand eine Trennung zwischen der Staatskasse (*bait al-mal*) mit ihren Archiven und Magazinen und der Privatschatulle des Kalifen; in besseren Zeiten wurde sogar versucht, Haushaltspläne aufzustellen. Insgesamt wurden frühere Praktiken nach Möglichkeit vereinheitlicht, doch blieb das Münzwesen territorial zweigeteilt: Im Westen dominierte die Gold-, im Osten die Silberwährung, und nur in der Hauptstadt Bagdad waren beide Münzarten im Umlauf. Immer noch stand die Geld- neben der Naturalwirtschaft; die Steuerjahre folgten teils dem islamischen Mondjahr, teils dem Sonnenjahr, nach dem sich die Landwirtschaft richtete. Die Frage der Steuergerechtigkeit war in abbasidischer Zeit so akut wie eh und je. Dabei bot die Unterscheidung in «islamische» und «unislamische» Steuern (Pl. *mukus*, wörtlich Schaden, Betrug) den Ansatz für Kritik und Widerstand und eines der wichtigsten Kriterien für gerechte Herrschaft («gute Regierungsführung»).

Gesellschaftlich, ökonomisch und politisch relevant waren nicht nur die Steuerarten, sondern auch die besteuerten Personengruppen. Dabei wurde zunächst zwischen Muslimen und Nichtmuslimen unterschieden und diese Großgruppen weiter nach Geschlecht, Vermögen, Wohnort und Beruf differenziert (so waren Kleriker und Mönche in der Regel nicht steuerpflichtig); innerhalb der muslimischen Gemeinschaft genossen die Angehörigen der Familie des Propheten (Sg. *sharif*) ungeachtet des koranischen Gleichheitsideals gewisse fiskalische und rechtliche Privilegien. Die bäuerliche Bevölkerung wurde insgesamt deutlich höher belastet als der städtische Handel und das Gewerbe; zumindest gilt das für die regulären («islamischen») Steuern; irreguläre Abgaben und Leistungen trafen auch die städtische Bevölkerung oder einzelne ihrer Gruppen hart. Neben der Kopf- blieb die Bodensteuer die wichtigste und verläßlichste staatliche Einnahmequelle: Dabei wurde zwischen Gütern, auf denen allein die Zakat ruhte, und dem *kharaj*-Land unterschieden, das zu Beginn der Eroberungen in nichtmuslimischer Hand gewesen war. Von der ersten, überwiegend Großgrundbesitzer betreffenden Kategorie wurde im allgemeinen ein Zehntel der Ernte erhoben, in Geld umgerechnet und häufig pauschal geleistet; bei der zweiten Kategorie, die vor allem kleine Bauern traf, waren die Regelungen flexibler; die Bodensteuer betrug in der Regel ein Fünftel bis ein Drittel, höchstens aber die Hälfte der Ernte. Schon für diese Zeit ist die Institution der *talji'a* belegt, bei der Bauern (selten ganz freiwillig) ihr Land dem Schutz eines Mächtigen unterstellten, der es auf seinen Namen eintragen ließ, die Steuerzahlung übernahm und fortan als Mittler zwischen seinem Klienten und den Steuerbehörden auftrat (vergleichbar dem römischen *patrocinium*). Schon in abbasidischer Zeit gab es den «abwesenden Grundbesitzer» (*absentee landowner*), der nicht auf seinem Land, sondern in der Stadt oder am Hof lebte. Die Steuereinziehung erfolgte entweder direkt durch staatliche Amtsträger (von Beamten zu sprechen, ist für diese Zeit problematisch) oder aber durch Steuerpächter, in der Regel Militärs oder vermögende Privatpersonen, die gegen Vorauszahlung eines vereinbarten festen Betrages mit der Eintreibung der Steuern betraut wurden; die Verträge galten meist für zwei bis drei Jahre und konnten sich auf unterschiedliche Steuerarten und Einheiten vom einzelnen Dorf bis zu einer ganzen Provinz erstrecken.

Harun ar-Rashid und al-Ma'mun

Der legendäre Harun ar-Rashid («der Rechtgeleitete», reg. 786–809) ist als Held der Erzählungen aus tausendundeiner Nacht sicher der bekannteste abbasidische Kalif, ja neben Saladin und Süleiman dem Prächtigen in Europa der bekannteste muslimische Herrscher überhaupt. Das Urteil der Zeitgenossen und späterer Historiker war zwiespältig. Auch dieses «goldene Zeitalter» war nicht so golden wie sein Ruf: Syrien blieb unruhig; in Ägypten brachen wiederholt Aufstände gegen die harte und ungerechte Besteuerung aus; der Jemen revoltierte 795–803 gegen einen besonders brutalen Gouverneur; in Ifriqiya, das als Puffer gegen die Kharijiten und die spanischen Umayyaden dienen sollte, ernannte Harun einen Gouverneur, der sich weitgehend selbständig machte; im äußeren Maghreb etablierten sich um 789 die alidischen Idrisiden, in anderen Landesteilen Kharijiten unterschiedlicher Ausrichtung; Khurasan und die südkaspischen Gebiete blieben ein Hort der Unruhe. Das alles aber behinderte nicht die weitgespannten, vom Mittelmeer bis nach China reichenden Handelsbeziehungen, eine glänzende Hofhaltung und kulturelle Blüte, die sich am Hof und in der städtischen Gesellschaft entfaltete.

Als Harun, Sohn des Kalifen al-Mahdi und der freigelassenen jemenitischen Sklavin Khaizuran, 786 an die Macht kam, war er Anfang zwanzig und stützte sich stark auf den Barmakiden Yahya b. Khalid und dessen Söhne Fadl und Ja'far. Der Ursprung ihrer Macht lag am Kalifenhof (insofern lassen sie sich mit den karolingischen Hausmeiern vergleichen), der ihrer Gegner eher in den Provinzen, insbesondere der byzantinischen Grenzregion. «Barmak» (Sanskrit: *parmak*) war der Titel des Oberpriesters des buddhistischen Tempels von Naubahar (Sanskrit *nova vihara*, neues Kloster, das von den muslimischen Eroberern 640 wohl beschädigt, aber nicht ganz zerstört wurde) in der Nähe von Balkh; die Familie scheint ihre Ländereien auch über die islamische Eroberung hinweg gerettet zu haben. Um 725 ließen sich einige Familienmitglieder als Klienten des Stammes der Azd in Basra nieder, wo sie zum Islam konvertierten. Unter as-Saffah gelangte Khalid b. Barmak in höchste Ämter; seine Tochter wurde von Saffahs Frau gestillt, sein Enkel Fadl b. Yahya war ein Milchbruder Haruns. Dieser machte Yahya b. Khalid zu seinem Wesir und verlieh ihm umfassende Vollmachten; Yahya wiederum bezog von Anfang an seine beiden Söhne Fadl und Ja'far in alle Amtsgeschäfte ein. Besondere Sympathien für Iran konnte man ihnen nicht nachsagen – sie vertraten den Geschmack der höfischen Elite, die, weitgehend unabhängig von ihrer ethnischen Herkunft und politischen Orientierung, kulturell gleichermaßen arabisch wie iranisch geprägt war. Wie andere Vertreter ihrer Schicht waren sie große Förderer der Künste und der Wissenschaften, in der *adab*-Literatur und den Erzählungen aus tausendundeiner Nacht verewigt.

Wie sein Vater al-Mahdi (der Thronname ist Programm) betonte auch Harun ar-Rashid den religiösen Charakter des Kalifats, förderte die muslimischen Religions- und Rechtsgelehrten und setzte die harte Linie gegen die Aliden und sonstige kritische Geister fort; selbst den quietistischen Imam Musa al-Kazim verschonte er nicht. Seinen Ruhm in muslimischen Kreisen verdankte Harun vor allem dem Jihad gegen Byzanz, dessen er sich als Kämpfer für den Islam (Ghazi-Kalif) persönlich annahm. Unter umayyadischer Herrschaft war Byzanz auf Kleinasien und seine europäischen Besitzungen entlang des Schwarzen Meers und in der Ägäis zurückgedrängt worden. Aber es war dem muslimischen Ansturm nicht erlegen, vielmehr offensiv auf die Rückgewinnung verlorener Territorien bedacht. In der umkämpften kleinasiatischen Grenzregion ließ Harun die Grenzbefestigungen (*thughur*) verstärken oder neu anlegen und unternahm regelmäßige Sommerfeldzüge, an denen bis zu 135 000 Mann (Kennedy 2001: 99) teilnahmen. Träger des Jihad waren jedoch nicht nur der Kalif und dessen Armee, sondern auch Freiwillige, unter ihnen Gelehrte und Asketen, sowie lokale *warlords*, die, mal als «Gouverneur», mal als Rebell, ihre eigenen Interessen verfolgten. Im Zuge dieser Kämpfe (die häufig nicht mehr waren als organisierte Raub- und Beutezüge) wurde allmählich ein islamisches Kriegsrecht (*siyar*) erarbeitet. Ab

796 residierte Harun ar-Rashid kaum mehr in Bagdad, sondern meist in dem grenznäheren Raqqa im heutigen Syrien. Harun ließ nicht nur an der byzantinischen Grenze, sondern auch in Jerusalem Kirchen zerstören und setzte zumindest in Bagdad die diskriminierende Kleiderordnung für Dhimmis durch, die angeblich auf frühislamischer Praxis (dem sogenannten Umar-Pakt) beruhte.

Anders als viele seiner Vorgänger traf Harun ar-Rashid recht früh Vorkehrungen, um seine Nachfolge zu sichern, und benannte aus dem Kreis seiner elf Söhne drei Erben: Zu seinem Nachfolger im Amt des Kalifen verbunden mit der Statthalterschaft über die arabischen Reichsteile designierte er 792 den zu diesem Zeitpunkt fünfjährigen Muhammad (al-Amin), einen Sohn aus der Ehe mit seiner Cousine Zubaida («Butterflocke»), einer der eindrucksvollsten Gestalten des abbasidischen Hofes; als dessen Vormund diente bis auf weiteres der Barmakide Fadl b. Yahya. Dem Erstgeborenen Abdallah (al-Ma'mun), Sohn einer iranischen Konkubine, die allerdings kurz nach seiner Geburt gestorben war, so daß auch er von Zubaida aufgezogen wurde, übertrug er 799 die lebenslange Statthalterschaft über die östlichen Reichsteile und designierte ihn als Nachfolger seines Bruders Amin; sein Vormund wurde Fadls Bruder Jaʿfar. Ein dritter Sohn, al-Qasim (al-Muʾtamin), rückte auf Platz drei der Thronfolge; er sollte die byzantinische Grenzregion verwalten. (Aller dreier Beinamen wandeln das Adjektiv «vertrauenswürdig» oder «verläßlich sein» ab.) Die Regelung wurde 802 während der Pilgerfahrt in Mekka feierlich verkündet. Eine echte Reichs*teilung* war nicht vorgesehen, sollte das Kalifat doch in einer Hand bleiben. Nachdem er die Nachfolge in dieser Form geregelt hatte, entledigte sich Harun der Barmakiden: Den Vater, Yahya b. Khalid, ließ er unter Hausarrest stellen, seinen langjährigen Günstling Jaʿfar b. Yahya hinrichten, dessen Bruder Fadl mit weiteren Anverwandten ins Gefängnis werfen und ihr gesamtes Vermögen konfiszieren. Die Zeitgenossen waren konsterniert.

Als Harun 809 starb, hielt der Frieden unter seinen Söhnen nicht lange. Schon 811 kam es zum *Bruder*krieg – ein «*Bürger*krieg», wie in der Literatur immer wieder zu lesen, war es nicht. Mit Hilfe transoxanischer Truppen unter dem Kommando eines Klienten ostiranischer Herkunft, Tahir b. al-Husain, setzte sich Ma'mun durch; Amin, der sich immerhin auf die *abnaʾ ad-daula*, die im Irak stationierten khurasanischen Truppen stützen konnte, wurde 813 gefangengenommen und ermordet; Ma'mun blieb zunächst in Khurasan.

Während der Kämpfe wurden Bagdad und das umliegende Land mitsamt seinen Bewässerungsanlagen schwer beschädigt; die Städte waren weitgehend auf sich angewiesen, so daß sich städtische Milizen und Jungmännerbünde formierten, um die eigenen Interessen zu verteidigen; auf dem Land breitete sich das Banditenwesen aus; im Osten machten sich die Provinzen teils notgedrungen selbständig, an verschiedenen Orten kam es zu Aufständen.

Al-Ma'mun (reg. 813–833) gilt dennoch als der bedeutendste Abbaside, seine Regierungszeit als einer der Glanzpunkte islamischer Geschichte. Ruhig war sie nicht. 815 flammten in Kufa und Basra, im Hijaz und im Jemen alidische Revolten auf. Kurzfristig schien eine Versöhnung mit Teilen der weitverzweigten alidischen Opposition möglich, als Ma'mun im März 817 ungeachtet der von seinen Vorgängern vertretenen Doktrin vom Alleinanspruch des Hauses Abbas einen Aliden als seinen Nachfolger designierte, der nach seinem Tod den Thron besteigen sollte: Ali b. Musa, einen Sohn des «Märtyrers» Musa al-Kazim, der 799 in abbasidischer Haft verstorben war, und Bruder der Rebellen Zaid in Basra und Ibrahim im Jemen. Ali trug den Ehrennamen «ar-Rida», «der (mit Gott) zufrieden ist» oder aber «der (aus der Familie Muhammads), der Zustimmung findet» – ein solcher war zwei Generationen zuvor von der haschemitischen Propaganda angekündigt worden. Ma'mun bewegte sich grundsätzlich also in vertrauten Bahnen. Zugleich vertauschte er, einmal mehr auf symbolische Gesten setzend, das abbasidische Schwarz mit der Farbe Grün, die mittlerweile als Farbe des Propheten galt. Als die Nachricht vier Monate später Bagdad erreichte, riefen die empörten Abbasiden einen seiner Cousins zum Kalifen aus; sein Wesir Fadl b. Sahl (ein frisch konvertierter, ehemals zoroastrischer Klient der Barmakiden) ließ die Erhebung niederschlagen, nur um wenig später auf Geheiß des Kalifen ermordet zu werden. Angesichts der Unruhen machte sich Ma'mun auf den Weg nach Bagdad. Ali ar-Rida starb schon im September 818 in der Nähe der ostiranischen Stadt Tus (wo auch Harun ar-Rashid bestattet lag); seine Grabstätte wurde unter dem Namen Mashhad (Märtyrerschrein) später zu einer der bedeutendsten schiitischen Pilgerstätten. Im August 819 hielt Ma'mun nach zehnjähriger Abwesenheit Einzug in Bagdad. Einen Monat später kehrte er zum abbasidischen Schwarz zurück, behielt aber den Titel eines Imam bei, den von nun an alle abbasidischen Kalifen führten. Zug um Zug wurden die unruhigen Provinzen wieder der kalifalen Oberhoheit unterstellt.

Die Militarisierung der Herrschaft

Ma'muns Rückkehr nach Bagdad wurde von den Zeitgenossen regelrecht als zweite Eroberung durch die Khurasaner verstanden. Um seine Herrschaft wirksamer gegen die reguläre Armee und die rebellische Bevölkerung abzusichern, entwickelte Ma'muns Bruder und Nachfolger, Abu Ishaq al-Mu'tasim («der starke Verteidiger», reg. 833–842), eine neue Militärpolitik, die langfristig große Wirkung zeigte: Er warb systematisch Sklaventruppen an, die schrittweise die regulären und irregulären Verbände freigeborener Männer arabischer, khurasanischer und transoxanischer Herkunft an den Rand drängten. Von den Heeren der frühen Eroberungszeit hatte man sich weit entfernt. Die meisten Kampagnen wurden mittlerweile auf Kontraktbasis geführt; faktisch handelte es sich dabei um Privatarmeen, besonders nach dem in vieler Hinsicht ruinösen Bruderkrieg. Mu'tasim hatte schon als Gouverneur von Armenien eine Leibgarde aus Sklaven und Freigelassenen angekauft, die vor allem aus iranischen Dailamiten, Türken und Maghrebinern bestand. Als Vorbild diente ihm möglicherweise der abbasidische Gouverneur von Ifriqiya, Ibrahim b. al-Aghlab, der wohl erstmals in größerem Maßstab Sklaventruppen einsetzte, und zwar dem örtlichen Angebot entsprechend Schwarzafrikaner und sogenannte Slawen (*saqaliba*, weiße Militärsklaven, auch Nord- und Mitteleuropäer generell).

Von den insgesamt vielleicht 20 000–30 000 Mann, die al-Mu'tasim als Kalif anwarb, waren etwa die Hälfte «Türken» aus der eher vage definierten Region Mittelasien. Als Lieferant und Zwischenhändler betätigten sich die in Bukhara residierenden Samaniden. Über den Erwerb dieser Sklaven sind wir schlecht unterrichtet: Waren es Kriegsgefangene, wurden die Männer (Knaben?) verschleppt, versklavt, verkauft, von ihren Eltern möglicherweise mehr oder weniger freiwillig abgegeben, um in kalifalem Dienst ein besseres Leben zu führen? Als Militärsklaven (Pl. *ghulam* oder *ghilman*, Knabe, Sklave) jedenfalls waren sie, selbst freigelassen und in hoher Position, doppelt marginale Figuren: Sie wurden individuell rekrutiert, nicht als Führer und Vertreter größerer Gruppen, auf die sie sich im Konfliktfall hätten stützen können, und sie stammten nicht aus den islamischen Kernlanden, galten im Irak also als Fremde. Ihre Stellung verdankten sie allein ihrer Bindung an den Kalifen oder einen hochrangigen Militär; materiell hingen sie von Sold, Beute und Sonderzuweisungen ab. Ungeachtet ihrer fremden und unfreien Her-

Die Luftaufnahme zeigt die riesigen Ausmaße der Freitagsmoschee von Samarra, die al-Mutawakkil 848–852 errichten ließ; die Spiralform ist für abbasidische Minarette dieser Zeit charakteristisch. Wie die Paläste war die Moschee aus gebrannten Ziegeln gebaut; die Mosaiken, die wahrscheinlich die Außenmauern schmückten, sind nicht an ihrem ursprünglichen Ort erhalten.

kunft konnten *ghulam* jedoch als Befehlshaber über freie muslimische Truppen eingesetzt werden. Das bestätigte eine Grundregel sozialer Organisation in dieser wie in späteren Zeiten: Wichtiger als ihr Rechtsstatus als Freigelassener oder Sklave war die persönliche Bindung (*wala'*) an ihren Herrn und Patron; je mächtiger dieser, desto höher ihre Stellung.

Das Heer bestand nach wie vor aus unterschiedlichen Elementen: der regulären Armee (*jund*), einer Berufsarmee, die nach wie vor im Diwan registriert war; den von Kalifen, Gouverneuren und lokalen Machthabern aufgestellten Sklaventrupps; Freiwilligen, vor allem Grenzkämpfern (*mutatawwiʿa,* später meist *mujahid* und *ghazi*), die keinen Sold, sondern nur einen Anteil an der Beute erhielten; sowie diversen lokalen Einheiten. Ein Gewaltmonopol konnte der Staat nicht durchsetzen. Die Sklavengarden stärkten zwar die Durchsetzungskraft des Kalifen, entwickelten sich jedoch rasch zu einer Quelle ständiger Unruhe. In Bagdad kam es (zu dessen kultureller Glanzzeit!) zu blutigen Zusammenstößen zwischen den unterschiedlichen Einheiten sowie zwischen ihnen und der lokalen Bevölkerung. Um sich seiner feindseligen Umgebung zu entziehen, ließ al-Muʿtasim in dem etwa 125 Kilometer nördlich von Bagdad gelegenen Samarra eine neue Residenz errichten. 836 siedelte er mitsamt dem Hofstaat und den «türkischen» Truppen dorthin über; Bagdad wurde von einem Tahiriden kontrolliert. Das half Muʿtasim und seinen Nachfolgern indessen nicht, das klassische Problem der Prätorianergarden zu lösen, mit dem schon die römischen Kaiser gekämpft hatten: Sie waren teuer, konfliktfähig und potentiell illoyal. Zunehmend bemächtigte sich die Armee des Kalifats. Offiziere beteiligten sich an der Wahl des Thronfolgers – der aber stammte weiter exklusiv aus dem Haus Abbas. Muʿtasims Sohn und Nachfolger al-Mutawakkil («der auf Gott vertraut», reg. 847–861) wurde 861 von einem hohen türkischen Offizier ermordet. Um 900 floß rund die Hälfte der Staatsausgaben an Heer und Flotte. Um die erforderlichen Mittel aufzubringen, erhielten Militärs und zivile Amtsträger zunehmend Land ohne festgelegte Gegenleistungen zugewiesen, doch entstand daraus keine Lehnsherrschaft mit den entsprechenden Hoheitsrechten.

Angesichts der Finanzkrise, rebellischer Truppen und allgemeiner Unsicherheit waren die Städte und entfernter liegende ländliche Gebiete vielfach sich selbst überlassen. Im Südirak kam es 869–883 zu dem großen Aufstand der Zanj, Sklaven von der ostafrikanischen Küste und der Insel Sansibar (arab. *bilad az-Zanj*), wo zu dieser Zeit der Islam Fuß zu fassen begann. Die Zanj bilden eines der wenigen Beispiele für ländliche Sklaverei in islamischen Ländern, über die wir sonst kaum etwas wissen. Seit langem wurden Sklaven unter extrem harten Bedingungen in den südirakischen Zuckerplantagen und Salzpfannen sowie bei der Urbarmachung des Marschlandes eingesetzt. Schon in den unruhigen 690er Jahren war es dort zu lokalen Erhebungen gekommen, die jedoch ohne Mühe niedergeschlagen wurden. Anders zwei Jahrhunderte später, als ein Außenstehender die Sklaven mobilisierte, Ali b. Muhammad, bekannt als Sahib az-Zanj («der Herr der Zanj»), ein Mann ungeklärter Herkunft, der sich als Alide ausgab. Nach Aufenthalten an der arabischen Golfküste, in Bagdad und Basra, wo er Kontakt zu den Zanj aufnahm, rief er im September 869 einen Aufstand aus und versprach den Sklaven Wohlstand und Gerechtigkeit. Nach anfänglichen Erfolgen strömten ihm auch zahlreiche Mawali, Beduinen und Bauern zu. Bis 879 gelang es den Zanj, im schwer zugänglichen irakischen Marschland und dem angrenzenden Teil Khuzistans einen «Staat» mit der

Hauptstadt al-Mukhtara aufzubauen; Ali b. Muhammad prägte eigene Münzen und nahm den Titel eines Mahdi an. Seine Anhänger verwüsteten das umliegende Land, versklavten zahlreiche Bewohner, verschleppten sie in die Marschen und brandschatzten 871 sogar Basra. Nach dem Scheitern mehrerer Strafexpeditionen zerstörte eine abbasidische Streitmacht 892 schließlich aber al-Mukhtara und zerschlug den Staat der Zanj. Im gleichen Jahr kehrte der abbasidische Hofstaat von Samarra nach Bagdad zurück.

Religion, Kultur und Wissenschaft

Diesen Hintergrund muß man kennen, wenn man von der Blütezeit der islamischen Kultur in abbasidischer Zeit spricht. Sie war – anders als die nicht auszurottende Vorstellung vom beduinischen Charakter des frühen Islam es will – eine *städtische* Kultur, getragen von höfischen Kreisen und den Angehörigen einer gebildeten urbanen Schicht, die, aus unterschiedlichen religiös-kulturellen Milieus stammend, ihren Beitrag zu einer spezifisch islamischen Wissenschaft, Kunst und Literatur leisteten. Bis ins 10. Jahrhundert geschah dies in arabischer Sprache. In den meisten Teilen des Reiches ging im Lauf des 9. und 10. Jahrhunderts die Zahl der Christen und Zoroastrier deutlich zurück, ohne daß wir diesen sozial- und kulturgeschichtlich so bedeutsamen Prozeß im einzelnen dokumentieren könnten. Innerhalb wie außerhalb des abbasidischen Machtbereichs setzte sich die arabische Sprache als Umgangssprache durch. Die eine wichtige Ausnahme bildete Iran, wo von der Jahrtausendwende an das Neupersische neben Arabisch als Sprache von Literatur und Wissenschaft trat. Die islamische Kunst und Kultur sind das Ergebnis eines langen, sehr fruchtbaren, wenn auch keineswegs herrschafts- und reibungsfreien Austauschprozesses, ein klassisches Beispiel für «Beziehungsgeschichte», die man eben nicht zu idyllisch zeichnen sollte. Daß ein kultureller Austausch auf materieller und ideeller Ebene stattfand, heißt nicht, daß er von allen Beteiligten gesucht, bejaht und anerkannt wurde und als Ergebnis eines wechselseitigen Gebens und Nehmens ins allgemeine Bewußtsein drang. Wie überall stellt sich die Frage nach den kulturellen Mittlern und den Wegen und Formen der Vermittlung wie der Verwandlung bestehender Motive, Vorstellungen und Praktiken. Besonders interessant ist die Spannung zwischen Anknüpfung auf der einen Seite

Die Miniatur aus dem osmanischen *Terjüme-i Aja'ib al-Makhluqat* (um 1595) illustriert den Austausch zwischen Muslimen und Christen, letztere vertreten durch lateinische und orthodoxe Mönche.

und Abgrenzung, wenn nicht Ausgrenzung auf der anderen, die den Islam von frühester Stunde an kennzeichnete. Man denke an Muhammads Vereinnahmung Abrahams als Urvater des islamischen Monotheismus, der die Juden und Christen in den monotheistischen Stammbaum eingliederte, ihnen darin aber einen niedrigeren Rang zuwies.

Das höfische Milieu – der Kalif, die hohen Militärs und Beamtenfamilien, seine Gouverneure, autonome und unabhängige Fürsten – förderte vor allem Kunst, Architektur, Poesie, Musik, Gesang, Philosophie, Wissenschaft und die schöne Literatur (*adab*). Vom Hof bewußt oder unfreiwillig unabhängige Literaten und Gelehrte trugen maßgeblich zur Entwicklung der im engeren Sinn religiösen Wissenschaften bei, Koranexegese, Grammatik, Recht und Prophetentradition (Hadith, Sunna); zwischen beiden Domänen stand die

Geschichtsschreibung. Die strenge Unterscheidung zwischen den religiösen Wissenschaften auf der einen Seite und den profanen auf der anderen (Philosophie, Mathematik, Geographie und die empirischen Wissenschaften von der Medizin über die Astronomie bis zur Agronomie), die, da stark vom griechischen Erbe beeinflußt, auch als «Wissenschaften der Alten» bezeichnet wurden, war in der Praxis weniger scharf gezogen als in der Theorie. Zu dieser wie zu späteren Zeiten fanden sich genügend vielseitig interessierte und gebildete Literaten und Gelehrte, die sich auf beiden Feldern engagierten und so zum Beispiel den Hofdienst mit einem ernsthaften Interesse an Theologie, Philosophie, Medizin und Historiographie verbanden und zudem Gedichte schrieben. Daneben standen Religionsgelehrte mit ganz rigiden Auffassungen von der Nützlichkeit und Verwerflichkeit unterschiedlicher Wissenszweige, die fast alles verdammten, was über Koran und Sunna hinausging. Für einzelne Disziplinen gab es zwar gewisse Zentren (Medina beispielsweise für die Hadith-Wissenschaft), doch blieben die Ausdrucksformen so einheitlich, daß ein Jurist, Arzt oder Theologe sein Wissen und seine Art des Denkens von einem Ende der islamischen Welt bis zum anderen einsetzen konnte, ohne irgendwo fremd zu erscheinen. Gerade auf kulturellem Gebiet fasziniert der Grad an sozialer und physischer Mobilität verbunden mit geistiger Regsamkeit und Vielseitigkeit, die dieses «klassische» Zeitalter auszeichnen. Auffällig war und blieb die soziale Offenheit der Wissenschaft und ihrer Lehr- und Studienzirkel. Religiös relevantes Wissen allerdings konnte (soweit es sich nicht auf die Berichte von Geschichtenerzählern beschränkte), wie es scheint, nur in arabischer Sprache erworben werden, was eine gewisse Exklusivität mit sich brachte.

Die Entstehung der islamischen Wissenschaften

Über zwei Jahrhunderte entstand allmählich eine spezifisch islamische Tradition, und zwar prinzipiell unabhängig vom Staat, das heißt dem kalifalen und anderen Höfen, wenn auch in vielfacher Weise an ihn gebunden. Zwei Säulen bildeten sich dabei heraus: zum einen die Beschäftigung mit dem Koran, die eine Reihe anderer Disziplinen voraussetzte oder nach sich zog, zum anderen die Sammlung der Berichte (Hadithe) über die Aussprüche und Handlungsweisen des Propheten und die Erarbeitung eines islamischen Rechts. Von frühester Stunde an waren dabei Mündlichkeit und Schriftlich-

Die Miniatur, Deckblatt einer arabischen Übersetzung von Dioscurides' *De materia medica* aus dem Jahr 1229 (Nordirak oder Syrien), zeigt zwei Schüler, die ihrem Lehrer eine Mitschrift zur Beglaubigung vorlegen. Er sitzt auf einem bequemen Stuhl vor ihnen, den linken Fuß auf einen Schemel gestützt.

keit verklammert. Gerade der Koran belegt das hohe Prestige der Schrift und der schriftlichen Überlieferung, die jedoch durch Persönlichkeiten von vorbildlicher Lebensführung verbürgt werden mußte, und zwar prinzipiell unabhängig davon, ob dies im Rahmen einer Institution geschah (der Moschee, in späteren Jahrhunderten auch der Madrasa) oder einer privaten Begegnung. Auch hier wirkte die enge Verbindung von persönlicher Nähe und Autorität, die noch ganz andere soziale Felder gestaltete. Einzelne Personen traten als lebendige Glieder in einer Kette von Vermittlern auf, die idealerweise bis zu den autoritativen Figuren der frühen Zeit zurückreichte – den Propheten, seine Frauen, Töchter und Verwandten, die herausragenden Prophetengefährten der ersten und zweiten Generation einschließlich der «rechtgeleiteten Kalifen», für die Imamiten neben dem Propheten auch ihre Imame. Seine exemplarische Form fand dieses Denken in Rückbezügen auf die normative Frühzeit in der Hadith-Wissenschaft, die jeden einzelnen Bericht über das Tun und Lassen Muhammads und seiner Gefährten in einer möglichst lückenlosen Kette auf verläßliche Persönlichkeiten «abzustützen»

In der Bibliothek von Basra, in der sich eine Reihe von Männern um einen Gelehrten versammelt hat, liegen auf Regalen Stöße gebundener Bücher. Die *Maqamen* des Hariri, Yahya al-Wasiti, Bagdad 1237.

suchte (*isnad*, wörtlich Abstützung). Es zeigte sich ebenso in der Jurisprudenz mit ihren Rechtsschulen, die sich auf einzelne Gründerfiguren zurückführten, oder später bei den Sufi-Orden, die sich in einer Kette (*silsila*) von Meistern auf eine herausragende Gründerpersönlichkeit beriefen, nicht selten Ali oder Muhammad selbst (zu deren Zeit es noch gar keine Sufik gab). Selbst Frauen konnten in einem solchen, von persönlichem Kontakt und Vorbild geprägten Rahmen als Autoritäten auftreten, allerdings wohl doch eingeengt auf die Hadith-Wissenschaft und die Mystik; in der Koranexegese, Grammatik und Jurisprudenz scheint es nur sehr wenige weibliche Autoritäten gegeben zu haben.

In den religiösen Wissenschaften las der Gelehrte vor seinen Schülern und Zuhörern beiderlei Geschlechts einen Text (das konnten Hadithe sein oder juristische Abhandlungen), der von diesen häufig schriftlich festgehalten, dann dem Lehrer zur Beglaubigung vorgelesen und später in eigenen Zirkeln wiederum mündlich vorgetragen oder diktiert wurde. Hörerzertifikate (*samaʿat*) und die Lehrerlaubnis (*ijaza*), mit der ein Lehrer einzelnen Schülern die Genehmigung zur Weitergabe eines oder mehrerer Texte erteilte, verdeutlichen diese Verknüpfung von Schriftlichkeit und Mündlichkeit. Der *isnad* allerdings ignorierte die schriftlichen Notizen, so daß es so aussah, als sei der betreffende Text ausschließlich mündlich tradiert worden. Dabei wurde Wissen nicht allein durch vorbildliche Persönlichkeiten in der direkten Begegnung vermittelt. Der viel zitierte Ausspruch «wahres Wissen erwirbt man nur von einer gelehrten Person, nicht aus Büchern», drückt ein Ideal aus: Die Tatsache, daß Privatleute spätestens vom 2. Jahrhundert Hijra an Bücher besaßen, ja ganze Bibliotheken, und neben Monographien auch eine wachsende Zahl von Enzyklopädien verfaßt wurde, belegt, daß Wissen sehr wohl außerhalb von Studienzirkeln erworben und vermittelt werden konnte.

Da der Koran, wie er selbst angibt, in «reiner arabischer Sprache» offenbart wurde, entwickelten Muslime unabhängig von ihrer ethnischen Herkunft und Muttersprache früh ein reges Interesse an arabischer Grammatik, Lexikographie und der vorislamischen Dichtung; sehr früh entwickelte sich die Kalligraphie zu einem bevorzugten Ausdrucksmittel islamischer Kunst. Früh entwickelte sich auch das Interesse an der Auslegung des Koran (*tafsir*). Schrittweise wurde das religiös relevante Wissen systematisiert, vor allem in Gestalt der argumentativen Theologie (*kalam*) und der Dogmatik (*usul ad-din*). Besonders wichtig waren in diesem Zusammenhang öffentliche Religionsdispute, die am Kalifenhof und an anderer Stelle abgehalten wurden. In ihnen spiegelte sich die ganze Bandbreite vom echten Interesse an anderen Religionen bis hin zur aggressiven Apologetik wider, die einzig der Bestätigung der eigenen religiös-moralischen Überlegenheit diente. Gerade die Dispute trugen merklich zur Verfeinerung theologischer Argumentation und Logik bei. Parallel dazu, und nicht immer von denselben Personen getragen, entstand mit der Sammlung der Prophetentradition (Sunna) ein zweiter (singulärer) islamischer Wissenszweig. Bei der raschen Expansion stellte sich den Muslimen die Frage, wie sie sich im islamischen Sinne «korrekt» verhalten sollten. Der Koran gab nur wenige konkrete Hinweise. Es lag jedoch nahe, sich am Verhalten Muhammads, seiner Familie, Gefährten und der frühen Muslime generell zu orientieren. Nur allmählich verengte sich der Begriff «Sunna» (durch eine Person gestifteter Brauch, Verhaltensnorm) auf die Praxis des Propheten Muhammad. Früh wurden zunächst mündlich Berichte (Hadithe) von seinem Verhalten und Aussagen zu einzelnen Fragen überliefert, als Gedächtnisstütze vereinzelt auch schriftliche Aufzeichnungen angelegt. Im 8. und frühen 9. Jahrhundert schwoll die Zahl der Propheten-Hadithe, mit der unterschiedlichste Auffassungen und Verhaltensweisen religiös legitimiert werden sollten, rapide an – Beweis für die nunmehr überragende Autorität Muhammads, zugleich aber Hinweis auf eine große Zahl von Fälschungen. Sogenannte Traditionarier (*muhaddithun*) machten es sich zur Aufgabe, die kursierenden Berichte möglichst umfassend zu sammeln (wozu sie vielfach ausgedehnte Reisen unternahmen) und kritisch zu prüfen, was eine zunehmende Normierung der Tradition mit sich brachte. Die Sunniten erkannten schließlich sechs Hadith-Sammlungen als kanonisch an, darunter die des Bukhari (st. 870) und die des Muslim (st. 875). Die Schiiten beriefen sich auf eigene Sammlungen, die neben Muhammad allein die Imame berücksichtigten. Bis in die Gegenwart ist Hadith eine besonders populäre, ja vielleicht überhaupt die populärste Sparte der islamischen Wissenschaften.

Eng damit verknüpft nahm allmählich eine spezifisch islamische Rechts- und Werteordnung, die Scharia (*shariʿa*, «gebahnter Weg»), Kontur an. Um 900 war dieser Prozeß in groben Zügen abgeschlossen. Der Koran regelte nur einzelne Aspekte islamischen Lebens (vor allem im Ehe-, Familien- und Erbrecht), die Neuerungen waren also punktuell. Im Zuge der islamischen Eroberungen fällten die Kalifen, Gouverneure und Heerführer vielfach Entscheidungen, die nicht nach bestimmten Regeln «islamisch» begründet, aber auch nicht kodifiziert wurden. Es entstand somit kein eigenes kalifales oder «staatliches» Recht. In weiten Bereichen, insbesondere dem Münz-, Steuer- und Bodenrecht, übernahmen die Muslime zunächst die jeweils geltenden Verfahren und Bestimmungen. Die Kalifen und Gouverneure ernannten jedoch eigene Richter (Kadi, wobei hier meist auf den sassanidischen *mobed* als Vorläufer verwiesen wird), in den Verfahren selbst wurden schriftliche Urkunden immer wichtiger. Ein eigenes Amt führte die Aufsicht (*hisba*) über die Märkte, die öffentliche Moral und Ordnung – ein Indiz mehr für das Verständnis von Islam als einer Religion, die das individuelle wie das kollektive Verhalten in der Öffentlichkeit reguliert, und zwar für Muslime wie für Nichtmuslime. Personal und Institutionen des Rechtswesens waren somit eng an den sich herausbildenden islamischen Staat gebunden. Die Logik, Methodik und Terminologie des islamischen Rechts (*fiqh*, von *faqiha*, verstehen) aber waren im wesentlichen das Ergebnis privater Initiative. Vom ausgehenden

In Gegenwart eines Schreibers, der ihre Klage schriftlich festhält, treten zwei Personen (Mann und Frau?) vor den Kadi. Beide tragen Ehrengewänder mit Zierstreifen (*tiraz*) und einen Turban. Die Größenunterschiede markieren wie üblich die Unterschiede von Alter, Rang und Geschlecht.

7. Jahrhundert an formierten sich in Zentren wie Kufa, Basra und Medina informelle Zirkel (*halqa*) um einzelne Männer, aus denen sich allmählich «Rechtsschulen» (*madhhab*, Pl. *madhahib*, wörtlich Pfad) herausbildeten, die überregionale Geltung erlangten und deren Bestimmungen schließlich auch von den staatlichen Autoritäten übernommen wurden, die ihrerseits viel zur Ausbreitung einzelner Rechtsschulen in ihrem Herrschaftsbereich beitrugen. So förderten die spanischen Umayyaden und die Almoraviden später die malikitische Rechtsschule und die Osmanen die hanafitische.

Im sunnitischen Islam wurden schließlich vier solcher Rechtsschulen als gleichermaßen autoritativ anerkannt, die sich jeweils auf einen herausragenden Rechtsgelehrten zurückführten: die Hanafiten auf Abu Hanifa (st. 767, lebte und lehrte in Kufa); die Malikiten auf Malik b. Anas (st. 795, wirkte in Medina); die Schafiiten auf ash-Shafiʿi (st. 820; lebte in Mekka, Medina und Fustat) und die Hanbaliten auf Ahmad b. Hanbal (st. 855, wirkte in Bagdad). Nicht durchsetzen konnten sich auf lange Sicht die auf al-Auzaʿi (st. 744) zurückgeführte Rechtsschule, die vor allem in Syrien Anhänger fand, und die von Dawud b. Khalaf (st. 883) begründete zahiritische Rechtsschule, die im 11. Jahrhundert mit Ibn Hazm in Spanien ihren letzten großen Vertreter hatte. Auch den Zwölferschiiten wurde eine eigene, «jaʿfaritische» Rechtsschule zugeschrieben (nach Imam Jaʿfar as-Sadiq, st. 765). Die grundlegenden Schriften stammten meist jedoch von einzelnen Schülern dieser «Gründer». Die Schulen waren und blieben in erster Linie ein Netz von Personen, die sich auf eine gemeinsame Tradition beriefen, die in Schriften niedergelegt war, für die wiederum Personen bürgten. Dem einzelnen Muslim stand und steht es theoretisch frei, seine Rechtsschule zu wählen und sie gegebenenfalls auch zu wechseln. Vom 9. Jahrhundert an spielten die Rechtsschulen eine wichtige Rolle in den sozialen und politischen Auseinandersetzungen innerhalb der städtischen Gesellschaft, namentlich in der Hauptstadt Bagdad.

Die Scharia wurde bis in die Neuzeit weder vereinheitlicht noch kodifiziert. Was Scharia war, konnte der Interessierte nur aus dem Mund oder den Schriften islamischer Rechtsgelehrter erfahren – die keineswegs alle dasselbe sagten, nicht einmal innerhalb ein- und derselben Rechtsschule (daher auch die großen Probleme einer «Anwendung der Scharia»). Weiterhin galten neben schariarechtlichen Normen Bestimmungen des lokalen Brauchs (Gewohnheitsrecht, 'urf, 'ada, in der malikitischen Schule auch 'amal); die politischen Machthaber erließen vielfach eigene Anordnungen und Dekrete (qanun), die ungeachtet tatsächlicher Widersprüche formal gesehen der Scharia untergeordnet blieben. Bis in das ausgehende 19. Jahrhundert gestaltete der Staat das Rechtswesen entscheidend mit – aber es gab keine alternative schriftliche Rechtstradition, die in offene Konkurrenz zur Scharia hätte treten können.

Parallel zu den religiösen «Traditionswissenschaften» entfalteten sich die «rationalen» Wissenschaften von der Mathematik bis zur Geographie und von der Astronomie bis zur Medizin, stark beeinflußt vom griechischen Erbe in seiner hellenistischen Gestalt, die von der Obrigkeit gefördert, aber auch außerhalb höfischer Kreise gepflegt wurde, und zwar von Muslimen wie von Nichtmuslimen. Was gemeinhin «Übersetzung» genannt wird, war meist das Ergebnis viel komplizierterer Prozesse, in denen Texte der griechischen Antike (Aristoteles, Plato, Archimedes, Euklid, Ptolemaeus, Hippokrates, Galen und andere) zunächst über hellenistische Autoren rezipiert und – nicht selten über das Syroaramäische – ins Arabische übertragen wurden; im muslimischen Spanien führte der Weg verschiedentlich weiter in kastilische, katalanische, hebräische und lateinische Schriften. Zu dieser Übertragungsleistung und den «rationalen» Wissenschaften allgemein trugen, unabhängig von ihrer Herkunft und Religionszugehörigkeit, viele Gelehrte bei. Eine wichtige Rolle spielten nestorianische Christen, die schon in spätantiker Zeit im byzantinischen Edessa und im sassanidischen Nisibis (Nasibin) griechische Texte ins Syroaramäische und Persische übersetzten. Sogar einige Vertreter der Athener Schule waren vor den Byzantinern auf sassanidisches Gebiet geflohen: Die hellenistische Tradition war zu dieser Zeit noch lebendig. Im 6. Jahrhundert siedelte die Übersetzergruppe für einige Zeit nach Gondesapur in Khuzistan über, in abbasidischer Zeit verlagerte sich ihr Schwerpunkt nach Bagdad. Aus Hira stammte der Übersetzer der medizinischen Klassiker Hippokrates und Galen (aber auch des Alten Testaments), der Nestorianer Hunain b. Ishaq (st. 873), der dem Kalifen al-Mutawakkil als Hofarzt diente. Hunain arbeitete doppelglcisig: Er verfaßte syroaramäische Übersetzungen für ein christliches und arabische für ein muslimisches Publikum. Bedeutend war auch der Anteil der «Sabier» im syrischen Harran (dem Hellenopolis der Kirchenväter), deren Elite wohl zu den letzten Vertretern der hellenistischen gnostischen Tradition gehörte; daß Ma'mun sie mit den koranischen Sabiern identifizierte und damit als «Schriftbesitzer» einstufte, ermöglichte ihr Überleben unter islamischer Herrschaft. Zu ihnen zählten der Mathematiker, Astronom und Philosoph Abu l-Hasan Thabit b. Qurra (st. 901) und seine Nachkommen, von denen nicht wenige als Hofärzte in Bagdad brillierten. Das «Haus der Weisheit» (*bait al-hikma*), das al-Ma'mun 832 in seinem Palast eröffnete, war daher nur eine von mehreren Stätten, an denen Texte der klassischen Philosophie und der empirischen Wissenschaften ins Arabische übertragen und damit einem muslimischen Publikum nähergebracht wurden. Neben griechischen Texten wurden zur selben Zeit verstärkt auch persische übersetzt, die auf die leitenden Ideen ihrer Zeit keinen geringeren Einfluß ausüben sollten.

Religiöse Autorität: Kalif und Rechtsgelehrte

Wie allgemein bekannt, besitzt der (sunnitische) Islam keine der päpstlichen Kurie vergleichbare Lehrautorität, keine Kirche, ja nicht einmal einen Klerus. Im schiitischen Islam kann man vom 16. Jahrhundert an zwar von einer Art Klerus sprechen, aber nicht von einer verfaßten Kirche. Wenn autoritativ nur der Text des Koran und (mit bestimmten Einschränkungen) die Sunna ist, diese jedoch nicht durch eine bestimmte Institution verbindlich ausgelegt werden, vielmehr im Grundsatz jeder Gläubige die Pflicht hat, nach bestem Wissen und Gewissen die Wahrheit zu suchen (und das ist im Wortsinn *jihad*, sich anstrengen): Wie und wo und durch wen wird dann religiöse Autorität vermittelt? In umayyadischer und abbasidischer Zeit boten sich hierfür vor allem zwei Träger an: der Kalif und die Religions- und Rechtsgelehrten. Wie die jüdischen Rabbiner sind die islamischen Religions- und Rechtsgelehrten (*ʿulamaʾ*, Sg. *ʿalim*, abgeleitet von *ʿilm*, religiös relevantes Wissen) nicht Seelsorger, sondern Vermittler von heilsrelevantem Wissen theoretischer wie praktischer Art. Der Kalif war Nachfolger des Propheten (*khalifat rasuli llah*) und in dieser Funktion zugleich «Fürst» oder «Befehlshaber der Gläubigen» (*amir al-muʾminin*); umayyadische und abbasidische Kalifen verstanden sich weitergehend als Stellvertreter Gottes (*khalifat allah*) bzw. Schatten Gottes auf Erden (*zill allah fi l-ard*). Symbol und Instrument des kalifalen Anspruchs auf Führung der Gemeinde waren die Sicherung der Pilgerfahrt nach Mekka (*hajj*) und sämtliche damit verbundene Aufgaben vom Schutz der Pilgerwege bis zum Unterhalt der einschlägigen Bauten, der Jihad im Sinne der militärischen Ausbreitung der islamischen Herrschaft und der Verteidigung ihrer Grenzen nach innen wie nach außen, damit eng verbunden die Pflege und Förderung der islamischen Wissenschaften im allgemeinen und der Scharia im besonderen, die Patronage von Religions- und Rechtsgelehrten und die Bekämpfung von Abweichlern und Häresien. Der Kalif verstand sich als Garant von Recht und Ordnung, dem die Grenzziehung und Grenzwache nach innen und außen oblag. Schon in frühester Zeit stützte sich freilich nicht alles Denken und Handeln auf die koranischen Lehren, vieles bewegte sich freier, nicht selten im Widerspruch zu den herrschenden Doktrinen (der sogenannten Orthodoxie). Die Normabweichung wurde gelegentlich jedoch schwer bestraft, und zwar von Staats wegen, wie die Verfolgung und Hinrichtung angeblicher oder tatsächlicher Freidenker, Dualisten (Manichäer, *zandaqa*) und Mystiker belegt.

Dies setzte die Anerkennung kalifaler Kompetenz und Autorität bei der Wahrung der Grenzen voraus – nicht unbedingt aber bei deren Festlegung. Al-Maʾmun nahm, vielleicht nicht als erster, aber entschiedener als andere Kalifen vor und nach ihm, für sich in Anspruch, als Imam-Kalif die Inhalte der Religion selbst zu bestimmen. Er beanspruchte für sich also in gewissem Umfang die Dogmenkompetenz, und zwar nicht notwendigerweise exklusiv, aber gegebenenfalls doch gegen den Widerstand einzelner Religions- und Rechtsgelehrter. Der Konflikt brach bald offen aus. Sein Anlaß war eine theologische Kontroverse, die Frage nach der Geschaffenheit des

Koran. Schon früh debattierten Muslime über die göttliche Allmacht und Gerechtigkeit, das Verhältnis von göttlicher Offenbarung und menschlicher Vernunft, über Vorbestimmung und Willensfreiheit sowie das Wesen Gottes und seine Eigenschaften. Eine der zentralen Fragen lautete, ob die Eigenschaften Gottes, zu denen auch sein Wort (und damit der Koran) gehörten, wie Gott selbst urewig oder von ihm zu einem bestimmten Zeitpunkt geschaffen worden seien. Eine Strömung unter den Theologen, die als Muʿtazila bekannt wurde («die sich distanzieren», übersetzt werden kann aber auch «sich isolieren») und deren Anfänge sich in die 770er Jahre zurückverfolgen lassen, betonte die vernunftgemäße Ordnung der Welt wie auch der Religion. Dies sollte sie zu ihrer Zeit verdächtig, in der Moderne aber als Begründer eines «authentischen» islamischen Rationalismus in bestimmten Kreisen populär machen. Nach ihrer Auffassung konnte der Koran als Wort Gottes nicht mit Gott urewig sein, da dies seiner Einheit und Einzigkeit (*tauhid*) widersprechen würde; er mußte geschaffen sein.

Maʾmun machte sich diese Auffassung zu eigen. Gestützt auf seinen Oberkadi Ahmad b. Abi Duʾad begann er im April 833 – vier Monate vor seinem Tod – damit, führende Religions- und Rechtsgelehrte einschließlich der von ihm eingesetzten Richter auf diese Lehre zu verpflichten. Wer sich weigerte, wurde mit Folter und Tod bedroht, einige Unbeugsame wurden tatsächlich hingerichtet. Der bekannte Jurist und Theologe Ahmad b. Hanbal unterwarf sich dem Kalifen nicht und hielt am Dogma des ungeschaffenen Koran fest. Nicht nur die Hanbaliten stilisierten ihn später zum Inbegriff des aufrechten Gelehrten, der allein Gott gehorcht und keinem Menschen (wobei nicht restlos geklärt ist, ob Ibn Hanbal unter der Folter nicht doch widerrief). Die Phase ging als *mihna* (Prüfung, Heimsuchung, häufig nicht sehr korrekt übersetzt als Inquisition) in die Geschichte ein. Maʾmuns Nachfolger al-Muʿtasim und al-Wathiq – beide nicht für ihre Gelehrsamkeit bekannt und anders als Maʾmun kaum ernsthaft an religiösen Dingen interessiert – weiteten die Verfolgung auf Syrien und Ägypten aus. Doch blieb die «Inquisition» Episode. Der Kalif konnte sich langfristig nicht gegen die Religions- und Rechtsgelehrten durchsetzen, die sich zu den «Erben der Propheten» (nicht *des* Propheten) erklärten: Al-Mutawakkil nahm um 855 die Lehre von der Geschaffenheit des Koran in aller Form zurück und verfolgte nun seinerseits die Muʿtaziliten. Das Scheitern der *mihna* regelte die Verhältnisse jedoch nicht ein für allemal. Auch in späteren Jahrhunderten profilierten sich einzelne Kalifen als Schirmherren der Religion, griffen mittels Protektion, Patronage und gegebenenfalls auch Zwangsmaßnahmen energisch in die Organisation von Recht, Justiz und islamischer Lehre ein und traten mit eigenen Glaubensbekenntnissen hervor, die sie als autoritativ verstanden.

Einheit und Vielfalt IV

Um 900 wurde die Stellung des Kalifats sichtlich schwächer. Das zeigten der Machtverlust an bewaffnete Verbände und deren Führer, die sich schließlich in Gestalt der buyidischen Oberemire zu Schutzherren des Kalifen aufschwangen, und die Autonomisierung weiter Reichsteile, innerhalb derer sich sogar konkurrierende Kalifate und Imamate etablierten. Die Abbasiden herrschten nur noch auf einem Teil des Territoriums, das die Umayyaden einst, und sei es locker, kontrolliert hatten. Der abbasidische Kalif regierte von nun an einen islamischen Staat unter mehreren, die seine Oberhoheit zum Teil nicht einmal mehr symbolisch anerkannten: Im 10. Jahrhundert herrschten in Ifriqiya, Ägypten, dem Hijaz, Jemen und Teilen Syriens die Fatimiden, auf der Iberischen Halbinsel die «spanischen» Umayyaden, kharijitische Gruppen folgten eigenen Imamen, die ismailitischen Qarmaten erkannten weder die Abbasiden noch die Fatimiden als legitime Oberhäupter der Umma an. Das 11. Jahrhundert brachte mit der Reconquista in Spanien und den Kreuzzügen in Kleinasien und der Levante neue äußere Gefahren; im Osten drangen immer neue Turkvölker auf islamisches Gebiet vor. Dabei entstanden neuartige Reiche, die allesamt im Zeichen des sunnitischen Islam den Jihad führten, und dies nicht nur gegen christliche Mächte: die Almoraviden und Almohaden im Maghreb und in Spanien, die dadurch eng verbunden wurden; die Zengiden und Ayyubiden in Syrien und Ägypten, das neue Bedeutung erlangte; die Seldschuken in Iran, Irak und Anatolien. Die Macht ging endgültig an Nichtaraber: Berber in Nordafrika, Türken und Kurden im Osten; unter arabischer Herrschaft (mit starker berberischer Prägung) blieb auf stetig schrumpfendem Territorium allein al-Andalus.

Das im frühen 10. Jahrhundert erbaute Mausoleum der Samaniden in Bukhara mit seinem kunstvollen Ziegeldekor geht wahrscheinlich auf abbasidische Vorbilder zurück. Obgleich der Prophet den Bau von Grabanlagen mißbilligt haben soll, wurden sie spätestens in abbasidischer Zeit für Mitglieder der Herrscherfamilie errichtet. Rasch entwickelte sich unter Schiiten wie Sunniten der Schrein- und Gräberkult. Die Gräber, Mausoleen und Grabmoscheen der Prophetenfamilie, seiner Gefährten, der Imame und heiliger Männer und Frauen allgemein wurden zu vielbesuchten Pilgerorten. Einst Mittelpunkt einer größeren Grabanlage, steht das Samanidenmausoleum heute frei in einem beliebten Ausflugspark.

Mit imperialem Machtverlust verbindet sich meist der Gedanke an Niedergang und Verfall: Aber was ist ihr Maßstab? Die schrittweise Regionalisierung im Sinne wachsender politischer, ökonomischer und kultureller Eigenständigkeit bedeutete aus der Sicht der Zentralregierung schon wegen der entfallenden Steuern und Tribute einen offenkundigen Verlust. Für die jeweiligen Regionen, deren Bevölkerung, Wirtschaft und Kultur aber war das keineswegs zwingend der Fall, besonders nicht für die Kultur: Verschiedentlich fielen Regionalisierung, Autonomisierung und Massenkonversion zum Islam zusammen und damit Islamisierung und politische Emanzipation. Die Vervielfältigung der Zentren und der kulturellen Ausdrucksformen – darunter namentlich der iranischen und der türkischen – wirkte bereichernd auf Wissenschaft, Kunst und Kultur. Selbst im krisengeschüttelten abbasidischen Machtbereich erhielt sich ein reiches kulturelles und religiöses Leben. Die Geschichte des frühen und klassischen Islam könnte ohne die Werke der großen Historiker des 9. und 10. Jahrhunderts, unter ihnen Tabari, Baladhuri, Waqidi, Mas'udi oder Yaqut, gar nicht geschrieben werden.

Regionalisierung und Autonomisierung

Die Emanzipation setzte, von den Rändern her kommend, in unterschiedlichen Zonen zu unterschiedlichen Zeiten ein: Spanien und Sind waren schon Mitte des 8. Jahrhunderts faktisch unabhängig; der westliche Maghreb löste sich unter kharijitischen und alidischen Führern in den 770er und 780er Jahren aus dem abbasidischen Herrschaftsverband. Der östliche Maghreb (Ifriqiya) wurde 800 unter Gouverneuren aus der Familie der Aghlabiden autonom, ähnlich Ägypten 868–905 unter den Tuluniden und 939–969 den Ikhshididen, die zeitweise auch Teile Syriens kontrollierten – allesamt ihrem Ursprung nach ortsfremde türkische Militärs. In Khurasan erlangte 821–873 die loyale Familie der Tahiriden weitgehende Autonomie, während in Transoxanien die Samaniden ihre Eigenständigkeit festigten, die um 900 auch Khurasan einnahmen; schon in den 860er Jahren hatten sich in der Jazira die arabischen Hamdaniden faktisch selbständig gemacht. Zur gleichen Zeit fielen Zentral- und Westiran (Kerman, Fars und Khuzistan) an einen Eroberer gänzlich anderen Typs: Ya'qub b. al-Laith as-Saffar («der Kupferschmied») aus dem Milieu der städtischen Milizen, *'ayyarun*, die sich im ostiranischen

Sistan als eine Art Bürgerwehr gegen die Kharijiten gebildet hatten; die Dynastie der Saffariden behauptete sich in Sistan, mit oder ohne kalifale Bestätigung, bis 1003. Im einzelnen verlief der Prozeß der Regionalisierung somit recht unterschiedlich: In den zuvor eng an das Kalifat angebundenen und schon seit längerem islamisierten Provinzen Ifriqiya, Ägypten, Armenien, Aserbaidschan und Khurasan machten sich im 9. Jahrhundert vom Kalifen eingesetzte Gouverneure weitgehend selbständig und gründeten Lokaldynastien, ohne jedoch die nominelle Oberhoheit des Kalifen in Frage zu stellen, die in der Nennung des Kalifen im Freitagsgebet, der Münzprägung, Tribut und Abgaben zum Ausdruck kam. Zumindest anfangs bestand noch eine persönliche Bindung an den Kalifen, die sich aber zunehmend verlor, bis die Bestätigungsurkunden, Banner und Ehrengewänder schließlich nur noch durch Boten an den lokalen Machthaber überbracht wurden, den der Kalif nie von Nahem sah. In Provinzen, die auch zuvor nicht dicht kontrolliert worden waren – Jemen, Hadramaut, Sistan, Kerman oder Transoxanien –, setzten sich lokale Familien aus eigener Kraft fest, wobei der Kalif die geschaffenen Fakten allenfalls im nachhinein anerkannte. Die Familien waren im Osten und im Jemen indigen und führten sich nicht selten auf vorislamische Dynastien zurück (die Sassaniden in Iran und Transoxanien, Himyar im Jemen). Im Westen hingegen waren sie bis ins 11. Jahrhundert durchgängig landfremd, so daß man in diesem Prozeß der Autonomisierung nicht zwingend eine Indigenisierung der Herrschaft sehen darf. Allerdings wäre genauer zu klären, was damals überhaupt als «fremd» wahrgenommen wurde. Muslime waren sie alle. Als isoliert und fremd galten die türkischen und «slawischen» Militärs der ersten Generation, deren untere Ränge nicht einmal die Sprache des Landes und des Hofes verstanden. Schon bei ihren Kindern sah das in der Regel anders aus, so daß wir von einer raschen Akkulturation ausgehen können. Entscheidend war generell weniger, woher eine Elite stammte, als vielmehr, worauf sie ihre Energien – nicht nur materieller Art – konzentrierte. Wenngleich in der Mehrheit kurzlebig, auf zwei oder drei Generationen beschränkt, und rasch fragmentiert, entfalteten sie in ihrem Herrschaftsbereich doch fast alle bedeutende Aktivitäten auf den Gebieten der Wirtschaft, Wissenschaft, Kunst und Architektur.

Besonders gut läßt sich das am Beispiel der Samaniden zeigen, die wahrscheinlich dem lokalen iranischen Adel der Dihqane entstammten, um 730 zum Islam konvertierten, 819 vom abbasidischen Gou-

Die islamische Welt um 900
------ ungefähre Grenzen des Machtbereichs

verneur als Statthalter in Samarkand eingesetzt wurden, sich 892 auch Bukharas bemächtigten und 900 vom Kalifen als Gouverneure über Transoxanien und Khurasan bestätigt wurden. Die gut hundertjährige samanidische Ära gilt als das Goldene Zeitalter Zentralasiens. Faktisch selbständig, nannten sich die Samaniden lediglich Emire, ließen sich aber eine sassanidische – und damit nicht-islamische – Genealogie erstellen, die auf den legendären Helden (und Usurpatoren) Bahram Chubin zurückging. Unter ihrer Herrschaft wurde Transoxanien schrittweise islamisiert, ohne daß die Samaniden, die sich, selbst Sunniten, religionspolitisch tolerant und offen zeigten, dabei eine besondere Rolle gespielt hätten. Eine intensive

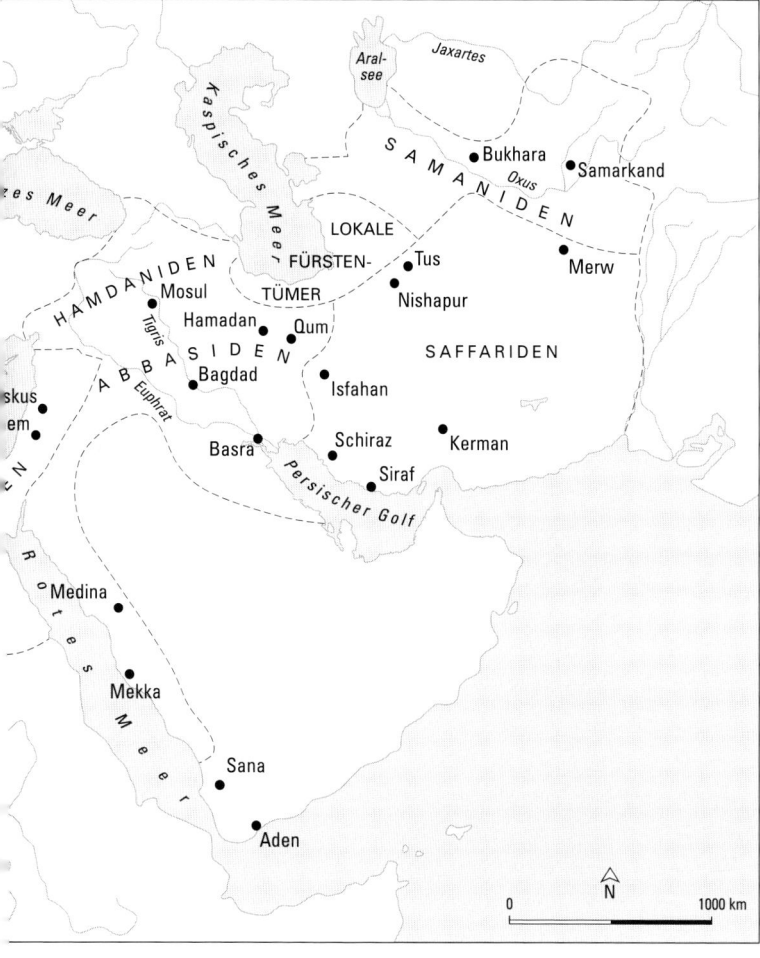

Land- und Weidewirtschaft verband sich mit Handwerk, Gewerbe (Waffen, Papier, Seidenstoffe) und dem Transit- und Fernhandel, insbesondere dem lukrativen Sklavenhandel in die abbasidischen Kernlande. Die samanidische Verwaltung, die sich an der abbasidischen orientierte, galt als vorbildlich. In Bukhara, Samarkand und anderen städtischen Zentren entfaltete sich nicht zuletzt dank höfischer Patronage – wie so oft, glänzten neben dem Fürsten auch hochgestellte Persönlichkeiten wie die Wesirsfamilien Jaihani und Balʿami – ein reiches kulturelles Schaffen in arabischer und erstmals auch in neupersischer Sprache, den Sprachen des Hofes und der Verwaltung. Die neupersische Literatur entwickelte sich auf der

Grundlage des geschriebenen Mittelpersischen (Pahlavi) und des gesprochenen Dari, das nach der arabischen Eroberung zur Umgangssprache Khurasans, Transoxaniens und Afghanistans wurde; erst um 1000 drang sie in den noch schwächer islamisierten Westiran vor. Eine zentrale Rolle spielte dabei die Poesie: Der blinde Dichter Rudaki (st. 941) schuf einige der frühesten Gedichte in neupersischer Sprache; bleibenden Ruhm erlangte er durch die Übertragung der indischen Fabelsammlung *Kalila wa-Dimna* in Versform. Zumindest anfangs wurde die starke samanidische Armee weitgehend vor Ort rekrutiert, bis sich auch hier türkische Militärsklaven in den Vordergrund schoben. Wie überall verschärften staatlicher Geldbedarf, härtere Besteuerung und äußere Gefahren die inneren Konflikte. Um 1005 waren die Samaniden dem vereinten Druck der iranischen Buyiden, die in den 940er Jahren Iran und Irak unterwarfen, sowie der türkischen Ghaznawiden und Qarakhaniden erlegen.

Beim Tod des Samaniden Abd al-Malik rebellierte 961 einer seiner türkischen Generäle, Alptigin, bis dahin Gouverneur von Khurasan. Im heutigen Afghanistan eroberte er das noch kaum islamisierte Königreich von Ghazna (Zabulistan), erkannte die samanidische Oberhoheit allerdings weiter an. Sein von der Armee gewählter Nachfolger Sebüktigin – auch er ein freigelassener Militärsklave – lenkte die Energien seiner Männer und der zahlreichen Grenzkämpfer nach Osten, in das Grenzland zu Indien. Weitaus berühmter und erfolgreicher noch war sein Sohn Mahmud (reg. 998–1030), der Transoxanien, die Oase Khwarezm und Teile der iranischen Hochebene in seine Gewalt brachte und unter Einsatz von Kampfelefanten Raubzüge in das sagenhaft reiche nordwestliche Indien durchführte. Mahmud nahm als erster muslimischer Herrscher den Sultanstitel an. Für kurze Zeit war das Herrschaftsgebiet der Ghaznawiden größer als das der Buyiden und der Fatimiden, allerdings weit loser organisiert. Ihre historische Bedeutung liegt an anderer Stelle: Die Ghaznawiden waren die erste aus einer Sklaventruppe hervorgegangene Dynastie der islamischen Geschichte, für die sich die Frage der kulturellen Identität mit besonderer Schärfe stellt. Die heutigen Türken berufen sich gern auf das Reich der Ghaznawiden als ersten türkischen Staat, doch waren nur die Dynastie und ihre Stammtruppen türkisch, nicht ihre Untertanen; die Sprache der Verwaltung war und blieb Persisch; Wissenschaft, Kunst und Kultur verwandten Persisch und Arabisch. Wie viele turkstämmige Militärs nach ihm, trat Mahmud als militanter Verteidiger des sunnitischen Islam und des (fernen, politisch ohnmächtigen, mittlerweile von den schiitischen Buyiden dominierten) abbasidischen Kalifen auf; die Beutezüge in Indien deklarierte er zum Jihad; Andersdenkende ließ er verfolgen, eine Reihe prominenter Schiiten vor Gericht stellen und die schiitischen Bibliotheken in Rayy zerstören. Seine Beweggründe waren einmal mehr nicht ausschließlich religiöser Natur: Die Ghaznawiden standen in Konkurrenz zu den Buyiden in Iran und Irak, als Bedrohung sahen sie auch die ismailitischen Agenten («Missionare») in Iran, Transoxanien, Sind und dem westindischen Gujarat. Wie andere Fürsten seiner Zeit, versammelte Mahmud große Geister an seinem Hof (nicht alle kamen freiwillig): Firdausi (940/41–1020), der Verfasser des iranischen Heldenepos Shah-nama, des «Buchs der Könige», das er Mahmud widmete, besuchte seinen Hof nur kurz; länger konnte Mahmud den aus Khwarezm stammenden Naturwissenschaftler, Historiker und Geographen al-Biruni (973–1050?, auch bekannt als al-Khwarezmi) halten, der Mahmuds Sohn und Nachfolger Mas'ud eine – für die militärischen Kampagnen überaus nützliche – Geographie Indiens lieferte.

In weiten Teilen Nordafrikas wurde die Oberhoheit des Kalifen allenfalls dem Namen nach anerkannt. Mittel, seine Autorität mit Gewalt durchzusetzen, besaß er nicht – zu groß waren die Distanzen, um gegebenenfalls rasch eingreifen zu können. Im ganzen Maghreb wurde die Küstenzone landwirtschaftlich genutzt, zum Anbau von Getreide, Oliven, Früchten und Gemüse kam die Weidewirtschaft; der Transsaharahandel mit Salz, Gold und Sklaven war einträglich und die Bevölkerung vor allem in Ifriqiya recht dicht. Anders als die Iraner entwickelten die Berber keine eigene (schriftliche) Literatur in berberischen Sprachen und Dialekten; Arabisch blieb daher das einzige Schriftmedium für Wissenschaft, Kultur und Religion. So fortgeschritten die Islamisierung und – zumindest als Zweitsprache – auch die Arabisierung war, so stark blieb der berberische Drang nach Selbstbestimmung: Über Jahrhunderte diente der westliche oder äußere Maghreb – das heutige Marokko und Westalgerien – als Zufluchtsort heterodoxer islamischer Bewegungen. Sehr früh schlossen sich einzelne Berberstämme unterschiedlichen kharijitischen Gruppen an und übersetzten damit in geradezu klassischer Weise den Wunsch nach politischer Eigenständigkeit in die Sprache religiöser Divergenz: Als Berber Kharijit zu sein, hieß im wesentlichen, weder den spanischen Umayyaden noch den abbasidischen Kalifen als Souverän anzuerkennen. Kharijitische Berber der ibaditischen Richtung eroberten Mitte des 8. Jahrhunderts die Garnisonsstadt Kairuan und erhoben den aus Iran stammenden ibaditischen «Missionar» (*da'i*) Abd ar-Rahman b. Rustam (st. um 788) zu ihrem Führer. Der mußte Kairuan zwar bald aufgeben, konnte sich jedoch in das heutige Algerien zurückziehen. Dort gründete er 778/79 die Stadt Tahert, nahm den Titel eines Imam an und sagte sich in aller Form von den Abbasiden los. Das Imamat der Rustamiden fiel 909 an die Fatimiden; zahlreiche strenggläubige Ibaditen emigrierten daraufhin in die südlichen Oasen Wargla und Mzab, wo bis heute eine ibaditische Gemeinde besteht. Andere kharijitische Dynastien etablierten sich in der Oasen- und Handelsstadt Sijilmasa, in Tlemcen und an anderen Orten. Rückhalt fanden aber auch die – religiös und politisch so völlig anders ausgerichteten – Aliden: Der Hasanide Idris b. Abdallah b. Hasan flüchtete 786 in das noch kaum islamisierte Marokko, wo ein Zweig der berberischen Zanata ihn 789 zum Imam ausrief. Eines seiner Heerlager entwickelte sich später zu der Stadt Fez, einem der bedeutendsten kulturellen Zentren des Maghreb. Abgesehen von der Idee der auserwählten Familie, auf die sich ihr dynastischer Anspruch stützte, versuchten die Idrisiden (reg. 789–974) in ihrem Machtbereich keine spezifisch schiitischen Ideen und Praktiken durchzusetzen.

Die einzige Gegenreaktion des Kalifen bestand darin, die Provinz Ifriqiya (Ostalgerien, Tunesien und Tripolitanien im heutigen Libyen) um 800 einem turkstämmigen Militär anzuvertrauen, Ibrahim b. al-Aghlab, der sich rasch selbständig machte. Seine Nachfolger hielten sich in der klassischen Drei-Generationen-Spanne rund hundert Jahre an der Macht. Ifriqiya war zu diesem Zeitpunkt in höherem Maße arabisiert und islamisiert als der äußere Maghreb, nicht zuletzt aus diesem Grund aber auch sehr unruhig. Darin lag neben den Handelsinteressen einer der Gründe für die aghlabidischen Feldzüge gegen die Byzantiner in Sizilien und Süditalien, mit denen sie die unruhigen Elemente gegen den äußeren Feind lenkten. Ihre Erfolge machten die Aghlabiden zu einer bedeutenden Macht im westlichen Mittelmeer und begünstigten einen wirtschaftlichen Aufschwung, wie ihn Ifriqiya seit römischer Zeit nicht gesehen hatte: Bewässerungsanlagen wurden instandgesetzt, Öl- und Obstbaumplantagen angelegt, von den Römern noch nicht genutzte Bodenschätze abgebaut, Handwerk und Gewerbe gefördert. Als Drehscheibe des Transsahara- und Mittelmeerhandels entwickelte sich Kairuan zu einem kulturellen Zentrum, in dem alle wichtigen religiös-politischen Schulen der Zeit vertreten waren. Die Große Moschee von Kairuan mit dem Grab des Eroberers «Sidi» Uqba b. Nafiʿ war einer der bedeutendsten Wallfahrtsorte des Maghreb. Noch lebten hier Lateinisch sprechende Christen, größer war jedoch die jüdische Gemeinde. In Kairuan wirkte Sahnun (st. 854), Sohn eines aus Syrien stammenden Soldaten, von Beruf Landwirt und einer der herausragenden Vertreter der malikitischen Rechtsschule. Sahnun war ein Mann von rigid-asketischer Frömmigkeit, der sich dem Kampf gegen die Abweichler verschrieb, zu denen er an vorderster Stelle die Ibaditen und die Muʿtaziliten rechnete. Die Aghlabiden selbst residierten, umgeben von ihrer schwarzen Sklavengarde, in dem Schloß Abbasiyya (!) außerhalb Kairuans.

Ägypten wahrte seinen eigenen Charakter. Nach der islamischen Eroberung waren Araber in den wenigen Garnisonsstädten und am Rand der Wüste zahlreich vertreten, nicht aber im eigentlichen Niltal. Ihre Zahl verstärkten im 9. Jahrhundert Händler, Gelehrte und Bürokraten aus dem Irak und Syrien. Die bodenständigen Kopten verteidigten über Jahrhunderte ihre starke Stellung in der Verwaltung; kein Kopte war außerhalb Ägyptens in einer vergleichbaren Position tätig. Ahmad b. Tulun (st. 905), ein türkischer Offizier, den der Kalif 868 mit weitreichenden Vollmachten nach Ägypten abgeordnet hatte, nutzte dessen Schwäche, um sich mit Hilfe eigener Truppen faktisch selbständig zu machen, und besetzte 877 sogar Syrien. Der Kalif erkannte dies zwar nie förmlich an, vermochte sich aber erst unter Ibn Tuluns schwächeren Nachfolgern Gehorsam zu verschaffen. Schon 939 verselbständigte sich ein neuer, nach Ägypten entsandter türkischer Befehlshaber, der unter dem Titel der Herren des Ferghana-Tals im heutigen Usbekistan als «der Ikhshide» bekannt war. Sein bedeutendster Nachfolger war der schwarze Eunuch Kafur, einer der Mäzene des berühmten Dichters al-Mutanabbi – wiederum ein Beispiel für das außergewöhnliche Maß an sozialer Mobilität, das die islamische Ordnung zuließ.

Irak, die Jazira und Teile Syriens erlitten im 9. Jahrhundert auf Grund sozialer und politischer Unruhen einen ökonomischen Niedergang, zu dem auch die Verschiebungen im internationalen Handel vom Persischen Golf in das Rote Meer beitrugen. Die Folge war die politische und wirtschaftliche Vorherrschaft arabischer und kurdischer Stämme zu Lasten der Städter, die rund zwei Jahrhunderte andauerte. In der Jazira machten sich um 900 die Hamdaniden vom Stamm der Taghlib selbständig, die unter umayyadischer Herrschaft lange christlich geblieben waren, sich mittlerweile aber der Schia zugewandt hatten. Saif ad-Daula (reg. 945–967) begründete das Emirat von Aleppo, das bis zum Einmarsch der Fatimiden im Jahr 978 das ganze nördliche Syrien und zeitweise auch Armenien kontrollierte. Neben Saladin gilt Saif ad-Daula bis heute als Idealgestalt des arabischen Ritters: mutig, beredt und großzügig, ein unermüdlicher Kämpfer im Jihad (faktisch Raub- und Beutezüge) gegen Byzanz, Freund und Förderer der Religion wie der schönen Künste. Den Hof der Hamdaniden besuchten der Philosoph al-Farabi und die Dichter al-Mutanabbi, Abu Firas al-Hamdani und Abu l-Faraj al-Isfahani, der Verfasser der großen Sammlung altarabischer Dichtung, des «Buchs der Lieder» (kitab al-aghani). Der Dichter Lob darf allerdings den Blick auf die Realitäten nicht verstellen, die von ständigen Fehden und Feldzügen, hohen Steuern und der Konfiszierung großer Ländereien zugunsten der regierenden Familie und ihrer Günstlinge geprägt wurden.

Die schiitische Herausforderung

Um 950 schien es, als dringe die Schia unaufhaltsam in das abbasidische Kernland vor: An der Peripherie hatten sich seit längerem alidische Dynastien etabliert – die Idrisiden im heutigen Marokko, Zaiditen im Jemen und im südkaspischen Tabaristan –, die sich im wesentlichen jedoch mit lokaler Herrschaft begnügten und das abbasidische Kalifat nicht wirklich bedrohten. Ähnliches galt für die schiitischen Hamdaniden. Das änderte sich, als nach 900 die ismailitischen Fatimiden Zug um Zug Nordafrika eroberten, im Südirak und am Persischen Golf die gleichfalls ismailitischen Qarmaten einen eigenen Staat errichteten und schließlich 945 vom Osten her die schiitischen Buyiden auf Bagdad marschierten und dem Kalifen ihre Vorherrschaft aufzwangen. Zur gleichen Zeit brachten Gelehrte, teils gefördert von den neuen Machthabern, teils unabhängig von ihnen, die schiitischen Lehren in eine verbindliche Form. Obwohl sie alle Schiiten waren, handelte es sich hier um vollkommen unterschiedliche Phänomene, ja um feindliche Lager. Unter dem Druck der Ismailiten – die den Sunniten wie den Zwölferschiiten vor allem wohl wegen ihrer intensiven Geheimpropaganda verhaßt waren – kam es im 11. und 12. Jahrhundert zu einer Annäherung zwischen Zwölferschiiten, Zaiditen und Sunniten.

Die Schia bot von früher Stunde an ein besonders verwirrendes Bild, da unter den Nachkommen Alis unterschiedliche Linien und Personen hervorgehoben und ihre Stellung und Funktion in unterschiedlicher Weise verstanden wurden. Die Vorstellung, zu Lebzeiten der Imame hätten in der schiitischen Gemeinde Klarheit und Einigkeit geherrscht, ist falsch. Ebenso falsch ist die Idee, die Schiiten seien von Beginn an Opfer der Sunniten gewesen und in besonderer Weise persisch geprägt. Die Aliden waren so arabisch wie die Abbasiden; ihr Ausgangspunkt war der arabische Osten; ihre religiöse Literatur wurde in arabischer Sprache verfaßt. Gemeinsam war den einzelnen Gruppen (mit Ausnahme der Zaiditen) ein doppelt elitäres Verständnis von Herrschaft und Heil: Dazu gehörte zum einen der Glaube an das Erbcharisma der Familie des Propheten, eingeengt auf Ali und bestimmte seiner männlichen Nachkommen, die von Gott erwählt und vom jeweils lebenden Imam designiert werden (*nass*); zum anderen die Überzeugung, die Imame verfügten über ein exoterisches und ein esoterisches Wissen (*zahir* und *batin*), das nur ihnen zugänglich sei; sie seien sündlos und gegen Irrtum gefeit (*ma'sum*), heilsnotwendige Wahrer der irdischen wie der kosmischen Ordnung und höchste Autorität in allen Rechtsdingen. Eine andere Konzeption verfochten die Zaiditen, die jeden Aliden als rechtmäßigen Imam anerkannten, der mit der Waffe gegen die illegitime (sunnitische) Herrschaft kämpfte (sogenannter Auszug, *khuruj*).

Alle Schiiten teilten die Überzeugung, Muhammad habe noch vor seinem Tod am Teich von Khumm Ali zu seinem Erben bestimmt, so daß Abu Bakr, Umar und Uthman unrechtmäßig herrschten; alle, die sich gegen diese Lehre stellten, galten als Ungläubige (*kuffar*). Spaltend wirkte die konkrete Benennung des jeweiligen Imam, die bereits eine bestimmte Definition der Familie des Propheten (*ahl al-bait*) voraussetzte und mit bestimmten heilsgeschichtlichen Annahmen verbunden war (gegenwärtiger oder verborgener Imam). Konflikte schuf schließlich die Wahl der Strategie: Sollte man um die politische Herrschaft kämpfen (Aktivismus) oder sich in Erwartung des Mahdi in die bestehenden Verhältnisse fügen (Quietismus)? In der historischen Entwicklung lassen sich im Rhythmus von zwei bis drei Generationen gewisse Knotenpunkte ausmachen, die mit gesamtgesellschaftlichen Krisen verbunden waren und/oder mit innerschiitischen Spaltungen (Schismen) nach dem Tod eines Imam. Die Schismen erwiesen sich in der Mehrzahl der Fälle als unumkehrbar. Das Ergebnis war eine hochgradige Zersplitterung der alidisch-schiitischen Bewe-

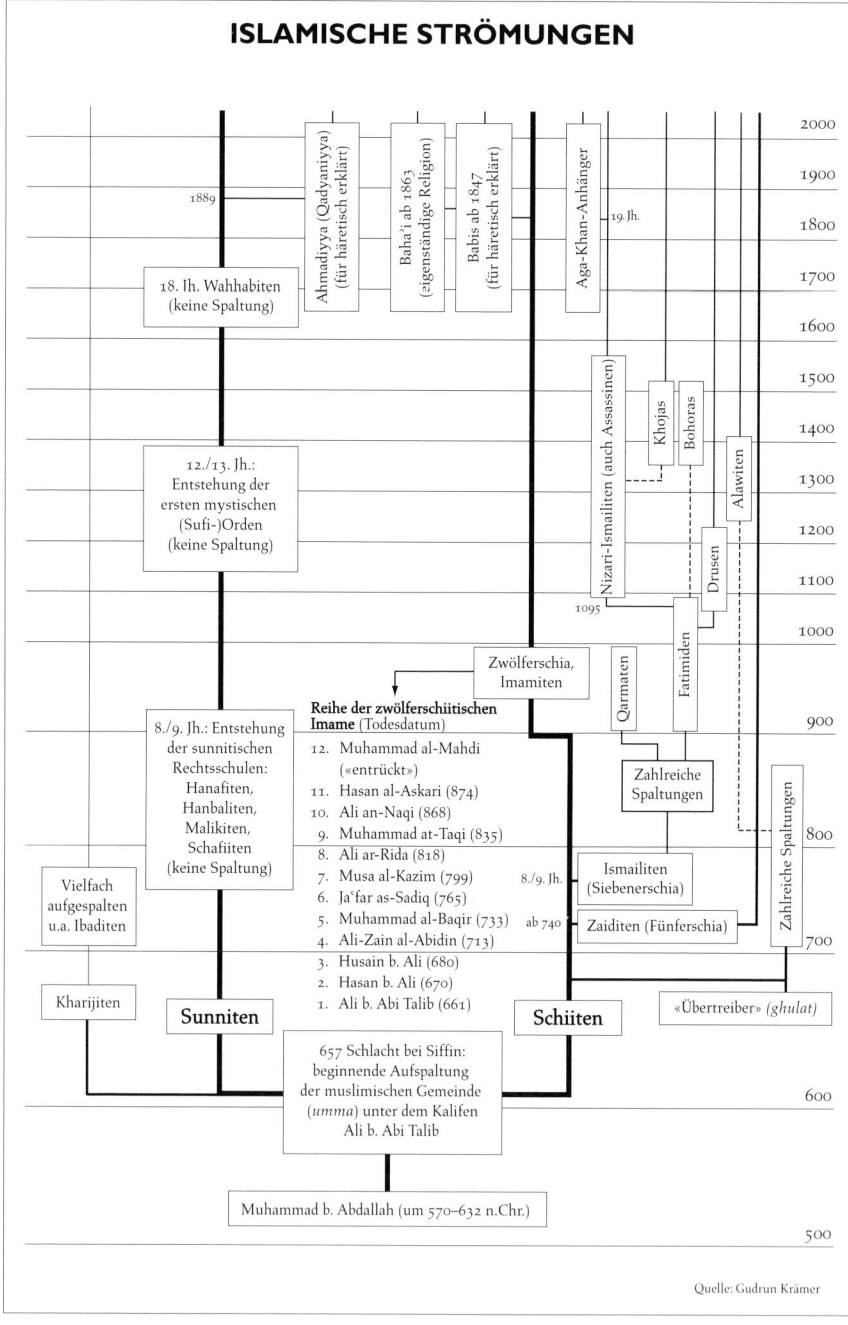

gung, wobei sich viele Gruppen auf bestimmte Regionen konzentrierten, so daß nur in Medina (wo bis in die 780er Jahre die alidischen Imame selbst residierten), Kufa und Basra (wo die Masse ihrer Anhänger lebte) die ganze Spannbreite der Optionen vertreten war.

Die Schismen waren religions- und geistesgeschichtlich bedeutsam und für die einzelnen Gruppen auch politisch wie finanziell wichtig, erhielt der Imam doch einen Anteil an den Steuern und Abgaben, die dem rechtmäßigen Oberhaupt der Umma in Anlehnung an Koran 8,41 zustehen (wo an sich nur von Beute die Rede ist, von der ein Fünftel Gott und dem Gesandten, den Verwandten, den Waisen, den Armen und denjenigen, die auf Reisen sind und/oder den Jihad führen, zukommt). In den meisten Fällen trat die Spaltung unmittelbar nach dem Tod eines Imam auf. Wiederholt berufen sich bereits bestehende Gruppen aber auch erst viel später auf den einen oder anderen Kandidaten. In den Jahrzehnten, in denen, beginnend unter al-Mahdi (reg. 775–785), die Imame von den Abbasiden in Bagdad oder Samarra gefangengehalten wurden, bildete sich unter ihren Anhängern, den Imamiten, ein breites Spektrum an Deutungen heraus: Dazu zählte die Auffassung, a) der Imam sei gar nicht verstorben, sondern lebe in der Entrückung und kehre am Ende der Zeiten (und das hieß für die Zeitgenossen: bald) als Mahdi oder *qa'im* wieder (genau genommen derjenige, der «Recht und Wahrheit durchsetzt», *al-qa'im bil-haqq*, in der Kurzform *al-qa'im* aber zugleich «der sich erhebt» oder «hervortritt»); b) er habe vor seinem Tod einen Nachfolger designiert, in der Regel aus dem Kreis seiner Söhne, den alle Gläubigen als ihren rechtmäßigen Imam anzuerkennen hätten; c) dieser lebe nicht unter seinen Anhängern, sondern in der Verborgenheit (Entrückung, Abwesenheit, *ghaiba* oder auch Verhüllung, *satr*), um ihn vor den Nachstellungen der Abbasiden zu schützen; d) das Imamat sei auf eine andere Linie übergangen, beispielsweise einen Bruder des verstorbenen Imam; e) die Linie der Imame sei erloschen. Daneben entstanden schon früh verschiedene Gruppen, die von ihren Kritikern als Extremisten oder Übertreiber (*ghulat*) ausgegrenzt wurden, da sie einzelnen Aliden in der einen oder anderen Weise einen göttlichen Status zuschrieben.

Von der Imamiyya zur Zwölferschia

Im Gefolge der abbasidischen Revolution traten die unterschiedlichen Optionen deutlich hervor: Die alidische Opposition scharte sich teils um den Husainiden Jaʿfar as-Sadiq (ca. 700–765), teils um den Hasaniden Muhammad b. Abdallah, bekannt unter dem Beinamen «Die reine Seele», an-Nafs az-Zakiyya (st. 763). Hier fanden sich zwei verschiedene Typen verkörpert: Jaʿfar, ein Sohn des quietistischen Muhammad al-Baqir (st. 732/33), strebte nicht nach der Macht und blieb – anders als seine ebenso quietistischen Nachfolger – von den Abbasiden unangetastet. Als Gelehrter in Medina trug er in lebhaftem Austausch mit Muslimen unterschiedlicher Richtung maßgeblich zur Entwicklung imamitischer Lehren bei; die großen sunnitischen Rechtsgelehrten Abu Hanifa und Malik b. Anas sollen bei ihm Hadith gehört haben. Auf ihn wurde später auch die «jaʿfaritische» Rechtsschule zurückgeführt. Sein Vater Muhammad al-Baqir soll den Grundsatz der *taqiyya*, der «vorbeugenden Vorsicht», propagiert haben (auch *kitman*), den Rat, in einer feindlichen Umgebung kluge Zurückhaltung und wenn es sein muß, auch Verstellung zu üben. Selbst innerhalb ein- und derselben Familie blieben die Präferenzen jedoch unterschiedlich: Jaʿfars früh verstorbener Sohn Ismail (auf den sich später die Ismailiten beriefen) soll den politischen Aktivisten nahegestanden haben, zwei seiner Enkel wagten 815 vergebliche Aufstände, ein dritter, Ali ar-Rida, ließ sich, wie erwähnt, 817 vom abbasidischen Kalifen als Nachfolger vereinnahmen. Um Muhammad b. Abdallah, «die reine Seele» (der im Gegensatz zu Jaʿfar als nicht sonderlich gelehrt galt), sammelten sich nach 740 die Zaiditen. Die Lage spitzte sich zu, als der Abbasidenkalif al-Mansur eine Reihe seiner Verwandten verhaften und schwer mißhandeln ließ; einige kamen im Gefängnis um. 762 rief Muhammad b. Abdallah, von keinem Geringeren als Malik b. Anas unterstützt, in Medina den Aufstand aus, sein Bruder Ibrahim b. Abdallah revoltierte in Basra; Jaʿfar as-Sadiq, der «die reine Seele» ohnehin nicht als Imam anerkannte, hielt sich zurück. Die Erhebung wurde bald niedergeschlagen. Ihre Träger zerstreuten sich über Ägypten, Jemen, Sind und Dailam bis Marokko, Stützen einer unglaublich weitgespannten, jedoch nur locker vernetzten Bewegung, die in den folgenden Jahren und Jahrzehnten an den unterschiedlichsten Orten hervortreten sollte. Nach 800 wurde die revolutionäre alidische Strömung an die Peripherie abgedrängt und damit in doppeltem Sinn marginalisiert; ab 900 strebte sie mit Macht zurück ins Zentrum.

Den Hintergrund bildete eines der großen Schismen der Schia: 873/74 starb in Samarra mit 28 Jahren der Imam Hasan al-Askari, allem Anschein nach, ohne einen Sohn hinterlassen zu haben. Es begann das bekannte Spiel: Hatte er doch einen Sohn, der zum Schutz vor den abbasidischen Machthabern verborgen gehalten wurde? War die Nachfolge auf ein anderes Mitglied der Familie übergegangen? War mit ihm womöglich die Linie der rechtmäßigen Imame erloschen? Oder war er selbst entrückt? Die erste Variante setzte sich durch: Ein beachtlicher Teil seiner Anhänger glaubte, Hasan habe einen kleinen Sohn namens Muhammad hinterlassen, der unmittelbar nach dem Tod seines Vaters «entrückt» wurde («Kleine Abwesenheit»). Andere wußten davon nichts oder wollten davon nichts wissen. Die Verwirrung und Verunsicherung der folgenden Jahre wurde von der zwölferschiitischen Überlieferung vermutlich erst im nachhinein überspielt, indem sie von vier «Mittlern» berichtete, die in Bagdad mit dem Verborgenen Imam in Verbindung standen und seine Weisungen erfüllten – damit war die Kontinuität der «Rechtleitung» gewahrt. Mit dem Tod des vierten Mittlers, so dieselbe Erzählung weiter, begann 941 die «Große Abwesenheit» (*al-ghaiba al-kubra*), die mit der Wiederkehr des Imam als Mahdi, Qa'im oder *sahib az-zaman*, «Herr der Zeit», enden sollte, der das Reich der Gerechtigkeit auf Erden errichten würde. Das Ende der Zeiten aber stand, so glaubten viele, nahe bevor. In der Erwartung der Wiederkehr Muhammad al-Mahdis, des zwölften Imam seit Ali, wandelte sich die Imamiyya zur Zwölferschia. In Bagdad bekleideten Imamiten wie die Wesirsfamilie der Banu Furat oder die Sekretärsfamilie der Banu Naubakht weiterhin einflußreiche Positionen bei Hofe, andere wurden in Handel, Landwirtschaft oder öffentlichen Ämtern reich; sie waren weder marginal noch verfolgte Opfer.

Die Ismailiten (Fatimiden, Qarmaten und Nizaris)

Nicht alle Imamiten fanden sich damit ab, daß so viel Zeit verstrich, ohne daß der Mahdi «hervortrat». Das zeigte die ismailitische Bewegung, die in Gestalt der (bald heftig zerstrittenen) Fatimiden und Qarmaten nicht nur die sunnitischen Abbasiden, sondern auch die Imamiten herausforderte. Ismailiten – sie selbst nannten sich «Anhänger der Wahrheit» (*ahl al-haqq*) – heißen sie nach Ismail al-Mubarak, dem ältesten Sohn und designierten Nachfolger Jaʿfar as-Sadiqs, der allerdings noch vor seinem Vater starb (sie selbst waren überzeugt, er habe seinen Vater überlebt). Ein Teil seiner Anhänger erkannte daraufhin Ismails Sohn Muhammad als rechtmäßigen Imam an, während andere (die späteren Zwölferschiiten) sich für Is-

Das aus der modernen Türkei stammende Poster zeigt die 12 Imame von Ali b. Abi Talib bis Muhammad al-Mahdi. Alle werden als erwachsene Männer gezeigt. Ali, der auch den Beinamen Haidar (Löwe) trägt, erscheint in den Medaillons mit seinem «Wappentier». Über den Imamen in der Mitte Alis Schwert Dhu l-Faqar, darunter offenkundig weibliche Engel. Abbildungen dieser Art sind unter Aleviten weit verbreitet.

mails Halbbruder Musa al-Kazim entschieden; eine Minderheit weigerte sich, überhaupt an Ja'fars Tod zu glauben und erwartete seine baldige Wiederkunft als Mahdi. Muhammad b. Ismail aber verschwand nach 795 «im Osten». Aus der Splittergruppe seiner Anhänger entwickelte sich ein Geheimbund, der wahrscheinlich von Mitgliedern einer Familie gesteuert wurde, die drei Generationen später als Fatimiden an die Öffentlichkeit traten (sie selbst nannten sich meist *daulat al-haqq*, Dynastie der Wahrheit) und eine Geheimlehre propagierten, die im einzelnen aber wohl erst später ausgefeilt wurde. Dazu zählte ein zyklisches Geschichtsbild, das sich deutlich von gängigen islamischen Vorstellungen abhob: Es beruhte auf einer Abfolge von sechs Propheten – Adam, Noah, Abraham, Mose, Jesus und Muhammad –, die als Empfänger der göttlichen Offenbarung jeweils eine Gesetzesreligion verkündet hatten (sogenannte Sprecher, Sg. *natiq*). Deren innerer Sinn (*batin*) wurde einem engen Kreis von Eingeweihten von einem Bevollmächtigten (*wasi*) enthüllt; im Falle Jesu war das Simon Petrus, im Falle Muhammads Ali. Ihnen folgten jeweils sieben Imame, deren letzter zugleich der Sprecher des nächsten Zyklus war. Im aktuellen, sechsten Zyklus war dieser siebte Imam Muhammad b. Ismail, der als Mahdi und Qa'im aus seiner Verhüllung hervortreten würde – aber nicht, um einen neuen Zyklus zu eröffnen, sondern um das Gesetz (das hieß konkret die Scharia) überhaupt aufzuheben und an seiner Stelle die kultlose Urreligion wiederherzustellen, der Adam und die Engel im Paradies gefolgt waren, indem sie die Einheit Gottes (*tauhid*) bekannten und Gott lobten und priesen. Die Lehre von einem nachislamischen Zeitalter ging erkennbar über vertraute Mahdi-Vorstellungen hinaus, die Muhammad als «Siegel der Propheten» anerkannten, mit dem die Offenbarung abgeschlossen war. Das war sie auch für die Ismailiten – nicht aber die Heilsgeschichte, deren Vollendung noch bevorstand.

In organisatorischer Hinsicht wies die ismailitische Mission (*da'wa*) interessante Parallelen zur haschemitisch-abbasidischen auf: Beide waren gleichermaßen religiös und politisch angelegt; beide verbreiteten ihre Lehre auf konspirativem Weg und über große Distanzen; und wie ihre umayyadischen Vorgänger sahen die Abbasiden in diesen Aktivitäten hochverräterisches Tun. Anders als

DIE SCHIITISCHE HERAUSFORDERUNG 119

die Haschemiten haben einzelne der Beteiligten Berichte hinterlassen, und dennoch bleibt vieles ungeklärt. So viel scheint einigermaßen gesichert: Die Oberhäupter der Bewegung (offenbar Angehörige einer Familie, möglicherweise alidischer Abstammung und vielleicht tatsächlich Nachkommen Muhammad b. Ismails) lebten als vermögende Kaufleute zunächst im westiranischen Khuzistan, dann in Salamiyya, etwa 30 Kilometer südwestlich von Hama im heutigen Syrien. Die Mission erfolgte im Namen des Mahdi (Muhammad b. Ismail); sie selbst traten lediglich als dessen Beweis (*hujja*) auf. Daß sie nicht nur religiöse Ziele im Auge hatten, belegen ihre Fluchtburgen (sogenannte Inseln oder *dar al-hijra* – man beachte wiederum den Anklang an das Vorbild des Propheten), in denen Waffen und Vorräte gelagert wurden. Die Schwerpunkte lagen zunächst in der Gegend um Kufa und in Fars, etwas später in Jemen, Bahrain, Sind, Khurasan, Transoxanien und der Kleinen Kabylei – vorwiegend also ländlichen Gebieten, aber Gebieten ganz unterschiedlicher Struktur und Geschichte. Im Irak warb für sie ein gewisser Hamdan Qarmat (wohl «der Kurzbeinige») und dessen Schwager Abdan, die in den späten 870er Jahren vor allem unter Imamiten missionierten. Um 900 trat ein Angehöriger der Familie mit der Enthüllung vor seine Anhänger, seine Vorfahren seien nur zur Tarnung (*taqiyya*) als bloße *hujjas* für den Mahdi Muhammad b. Ismail aufgetreten; tatsächlich seien sie selbst Aliden und die wahren Imame. Als solcher stand er nun vor ihnen. Der junge Mann war um

873 als Saʿid b. al-Husain geboren worden, hatte zunächst den Namen Ali angenommen und nannte sich nun Abdallah al-Mahdi biʾllah («der von Gott Rechtgeleitete»; sunnitische und damit feindliche Quellen, auf die sich auch die westliche Literatur mehrheitlich stützt, verwenden statt Abdallah meist die Verkleinerungsform Ubaidallah). Für die Familie bürgerte sich die Bezeichnung Fatimiden ein. Damit überzeugte er nicht alle Ismailiten. Hamdan Qarmat verweigerte ihm die Anerkennung und verschwand, sein Bruder Abdan wurde ermordet.

Qarmats Gefolgsleute traten wenig später als Qarmaten hervor (ihre Selbstbezeichnung lautete schlicht «die Gläubigen», *al-muʾminun*), die an der Ostküste der Arabischen Halbinsel einen Staat nach dem Vorbild der frühen Gemeinde mit der Hauptstadt al-Ahsa (heute Hofuf) errichteten. In endzeitlicher Stimmung erwarteten sie das baldige Erscheinen des Mahdi, ursprünglich Muhammad b. Ismail, der freilich bald durch neue Figuren ersetzt wurde. Die den Qarmaten zugeschriebene absolute Gesetzlosigkeit mit den klassischen Elementen Alkohol, Sex und Drogen spiegelt sicher feindselige Tendenzen, die sie religiös und moralisch diskreditieren sollten. Sie bedrohten aber, daran kann kein Zweifel bestehen, wie früher die Kharijiten und die Zanj ihre muslimische Umwelt mit Überfällen auf den Südirak (Basra, Kufa) und die Pilgerroute. Das Ende des islamischen Zeitalters und damit auch die Aufhebung des Gesetzes wurde ihnen für das Jahr 928 prophezeit. 930 eroberten sie Mekka, richteten unter den Einheimischen und Pilgern ein Blutbad an und raubten den Schwarzen Stein aus der Kaaba, den sie erst zwanzig Jahre später gegen ein hohes Entgelt an den abbasidischen Kalifen zurückgaben. Trotz schwerer innerer Krisen hielt sich ihr Staat noch weitere 150 Jahre, wobei sich das Verhältnis zu den muslimischen Nachbarn zunehmend normalisierte.

Währenddessen geriet Abdallah al-Mahdi in Bedrängnis: Als übereifrige Anhänger, angeführt von dem fatimidischen «Werber» (Missionar, Agenten, arab. *daʿi*) Zakaroye (Zikrawaih) und dessen Söhnen, seine Identität zu enthüllen drohten, floh er 902 aus Salamiyya und setzte sich über Ramla und Fustat in die von kharijitischen Berbern beherrschte Oasen- und Handelsstadt Sijilmasa ab, wo er sich mehrere Jahre als Kaufmann getarnt verborgen hielt. Seit 893 hatte einer seiner Missionare, Abu Abdallah «der Schiit», der aus der Gegend von Kufa stammte und dort mit seinem älteren Bruder Abu l-Abbas zur Ismailiyya übertrat, unter den Kutama-Berbern der Kleinen Kabylei im heutigen Algerien eine fatimidische Gemeinde geformt – wenig gebildet, jedoch umso glühender. Der Kontakt war auf der Pilgerfahrt nach Mekka hergestellt worden. 909 unterwarfen sie Ifriqiya, der letzte Aghlabide floh mit seinen Schätzen (seinen Harem ließ er zurück) aus der Palaststadt Raqqada. Wenig später befreite Abu Abdallah den Mahdi, der in Sijilmasa mittlerweile unter Hausarrest gestellt worden war, und holte ihn im Triumphzug nach Raqqada, wo ihm die Großen des Reiches als Imam, Mahdi und Kalifen huldigten. Bald aber mußte der *daʿi* feststellen, daß Abdallah al-Mahdi (den er zum ersten Mal in Sijilmasa gesehen hatte) seinen strengen Vorstellungen nicht entsprach; der Imam/Mahdi/Kalif wiederum war nicht bereit, sich die Vorhaltungen seiner Getreuen anzuhören und ließ Abu Abdallah und seinen Bruder ermorden. Herausgefordert durch einen berberischen Gegenmahdi, nahm er eine weitere folgenschwere Umdeutung der ismailitischen Lehre vor, indem er – obgleich selbst als endzeitlicher Mahdi-Imam verehrt – seinen Sohn Abu l-Qasim zum «eigentlichen» Mahdi aufbaute. Wie später den Safawiden glückte auch den Fatimiden die Verwandlung der messianischen Endzeitgestalt in einen Dynastiegründer. 921 zog Abdallah in seine neue, am Meer gelegene Hauptstadt Mahdiyya um, in der er sich mit seinem Hofstaat abschottete.

Der landwirtschaftliche Reichtum Ifriqiyas und die Kontrolle wichtiger Handelsrouten in die Sahara und über das Mittelmeer begünstigten einen wirtschaftlichen Aufschwung im fatimidischen Machtbereich. Erstmals kam nun auch die Ismailiyya in den Genuß herrscherlicher Patronage. In Ifriqiya begann die Erarbeitung eines spezifisch ismailitischen Rechts unter maßgeblicher Beteiligung des Kadi Nuʿman (st. 974) und seines Sohnes; der Imam-Kalif selbst scheint hierbei keine aktive Rolle gespielt zu haben. Die Belehrung verband sich mit dem Versuch der Bekehrung. Die malikitische Rechtsschule war unter der städtischen Bevölkerung Ifriqiyas mittlerweile jedoch zu fest verwurzelt, um noch verdrängt zu werden; die Kutama, Sanhaja und andere Berberstämme übernahmen zwar die ismailitische Doktrin, eingeweiht war aber nur die engste Umgebung des Herrschers. Die hohen Steuerlasten, die der ständige Kampf gegen feindliche Nachbarn, die Abbasiden und Byzanz im Verbund mit einer aufwendigen Hofhaltung erforderte, riefen unter den Städtern Protest und unter konkurrierenden Berberstämmen wie den Zanata Widerstand hervor. Sie erhoben sich 943 unter der Führung von Abu Yazid an-Nukkari (bekannt als der «Mann mit dem Esel»), einem ehemaligen Lehrer aus der ibaditischen Hochburg Tahert, in einem letzten großen kharijitischen Aufstand, der die fatimidische Herrschaft schwer erschütterte, bevor er 947 niedergeschlagen wurde. Wenig später siedelte der Hof von Mahdiyya in die neue Palaststadt Mansuriyya über, die in vielem das Vorbild für die spätere Hauptstadt Kairo abgab.

Die Fatimiden waren keinen «normale» Dynastie, die sich mit einer lokalen Herrschaft zufriedengab. Sie wollten die Macht über die gesamte Umma. Für ihre Expansion nutzten sie alle ihnen zur Verfügung stehenden Mittel von der Mission über den Handel bis zu militärischer Gewalt. In Ifriqiya nahmen die Fatimiden den Jihad gegen die byzantinischen Besitzungen in Sizilien und Süditalien wieder auf. Im Kampf gegen lokale muslimische Widersacher unterwarfen sie den gesamten Maghreb, der damit zumindest kurzfristig politisch vereinigt wurde. Die spanischen Umayyaden konnten sie auf eigenem Boden nicht ernsthaft gefährden, doch zielte ihre eigentliche Stoßrichtung ohnehin nach Osten. Nach Jahrzehnten vergeblichen Kampfes nahm der Feldherr Jauhar, ein freigelassener «Slawe», 969 Ägypten ein, womit die Fatimiden ihrem eigentlichen Ziel – dem Sturz der Abbasiden – einen wichtigen Schritt nähergekommen waren. Im Juni 973 siedelte der Fatimidenimam al-Muʿizz (reg. 953–975) mitsamt der Leibgarde, zahlreichen Kutama-Berbern und den Leichnamen seiner Vorväter in die neue Palaststadt Kairo (al-Qahira, «die Siegreiche») über. Ägypten war von großer ökonomischer Bedeutung, nicht nur wegen seiner intensiven Landwirtschaft, sondern auch wegen seiner Bedeutung im Mittelmeer- und Indienhandel. Über Ägypten und Teile Syriens gelangten die Fatimiden allerdings nie hinaus; immerhin erkannten die Scherifen von Mekka ihre Oberhoheit an. Als wirtschaftlich und politisch gesehen wichtig erwies sich später ihre Kontrolle über den Jemen unter der ismailitischen Vasallendynastie der Sulaihiden (1047–1138, fünfzig Jahre regierte Königin Arwa bint Muhammad, bekannt als as-Sayyida al-Hurra, die Freie Herrin). Sie erlaubte den Fatimiden zugleich, ihre Mission in der Region des Indischen Ozeans auszuweiten, insbesondere in Westiran und Gujarat. An der Mission in Transoxanien war im 11. Jahrhundert auch der aus Balkh stammende Gelehrte, Dichter, Philosoph und Reisende Nasir-i Khusrau beteiligt. Weitgehend unabhängig von der fatimidischen Politik, aber durchaus zu ihrem Vorteil, verlagerte sich zur gleichen Zeit der Seehandel vom Persischen Golf auf das Rote Meer und das Mittelmeer. Die politische Gegnerschaft

Die Jubba-Moschee in Jibla aus der Zeit der ismailitischen Sulaihiden zeigt den Lokalstil der jemenitischen Küstenregion, der Tihama.

behinderte den regen Austausch mit Byzanz und den aufstrebenden italienischen Seerepubliken nur sporadisch. Aden und Alexandria entwickelten sich zu großen Umschlagplätzen, insbesondere für den Gewürzhandel. Das Holz und Eisen, das die Fatimiden benötigten, konnten sie nur über die Italiener erhalten. Das wiederum setzte gute Beziehungen zu Juden und Christen voraus.

Die vielbeschworene fatimidische Toleranz – auch die fatimidische Ära gilt ja als ein goldenes Zeitalter muslimisch-christlich-jüdischer

Koexistenz – hatte daher gewisse materielle Hintergründe. Angesichts der bestehenden Mehrheitsverhältnisse waren auch die Fatimiden auf einen Ausgleich mit den lokalen Eliten angewiesen. An der Spitze der Verwaltung beschäftigten sie allerdings lieber Ismailiten (manche frisch konvertiert) und Nichtmuslime unterschiedlicher Herkunft als Sunniten. Das Amt des Wesirs hielt über ein Jahrzehnt Ya'qub b. Killis (st. 990), ein jüdischer Konvertit, in Bagdad geboren und seines Zeichens ehemaliger Kaufmann (also kein Vertreter der koptischen Beamtenschaft), der sich als engagierter Ismailit bewährte. Die Fatimiden betrieben einen noch höheren Repräsentationsaufwand als die Abbasiden, wobei der Adressat jedoch nicht recht deutlich wird; ebenso schwer einzuschätzen ist seine Wirkung. 972 wurde die Palastmoschee al-Azhar als geistiges Zentrum der ismailitischen Mission eröffnet; Ya'qub b. Killis stiftete die Mittel für fünfunddreißig «Lehrstühle». Sunniten und Imamiten hatten dem lange Zeit nichts Gleichwertiges entgegenzusetzen. Aber die Fatimiden versuchten nicht, die ismailitische Lehre als «Staatsreligion» in Ägypten durchzusetzen, bemühten sich vielmehr, ihre sunnitischen Untertanen für sich einzunehmen. Die Verehrung der Familie des Propheten, die sich ja nicht auf Schiiten beschränkte, bot hierfür einen günstigen Ansatz: So wurde unter den Fatimiden der Geburtstag des Propheten (*maulid an-nabi*) groß gefeiert und um 1153 das Haupt Husains aus dem von den Kreuzfahrern bedrohten Askalon nach Kairo verbracht, wo es bis in die Gegenwart ruht (wenngleich mehrere andere Orte gleichfalls behaupten, die Reliquie aufzubewahren). Unabhängig von höfischer Patronage blühte in fatimidischer Zeit im übrigen auch die christliche Literatur und Wissenschaft. Schon vor der fatimidischen Eroberung hatte Eutychius (Sa'id b. Bitriq, st. 940), ein Arzt und zuletzt melkitischer Patriarch von Alexandria, eine erste christliche Weltgeschichte in arabischer Sprache verfaßt, die viel gelesen und von Yahya al-Antaki fortgesetzt wurde; der koptische Mönch und Bischof von Ashmunain, Severus b. al-Muqaffa' (genaue Lebensdaten unbekannt), der für religiöse Werke neben Koptisch und Griechisch erstmals auch Arabisch verwandte, konterte mit einer Geschichte der koptischen Patriarchen von Alexandria, die später gleichfalls weitergeschrieben wurde.

Eine Sonderrolle spielte bei alledem der erratische Fatimidenkalif al-Hakim bi-amri'llah («der nach göttlichem Befehl herrscht», reg. 996–1021), Sohn einer christlichen Mutter und Neffe der melkitischen Patriarchen von Jerusalem und Alexandria. 1005 öffnete in seinem Palast ein «Haus des Wissens» (*dar al-hikma* oder *ʿilm*, vergleichbar Maʾmuns *bait al-hikma* und einer Reihe öffentlicher und privater Bibliotheken, die im 10. Jahrhundert in den östlichen Reichsteilen eingerichtet wurden). Die Lehr- und Studienstätte mit großer Bibliothek wurde erst beim Sturz der Dynastie aufgelöst; der neue Machthaber Saladin ließ die Bücher verkaufen. Hakim glaubte sich in besonderer Weise göttlich inspiriert, was ihn – wohl in endzeitlicher Erwartung – auch zu höchst eigenwilligen Moralvorschriften veranlaßte, die sich keineswegs nur gegen Nichtmuslime richteten. 1008–1013 wurden auf seinen Befehl Christen und Juden verfolgt und ihre Kirchen und Synagogen zerstört, 1009 sein Onkel Arsenius hingerichtet und die Grabeskirche in Jerusalem in Brand gesteckt. Als 1017/18 eine Gruppe ismailitischer «Übertreiber» um einen gewissen Darzi (pers. «der Schneider») und seinen Mitstreiter und Rivalen Hamza al-Labbad («der Filzmacher») öffentlich Hakims Göttlichkeit verkündete, kam es in Kairo zu Unruhen. 1021 verschwand al-Hakim bei einem nächtlichen Ausritt. Der Kreis um Darzi und Hamza deutete sein Verschwinden als Entrückung; aus der Splittergruppe entwickelte sich in Libanon die nach Darzi benannte «drusische» Gemeinschaft.

Im 11. Jahrhundert war das fatimidische Reich der mächtigste muslimische Staat seiner Zeit. Unter az-Zahir li-iʿzaz diniʾllah («der hervortritt, um die Religion Gottes zu erhöhen», reg. 1021–1036) und, mehr noch, der 66 jährigen Regierung von al-Mustansir biʾllah («der Gott um Beistand bittet», reg. 1036–1094) traten jedoch deutliche Schwächen hervor: Das stehende Heer rekrutierte sich zunächst aus Berbern, «Sudanesen» und «Slawen», zu denen später, als die Fatimiden einen besseren Zugang zu den östlichen Sklavenmärkten fanden, auch Türken kamen, die sich gegenseitig heftig bekämpften. Nach 1038 begannen einzelne syrische Städte, sich von fatimidischer Kontrolle zu lösen. Um 1050 unterstellten sich die Ziriden, die den Fatimiden als Statthalter in Ifriqiya gedient hatten, dem Abbasidenkalifen; damit war der Nachschub berberischer Truppen unterbrochen. 1069 erkannte der Scherif von Mekka die Oberhoheit des abbasidischen Kalifen an. Nach 1070 gingen Aleppo, Damaskus und weite Teile Palästinas an die Seldschuken verloren. In Ägypten selbst verursachte die zunehmende Gesetzlosigkeit eine jahrelange schwere Hungersnot, in Oberägypten und im Nildelta machten sich arabische Stämme weitgehend selbständig. Hunger, Epidemien, hohe Steuern und forcierte Enteignungen verschärften die Landflucht; in

Wie Marco Polo berichtet, glaubten seine Feinde, der «Alte vom Berge» setze seine jugendlichen Anhänger unter Drogen, verschaffe sie in in diesem Zustand in einen Garten mit schönen jungen Frauen und gaukle ihnen vor, sie befänden sich im Paradies, das sie durch Vollbringung eines Mordanschlags wiedergewinnen könnten. In Spekulationen über die Jungfrauen (Huris), die den muslimischen Märtyrer oder Selbstmordattentäter angeblich im Paradies erwarten, lebt die Geschichte bis heute weiter. Marco Polo, *Le Livre des merveilles du monde*, in Auftrag gegeben von Johann dem Furchtlosen (Jean sans Peur), Herzog von Burgund, 1410–1412.

den Städten traten viele der landflüchtigen koptischen Bauern zum (sunnitischen) Islam über. Als Retter des fatimidischen Kalifats trat der Gouverneur von Akko, Badr al-Jamali, auf, ein zur Ismailiyya konvertierter Militärsklave armenischer Herkunft, der 1074 Kairo besetzte und mit Hilfe seiner armenischen (in Teilen christlichen) Truppen Zug um Zug Ägypten für die Fatimiden zurückeroberte. Als Oberbefehlshaber der Armee, Wesir und oberster *da'i* regierte er zwanzig Jahre lang das Reich. 1094 starben mit Badr al-Jamali und al-Mustansir die beiden starken Männer im Fatimidenstaat.

Thronstreitigkeiten mündeten einmal mehr in ein Schisma: Bei der Regelung der Nachfolge überging Badrs Sohn al-Afdal den Thronfolger Nizar, den die iranischen Ismailiten unter ihrem *da'i* Hasan-i Sabbah anerkannten, zugunsten seines jüngeren Bruders al-Musta'li bi'llah, der mit Badrs Tochter Sitt al-Mulk verheiratet war. Nach einem vergeblichen Aufstand kam Nizar ums Leben. (Aus den Anhängern Musta'lis in Jemen und Westindien, vor allem Gujarat, gingen nach verschiedenen weiteren Spaltungen die Bohoras hervor, aus den Anhängern Nizars die Khojas in Sind und die Gemeinde des Aga Khan in Iran und Indien.) Nach Nizars Verschwinden erklärte sich der *da'i* Hasan-i Sabbah (st. 1124) zum lebenden Zeugnis (*hujja*) für den Verborgenen Imam. Die Nizari-Ismailiten, besser bekannt als Assassinen, brachen mit den ägyptischen Fatimiden und verschanzten sich in einer Reihe weit auseinanderliegender Burgen in Nordwestiran (Dailam), Ostiran und Syrien; den Mittelpunkt bildete seit 1090 die Bergfeste Alamut im nordiranischen Elburz-Gebirge. Berüchtigt wurden sie durch die Attentate (nicht selten: Selbstmordattentate) ausgebildeter Männer (Sg. *fida'i*, «der sich opfert», davon abgeleitet das moderne Fida'iyyin für muslimische Selbstmordattentäter und Befreiungskämpfer allgemein) auf politische Schlüsselfiguren. Als ihre prominentesten Opfer gelten der seldschukische Wesir Nizam al-Mulk, der Fatimidenkalif al-Amir und der König von Jerusalem, Konrad von Montferrat, wobei die Täterschaft in keinem dieser Fälle gesichert ist. Angesichts der Personalisierung der Macht waren Attentate zu dieser Zeit nichts Ungewöhnliches; die

«Assassinen» aber betreiben sie systematisch, und zwar ohne Sex und Drogen, die ihre Feinde ihnen zuschrieben («Assassine» ist abgeleitet von Haschisch-Esser). Ihre Gegner schlugen mit aller Macht zurück. Gut vierzig Jahre nach Hasan-i Sabbahs Tod beschritten auch die Nizaris den Weg, den einst die Fatimiden gegangen waren – religiös noch gewagter, politisch aber weniger erfolgreich: Der *hujja* Hasan II. erklärte sich 1164 zum Stellvertreter (*khalifa*) des Verborgenen Imam, ja deutete darauf hin, er sei selbst der Imam. Dann verkündete er, der Mahdi-Qa'im sei «hervorgetreten», die Wahrheit manifest geworden und das islamische Gesetz aufgehoben: Das Zeitalter des Islam war demnach an sein Ende gelangt. Ähnliches hatten zweihundert Jahre zuvor die Qarmaten getan. Zwar wurde Hasan schon 1166 ermordet, doch setzte sein Sohn Nur ad-Din Muhammad II. (reg. 1166–1210) die Linie seines Vaters fort. Von jetzt an galt der Herr von Alamut als alidischer Imam in direkter Nachfolge Nizars. Die syrischen Nizaris unter dem *da'i* Rashid ad-Din Sinan (st. 1192/93), dem «Alten vom Berge» der Kreuzfahrer, handelten allerdings weitgehend eigenständig.

Die Abbasiden unter buyidischer Vorherrschaft

Während die Fatimiden in Nordafrika triumphierten, gerieten die Abbasiden unter die Vorherrschaft der schiitischen Buyiden, die aus einem völlig anderen Milieu stammten, ganz anders organisiert waren und deutlich andere Interessen verfochten als die ismailitischen Fatimiden und Qarmaten: Drei Söhne eines gewissen Boye/Buweh (arab. Buya bzw. Buwaih, daher Buyiden oder Buwaihiden) aus dem südkaspischen Dailam hatten sich mit einigen hundert Gefolgsleuten als Söldner einem iranischen Kriegsherrn, Mardawij b. Ziyar, angeschlossen, der zumindest zeitweise im Dienst der zaiditischen Imame von Tabaristan stand. Nach Mardawijs Ermordung machten sie sich 935 selbständig, unterwarfen Fars und Khuzistan und marschierten im Januar 946 in Bagdad ein. Das markierte einen tiefen Einschnitt in der Geschichte des Kalifats: Mit den Buyiden übernahm ein Clan von Landsknechten nicht-arabischer Herkunft und Sprache offen die Macht. Das buyidische Reich war allerdings kein einheitlicher Staat, sondern ein Familienunternehmen unter wechselnder Führung, dessen Angehörige verschiedene Territorien zwischen Sistan, Kerman, Fars, Jibal (Zentrum Rayy), Tabaristan, Irak und Oman kontrollierten, wobei anfangs der älteste Bruder als Familienoberhaupt auftrat. Sein eigentlicher Mittelpunkt war nicht der Irak, sondern Fars mit den Städten Schiraz und Isfahan; dort residierte in der ersten Generation der älteste der drei Brüder, dorthin zog sich um 1000 Baha' ad-Daula zurück, als seine Stellung in Bagdad zu prekär wurde.

Die Buyiden waren ursprünglich Zaiditen und gaben sich nun eher unbestimmt als Schiiten, ohne sich allzu genau festzulegen: Sie waren Militärs, keine religiös-politischen Überzeugungstäter. Die Institution des dezidiert sunnitischen Kalifats, das sie eigentlich für illegitim halten mußten, tasteten sie nicht an, nahmen ihm allerdings sämtliche Kompetenzen bis hin zur Auswahl der Richter, so daß der Kalif nur noch über seinen eigenen Palast gebot, dessen Haushalt die buyidischen Emire bestimmten. Als wichtigstes Instrument der Einflußnahme blieb dem Kalifen die Bestätigung der jeweiligen Machthaber (wie auch der Richter) in ihren Positionen – oder die Verweigerung dieser Bestätigung. Die symbolische Bedeutung des Kalifats als Quelle legitimer Autorität bewahrte sich somit auch in den Zeiten politischer Ohnmacht und finanzieller Abhängigkeit. Zu einem gewissen Grad blieben beide Seiten aufeinander angewiesen: Der Kalif übertrug in aller Form die Regierungsaufgaben an einzelne Buyiden, denen er zum Zeichen ihrer Investitur Ehrentitel verlieh (Stütze, Stärke, Arm und Glanz der Dynastie, Krone der Gemeinschaft), doch lauteten offizielle Verfügungen und Verträge nach wie vor auf seinen Namen; beim «Amtsantritt» schworen sich Kalif und Emir gegenseitig die Treue. Die Verteilung der Macht hatte somit nichts mit einer Trennung in spirituelle und weltliche Befugnisse zu tun; sie bot keine Entsprechung zu der Zwei-Schwerter-Lehre des europäischen Mittelalters.

Wie die Samaniden und später die Mongolen und ihre Nachfolgedynastien verfolgten die Buyiden eine mehrgleisige Legitimierungsstrategie, die – zum Teil in getrennten Räumen – islamische mit vorislamischen Elementen verknüpfte. Adud ad-Daula («Stütze der Dynastie»), der ab 974/75 als Oberemir in Bagdad waltete, nahm den – von islamischen Rechtsgelehrten vielfach als unislamisch abgelehnten – Königstitel an und nannte sich öffentlich, wenn auch nicht offiziell Großkönig (gelegentlich wurde beides kombiniert: *malik al-islam shahanshah*), wobei der altiranische Titel des Großkönigs allerdings in dem Maß entwertet wurde, wie ihn selbst lokale Fürsten führten. Mit den Buyiden wechselten nicht nur die Machthaber im abbasidischen Reich, sondern auch die militärischen und bürokratischen Eliten: Im Militär drängten Dailamiten die bis dahin dominierenden Türken in den Hintergrund, in der Zivilverwaltung traten persische Wesire und Sekretäre an die Stelle der irakischen Schreiber. Eine große Rolle spielten die Steuerpachten, die vor allem in den entlegenen Provinzen an Militärs gingen, in den zentraleren an Bürokraten und vermögende Privatleute. Angesichts ständiger Geldnot griffen auch die Buyiden zu den Mitteln, die klassischerweise als unislamisch galten: Sie erhöhten die Bodensteuer, konfiszierten Stiftungsgut und richteten diverse Monopole ein.

Im Gegensatz zu den Fatimiden und den Qarmaten vertraten die Buyiden keine schiitische Bewegung, wohl aber eine schiitische Gesinnung. Ihre Personalpolitik war zwar nicht einseitig pro-schiitisch, doch beschäftigten sie auffällig viele Männer, oft aus Fars, die nicht der sunnitischen Mehrheit angehörten: Zu ihnen zählten Muʿtaziliten, Zaiditen, Sabier und (vor allem in Fars) Zoroastrier, daneben Nestorianer und Juden. Wichtiger als die aktive Förderung schiitischer Persönlichkeiten, Ideen und Institutionen war möglicherweise, daß sie unter buyidischer Herrschaft nicht unterdrückt wurden. Das galt insbesondere für schiitische Feste wie Ashura zum Gedenken an Husains Martyrium in Kerbela (10. Muharram) und den Tag von Ghadir Khumm, an dem Muhammad nach schiitischer Überlieferung Ali als seinen Erben benannt hatte (18. Dhu l-hijja). Sie konnten nun selbst in Bagdad gefeiert werden, wo es allerdings immer wieder zu

Islamische Republik Iran: Auf einer erhöhten Bühne wird inmitten der Zuschauer in einer Art Passionsspiel das Martyrium Husains in Kerbela am 10. Muharram des Jahres 61/680 (Ashura, von arab. ʿashara, zehn) dargestellt (taʿziya, von arab. ʿazza, «trauern»). In dieser Form wird das Drama wohl erst seit etwa 1750 «aufgeführt»; unter den Buyiden dürften aber bereits einzelne Szenen nachgespielt und Umzüge veranstaltet worden sein. An den Wänden hängen im übrigen Photos von Khomeini und im Krieg gegen den Irak gefallenen iranischen «Märtyrern» (vgl. auch S. 299).

Straßenkämpfen zwischen Sunniten und Schiiten kam. Unter den Buyiden wurden verschiedentlich die ersten drei Kalifen öffentlich verflucht, was mehrere sunnitische Gelehrte veranlaßte, den buyidischen Machtbereich zu verlassen. Schon vor den Buyiden genossen Angehörige der Familie des Propheten eine Reihe steuerlicher und rechtlicher Privilegien; unter den Buyiden konnte die alidische Linie (die hier nach Alis Vater Abu Talib als Talibiden auftrat) ihre Stellung deutlich verbessern. Weniger die Buyiden selbst (eine Ausnahme ist Adud ad-Daula) als vielmehr ihre Schreiber und Wesire traten als Mäzene der islamo-iranischen Kultur arabischer und persischer Sprache auf. Besondere Förderung genossen dabei die angewandten Wissenschaften, vor allem die Architektur und Medizin, die zu dieser Zeit aufblühte: Schon vor den Buyiden wirkte der Arzt, Philosoph und Alchemist Abu Bakr ar-Razi (Rhazes, ca. 854–925/35) in seiner iranischen Heimatstadt Rayy und in Bagdad, der aus der Gegend von Bukhara stammende Arzt und Gelehrte Ibn Sina (Avicenna, 980–1037) verbrachte vierzehn Jahre am buyidischen Hof von Isfahan. 993 stiftete der Wesir Sabur b. Ardashir – eine Generation nach seinem fatimidischen Kollegen Yaʿqub b. Killis – in Bagdad ein «Haus des Wissens» (dar al-ʿilm), dessen Bibliothek sich nicht auf schiitische Literatur beschränkt zu haben scheint. Mit und ohne höfische Patronage entfaltete sich das schiitische Pilgerwesen zu den Gräbern der Imame. Kerbela, Mashhad und Qum entwickelten sich zu eigenständigen Städten; besondere Bedeutung gewann das Mausoleum Alis in Najaf. Das 10. und 11. Jahrhundert war die Zeit, in der – sei es mit aktiver Unterstützung der Buyiden, sei es unabhängig von ihnen – in Bagdad, Qum und Rayy Gelehrte wie al-Kulaini (der vor der buyidischen Machtübernahme wirkte), Ibn Baboye (Babawayh), Shaikh al-Mufid, Sharif al-Murtada und Scheich Muhammad b. al-Hasan at-Tusi die zwölferschiitischen Lehren von der Theologie bis zum Recht in ein System brachten, wenn auch nicht in ein einheitliches.

Der buyidische Familienverband erwies sich als fragil und kurzlebig. Angesichts der ständigen Kämpfe verstärkte sich vor allem im syrisch-irakischen Raum und in Iran der Trend zu städtischer Autonomie mit all ihren Widersprüchen. In den (von den Buyiden nicht

kontrollierten) syrischen Städten übernahmen vielfach lokale Notabeln die Macht; in Bagdad wurden die Verhältnisse immer chaotischer. Besonderes Interesse verdienen Jungmännerbünde unterschiedlicher sozialer Verankerung (*fityan*, *ahdath* in den syrischen, *'ayyarun* oder *ahdath* tendenziell eher in den irakischen Städten). Im Namen einer ritterlichen Ethik (*futuwwa*) gingen hier die Verteidigung lokaler Autonomie und religiöser Identität, Sport (die buyidischen Emire förderten gezielt Wettläufe, Ringen und Schwimmen) und städtisches Bandenwesen zum Teil eigenwillige Verbindungen ein. In den innerstädtischen Fehden kämpften einzelne Stadtteile und/oder religiöse Gruppen mit ihren Milizen gegeneinander, Sunniten gegen Schiiten, Hanafiten gegen Schafiiten und Hanbaliten gegen alle, namentlich die Mu'taziliten (denen wiederum eine besondere Nähe zu den Hanafiten und Schiiten, insbesondere den Zaiditen, nachgesagt wurde).

Das Kalifat unter den Seldschuken

Im Zuge der Westwanderung innerasiatischer Turkvölker, die im 8. Jahrhundert einsetzte, als sie von den chinesischen T'ang abgedrängt wurden, entstand im Mittleren Osten das Reich der Seldschuken, das nach 1060 von Khurasan über Iran und Irak bis nach Ostanatolien reichte und neben dem Hijaz zeitweilig sogar Oman und den Jemen kontrollierte. Um 1100 begann sein Zerfall, die Blütezeit der anatolischen Rum-Seldschuken setzte ein; nach 1243 gingen auch diese im Weltreich der Mongolen auf. Die türkischen Stämme Innerasiens sollte man sich um 1000 nicht zu primitiv vorstellen: Sie kannten große Allianzen und Föderationen, unterschiedliche gesellschaftliche Gruppen und Schichten und komplizierte tribale Hierarchien, besaßen Erfahrung im Handel sowie eine eigene Schriftsprache (die, ähnlich dem vorislamischen Arabisch, in unterschiedlichen Alphabeten wiedergegeben wurde). Neben der Mehrheit der Animisten (Schamanisten) fanden sich unter ihnen Buddhisten, Nestorianer und

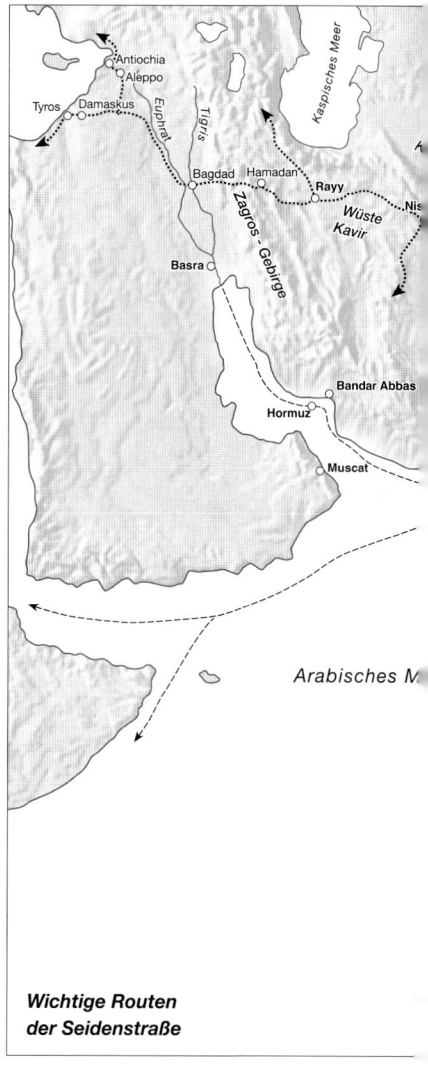

Wichtige Routen der Seidenstraße

Manichäer. Der Islam wurde ihnen, wohl in recht schlichter Form, durch Kaufleute, Wanderprediger und heilige Männer gebracht. In dieser Tradition standen die Qarakhaniden (auch Ilek oder Ilig Khane), deren Elite sich im 10. Jahrhundert zum sunnitischen Islam bekehrte und die in dem schon länger islamisierten und iranisierten Transoxanien sowie in den noch kaum islamisierten, mehrheitlich türkischen Territorien im Norden und Osten (das Ferghana-Tal so-

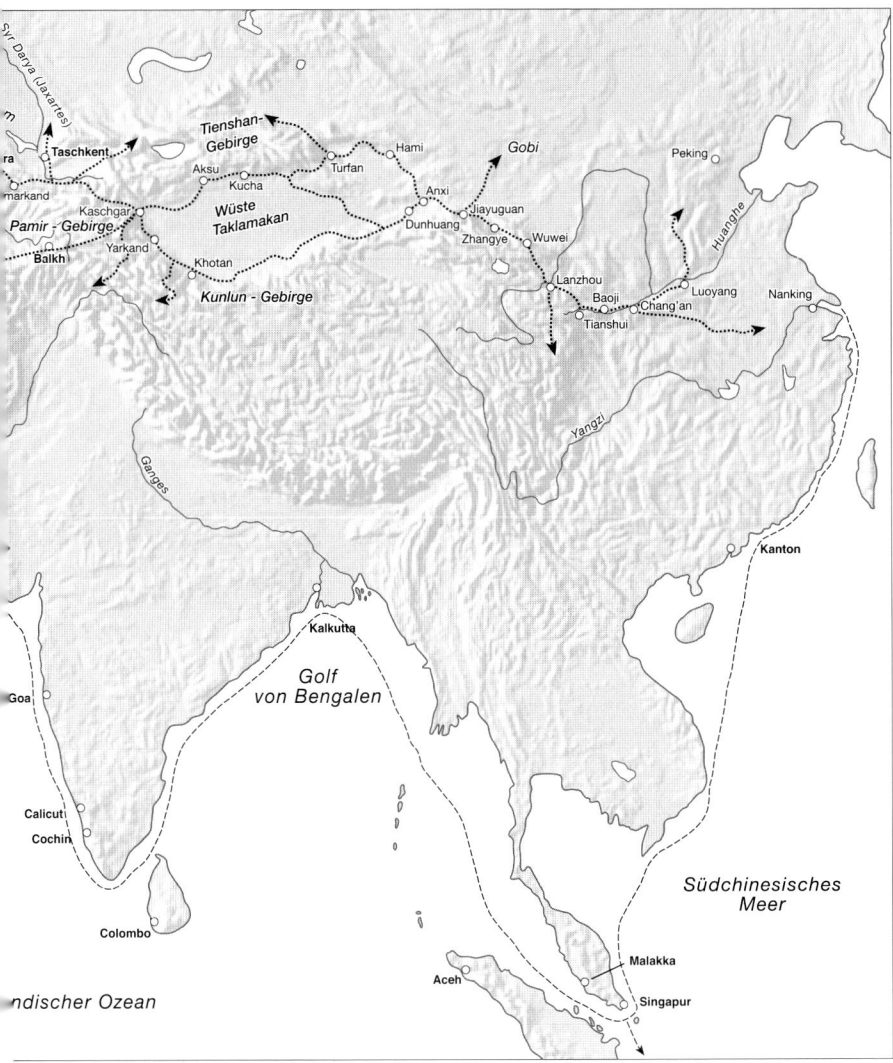

wie Ostturkestan mit Kaschgar und Khotan) den ersten turko-islamischen «Staat» der Geschichte schufen. Faktisch war auch dies eine eher lose Föderation weitgehend eigenständiger Familien und Stämme. Kaschgar, an der Seidenstraße gelegen, entwickelte sich im 11. Jahrhundert zu einem Zentrum türkisch-islamischer Kultur; um 1070 entstand hier das islamische Lehrgedicht Kutadghu Bilig, «Glückbringendes Wissen», das in uigurischer Sprache verfaßt und in arabischer Schrift geschrieben war. Die Stadt diente zugleich als Ausgangspunkt einer allmählichen Ausbreitung des Islam in den eurasischen Steppen zwischen Wolga, Ural, dem Tarim-Becken und den mongolisch-chinesischen Grenzregionen allgemein. Dabei liefen militärische Kampagnen und friedliche Mission parallel; eine wichtige Rolle spielte im 12. Jahrhundert der türkische Sufi-Orden der Yasawiyya. Auch der transoxanische Zweig der Qarakhaniden brachte einzelne Herrscher hervor, die in klassischer Weise die Religion und Künste förderten und als fromm und gerecht in die Fürstenspiegelliteratur eingingen, unterlag aber bald der neuen Macht der Seldschuken.

Die Seldschuken waren ein führender Clan innerhalb der Stammesföderation der Oghuz oder Ghuzz. Von Innerasien kommend breiteten sie sich im ausgehenden 8. Jahrhundert entlang der Wolga und in den Gebieten zwischen dem Ural und dem Aral-See aus, wo sie von lokalen Machthabern nicht zuletzt zur Abwehr muslimischer Invasoren eingesetzt wurden. Um 960 konvertierten die Seldschuken zum Islam und führten ihre Beutezüge künftig im Namen dieser Religion, nicht unähnlich den arabischen und berberischen Stämmen der frühen Eroberungszeit, im Gegensatz zu diesen aber auch im Einsatz gegen (andere) Muslime wie die Samaniden. Als die Samaniden um 1000 den Ghaznawiden und Qarakhaniden erlegen waren, stellten sich die Seldschuken in den Dienst der Qarakhaniden, machten sich nach einer Niederlage gegen Mahmud von Ghazna 1026 aber selbständig. Ein Teil des Clans eroberte unter Seldschuks Enkeln Tughril und Chaghri Khurasan, Khwarezm und Afghanistan und drängte die Ghaznawiden nach Nordwestindien ab. 1038 trennten sich die Brüder: Chaghri blieb als eigenständiger Herrscher mit dem Titel eines Großkönigs in Balkh, später Merw. Tughril setzte als Sultan den Zug nach Westen fort und eroberte nach Nord- und Westiran auch Teile des byzantinischen Ostanatolien. Der Bagdader Hof arrangierte sich eilig. 1055 zog Tughril Beg in der abbasidischen Hauptstadt ein und nahm den buyidischen Emir gefangen. In den nachfolgenden Wirren sah es kurzfristig so aus, als könnten – eher unerwartet – die Fatimiden doch noch ihr lang gehegtes Ziel erreichen, als ein abbasidischer General, Abu l-Harith al-Basasiri, 1058 in einer Bagdader Moschee die Freitagspredigt im Namen des fatimidischen Imam halten ließ. Tughril machte dem rasch ein Ende, vertrieb Basasiri und ließ sich vom abbasidischen Kalifen als Sultan, König des Ostens und des Westens und Erneuerer des Is-

Seldschukischer König auf dem Thron, mit Krone und weißem Turban in Form des für die irano-türkische Tradition typischen Glorienscheins um das herrscherliche Haupt. Handschrift aus dem 13. Jahrhundert.

lam bestätigen. Feierlich verpflichtete er sich, den Kampf gegen die Häresie – gemeint waren die Ismailiten – aufzunehmen. Die Heiratspolitik spiegelte die veränderten Machtverhältnisse wider: Der Kalif wurde nach langem Widerstreben gezwungen, Tughril eine seiner Töchter zur Frau zu geben, was dessen Rang in ganz anderer Weise unterstrich, als wenn er eine seiner Töchter dem Kalifen überlassen hätte. Als Residenz wählte Tughril zunächst Nishapur, dann Isfahan, ließ sich also nicht in der direkten Umgebung des Kalifen nieder; sein Nachfolger Alp Arslan setzte nie einen Fuß nach Bagdad.

Nach Tughrils Tod vereinte Chagris Sohn Alp Arslan (reg. 1063–1072/73) beide Reichsteile zum Großseldschukischen Reich, das unter seinem Sohn Malik Shah (reg. 1073–1092) seine größte Ausdehnung erreichte, als es sich für kurze Zeit von der Westgrenze Chinas über Transoxanien, Iran, Irak, Ostanatolien und Teile Syriens bis auf die Arabische Halbinsel erstreckte. Faktisch aber war es, wie sein buyidischer Vorgänger und sein qarakhanidischer Rivale, ein loser Verbund in der Hand der seldschukischen Familie mit hoher innerer, gerade auch städtischer Autonomie. In Kerman, Anatolien und Syrien machten sich rivalisierende Familienzweige bald selbständig. Noch bedeutender als Alp Arslan und Malik Shah war ihr Wesir, Abu Ali Hasan Ali at-Tusi (1018–1092), besser bekannt unter seinem Ehrennamen Nizam al-Mulk («Ordnung des Reiches»). Im nordiranischen Tus geboren, als muslimischer Rechtsgelehrter und früherer Beamter der Ghaznawiden mit den Traditionen der samanidischen Verwaltung vertraut, trug er maßgeblich zu Aufbau und Festigung zentraler Strukturen bei, die den Sultan zum Mittelpunkt hatten, nicht den Kalifen, dem selbst die Ernennung der hohen Richter entzogen wurde. Eine tragende Rolle spielte dabei die klassische – für die türkischen Stämme aber neue – Kombination eines stehenden Heeres und einer Leibwache aus Militärsklaven (*ghulam*). Die Militärs waren Träger der Macht und zugleich das stärkste Hindernis auf dem Weg zu ihrer Zentralisierung. Der Unterhalt der leicht bewaffneten, sehr beweglichen, auf Grund ihrer Größe jedoch starken Armee, die bis zur Festigung des Seldschukenreiches vor allem von der Beute gelebt hatte, verschlang hohe Summen. Um die nötigen Finanzmittel zu beschaffen, weiteten die Seldschuken das von den Buyiden bekannte *iqtaʿ*-System weiter aus. Ganze Provinzen wurden an Militärbefehlshaber vergeben, die nur einen Teil der Steuereinnahmen an die Regierung abführten und vom Rest ihr Gefolge und ihre Truppen unterhielten. Neu im islamischen Kontext war das der türkischen Stammestradition eigene Amt des Atabeg, des Prinzenerziehers, der, falls der Fürst starb, häufig dessen Witwe heiratete.

In seinem «Buch der Regierungskunst» (Siyasat-nama) begründete Nizam al-Mulk in persischer Sprache die neue, «sultanische» Ordnung. Der Sultan und sein Wesir legitimierten sich als Verteidiger des sunnitischen Islam, den sie in eigenen Hochschulen (Madrasen) lehren und verbreiten ließen. Gerade ihre Fremdheit ließ die Seldschuken ein Arrangement mit den Ulama suchen, die typischerweise die Rolle des Sprechers für die lokale Bevölkerung übernahmen, ohne notwendigerweise selbst lokaler Herkunft zu sein. Durch großzügige Zuwendungen und Stiftungen wurden prominente Gelehrte für die neue Ordnung gewonnen, unter ihnen auch Zwölferschiiten. 1091 berief Nizam al-Mulk mit Abu Hamid al-Ghazali (st. 1111) einen der bedeutendsten Gelehrten seiner Zeit an die Hochschule in Bagdad, der sein Amt allerdings schon 1095 abgab, um sich ganz der spirituellen Suche hinzugeben. Unduldsam zeigte sich Nizam al-Mulk gegenüber den Ismailiten, die in Gestalt der Fatimiden und Assassinen eine bewaffnete Gegenmacht darstellten. 1092 wurde er ermordet, im selben Jahr starb Malik Shah, wie es hieß, an Gift. 1094 starben in Kairo ihre Gegenspieler Badr al-Jamali und al-Mustansir. Vom abbasidischen Kalifen hören wir bei alledem nichts.

Das seldschukische Reich zerfiel rasch in kleine und kleinste Territorien. Im Westen setzten sich Kreuzfahrer, Zengiden und Ayyubiden fest, bis die durch eine Seitenlinie vertretene seldschukische Oberhoheit 1194 definitiv endete. Die Sultane wurden nach Khurasan abgedrängt. Der letzte Großsultan Sanjar regierte von seiner Residenz Merw aus immerhin vierzig Jahre lang (1118–1157?) und führte den Jihad gegen die mongolischen Qara-Khitai, die von Nordchina (in Europa «Cathay») aus nach Transoxanien vorstießen. 1141 erlitt Sanjar eine schwere Niederlage und mußte Transoxanien aufgeben. Damit fiel ein beträchtlicher Teil des islamischen Herrschaftsgebiets in die Hände von Ungläubigen (die Qara-Khitai waren mehrheitlich wohl Schamanisten und Buddhisten), die sich allerdings mit einer sehr lockeren Oberhoheit begnügten; vor Ort stärkte das lokale Fürsten, Grundbesitzer und Ulama, die schon in den ständigen Kämpfen zwischen den Qarakhaniden und Seldschuken ihre Interessen gewahrt hatten. Als Nichtmuslime mischten sich die Qara-Khitai in religiöse Dinge nicht ein und ließen den unterschiedlichen Religionsgemeinschaften viel Freiraum. Unter diesem Vorzeichen konnten auch die nestorianischen Christen ihre Mission im Osten intensivieren. Unter den Christen des Orients machte das Schlagwort von einer «Rache am Islam» die Runde, zu deren Werkzeug sich ein Priesterkönig («Prester John», Priester Johannes) aus Zentralasien gemacht habe. Über die Kreuzfahrer gelangte die Erzählung nach Europa, das den Priesterkönig später bei den Mongolen und noch später in Äthiopien suchte. Mit Sanjars Tod endete um 1157 die großseldschukische Dynastie. Khurasan ging in die Hände der turkstämmigen Khwarezm Shahs über. Die Herren über die reiche Oase Khwarezm am Südufer des Aral-Sees verweigerten dem Abbasidenkalifen die Anerkennung und eroberten nach 1200 eines der größten islamischen Reiche, bis sie ihrerseits den Heeren Dschingis Khans erlagen.

Ein Muslim und ein Christ spielen Schach: Spanische Darstellung aus dem 13. Jahrhundert.

Grenzziehungen und Grenzüberschreitungen

V

Muslime und Christen am Mittelmeer

Noch lange nach den islamischen Eroberungen beherrschten die Byzantiner das Mittelmeer. Im 9. Jahrhundert gingen die Muslime erneut in die Offensive und eroberten Sizilien, Kreta, Malta und Süditalien (Emirat von Bari 841–871). Im 10. Jahrhundert etablierten sich die Fatimiden als neue Macht im östlichen Mittelmeer; sie kontrollierten zugleich die wichtigsten Handelswege in die Sahara und über das Rote Meer. Der Aufstieg der italienischen Hafen- und Handelsstädte und der Vorstoß der Normannen nach Süditalien und Sizilien verschoben die Gewichte im 11. Jahrhundert aufs Neue. Krieg, Piraterie, Handel und Bündnisse schlossen einander nicht aus; Politik und Wirtschaft funktionierten konfessionell wie überkonfessionell, der Kulturaustausch fand über die Grenzen hinweg statt, und in dieser Zeit erfolgte der Kulturtransfer vornehmlich von der islamischen Welt in die europäische. Die mediterranen Handelsverbindungen reichten bis nach Nord- und Osteuropa; zumindest indirekt waren sie auch an die Seidenstraße angebunden. Im Handel zwischen Europa und der islamischen Welt spielten jüdische Händler und Kaufmannsfamilien eine bedeutende Rolle, muslimische waren hier überwiegend als Mittler tätig. Nur wenige von ihnen ließen sich in Europa nieder, hingegen siedelten immer mehr europäische auf muslimischem Herrschaftsgebiet. Dort genossen sie vom 13. Jahrhundert an einen besonderen Rechtsschutz in Form der sogenannten Kapitulationen, benannt nach den Kapiteln der einschlägigen Verträge, ohne jeden Anklang an den Akt der Kapitulation.

Ein Musterbeispiel für die enge Verbindung von Krieg und Kulturkontakt bietet Sizilien: Nach zahlreichen Raub- und Beutezügen landete hier 827 ein arabisch-berberisches Heer aus Ifriqiya, das nicht von einem Militär kommandiert wurde, sondern von dem Rechtsgelehrten Asad b. al-Furat. Er wollte an dieser Front den Jihad gegen die Christen weiterführen, den im anatolisch-syrischen Grenzgebiet die Abbasidenkalifen so energisch betrieben und in al-Andalus (mit geringerem Einsatz) die umayyadischen Emire. In jahrzehntelangen blutigen Kämpfen wurde die von den Byzantinern stark befestigte Insel unterworfen; Palermo fiel 831, Messina 843, Syrakus 878, Taormina 902. Die Machtübernahme der Fatimiden in Ifriqiya verschärfte die ohnehin beträchtlichen Spannungen zwischen den unterschiedlichen Gruppen von Eroberern, bald aber gaben sie Sizilien faktisch an eine arabische Gouverneursdynastie vom Stamm der Kalb ab. 1060–1072 eroberte der Normanne Robert Guiscard zusammen mit seinem Bruder Roger de Hauteville die Insel; Roberts Sohn Roger II. herrschte ab 1130 als König von Sizilien, Apulien und Kalabrien. Damit ging Sizilien islamischer Herrschaft dauerhaft verloren; die muslimische Bevölkerung wurde in die feudale Ordnung eingegliedert. Unter arabischer wie unter normannischer Herrschaft erlebte Sizilien drei Jahrhunderte der wirtschaftlichen und kulturellen Blüte, die sich nicht zuletzt einer entwickelten Landwirtschaft mit ausgeklügeltem Bewässerungssystem verdankte und eine ganz eigene Synthese byzantinischer, arabischer, berberischer, jüdischer und normannischer Elemente hervorbrachte. Zwar konnte Sizilien, anders als das ungleich größere Spanien, keine überragenden Literaten, Philosophen, Mystiker und Dichter aufweisen, wohl aber eine Reihe bedeutender Ärzte, Naturwissenschaftler, Grammatiker und malikitischer Juristen. Am Ende des 12. Jahrhunderts kam es zu schweren Auseinandersetzungen zwischen den normannischen Baronen und ihren muslimischen Untertanen, die sich in großer Zahl ins Landesinnere flüchteten. Auch der romantisch verklärte Staufer Friedrich II. (reg. 1220–1250), eine einzigartig widersprüchliche Gestalt, an dessen Hof sich lateinische und griechische Christen, Juden und Muslime begegneten, ging ungeachtet seines ernsthaften Interesses an der arabisch-islamischen Kultur mit harter Hand gegen seine rebellischen Untertanen vor, die er zu Tausenden nach Apulien deportieren ließ. Um 1300 machten die neuen Herren der Insel, die französischen Anjou, die letzte muslimische Kolonie in Sizilien nieder.

Neuordnung im Maghreb:
Banu Hilal, Almoraviden und Almohaden

Der Maghreb bildete von Beginn an eine eigene Welt innerhalb der islamischen Ökumene. Das drückt sich auch in einer eigenen Periodisierung aus. Seit Ibn Khaldun, dem großen Historiker und Philosophen (1332–1406), ist es üblich, die Geschichte Nordafrikas im Mittelalter in zwei, durch die 1050 einsetzende Invasion der Banu

Hilal getrennte Perioden zu unterteilen und diese Invasion für den Verfall verantwortlich zu machen, der, so jedenfalls die These, nach hoher Blüte bis in die Moderne andauerte. Die Idee des Niedergangs der muslimisch-arabischen Zivilisation als solche bleibt erhalten, doch werden hier – anders als im Fall der Kreuzfahrer und der Mongolen – keine Nichtmuslime für den Ruin verantwortlich gemacht, sondern Beduinen. Damit ist neben dem religiösen der zweite große Kulturkonflikt angesprochen, der Gegensatz zwischen Seßhaften und Nomaden, zwischen Zivilisation und Barbarei, der einen wichtigen Teil der Historiographie, und zwar der muslimischen wie der nichtmuslimischen, prägt. Die historische Bilanz fällt gemischter aus. In Ifriqiya regierte seit 900 die Familie der Ziriden aus der weitverzweigten Stammesgruppe der Sanhaja, der Form nach als Statthalter der Fatimiden, die einen wichtigen Teil des einträglichen Transsaharahandels mit Gold, Salz und Sklaven kontrollierten. Um 1050 sagten sie sich von den Fatimiden los und unterstellten sich – symbolisch ausgedrückt in der Inschrift auf den Münzen und der Nennung des Kalifen in der Freitagspredigt – den (weit entfernten) Abbasiden. Etwa zur selben Zeit fielen die nomadischen Banu Hilal und Banu Sulaim in Ifriqiya ein, die zuvor Oberägypten unsicher gemacht hatten – ob von den Fatimiden gegen die Ziriden gehetzt oder nicht, ist nicht ganz klar. Von Ibn Khaldun und späteren Autoren wurden sie als halb verhungerte Horden beschrieben, die wie Heuschrecken über das Land herfielen (wenig anders schilderten europäische Autoren lange genug die frühen islamischen Eroberungen, die ja auch von arabischen Stämmen getragen wurden). 1057 zerstörten sie Kairuan und richteten in Ifriqiya tatsächlich schwere Verwüstungen an, stießen im ostalgerischen Bergland allerdings auf größeren Widerstand als in den flachen Küstenregionen. Die Banu Hilal spalteten sich bald auf, manche Gruppen gründeten kleinere Lokalherrschaften, andere blieben bloße Räuber. So zerstörerisch der Einfall auf Ifriqiya wirkte, verstärkte er zugleich doch den arabischen Bevölkerungsanteil in den Küstenzonen und drängte die Berber weiter ins Hinterland ab.

Im äußeren Maghreb trat mit den Almoraviden (*al-murabitun*, abgeleitet von *ribat*, hier: befestigte Grenzsiedlung) zur selben Zeit eine neue religiös-politische Bewegung auf den Plan, die von 1061/62 bis 1147 Marokko, Westalgerien und das muslimische Spanien beherrschte. Die Almoraviden waren eine vollkommen andere Erscheinung als die Seldschuken, die sich zur gleichen Zeit im Osten

Karte von Spanien und Nordafrika: Spanien ist die runde Form rechts; der goldene Punkt etwa in der Mitte verweist auf Cordoba; Nordafrika wird von Sus (oben) bis zum Atlas (unten) gezeigt. Persische Bearbeitung des in den 940er Jahren entstandenen Kartenwerks des Geographen al-Istakhri (genaue Lebensdaten unbekannt), der diese Gegenden allerdings nicht persönlich bereiste. Istakhris Karten fallen durch hochgradige Stilisierung und starke Farbgebung auf; hier eine Kopie aus dem 13./14. Jahrhundert.

etablierten: Die militante Erweckungsbewegung islamischer Kämpfer aus den *ribat*s, Ordensburgen ähnlichen Garnisonen im Gebiet von Mauretanien bis zum Senegal und Niger, rekrutierte sich aus den nomadischen Stämmen der berberischen Sanhaja. Sie kamen aus der Grenzkultur der Sahara, nicht dem eigentlichen Maghreb. Unter ihnen gewann ein malikitischer «Missionar», Abdallah b. Yasin al-Jazuli (st. 1058), in den 1030er Jahren eine rasch wachsende Schar von Anhängern. Sein Schüler und Nachfolger (noch war keine Dynastie gegründet), Yusuf b. Tash(u)fin, trug den Jihad nach Süden in das Königreich von Ghana im heutigen Mauretanien, das für seinen Goldreichtum bekannt war und in dem sich der Islam seit dem 9. Jahrhundert ausbreitete, und nach Norden gegen die mit den Sanhaja verfeindeten, überwiegend seßhaften Masmuda sowie die in

In dieser Moschee, die Abd al-Mu'min 1153/54 für Ibn Tumart in Tinmal(lal) im Hohen Atlas errichten ließ, waren neben Ibn Tumart und Abd al-Mu'min selbst mehrere almohadische Kalifen bestattet.

Teilen nomadischen Maghrawa, die sich selbst durchaus zur Sunna bekannten. 1062 gründete Ibn Tashfin Marrakesch und machte es zu seiner Residenz. Er erkannte nominell zwar die abbasidische Oberhoheit an – seine unmittelbaren Gegner waren die Fatimiden –, prägte 1080 aber Münzen in eigenem Namen und nannte sich «Befehlshaber der Muslime» (nicht: der Gläubigen), als den ihn der Kalif auch bestätigte. Bis 1082 war erstmals seit langem ein zusammenhängendes Reich im Maghreb erobert, dem nach 1085 auch das muslimische Spanien unterstand; Ibn Tashfin selbst starb nach beinahe fünfzigjährigem Kampf 1106/07. Der enge Kontakt mit al-Andalus beeinflußte Kultur, Lebensstil und religiöses Verständnis der einst so militanten Almoraviden, erschöpfte gleichzeitig aber ihre Ressourcen, auch und gerade die menschlichen.

Gegen die Almoraviden erhob sich in Westmarokko und im Hohen Atlas eine neue religiös-tribale Bewegung, die sich auf die berberischen Masmuda stützte und mit Berufung auf die Doktrin von der Einheit Gottes (*tauhid*) Almohaden (*al-muwahhidun*) nannte. Ihr Vorkämpfer war der Prediger Ibn Tumart (ca. 1078/81–1130), der rund ein Jahrzehnt im islamischen Osten verbracht und daher im Gegensatz zur Mehrzahl seiner Gefolgsleute mehr gesehen hatte als den Maghreb und al-Andalus. Ab 1118 führte er von seinem *ribat* in Tinmal(lal) aus den Jihad gegen die (streng sunnitischen) Almoraviden. Ibn Tumart forderte die alleinige Ausrichtung an Koran und Sunna und verurteilte die blinde Nachahmung menschlicher Autoritäten (*taqlid*), was sich als Kritik am maghrebinischen Malikismus verstehen ließ. Eine eigene Rechtslehre bot Ibn Tumart seinen Anhängern nicht an, legte sich aber einen auf den Propheten zurückreichenden Stammbaum zu und legitimierte sich somit genealogisch. 1121 oder 1123 riefen ihn seine Anhänger zu ihrem Imam und Mahdi aus – ein Beleg mehr, daß diese Vorstellung nicht exklusiv an die Schia gebunden war und auch nicht zwingend an endzeitliche Erwartungen: Mahdi heißt ja zunächst einmal «der Rechtgeleitete». Auch sein Schüler und Nachfolger Abd al-Muʾmin trat als Mahdi auf und setzte als solcher, gestützt auf die Masmuda und Zanata, den ausgesprochen blutigen Jihad gegen die Almoraviden fort. Nach der Eroberung von Marrakesch nahm er 1147 den Kalifentitel an, den die Almoraviden nicht beansprucht hatten, und unterwarf dann Ifriqiya, an dessen Küste sich die Normannen festgesetzt hatten, während almohadische Truppen gleichzeitig in Spanien vorrückten. Ab 1160/61 vereinigten die Almohaden zum ersten und einzigen Mal den gesamten Maghreb und das muslimische Spanien unter einer einheitlichen politischen Führung. Nach ihrem Sturz zerfiel der Maghreb im 13. Jahrhundert erneut in die drei Teile – das heutige Marokko, Algerien und Tunesien –, die zuvor und danach bestanden.

Al-Andalus: das muslimische Spanien

Die Herrschaft der Umayyaden in al-Andalus, dem muslimischen Spanien, gilt heute als goldenes Zeitalter einer muslimisch-jüdisch-christlichen Symbiose, die, wen würde es erstaunen, von Nahem betrachtet mehr Risse und Spannungen aufweist, als die verklärende Rückschau es haben will. 754 gelangte der Umayyadenprinz Abd ar-Rahman b. Muʿawiya (genannt ad-Dakhil, «der Zugewanderte»), Sohn einer berberischen Gefangenen und Enkel des Kalifen Hisham, nach mehrjähriger Flucht nach Spanien, wo er mit Hilfe loyaler umayyadischer Truppen den abbasidischen Gouverneur besiegte, um anschließend gut dreißig Jahre lang als sein eigener Herr zu regieren. Das Emirat von Cordoba erkannte die abbasidische Oberhoheit zwar nicht förmlich an, stellte sie aber auch nicht offen in Frage. Zunächst ging es darum, die eigene Stellung in Spanien zu festigen, wo sich unterschiedliche muslimische Gruppen und Fraktionen hartnäckig bekämpften. Die Mehrheit der Christen – romanisierte Iberer, Westgoten und Sueben – und die jüdischen Gemeinden, die unter ihren eigenen Führern (Grafen und Bischöfe im Fall der Christen, Gemeindeälteste und Rabbiner bei den Juden) weitgehende Autonomie genossen, waren in die Kämpfe nicht aktiv involviert, wohl aber von ihnen betroffen. Als Gegengewicht zum regulären Heer rekrutierten die Emire eine Leibgarde aus freien Berbern und (meist freigelassenen) Sklaven, unter ihnen die sogenannten Slawen, die im übrigen nicht alle zum Islam konvertierten. Besonders unruhig blieben die Städte einschließlich der Hauptstadt Cordoba, in deren Vorstadt ar-Rabad 818 ein großer Aufstand ausbrach. Religiöse Anliegen scheinen bei alledem keine Rolle gespielt zu haben; hier ging es um Macht, Autonomie und Steuern. Ungeachtet dieser Konflikte gewann der Hof zunehmend an Glanz: Abd ar-Rahman II. (reg. 822–852) ordnete seine Verwaltung nach abbasidischem Vorbild neu und förderte die religiösen Wissenschaften – mit seiner Unterstützung verbreitete sich die malikitische Rechtsschule in ganz Andalusien – ebenso wie die schönen Künste; an seinem Hof wirkten Dichter, Musiker und Sänger wie der berühmte Ziryab («die Amsel»), der Bagdader Raffinement ins ferne, provinzielle Cordoba brachte.

Die Mittel für Kriegführung und Hofhaltung brachten in erster Linie die nichtmuslimischen Untertanen des Fürsten auf, die deutlich höher besteuert wurden als die Muslime – ein Faktor, der nicht unwesentlich zur Konversion immer breiterer städtischer und ländlicher Schichten und zur weiteren Ausdifferenzierung von Kultur und Gesellschaft beitrug. Zu den iberischen und westgotischen Konvertiten und den Kindern aus muslimisch-christlichen Mischehen (Sg. *muwallad*; in der Regel war der Vater Muslim, die Mutter Christin) kamen als neues Element arabisierte Christen (in christlichen Quellen später als Mozaraber bezeichnet). Islamisierung und Arabisierung fielen somit auch in Spanien nicht notwendigerweise zusammen. Dem Druck stellten sich die Christen in unterschiedlicher Weise: Die Mehrheit gliederte sich, mit oder ohne Konversion, in die islamische Ordnung ein; manche wanderten in benachbarte christliche Territorien ab; eine Minderheit wählte den symbolischen Widerstand. Aus Cordoba sind aus der Mitte des 9. Jahrhunderts etwa fünfzig Fälle bekannt, in denen Christen durch öffentliche Provokation (in der Regel blasphemische Äußerungen und Handlungen) gezielt ihre Verurteilung und Hinrichtung und damit zumindest aus der eigenen Sicht das Martyrium herbeiführten – ein in der

Almeria war unter Abd ar-Rahman III. (reg. 912–961) die bedeutendste Hafenstadt des Emirats, in deren Burganlage (Alcazaba, von arab. *al-qasba*) bis zu 20 000 Menschen Platz fanden.

islamischen Geschichte äußerst seltenes Phänomen, das die muslimischen Autoritäten im übrigen ebenso mißbilligten wie die christlichen.

Unter Abd ar-Rahman III. (reg. 912–961) und al-Hakam II. al-Mustansir bi'llah (reg. 961–976, verheiratet mit einer Baskin) erlebte das umayyadische Spanien seine glänzendste Epoche: An der Südküste brach 928 nach beinahe fünfzig Jahren der Aufstand des Umar b. Hafsun und seiner Söhne zusammen, dem sich viele *muwallads* und Christen der unteren Schichten angeschlossen hatten. Selbst Urenkel eines Konvertiten aus westgotischem Adel umwarb Ibn Hafsun als Verbündete bemerkenswerterweise aber nicht die benachbarten christlichen Könige, sondern die muslimischen Fatimiden und Abbasiden. Gleichermaßen alarmiert wie ermutigt durch das fatimidische Beispiel, nahm Abd ar-Rahman 929 den Kalifentitel

Die nach Mekka gerichtete Gebetsnische (*mihrab*) der Moschee von Cordoba, die unter al-Hakam II. (reg. 961–976) erweitert wurde, weist die für die «maurische» Baukunst typische Hufeisenform auf. Die Mosaiken zeigen (wie im Felsendom zu Jerusalem) Rankenmotive und Koranverse.

an, wobei die umayyadischen Thronnamen (an-Nasir li-dini'llah, ar-Rida, al-Mahdi, al-Murtada) in der Folgezeit von ebenso hohem Anspruch kündeten wie die der Abbasiden. Der innere Friede erlaubte eine bessere Nutzung der natürlichen Ressourcen des Landes, in dem Naturraum und Klima ganz unterschiedliche Lebens- und Wirtschaftsformen von der intensiven Land- und Gartenwirtschaft bis zur extensiven Weidewirtschaft mit Schaf- und Ziegenhaltung ermöglichten. Neu eingeführt wurde die Seidenraupenzucht, das Bewässerungssystem gegenüber der römischen Zeit weiter verfeinert und die Infrastruktur ausgebaut, die zum Teil noch auf römische Straßen und Hafenanlagen zurückgreifen konnte. Die einheimischen Vorkommen von Gold, Silber, Zinn und Eisen trugen nicht unwesentlich zum Reichtum des Landes bei. Das städtische Handwerk und Gewerbe befanden sich auf sehr hohem Stand. Cordoba

Die Medaillons zeigen Abd al-Malik (st. 1008), den ältesten Sohn des Kämmerers Ibn Abi Amr, im Kampf gegen die Christen; im rechten Medaillon Kriegselefanten, die unrealistischerweise wie Pferde geritten werden. Kleidung und Bewaffnung erlauben keine einfache Zuordnung der Kämpfer zum muslimischen oder christlichen Lager.

zählte mittlerweile mehrere hunderttausend Einwohner. 936 ließ sich der Kalif westlich der Hauptstadt die Residenz Madinat az-Zahra' bauen. Energischer als seine Vorgänger intervenierte Abd ar-Rahman im Maghreb, um der fatimidischen Expansion durch (kostspielige und in der Regel fragile) Bündnisse mit lokalen Berberstämmen entgegenzuwirken. Beginnend mit Hisham II. (reg. 976–1013) gerieten aber auch die spanischen Umayyaden in Abhängigkeit von ihren Militärs und Höflingen; in Cordoba ging die Macht faktisch in die Hände des Kämmerers (hajib) Ibn Abi Amr und seiner Söhne über. Nicht der Kalif, sondern Ibn Abi Amr führte den Jihad gegen die christlichen Fürsten im Norden. Seit dem Sieg von Zamora im Jahr 981 trug er den Ehrennamen «al-Mansur» (der Siegreiche), span. Almanzor. Im Innern verfolgte er die «Abweichler» und ließ die Bücher verbrennen, die nach herrschender Auffassung nicht mit der malikitischen Lehre übereinstimmten.

1009 begann eine zwanzigjährige Periode blutiger Wirren (fitna), an deren Ende die Notabeln von Cordoba 1031 den Kalifen für abgesetzt erklärten, ohne einen neuen zu wählen. Damit war das Kalifat faktisch abgeschafft – ein in der islamischen Welt ungekannter Vorgang. Vergleichbar ist nur die Aufhebung des osmanischen Kalifats durch die türkische Nationalversammlung neunhundert Jahre später. Dem folgte die rund fünfzig Jahre währende «Zeit der Kleinkönige» (*muluk at-tawa'if,* Reyes de Taifas, 1031–1086), die sich zum Zeichen ihrer Eigenständigkeit mehrheitlich Kalifen nannten, ohne damit universale Ansprüche zu verknüpfen. Politisch war das gleichbedeutend mit einem *Zer*fall, aber es bedeutete nicht den kulturellen *Ver*fall. Wie zu Zeiten der italienischen Renaissance oder der deutschen Kleinstaaterei trug die politische Zersplitterung durch Streuung der höfischen Zentren wie etwa dem der Dhu n-Nun in Toledo (1016–1085) durchaus zur kulturellen Lebendigkeit bei.

Die Reconquista

Widerstand gegen die muslimische Präsenz und Herrschaft regte sich bereits im 8. Jahrhundert, und zwar weniger im Innern des umayyadischen Emirats, als vielmehr nördlich seiner Grenzen in Asturien, Leon und Galizien, etwas später in Kastilien und Navarra. Als 813 im heutigen Santiago di Compostela das Grab des Apostels Jakob «entdeckt» wurde, entwickelte sich das Pilgerwesen entlang des «Jakobswegs», der schließlich Pilger aus ganz Europa nach Galizien brachte. Über drei Jahrhunderte führten die muslimischen Herrscher regelmäßige Feldzüge in den Norden, die ihre christlichen Nachbarn in ähnlicher Weise konterten, was an der Grenzziehung jedoch nichts Wesentliches änderte und überkonfessionellen Bündnissen nicht im Wege stand. Die im 11. Jahrhundert einsetzende Rückeroberung ehemals christlicher Gebiete (Reconquista) erfolgte nicht kontinuierlich, sondern in Schüben, verbunden mit der Neubesiedelung der weitgehend verlassenen Grenzregionen. 1068 erklärte sich König Sancho Ramirez von Aragon zum Vasallen des römischen Papstes und stellte seine Aktivitäten damit in einen größeren Zusammenhang. Alfons VI. von Kastilien und Leon (reg. 1065–1109) nutzte die Schwäche der muslimischen Kleinkönige, erzwang hohe Tribute und eroberte 1085 tief im muslimischen Herrschaftsgebiet Toledo. Die Ta'ifa-Fürsten sahen sich gezwungen, die Almoraviden – die ihnen von Lebensstil und religiöser Auffassung her nicht eben nahe standen – zu Hilfe zu rufen. In der Schlacht von Zallaqa (span. Sagrajas) nahe Badajoz gelang es diesen 1086 tatsächlich, das christliche Heer zu schlagen und seinen Vormarsch aufzuhalten. Ibn Tashfin konnte zwar Toledo nicht zurückerobern, wohl aber die meisten Kleinkönige ausschalten. Zu ihnen zählte Rodrigo

Sogenannter Mudejar-Stil: Santa Maria la Bianca in Toledo wurde im 15. Jahrhundert von einer Synagoge in eine Kirche umgewandelt; die Hufeisenbögen verdeutlichen den Einfluß der «maurischen» Architektur.

Auch in der Musik hinterließen Araber und Berber einen nachhaltigen Einfluß, der im Flamenco noch zu hören ist. Auf dieser spanischen Miniatur aus dem 13. Jahrhundert spielen ein Muslim und ein Christ Laute (Ud): der Christ, offenkundig von fürstlichem Rang, mit Krone und Schwert, der Muslim in bescheidenerer Kleidung.

Diaz de Vivar, genannt El Cid (von arab. *sayyid*, Herr), der sich gegen die Almoraviden wie gegen die christlichen Fürsten behauptete und seit 1094 in Valencia herrschte, das Ibn Tashfin 1102 jedoch schließlich erlag. Während die Muslime sich gegenseitig bekämpften, verband sich auf christlicher Seite die Reconquista mit der Kreuzzugsbewegung: Auf dem Konzil von Clermont-Ferrand erklärte Papst Urban II. 1095 den Kampf gegen die Muslime in Spanien zum Teil der neuen Kreuzzugsbewegung. Eine immer wichtigere Rolle spielten dabei die spanischen Ritterorden, die nicht nur gegen die Muslime ins Feld zogen, sondern auch Christen aus muslimischer Gefangenschaft freikauften. Um der wachsenden Gefahr entgegenzutreten, setzten 1147 die Almohaden nach Spanien über, eroberten 1161 Granada – von einem muslimischen, nicht einem christlichen Fürsten – und vereinten aufs neue die maghrebinischen und iberischen Territorien.

Das Verhältnis zwischen maghrebinischen und andalusischen Muslimen war schon unter den Umayyaden gespannt. Unter den

Almoraviden verschärfte sich der Konflikt zwischen den hochkultivierten andalusischen Eliten und den doch eher rustikalen berberischen Kriegern: Während die Almoraviden die scholastische Theologie (*kalam*) für islamwidrig hielten und, wie vor ihnen der Kämmerer Ibn Abi Amr, einschlägige Schriften (wie die al-Ghazalis) verbrennen ließen, nahmen die Andalusier Anstoß daran, daß unter den Berbern – ähnlich den modernen Tuareg – die Männer einen Gesichtsschleier (*litham*) trugen, nicht aber die Frauen. Trotz aller Spannungen kam es unter almoravidischer und almohadischer Herrschaft zu einer bemerkenswerten Blüte von Architektur, Kunst, Theologie, Philosophie und Mystik, wobei die aus Spanien Gebürtigen ihr Leben überwiegend im Maghreb oder im arabischen Osten beendeten: Aus Sevilla stammte der Asket und Mystiker Abu Madyan (ca. 1126–1197), der die längste Zeit im algerischen Bougie lebte und in Tlemcen starb. Der Dichter, Musiker und Philosoph Ibn Bajja (Avempace, st. 1138/39) kam aus Saragossa und starb in Fez. Aus der Gegend von Granada stammte Ibn Tufail (Abubacer, st. 1185/86), Hofarzt des almohadischen Kalifen und Verfasser des philosophischen Romans Hayy b. Yaqzan («Der Lebende, Sohn des Wachenden»), der auch den jungen Ibn Rushd (Averroes, 1126–1198), Sprößling einer großen malikitischen Gelehrten- und Kadifamilie aus Cordoba, bei Hofe einführte. Ibn Rushd, Arzt, Jurist, Philosoph und Theologe, der lange Jahre als Hofarzt in Marrakesch und als Kadi in Sevilla und Cordoba wirkte, bis er als «Häretiker» in Ungnade fiel, wurde im Westen als rationaler, an Aristoteles geschulter Denker bekannt, der sich kritisch mit al-Ghazali auseinandersetzte. Der jüdische Gelehrte Moses Maimonides (1135–1204) aus Cordoba hingegen, ursprünglich Kaufmann und zudem Arzt und Theologe, verließ Spanien mit Beginn der almohadischen Herrschaft, um sich zunächst in Fez (also immer noch im almohadischen Herrschaftsbereich) und dann in Kairo niederzulassen, wo er dem ayyubidischen Sultan als Hofarzt diente. In den empirischen Wissenschaften glänzten Ärzte, Astronomen, Pharmakologen (Ibn al-Baitar), Agronomen (Ibn al-Awwam) oder auch Reisende (Ibn Jubair), die auch das christliche Abendland kannte. Berühmt wurde die strophische Dichtung in andalusisch-arabischem Dialekt (zajal), die sich im 12. Jahrhundert entwickelte. Der «maurische Stil» in der Architektur, den die Kutubiyya-Moschee in Marrakesch und die Giralda in Sevilla exemplarisch vorführten, beeindruckte das christliche Europa.

1212 erlitten die Almohaden bei Las Navas de Tolosa eine vernichtende Niederlage gegen die christlichen Könige von Aragon und Kastilien, 1225 verließ der letzte Almohade al-Andalus. Wenig später fiel das Tal von Guadalquivir (von arab. Wadi l-Kabir, Großes Tal) mit Cordoba an Ferdinand III. den Heiligen von Kastilien und Leon; es folgten Murcia, Cartagena, Sevilla. Über zwei Jahrhunderte blieben zahlreiche Muslime in ihrer iberischen Heimat (für die muslimischen Untertanen oder Vasallen eines christlichen Fürsten wurde im 15. Jahrhundert der Begriff «Mudejar» anstelle der früher üblichen «Mauren» oder «Sarazenen» gebräuchlich). Viele aber wanderten unter dem wachsenden Druck in den Maghreb, nach Syrien oder Ägypten aus. Übrig blieb zuletzt das Fürstentum der Nasriden von Granada (1232–1492), Vasallen der Könige von Kastilien und Leon, unter denen zumindest in kultureller Hinsicht noch einmal goldene Zeiten herrschten. Die Alhambra in Granada zählt neben dem Felsendom und dem Taj Mahal sicher zu den berühmtesten islamischen Bauwerken überhaupt. 1492 aber kapitulierte der letzte Nasride vor den Königen von Aragon und Kastilien, Ferdinand V. und Isabella. Noch im selben Jahr wurden die Juden aus Spanien vertrieben, in Portugal drohte ihnen 1498 die Zwangstaufe. 1502 wurden in einer ersten Welle alle verbliebenen Juden und Muslime aus Spanien ausgewiesen, 1609–1614 gefolgt von ungefähr 200 000 Moriskos, getauften ehemaligen Muslimen («Krypto-Muslimen»). Das war das vorläufige Ende der Präsenz von Muslimen auf der Iberischen Halbinsel, nicht aber ihres Einflusses auf deren Kultur und Gesellschaft.

Die Kreuzzüge

Die moderne Dämonisierung der Kreuzzüge ist ahistorisch: So groß ihre Bedeutung für Europa und für die europäisch-arabischen Beziehungen in späteren Jahrhunderten, waren sie für die islamische Welt zu ihrer Zeit doch nur *ein* Element der sich verschärfenden Konfrontation mit den Christen im erweiterten Mittelmeerraum, die sich auf Sizilien (Maghrebiner gegen Normannen), Andalusien (iberische und maghrebinische Muslime gegen iberische und französische Christen) und Anatolien (Seldschuken gegen Byzantiner) konzentrierte. Ihre Schauplätze lagen im «Heiligen Land», in Syrien, Anatolien und Ägypten; Irak und Iran berührten sie nicht. Die außerordentliche Mobilisierungskraft der Religion, der christlichen wie der islamischen, steht außer Frage. Doch standen der «gerechte Krieg» der lateinischen Christen und der Jihad der Muslime überkonfessionellen Verträgen und Vereinbarungen nicht im Weg. Selbst in Syrien und Anatolien beanspruchten die Kreuzfahrer nie die ganze Aufmerksamkeit für sich, die Fehden und Allianzen wurden keineswegs ausschließlich von der Religion diktiert, oft genug besaß die Verteidigung lokaler Interessen Vorrang vor der Frontstellung gegenüber dem ungläubigen Feind. Hier agierten Territorialherrscher, die sich mit jedem verbündeten, der ihnen nützlich schien – bis er zu gefährlich wurde. Das ergab ein höchst kompliziertes Gefüge von Akteuren: das griechisch-orthodoxe Byzanz, das sich erst 1054 im großen Schisma von der römischen Kirche getrennt hatte; die lateinischen Kreuzfahrer (im Orient als Franken bekannt und keineswegs immer geeint) und die, gleichfalls heftig miteinander konkurrierenden, italienischen Seerepubliken, allen voran Venedig, Genua und Pisa; die ismailitischen Fatimiden, die sunnitischen Herren von Aleppo, Mosul und Damaskus, unter ihnen die Zengiden und ab 1171 die Ayyubiden. Hinzu kamen armenische Fürsten und lokale städtische Gemeinschaften, die sich aufsplitternden dynastischen Linien der Großseldschuken in Isfahan und Merw sowie der Rum-Seldschuken in Konya und schließlich die mit allen intim verfeindeten Nizari-Ismailiten in ihren syrischen Burgen. Der abbasidische Kalif hingegen war kaum involviert; seine gefährlichsten Gegner waren nicht die Kreuzfahrer, sondern die Khwarezm Shahs im Osten.

Den Hintergrund der Ereignisse bildete die Einnahme weiter Teile Anatoliens durch die Rum-Seldschuken (arab. *rum* für Ostrom, Byzanz) in der 2. Hälfte des 11. Jahrhunderts. Im Zuge ihrer Westwanderung strömten große türkische Oghuz-Verbände auf der Suche nach Beute und Weideland nach Kleinasien, die Tughril und Alp Arslan, ohne sie im einzelnen zu kontrollieren, in den Grenzkrieg gegen die christlichen Reiche von Byzanz, Georgien und Armenien zu lenken suchten. 1067 brandschatzten sie Caesarea (Kaiseri) und 1069 Iconium (Konya). Der Feldzug des byzantinischen Soldatenkaisers Romanos IV. Diogenes endete in einem Desaster: Nach seiner Niederlage in der Schlacht von Manzikert (Malazgirt) geriet er 1071 in seldschukische Gefangenschaft; gegen Lösegeld freigelassen, wurde er kurze Zeit später in Konstantinopel ermordet. Ungehindert durch das von inneren Wirren gelähmte Byzanz drangen immer neue nomadische Turkverbände in die besiedelten Gebiete Ost- und Zentralanatoliens ein, plünderten Kirchen und Klöster und wandelten großflächig Acker- in Weideland um. Byzantinisch blieben nur noch einige stark befestigte Städte, doch kontrollierte Byzanz immer noch Westanatolien und die Küstenregionen. Die Rum-Seldschuken machten Konya zu ihrer Hauptstadt. Parallel dazu eroberten 1076–1078 seldschukische Verbände unter Alp Arslans Sohn Tutush Nordsyrien und Palästina einschließlich Jerusalems von den Fatimiden und unterbrachen dabei für gewisse Zeit die christliche Pilgerfahrt ins Heilige Land.

Zur Abwehr der Seldschuken in Anatolien warb der byzantinische Kaiser Alexios I. Komnenos 1095 beim Papst (!) um militärische Unterstützung. Rasch verlagerte sich die Argumentation von Anatolien auf das Heilige Land,

Die Karte, die «Heilsgeographie» vermittelt und nicht dazu dient, ein realistisches Bild abzugeben, wurde im frühen 12. Jahrhundert nach der fränkischen Eroberung Jerusalems angefertigt und zeigt die vier Stadtviertel mit (von oben rechts nach unten rechts) Felsendom und Aqsa-Moschee, dem rund gezeichneten Grab Christi und der Stadtfestung (Davidsturm). Außerhalb der runden Stadtmauern liegen christliche Pilgerstätten im «Heiligen Land». Unten im Bild schlagen Kreuzfahrer, einer verbreiteten Deutung zufolge angeführt vom Heiligen Georg, ihre Feinde in die Flucht, die allerdings nicht ohne weiteres als Muslime («Sarazenen») zu identifizieren sind.

das ganz andere Identifikations- und Mobilisierungschancen bot. Auf dem Konzil von Clermont-Ferrand richtete Papst Urban II. noch im selben Jahr einen flammenden Appell an den dort versammelten Adel, das Kreuz zu nehmen und zum «gerechten Krieg» gegen die Ungläubigen aufzubrechen, und löste damit eine ungeahnte Massenbegeisterung aus. Vieles kam hier zusammen: politisch-soziale Spannungen, die durch ein hohes Bevölkerungswachstum verschärft wurden, das auch und gerade den niederen Adel verarmen ließ; die Möglichkeit der Bündelung und Ablenkung dieser potentiell zerstörerischen Energien nach außen; die erstarkende Pilger- und Wallfahrtsbewegung, die dem christlichen Jerusalem neue Bedeutung zuwies; der päpstliche Machtanspruch in Zeiten der kirchlichen Reformbewegung und des Investiturstreits mit dem deutschen Kaiser und dem französischen König. Noch bevor sich die Adligen zum geordneten Feldzug gesammelt hatten, brachen, von Predigern wie dem ungarischen Eremiten Peter von Amiens regelrecht aufgepeitscht, im sogenannten Bauernkreuzzug Zehntausende nach Osten auf. Er war eine einzige Katastrophe: Im Rheintal richteten sie unter den örtlichen jüdischen Gemeinden Massaker an und plünderten auf der Suche nach Lebensmitteln dann vor allem in Ungarn das Durchgangsland, bis sie in Kleinasien von den Seldschuken niedergemacht wurden. Peter der Eremit überlebte das Morden.

Im August 1096 setzten sich die Teilnehmer des 1. Kreuzzugs in Bewegung, der vom provençalischen, normannischen und flandrischen Adel getragen wurde. Als «Pilger Christi» (*peregrini Christi*) begaben sie sich auf die bewaffnete Wallfahrt ins Heilige Land. In Konstantinopel forderte ihnen der Kaiser den Treueid ab (den die meisten später brachen). Nach einem extrem strapaziösen Zug durch Westanatolien schlugen sie 1097 bei Dorylaeum ein rumseldschukisches Heer. Wenig später spalteten sich die ersten Fürsten mit ihren Gefolgschaften vom Kreuzfahrerheer ab: 1098 errichteten sie die Grafschaft Edessa und wenig später das Fürstentum von Antiochia, die sich beide nicht Byzanz unterstellten. Etwa 12 000–15 000 Männer und Frauen (unter ihnen vielleicht 1500 Ritter) gelangten schließlich nach Palästina, erstürmten 1099 nach fünfwöchiger Belagerung Jerusalem, das die Fatimiden erst ein Jahr zuvor zurückerobert hatten, und richteten ein furchtbares Blutbad unter dessen muslimischen und jüdischen Einwohnern an. Zur Grafschaft Edessa und dem Fürstentum Antiochia kam 1100 das Königreich Jerusalem hinzu, das nicht zuletzt dank der neu belebten Pilgerfahrt aufblühte, und 1109 die Grafschaft Tripolis, die sich territorial allerdings alle recht bescheiden ausnahmen. Allmählich konsolidierte sich die feudale Ordnung in «Outremer», doch hatten die Kreuzfahrer, selbst als sie die syro-libanesischen Mittelmeerhäfen unter ihre Gewalt brachten, Probleme beim Nachschub von Rittern, Waffen und nicht zuletzt den schweren Streitrössern, die es in der Levante nicht gab. Das erhöhte – ähnlich wie im Falle der Nizari-Ismailiten – die Bedeutung von Festungen für den Bestand ihrer Herrschaft.

Die Kreuzzüge zeigen mancherlei Parallelen zu den frühen islamischen Eroberungen: Die regionalen Vormächte der Seldschuken und der Fatimiden, die im syrisch-palästinensischen Gebiet seit Jahrzehnten um die Vorherrschaft rangen, waren durch dynastische Streitigkeiten geschwächt. Die Kreuzfahrer nahmen sie zunächst gar nicht als dynamisch-aggressive Kraft mit eigenen Zielen und Interessen wahr, sondern sahen in ihnen lediglich Hilfstruppen der Byzantiner, mit denen man sich über Jahrzehnte bekriegt und arrangiert hatte. Die Motive der Kreuzfahrer waren ebenso uneinheitlich und vielfältig wie einst die der arabischen Jihad-Kämpfer: Religiöse verbanden sich mit materiellen Interessen, die Suche nach spirituellem Verdienst und Heil – die als treibende Kraft nicht unterschätzt werden darf – schloß das Streben nach weltlichem Besitz und die Lust am Abenteuer nicht aus. Gerade der Erfolg bestätigte im Grundsatz ja die Richtigkeit des eigenen, gottgefälligen Tuns. Die muslimischen Eliten arrangierten sich mit den neuen Verhältnissen ebenso rasch wie die christlichen; die ländliche Bevölkerung mußte sich den neuen Herren fügen, soweit sie nicht in sicheres Gebiet flüchten konnte oder wollte. Doch blieb das Verhältnis zwischen Muslimen und lateinischen Christen zwiespältig. Die Herren schlossen Verträge miteinander, sie gingen gemeinsam auf die Jagd, sie spielten Schach. Aber wenn die Gelegenheit sich bot, führten sie gegeneinander Krieg, um ihre Macht abzusichern oder zu erweitern.

Die muslimische Mobilmachung im Namen des Jihad war Teil dieses Geflechts zwiespältiger Gefühle und Beziehungen. Als treibende Kraft trat ein türkischer Kriegsherr auf, Imad ad-Din Zenki (Zangi) b. Aqsunqur, seit 1127 Atabeg der Seldschuken in Aleppo und Mosul. Mit der Einnahme der christlichen Grafschaft Edessa löste er 1144 den 2. Kreuzzug aus, der 1147 begann und 1149 katastrophal scheiterte. Sein Sohn Nur ad-Din Mahmud (reg. 1146–1174) organisierte den Jihad gegen die Franken und alle anderen Widersacher und Konkurrenten, unter ihnen namentlich schiitische Muslime. Zur Förderung des rechten (sunnitischen) Glaubens ließ er Moscheen und Madrasen errichten, von denen es auf syrischem Gebiet bislang wenige gegeben hatte. Die folgenden Jahre sahen komplizierteste Ränkespiele: Zwischen 1162 und 1169 versuchte der fatimidische Wesir Shawar, ein Mann beduinischer Abstammung, den sein Imam mehrfach absetzte, den König von Jerusalem und die Zengiden gegeneinander auszuspielen, die zu unterschiedlichen Zeiten in Ägypten einmarschierten (wobei die Franken wiederholt von den Fatimiden selbst gerufen wurden). Ergebnis dieser Rankünen war nicht die Vertreibung der Kreuzfahrer, sondern das Ende der Fatimiden: 1168 entsandte Nur ad-Din Mahmud eine Armee nach Ägypten, die das Land besetzte. Zwar starb ihr kurdischer Kommandant, Shirkuh, doch übernahm sein Neffe Salah ad-Din b. Ayyub (Saladin) seinen Posten. Saladin eroberte 1168 Kairo und stieg ein Jahr später zum (fatimidischen!) Wesir auf, erklärte jedoch schon 1171 den Fatimiden für abgesetzt und ließ die Freitagspredigt im Namen des Kalifen von Bagdad halten. In der Folgezeit konsolidierte Saladin seine Stellung im Innern wie nach außen. Sein Bruder Turanshah brachte ab 1173/74 Nubien, Jemen und den Hijaz mit Mekka und Medina unter seine Kontrolle. Nach Nur ad-Dins Tod ging Saladin gegen dessen Erben vor, okkupierte Damaskus und ließ sich 1175 vom Kalifen als Sultan in seinen Besitzungen bestätigen; 1183 und 1186 fielen auch die zengidischen Hochburgen Aleppo und Mosul in seine Hand.

Kleinasien erlebte währenddessen wechselvolle Kämpfe zwischen Rum-Seldschuken, Kreuzfahrern und Byzantinern. Die Byzantiner waren im Gefolge des 1. Kreuzzugs erneut nach Osten vorgestoßen, 1176 (ziemlich genau hundert Jahre nach Manzikert) jedoch in der Schlacht von Myriokephalon von den Rum-Seldschuken vernichtend geschlagen worden, die ihre Herrschaft über die anatolischen Städte konsolidierten. Neben Anatolien selbst wurden Armenien, Aserbaidschan und das nördliche Mesopotamien (die Jazira) zunehmend turkifiziert; in Anatolien konvertierten die örtlichen Christen in wachsender Zahl zum Islam. Nicht umsonst bürgerte sich zu dieser Zeit in Europa der Name Turchia (Türkei) für Anatolien ein. Am 4. Juli 1187 errang Saladin bei Hittin nahe Tiberias am See Genezareth den entscheidenden Sieg über ein Kreuzfahrerheer, der in Palästina bis in die Moderne gefeiert werden sollte, und nahm wenige Monate später Jerusalem ein, dessen König Balduin IV. an der Lepra verstorben war. Saladin ließ alle lateinischen Christen ausweisen (aber eben nicht umbringen), ihre sakralen und profanen Bauten für muslimische Zwecke umnutzen und förderte den Zuzug von Juden in die Stadt. In einer Kettenreaktion fielen die fränkischen Festungen mit Ausnahme von Tripolis und Tyrus. Aber die Muslime blieben uneins: Der abbasidische Kalif an-Nasir sah in Saladin eine neue Bedrohung und versagte ihm jede Hilfe; umgekehrt zeigten die Ayyubiden sich ungerührt, als der Kalif sie dreißig Jahre später um Hilfe gegen die Mongolen ersuchte. Im 3. Kreuzzug, den zunächst der deutsche Kaiser Friedrich I. Barbarossa anführte (Barbarossa ertrank bekanntlich in Kilikien, bevor er das Heilige Land erreichte), dann die Könige von England und Frankreich, Richard Löwenherz und Philipp der Schöne, gelang es den Kreuzfahrern 1190–1192, die fränkische Herrschaft an der syro-libanesischen Küste um die Festung Akko wiederherzustellen. Als Saladin 1193 in Damaskus an einer Seuche starb, löste das die üblichen Erbstreitigkeiten aus; erst sein Bruder al-Malik al-Adil («der gerechte König», auch die Ayyubiden nahmen jetzt Thronnamen an) vermochte Ägypten und Syrien 1200–1218 erneut zusammenzufügen.

Die Plünderung Konstantinopels durch die europäischen Kreuzfahrer im 4. Kreuzzug (1204) schaltete Byzanz für längere Zeit als Mitspieler im regionalen Ringen um Selbstbehauptung und Vorherrschaft aus; auf seinem Boden errichteten die Kreuzfahrer das Lateinische Kaiserreich. Hauptgewinner waren Venedig unter dem Dogen Enrico Dandolo, das seinen lukrativen Handel mit Ägypten und der Schwarzmeerregion ausbauen konnte, und natürlich die Rum-Seldschuken, die ihre Stellung in Anatolien gestärkt sahen. Da sie den Landweg nach Syrien und Palästina versperrten, richteten sich die folgenden Kreuzzüge vorrangig gegen Ägypten, um von dort aus Jerusalem und das ganze Heilige Land zurückzuerobern. Sie scheiterten allesamt. Im Schatten der aufziehenden Mongolengefahr verständigten sich einmal mehr die Fürsten: Der Ayyubide al-Malik al-Kamil («der vollkommene König», reg. 1218–1238) überließ 1229 dem Staufer Friedrich II., Herrscher über Sizilien und kraft seiner Heirat mit Isabella von Brienne Erbe der Krone von Jerusalem, in zehnjähriger Pacht eine Reihe von Ortschaften in Palästina und Südlibanon einschließlich Jerusalems (allerdings ohne den Tempelberg mit Felsendom und Aqsa-Moschee). Das löste auf beiden Seiten große Empörung aus, die sich nach Ablauf der Vertragsfrist in neuen Kämpfen entlud. Erst die Einnahme Akkos durch die ägyptischen Mamluken besiegelte 1291 das Ende der Kreuzfahrerstaaten (wenn auch nicht der Kreuzfahrerbewegung).

Neue Wege, neue Institutionen

Die Zeit vom 11. bis zum 13. Jahrhundert ist verschiedentlich als Ära eines sunnitischen Wiedererwachens (*Sunni revival*) beschrieben worden, in der sunnitische Kräfte von den Religions- und Rechtsgelehrten über den Abbasidenkalifen bis zu den Ghaznawiden, Seldschuken, Zengiden und Ayyubiden die schiitische Herausforderung und alle anderen «Häresien» bekämpften. Ergebnis dieses vielschichtigen, von ganz unterschiedlichen Kräften getragenen Prozesses war nach dieser Lesart der Triumph des konservativen Traditionalismus über den Rationalismus, der Orthodoxie über alle freieren Geistesregungen, das Ende der Philosophie wie der scholastischen Theologie und der Niedergang der empirischen Wissenschaften. Selbstverständlich ist das eine Vereinfachung. Gerade das 12. und 13. Jahrhundert sahen zahlreiche Versuche eines Ausgleichs zwischen Sunna und Schia, zwischen Buchgelehrsamkeit und Mystik, die auf eine Überwindung bestehender Grenzen und Gräben abzielte. Daneben läßt sich ein Trend zu einer weiteren Normierung religiösen Wissens und spiritueller Erfahrung beobachten, die unweigerlich neue Grenzziehungen bedingte; er fand seinen Ausdruck unter anderem in der Gründung islamischer Hochschulen oder Madrasen. Besonders deutlich zeigte sich all dies im abbasidischen Machtbereich.

Im späten 12. Jahrhundert konnten die Abbasiden noch einmal ihre Position festigen, wenn auch nur als Territorialfürsten unter anderen, deren reale Macht sich auf den Irak und dessen näheres Umfeld beschränkte. Der 34. Kalif des abbasidischen Hauses, Abu l-Abbas an-Nasir li-dini'llah (reg. 1180–1225), Sohn einer türkischen Sklavin, unternahm energische Schritte, seine Herrschaft nach innen und außen zu erweitern. Seine Gegner verteilten sich auf unterschiedliche religiöse Lager von den sunnitischen Khwarezm Shahs und Rum-Seldschuken über die Nizari-Ismailiten bis zu den Mongolen, die er gegeneinander auszuspielen versuchte. Zu den Zengiden, Ayyubiden und Kreuzfahrern im Westen wahrte er

Distanz. Im Innern litt vor allem Bagdad unter den Konflikten zwischen Sunniten und Schiiten. An-Nasir stützte sich auf eine eigene Streitmacht und ein exzellentes Spionagenetzwerk, das er mit allen Mitteln verteidigte; 1194 ließ er zum Beispiel alle Brieftauben in Bagdad töten und hielt fortan das Monopol auf dieses nicht unwichtige Kommunikationsmittel. Ideell bemühte er sich um die Sammlung aller Muslime einschließlich der Zwölferschiiten, die rund die Hälfte der Einwohner Bagdads ausmachten und die er sichtlich förderte. Als Werber für die Annäherung von Sunna und Schia sowie von Jungmännerbünden (*futuwwa*) und Sufismus stand ihm Shihab ad-Din Abu Hafs Umar as-Suhrawardi (1145–1234) zur Seite, einer der bedeutendsten Sufis seiner Zeit (nicht zu verwechseln mit seinem Zeitgenossen Shihab ad-Din Yahya as-Suhrawardi «al-Maqtul», dem prominenten Sufi und Begründer der Illuminationslehre, den Saladin 1191 in Damaskus als Häretiker hinrichten ließ). Eine Annäherung suchte zur gleichen Zeit der Großmeister der von den vorrückenden Mongolen bedrohten iranischen Nizari-Ismailiten, Jalal ad-Din Hasan. Nachdem seine Vorgänger rund fünfzig Jahre zuvor das Gesetz für aufgehoben erklärt hatten, konvertierte er um 1211 zum sunnitischen Islam und befahl seinen Anhängern, erneut die Scharia zu befolgen (sein Sohn kehrte noch einmal zur Ismailiyya zurück). An-Nasir pflegte engen Kontakt zu prominenten Aliden, förderte die Prophetenfamilie, ernannte schiitische Wesire und hochrangige Beamte, ließ schiitische Bauten renovieren und besuchte schiitische Schreine. Er sah sich als Kalif mit umfassenden Aufgaben und Kompetenzen, trat selbst als Tradent von Prophetenhadithen auf, ja unternahm sogar den Versuch, als juristische und theologische Autorität anerkannt zu werden. Die Besetzung der Predigerstellen und Professuren an der Großen Moschee in Bagdad stärkte seine Stellung in der sunnitischen Gemeinde. Daneben schuf er Konvente (*ribat*) für Sufis und Madrasa-Studenten, in denen islamisches Recht gelehrt wurde. Die Vertreter der scholastischen Theologie (*kalam*) ließ an-Nasir – nicht anders als die Malikiten in Spanien und Nordafrika – verfolgen und ihre Schriften verbrennen. Die meisten Anhänger fand er wohl in den *futuwwa*-Bünden, denen nicht nur er selbst, sondern auch eine Reihe auswärtiger Fürsten beitraten. Die Nachhaltigkeit dieser Maßnahmen ließ sich zunächst nicht absehen.

Die Entstehung der Madrasen

Bis ins 11. Jahrhundert wurde religiöses Wissen auf informellem Weg in Moscheen und Privathäusern vermittelt; religiöse Schulen und Hochschulen, in denen mehr gelehrt wurde als der Koran, ein Kernbestand an Hadithen und Grundkenntnisse des Arabischen, waren etwas Neues. Man darf vermuten, daß die 972 in Kairo eröffnete Azhar, die als Moschee und Lehranstalt der Verbreitung der ismailitischen Doktrin in einer überwiegend christlich-sunnitischen Umgebung diente, hier eine gewisse Vorbildfunktion hatte. Im 10. Jahrhundert gab es in Khurasan und Transoxanien zwar bereits kleinere (sunnitische) Madrasen als räumlich und rechtlich eigenständige, meist an eine Moschee angebundene Lehranstalten (Madrasa ist abgeleitet von arab. *darasa*, lernen; es ist der Ort, an dem man lernt). Sie wurden von den Samaniden, Qarakhaniden und Ghaznawiden wohl auch gefördert, konnten sich mit der Azhar aber nicht vergleichen. Das änderte sich unter Nizam al-Mulk, der die von ihm gegründeten Hochschulen mittels eigener Stiftungen weitaus besser ausstattete, als dies zuvor der Fall gewesen war. Die erste von Nizam al-Mulk begründete Hochschule, die ihm zu Ehren «Nizamiyya» hieß und an die zunächst nur Schafiiten berufen wurden, öffnete 1067 in Bagdad ihre Tore, gefolgt von ähnlichen Institutionen in Irak, Iran und Khurasan. Die Mehrheit der Neugründungen waren private, nicht herrscherliche Stiftungen, die von vermögenden Emiren, Höflingen und städtischen Notabeln zugunsten bestimmter Gelehrter eingerichtet wurden. Zu den Stiftern zählten auch Frauen, denen sich hier eine der wenigen Möglichkeiten bot, in die Öffentlichkeit hinein zu wirken. Anders als im Fall der Azhar, die als offizielle Einrichtung ausdrücklich die von den Herrschenden vertretene fatimidische Lehre (*ihre* Orthodoxie) propagieren sollte, kann man bei den privaten Stiftungen von einem solchen Auftrag nicht ohne weiteres ausgehen. Träger der neuen Institutionen waren zunächst Schafiiten und Hanafiten sowie, innerhalb wie außerhalb des abbasidischen Machtbereichs, auch Zwölferschiiten; die Hanbaliten und Malikiten folgten etwas später. 1234 öffnete in Bagdad in Gestalt der Mustansiriyya die erste Madrasa für alle vier großen sunnitischen Rechtsschulen, der eine Bibliothek, Bäder, ein Hospital und Küchen angeschlossen waren. Benannt nach dem Kalifen al-Mustansir (reg. 1226–1242), einem Enkel an-Nasirs, war sie die erste kalifale Stiftung überhaupt, die angesichts der aufziehenden

Während der Lehrer einen erwachsenen Mann mit gezücktem Stock peinlich befragt, hören die jugendlichen Schüler mit der Schreibtafel in der Hand gespannt zu. Ein Diener fächelt den Anwesenden Luft zu. Die *Maqamen* des Hariri, Yahya al-Wasiti, Bagdad 1237.

Mongolengefahr zweifelsohne den Zweck verfolgte, die Einheit der sunnitischen Welt unter kalifaler Führung zu festigen und aller Welt vor Augen zu führen. Wie so viele spezifisch islamische Einrichtungen im islamischen Osten entstanden, breitete sich die Madrasa rasch im ayyubidischen Herrschaftsbereich aus, später auch im Westen der islamischen Welt.

Die Madrasen machten den Besitz und Einfluß einer vermögenden städtischen Elite sichtbar. Der Stifter sorgte für den Bau und Unterhalt des Gebäudes, seine Ausstattung (auch mit Büchern), die Gehälter der Lehrenden sowie Stipendien und Unterkunft für die Studierenden. Dabei bestimmte er – und das galt selbst für den Kalifen, Sultan oder seinen Wesir – zwar den oder die Lehrer («Professoren») und damit zugleich auch die dort gelehrte Rechtsschule, nicht aber den Inhalt der Lehre; auch scheint es der Lehrer gewesen zu sein, der Schüler annahm oder ablehnte, nicht der Stifter. Die Vermittlung religiös relevanten Wissens blieb auch innerhalb der Madrasa weiterhin eher an

Personen als an die Institution gebunden; zentral war und blieb der Studienzirkel (*halqa*) um einzelne Gelehrte. Die Bedeutung der Madrasa für den Status eines Gelehrten und die Gruppe der Gelehrten insgesamt in dieser Zeit ist schwer zu ermitteln; in den biographischen Lexika werden sie kaum erwähnt. Ihre wichtigste Funktion war wohl materieller und symbolischer Natur: Den Gelehrten sicherte sie ein festes Einkommen (und trug damit zur Verbreitung des Typus des Vollzeitgelehrten bei), den Studierenden Stipendien und Unterkunft, den Stiftern neue Möglichkeiten der öffentlichen Bekundung ihrer Frömmigkeit und sozialen Stellung. Der Trend zur Vereinheitlichung, Professionalisierung und Institutionalisierung des hier vermittelten – vornehmlich juristischen – Wissens war nicht gleichbedeutend mit seiner Bürokratisierung; noch unangemessener ist es, die Madrasen als Kaderschmieden der (orthodoxen) Herrschenden zu charakterisieren (eher noch der herrschenden Orthodoxie, insoweit diese mit der sunnitischen Buchgelehrsamkeit identifiziert wird). Zum einen waren die Herrschenden auch im 12. und 13. Jahrhundert nicht alle orthodox; zum anderen kontrollierten sie das in den Madrasen gelehrte Wissen nicht direkt; zum Dritten verdrängten die Madrasen nie die anderen Formen und Foren der Wissensvermittlung. Koranexegese beispielsweise wurde weiterhin in Moscheen unterrichtet. In Privathäusern und in den Moscheen wurden die Rechtsgutachten (*fatwa*) erteilt, hier und am Hof fanden die religiösen Dispute zwischen den Vertretern unterschiedlicher theologischer und juristischer Schulen statt. Die Madrasa war und blieb somit ein Ort der Wissensvermittlung unter anderen.

Die Verbreitung der Sufi-Orden

Die islamische Mystik, die sich im 11. und 12. Jahrhundert so stürmisch entwickelte, wies von Beginn an unscharfe Grenzen und Konturen auf. Im Kern ging und geht es ihr um die Überwindung der einen großen Schranke, die den Gläubigen von Gott trennt. Manche Mystiker ignorierten auch die gesellschaftlichen Schranken und Konventionen oder suchten sie gar gezielt zu überschreiten (Antinomismus). Die Anfänge der Mystik, die hier weitgehend mit Sufik oder Sufismus gleichgesetzt werden kann, sind vielfältig. Sie weisen zunächst in das Milieu frommer Asketen (das englische *pietist*, das in diesem Zusammenhang oft verwendet wird, ist nicht mit Pietist zu übersetzen), die – gerade in den Zeiten der glanzvollen Eroberungen und der mit ihnen einhergehenden Verweltlichung von Staat und Gesellschaft – einen frugalen, strengen und in diesem Sinne alternativen, nicht selten regelrecht nonkonformistischen Lebenswandel pflegten. Doch mußte sich der gelegentlich sehr demonstrative Kult der selbstgewählten Armut in völliger Hinwendung zu Gott keineswegs mit mystischen Neigungen verbinden. Das Ideal frommer Schlichtheit und Bescheidenheit, der Verachtung irdischer Güter, das sich mit dem «Lob der Armut» verband, wurde in vertrauter Weise auf Muhammad projiziert, auf Ali b. Abi Talib, Umar b. al-Khattab und den Prophetengefährten Abu Dharr al-Ghifari (st. 652); gelebt wurde es aber auch von den Kharijiten, die in den Genealogien der Sufik keine Rolle spielen. Eine geläufige Bezeichnung für die Frommen lautete damals wie in späteren Zeiten «Arme» (arab. Sg. *faqir*, pers. *dervish*, davon abgeleitet Fakir und Derwisch). Der Begriff «Sufi» selbst wird unter anderem von dem wollenen Gewand (arab. *suf*, Wolle) abgeleitet, das zumindest manche dieser Asketen – wie im übrigen auch christliche, insbesondere nestorianische Mönche – trugen. Das ist bereits ein Hinweis auf Verbindungen in ein nichtmuslimisches Milieu: Frühe Hagiographien berichten häufig von Begegnungen zwischen dem «Heiligen» (*wali*, wörtlich Freund Gottes; der Begriff wurde später gebräuchlich) und christlichen Mönchen und Eremiten. Die bekanntesten Vertreter asketischer Frömmigkeit in frühislamischer Zeit wie der Prediger Hasan al-Basri (st. 728) und Rabi'a al-Adawiyya (ca. 713–801), eine freigelassene Sklavin (beide Basra), verkörperten unterschiedliche Zugänge, die muslimische Mystiker in den folgenden Jahrhunderten aufgriffen, vertieften und abwandelten. Im 9. Jahrhundert wurde die Bezeichnung Sufi für einzelne Personen und Gruppen verwandt, die sich in aller Regel um eine ernste Frömmigkeit *in* der Welt bemühten, nicht die Flucht *aus* der Welt, wie sie von christlichen Heiligen wie Simeon Stylites oder dem Heiligen Antonius bekannt war. Im Einklang mit dem koranischen Ideal der goldenen Mitte lehnten die meisten Muslime einschließlich der meisten Sufis Weltflucht, «extreme» Askese und «übertriebenen» Eifer im Gottesdienst wie jede andere Form der religiösen Übertreibung (*ghuluww*) als islamwidrig ab. Nicht wenige Sufis und Asketen suchten im entbehrungsreichen Jihad gegen die Nichtmuslime ihre Bewährung – Friedfertigkeit war kein konstitutives Element ihres Islamverständnisses.

Auch die Sufik durchlief einen langen Prozeß der Regulierung und schließlich der Institutionalisierung, der aber weitgehend selbstgesteuert war und – anders als das Rechtswesen – nicht von den staatlichen Autoritäten gelenkt wurde. Zentrales Anliegen der Mystiker war die Verinnerlichung des *tauhid*, der Einheit und Einzigkeit Gottes, durch die fortschreitende Disziplinierung und Reinigung des Selbst von allen irdischen Begierden und Bestrebungen. Meditative Praktiken sollten diese Disziplinierung, Reinigung und Verinnerlichung bewirken. Dazu gehörte die mit Atemübungen und rhythmischer Bewegung verbundene Wiederholung des göttlichen Namens (*dhikr*), gelegentlich begleitet und verstärkt durch Musik, (Sprech-) Gesang und Tanz, die bis zur Ekstase führen konnten. Früh verband sich mit der Verehrung einzelner Mystiker der Glaube an ihre Fähigkeit, kraft eines besonderen Charisma (*baraka*) Wunder (*karamat*) zu wirken. Um einzelne dieser «Heiligen» oder Meister (arab. *shaikh*, persisch *pir*), deren Charisma ganz im Sinne des vorherrschenden genealogischen Denkens häufig innerhalb der eigenen Familie weitergegeben wurde, scharten sich Zirkel von Schülern (Sg. *murid*), die sich zumindest im Osten vom 9. Jahrhundert an vielfach in eigenen Konventen (Sg. *khanqah* und *ribat*) versammelten. Gegen Ende des 11. Jahrhunderts wurden die Heiligengräber und Pilgerorte immer zahlreicher.

Auch im 12. Jahrhundert war der Sufismus eine ganz heterogene Erscheinung: Er konnte schlicht-asketisch auftreten, elitär, esoterisch, theosophisch, aber auch handfest-«volkstümlich». Zu ihm rechneten sich hochgelehrte, philosophische Geister, strenge Hanbaliten, die den asketisch-frommen Lebenswandel pflegten, und antinomistische «Wandermönche», die durch Kleidung, Haartracht und Auftreten bewußt die herrschenden Konventionen verletzten, Sunniten ebenso wie Schiiten und solche Muslime, die keinen Wert auf derlei Schablonen legten und sich weder dem einen noch dem anderen Lager zurechneten. Die meisten Sufis bewegten sich im Rahmen allgemein akzeptierter Vorstellungen und Verhaltensweisen; andere überschritten ihn gezielt. Einige Mystiker glaubten sich auf einem höheren spirituellen Niveau angekommen und daher an die Normen und Regeln der Scharia nicht länger gebunden. Hier wirkte die den Schiiten vertraute Unterscheidung in ein exoterisches, für die uneingeweihten Massen taugliches und ein esoterisches, nur einer eingeweihten Elite zugängliches (allerdings nicht auf die alidischen Imame beschränktes) Wissen, *zahir* und *batin*. Des inneren Sinns der äußerlichen Vorschriften teilhaftig, hatte der Eingeweihte demnach das äußere Gesetz gewissermaßen hinter sich gelassen. Manche

Die iranische Federzeichnung (wahrscheinlich Täbriz, spätes 15. Jahrhundert) wurde lange als Darstellung muslimischer Wanderderwische (Qalandaris, Kalender-Derwische) gedeutet, obgleich ihr Goldschmuck nicht eben von Armut spricht. Tatsächlich handelt es sich um die Kopie einer chinesischen Zeichnung buddhistischer heiliger Männer aus der Zeit der mongolischen Yüan-Dynastie (13./14. Jahrhundert) – ein Beleg mehr für die vielfältigen Einflüsse auf die islamische Mystik und Askese, die keineswegs nur in ein christliches Milieu weisen.

Mystiker beanspruchten, Gott nicht nur geschaut, sondern sich mit ihm vereinigt zu haben, am bekanntesten Abu Yazid Bistami (st. 848 oder 875) und Husain b. Mansur al-Hallaj, der 922 in Bagdad als Häretiker grausam hingerichtet wurde. Dabei dürfte freilich die Beschuldigung, er stehe mit den Qarmaten im Bunde, sei also auch politisch gefährlich, eine wichtige Rolle gespielt haben. Einer der einflußreichsten Mystiker überhaupt, Ibn al-Arabi (geboren 1165 in Murcia, gestorben 1240 in Damaskus), gewann zu seinen Lebzeiten viele Anhänger. Erst als seine schwer zu entschlüsselnden Werke, die um den Gedanken einer «Einheit des Seins» (*wahdat al-wujud*, Monismus) kreisen, breiter bekannt wurden, kam der Vorwurf des Pantheismus auf, der ihn wiederum als Häretiker brandmarkte.

Einige Sufis verknüpften konsequent sunnitische, schiitische und nicht-islamische Vorstellungen und Praktiken. Beispielhaft ist hier der Kreis um «Mevlana» Jalal ad-Din Rumi (1207–1273/83), den Verfasser eines berühmten Diwans und des Mathnawi, mystischer Gedichte in persischer Sprache, der im rum-seldschukischen Konya wirkte. Sein Sohn Sultan Walad oder Veled (1226–1312) begründete den nach seinem Vater benannten Mevlevi-Orden. Eine ähnliche Richtung vertrat Hajji Bektash (st. um 1297), auf den sich der Bektashi-Orden zurückführte, der später einige Bedeutung erlangen sollte. Sie alle wirkten interessanterweise in einem Grenzland, in dem der Jihad so ausdauernd geführt wurde. Um 1100 lag eine umfangreiche mystische Literatur in arabischer und persischer Sprache vor, darunter eine Reihe systematisierender Handbücher. Im 12. und 13. Jahrhundert entstand die Lyrik der großen persischen Mystiker, unter ihnen Abd al-Majid b. Adam Sana'i (st. 1130/31; lebte in Ghazna und Merw) und Farid ad-Din Attar (1119–1190?), der Verfasser der berühmten «Sprache der Vögel».

Im ausgehenden 12. Jahrhundert waren Ideen und Praktiken der islamischen Mystik stärker normiert, wenngleich keineswegs vereinheitlicht. Nun formierten sich sufische Orden oder Bruderschaften (Sg. *tariqa*, Weg, Pfad, Pl. *tara'iq* oder *turuq*), die sich – ähnlich wie die Rechtsschulen auf ihren «Gründer» – auf einen spirituellen Meister zurückführten und rasch größte Bedeutung für die islamische Kultur und Gesellschaft und die weitere Ausbreitung des Islam gewannen. Erneut lag der Schwerpunkt im islamischen Osten, in Anatolien, Iran, Transoxanien und Indien. Auch die sufischen Gemeinschaften, die aus der Verehrung für einen lebenden oder verstorbenen Sufi hervorgingen, waren primär vertikal, über die Bindung an einen Scheich strukturiert, nicht horizontal, was der Begriff der Bruderschaft tendenziell verschleiert. Analog zur Lehrbefugnis des Religions- und Rechtsgelehrten (*ijaza*) und zur – demonstrativ kostbaren – Ehrenrobe des Herrschers trat eine förmliche Initiation und das – betont schlichte – Gewand (*khirqa*), das der Meister (*murshid*) dem Schüler (*murid*) nach seiner Initiation übergab. In der Regel war die Bindung jedoch nicht exklusiv; es gab durchaus die Möglichkeit, sich zumindest nacheinander in mehrere Bruderschaften initiieren zu lassen. Immer blieb die Sufik primär eine Angelegenheit von Individuen, denen es um den eigenen spirituellen Weg zur (göttlichen) Wahrheit ging. Für die Ausstrahlung einzelner Sufis und Sufi-Bruderschaften auf die ländliche Gesellschaft erwies sich der Gebrauch der Volkssprachen als besonders wichtig. Musterbeispiele sind hier Anatolien, Turkestan, Indien und der malaiische Archipel. In Anatolien und Zentralasien trug die Sufik wesentlich zur Entwicklung einer turksprachigen Literatur und Dichtung bei: Yunus Emre (st. vermutlich 1320/21) mit seinem westtürkischen

Diwan, Ashiq Pasha (st. 1333) und der unorthodoxe Nesimi (st. um 1417) zählen zu den bedeutendsten mystischen Dichtern Anatoliens. Der Schreinkult und die Heiligenfeste (Mulids, arab. *maulid*, Geburtstag), die vor allem vom 13. Jahrhundert an gefeiert wurden, hatten großen Anteil an der Popularität und Verbreitung der Orden. Die Verehrung des Propheten, seiner Familie, Gefährten und Nachkommen wie auch verstorbener Heiliger (muslimischer wie nichtmuslimischer) war ja, obwohl in der Literatur hartnäckig als «volkstümlich» bezeichnet, keinesfalls nur Ausdruck einer womöglich unorthodoxen, ländlich-tribalen Volksreligiosität. Sie wurde gerade in dieser Zeit von breitesten Schichten der Bevölkerung einschließlich der städtischen Ulama und der politischen und militärischen Eliten geteilt.

Neue Horizonte VI

Der islamische Osten im Mongolensturm

Die mongolischen Invasionen des 13. und 14. Jahrhunderts, getragen zunächst von Dschingis Khan und seinen Nachkommen, dann von Timur und den Timuriden, gelten als eine der großen Zäsuren der islamischen Geschichte. Dschingis Khan wurde um 1167 als Temüjin in der mongolischen Steppe geboren. Der Sohn eines untergeordneten Clanchefs setzte sich gegen konkurrierende Stammesführer so erfolgreich durch, daß er, mittlerweile rund vierzigjährig, 1206 auf einer Stammesversammlung (*quriltai*) zum Oberhaupt der turko-mongolischen Völker mit dem Titel eines Dschingis Khan (*dschingis* bedeutet wohl «ozeanisch», weltumspannend) ausgerufen wurde. Mit Hilfe seiner zeitweise mehr als 700 000 Mann starken Streitmacht, die er nach chinesischem Vorbild in Tausendschaften geordnet hatte, um so die tribalen Loyalitäten aufzubrechen, unterwarf er bis zu seinem Tod im Jahre 1227 den größten Teil Nordchinas (1215 fiel Peking) und Eurasiens bis an den Dnjepr, darunter auch das islamische Transoxanien und Khurasan. Das Entsetzen, das sich angesichts der mit größter Brutalität vorgehenden, unbesiegbar scheinenden Mongolen verbreitete, war ein wichtiges Moment ihres Erfolgs; ein nicht minder wichtiges war jedoch die Kollaboration lokaler Fürsten, und zwar christlicher wie muslimischer, die nach bewährtem Muster die fremden Mongolen als Verbündete gegen ihre angestammten Feinde sahen. Dschingis Khan und seinen Gefolgsleuten verliehen die unerhörten Siege ein überbordendes Selbst- und Sendungsbewußtsein: Für sie handelte er im Auftrag des Himmels(gottes) Tengri (man denke an die chinesische Vorstellung vom Kaiser als dem «Sohn des Himmels»), dem die gesamte Erde untertan sein sollte, auf daß er ein weltumspannendes Reich des Friedens schaffe. Dieses Verständnis von der eigenen religiös-politi-

Nach persischer Sitte gekleidet, teilt Dschingis Khan das Reich unter seine vier Söhne aus der Ehe mit Börte auf, die (in den islamischen Kernlanden undenkbar), annähernd in gleicher Größe gezeichnet, neben ihm auf dem Thron sitzt. Bis auf Dschingis Khan selbst tragen die Männer den für die Mongolen typischen Federhut, wobei die Anzahl der Adlerfedern ihren Rang anzeigt. *Dschingis-name*, Moghul-Indien, um 1596.

schen Sendung ließ Neutralität oder Bündnisse zwischen gleichrangigen Fürsten im Prinzip nicht zu. Es gab nur strikte Unterwerfung oder die physische Vernichtung, wobei sich Dschingis Khan vorbehielt, die gleichermaßen nützlichen wie unbewaffneten Glieder der Gesellschaft zu schonen. Handwerker, Künstler, Literaten und Gelehrte wurden so häufig genug auf die Feldzüge mitgenommen oder in die fürstlichen Residenzen verschleppt, um dort ihre Fähigkeiten und Fertigkeiten bei Festungsbau und Fürstenlob unter Beweis zu stellen.

Feste Institutionen, um das so rasch gewonnene Reich dauerhaft zu sichern, schuf Dschingis nicht. Immerhin teilte er nach mongolischer Sitte noch vor seinem Tod das Reich unter die vier Söhne aus der Ehe mit seiner ersten Frau Börte auf, indem er jedem Weideland für seine Gefolgschaft und Herden zuwies. In einigen Fällen war dieses Land bereits erobert, in anderen nicht: Die Dynamik der mongolischen Expansion war mit seinem Tod in keiner Weise gebrochen. Wie die Reiche der Buyiden, Qarakhaniden und Seldschuken (und verschiedene berberische Fürstentümer) war das mongolische Imperium in erster Linie ein Familienverband, in dem Herrschaft über Personen, Clans und Stämme ausgeübt wurde, nicht über klar markierte Territorien. Der Großkhan verkörperte die Einheit der Familie und des Reiches, die zunächst auch über die ungeheuren Distanzen gewahrt wurde. Innerhalb weniger Jahrzehnte gingen die einzelnen Khanate zwar politisch, kulturell und religiös eigene Wege, doch tat das dem kommerziellen und kulturellen Austausch in der Regel keinen Abbruch. Der unmittelbare Machtbereich des Großkhans lag in Nordchina und der Mongolei; als Residenz (zu dieser Zeit ein großes Feldlager, *ordu*, davon abgeleitet «Horde» für die dort lagernden mongolischen Verbände) diente ihm das 1235 gegründete Karakorum, später Peking. In China regierten die Mongolen ab 1279 als Yüan-Dynastie, bis sie 1368 von den einheimischen Ming aus Peking vertrieben wurden; in den nordwestchinesischen Provinzen endete ihre Herrschaft 1388. In dem Maße, in dem die Großkhane und viele ihrer Gefolgsleute sich an ihre chinesische Umwelt anpaßten und zum tantrischen (tibetischen) Buddhismus übertraten, gerieten sie mit den nominell abhängigen Khanaten in Westasien und Südrußland in Konflikt, die sich im 14. Jahrhundert mehrheitlich dem Islam zuwandten. Unter den Yüan drang allerdings auch der Islam in China ein.

Die Dschingis Khans ältestem Sohn Jöchi (Dschötschi) übertragenen Weidegebiete übernahmen seine Söhne Orda («Weiße

Horde» in Westsibirien und der türkischen Qipchaq-Steppe nordöstlich des Kaspischen Meers) und Batu («Blaue», später «Goldene Horde» in Südrußland, der Ukraine und Khwarezm). Unter Batus Oberkommando stießen die mongolischen Heere 1237–1242 über die Gebiete der Bulgaren, Russen, Polen und Ungarn bis nach Schlesien vor (1241 Schlacht bei Liegnitz). Die «Mongolengefahr» wurde nur dadurch von Zentral- und Westeuropa abgewendet, daß Batu nach dem Tod des Großkhans Ögedei mit seinem Heer nach Osten eilte, um bei der Wahl des Nachfolgers mitreden zu können. Über alle religiösen Differenzen hinweg unterhielt die Goldene Horde enge kommerzielle und politische Beziehungen zu den Mamluken, die sich zu dieser Zeit aus den türkischen Qipchaq (auch: Kumanen) rekrutierten. Ihnen lieferte sie die (Militär-)Sklaven, derer die Mamluken so dringend bedurften – nicht zuletzt, um den Jihad gegen die mongolischen Il-Khane zu führen. Den Transport sicherten genuesische Schiffe. Ähnlich wie früher bei den Seldschuken und Qarakhaniden konvertierten einzelne mongolische Fürsten mit ihrem Gefolge zum Islam. Nie aber galt das Prinzip, daß die Untertanen der Religion ihres Fürsten zu folgen hätten (*cuius regio, eius religio*); so blieben die meisten Untertanen der Goldenen Horde orthodoxe Christen. Aus der Vermischung von Mongolen und Qipchaq entstanden die türkischsprachigen, mehr oder weniger islamisierten Tataren (nicht identisch mit den tatarischen Stämmen Turkestans und der Mongolei, historischen Feinden der Mongolen, die Dschingis in großen Teilen ausrottete). Schon Möngke Timur (reg. 1267–1280) löste sich faktisch aus dem mongolischen Familienverband und führte zeitweise im Bündnis mit Byzanz und den Mamluken Krieg gegen die mongolischen Il-Khane. Die türkischen Osmanen drängten die Goldene Horde im 15. Jahrhundert auf Südrußland zurück; zeitgleich stießen die Russen von Norden vor; die Khanate Astrakhan, Kazan, Kasimow und Krim machten sich selbständig. Dschingis Khans zweitem Sohn Chagatai und seinen Nachkommen fielen die – ökologisch und kulturell sehr unterschiedlichen – zentralasiatischen Territorien vom Oxus bis zum Altai-Gebirge zu, die Mitte des 14. Jahrhunderts in einzelne Khanate zerfielen, allesamt jedoch recht lange die ererbte nomadische Lebensweise beibehielten; manche ihrer Anführer traten zum Islam über, andere nicht. Muslimische Wesire förderten die Islamisierung Ostturkestans und der nördlichen Steppen (nunmehr als Moghulistan bekannt), die schon unter den Qarakhaniden begonnen hatte.

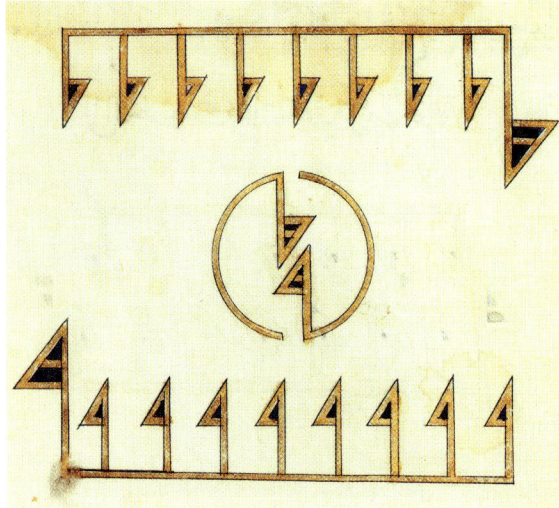

Den Einfluß der arabischen Kalligraphie auf die Kunst unterstreicht diese Abbildung: Sie zeigt keine stilisierte Inschrift, sondern Reiter bzw. ihre Standarten auf dem Übungsplatz. Handbücher für Pferdezucht und Reitkunst (*furusiyya*) standen nicht nur bei den Mamluken hoch im Kurs. Kairo, 1394.

Im Herbst 1253 entsandte Großkhan Möngke seinen jüngeren Bruder Hülägü nach Westen, um dort die mongolische Herrschaft auszuweiten, während ein dritter Bruder, Khubilai, einen neuen, höchst erfolgreichen Feldzug gegen die südchinesischen Sung führte. 1243 hatte ein mongolisches Heer beim Berg Köse Dagh in Nordostanatolien die Rum-Seldschuken geschlagen, die nach längeren Kämpfen schließlich als Vasallen in den mongolischen Herrschaftsverband eintraten. Nach sorgfältigen Vorbereitungen zog das Heer unter Hülägü über Iran und Ostanatolien in den Irak. 1256 fiel mit Alamut die stärkste Bastion der Nizari-Ismailiten, die zuletzt im Bündnis mit dem abbasidischen Kalifen gestanden hatten und nun als politische Größe vernichtet wurden. 1258 nahm Hülägü nach einmonatiger Belagerung Bagdad ein (wobei Verrat des schiitischen Wesirs Ibn al-Alqami im Spiel gewesen sein soll). Die abbasidische Hauptstadt wurde in großen Teilen zerstört, der Kalif al-Musta'sim bi'llah ermordet. Das war, wie sich zumindest im nachhinein zeigen sollte (die Zeitgenossen können es noch nicht gewußt haben), das Ende des abbasidischen Kalifats von Bagdad. Was das für sie und ihre unmittelbare Nachwelt bedeutete, läßt sich kaum mehr ermessen. «Kataklysmisch», wie immer wieder gesagt wird, kann das Ereignis angesichts des weitreichenden Verlustes an kalifaler Macht und kalifalem Prestige, den selbst an-Nasir und al-Mustansir nicht hatten aufhalten können, nicht gewesen sein. Nur wenige Mitglieder des

Erkennbar von chinesischem Geschmack geprägt ist diese Abbildung des ilkhanidischen Hofes: Die Frau des Herrschers sitzt nach mongolischer Sitte neben ihm auf dem Thron, die Frauen der königlichen Familie tragen als Kopfbedeckung den mongolischen Bughtaq, die Männer Federhüte, wobei die Zahl der Federn ihren Rang anzeigt. Chronik des Rashid ad-Din, Täbriz, frühes 14. Jahrhundert.

abbasidischen Hauses überlebten das Morden. Der Tod Möngkes und die anstehende Wahl eines neuen Großkhans (sie fiel auf Khubilai) bewegten Hülägü zur raschen Rückkehr nach Osten.

Bei Ain Jalut (der Goliaths-Quelle) in der Nähe von Nazareth erlitt das mongolische Restheer im September 1260 eine schwere Niederlage gegen eine mamlukische Streitmacht. Die Mamluken, freigelassene Militärsklaven der Ayyubiden, die ein Jahrzehnt zuvor den letzten Ayyubidensultan beseitigt hatten, konnten sich als unabhängige Herren in Ägypten und Syrien etablieren. Ungewöhnlich war dabei nicht so sehr, daß freigelassene Militärsklaven die Macht ergriffen, sondern daß sie über lange Zeit keine dynastische Erbfolge kannten oder anerkannten: Der Sultan mußte, wenn er nicht von den Oberhäuptern der mamlukischen «Häuser» – hochrangigen Militärs und deren eigenen Mamluken – gewählt wurde, seine Stellung erkämpfen. Zusätzliche Legitimation verschaffte den Mamluken ein Bruder des 1242 verstorbenen Abbasidenkalifen al-Mustansir, der 1261 nach Kairo entkam, wo Sultan az-Zahir Baibars (al-Bunduqdari, Baibars I.), soeben selbst durch Mord an die Macht gelangt, ihm als Kalifen huldigte. Bis zur osmanischen Eroberung im Jahr 1517 hielten die Mamluken sich einen abbasidischen Schattenkalifen, dessen Bestätigung auch einige sunnitische Fürsten in Indien suchten. Im Gefolge der Kreuzzüge und der mongolischen Invasionen wuchs Syrien und Ägypten neue Bedeutung als Bollwerk des sunnitischen Islam zu, zumal die Mamluken auch den Hijaz mit Mekka und Medina unter ihre Kontrolle brachten. Sunnitische Gelehrte wie der streitbare Ibn Taimiyya (1263–1328), der nach 1300 die Gefährdung seiner Heimat Syrien durch den (zum Islam konvertierten!) Il-Khan Ghazan miterleben mußte, legitimierten den Jihad gegen die Mongolen, die nicht der Scharia, sondern ihrem heidnischen Gesetz, der Yasa, folgten und Krieg gegen die Muslime führten (eine Argumentation, die im 20. Jahrhundert radikale Islamisten wieder aufgreifen sollten). Im mongolischen Herrschaftsbereich selbst hingegen lobten schiitische Gelehrte wie der berühmte Jurist, Philosoph, Theologe, Mathematiker und Astronom Nasir ad-Din Tusi (1201–1274) die neuen Herren, unter denen vor allem die empirischen Wissenschaften einen bemerkenswerten Aufschwung nahmen. Tusi hatte bis zu dessen Fall zwanzig Jahre in Alamut verbracht. In Hülägüs Gefolge wurde er Zeuge der Vernichtung des sunnitischen Kalifats, während die schiitischen Schreine von Najaf und Kerbela erhalten blieben (Kazimain wurde zerstört). Unter Hülägüs Schutz – wie so viele Herrscher ihrer Zeit waren die Mongolen sehr an Astronomie und Astrologie interessiert – konnte Tusi in Maragha bei Täbriz eine der berühmtesten Sternwarten der islamischen Welt errichten, die in den fünfzig Jahren ihres Bestehens von Anatolien bis China zahlreiche Wissenschaftler anzog.

Nach Khubilais Wahl kehrte Hülägü in die frisch eroberten Territorien zwischen Ostanatolien, dem Kaukasus und Iran zurück und nahm den Titel eines Il-Khan (untergeordneter oder «friedfertiger» Khan) an, um seine Gefolgschaft gegenüber dem Großkhan zu bezeugen. Erstmals seit den Sassaniden waren die unterschiedlichen Landschaften Irans unter einem Souverän vereint – wenn auch nicht einem genuin iranischen. Das Reich der Il-Khane war ein Erobererstaat turko-mongolischen Musters, dessen herrschender Clan die

Mit den Instrumenten ihrer Zeit vom Astrolabium bis zum Himmelsglobus ausgerüstet, beobachten die Wissenschaftler im Observatorium von Maragha die Sterne. Indische Kopie der Chronik des Rashid ad-Din (st. 1318), 1595–1596.

DER ISLAMISCHE OSTEN IM MONGOLENSTURM

tribale Elite über die Verteilung von Land als Weidegrund oder Steuerquelle an sich band. Ihre nomadische Lebensweise mit dem Wechsel zwischen Sommer- und Winterweiden behielten die Il-Khane lange bei; zu seiner Residenz machte Hülägü das an der wichtigen Handelsstraße von Zentralasien in den Irak gelegene Täbriz. Schritt für Schritt bauten die Il-Khane die Städte, Infrastruktur und Bewässerungsanlagen wieder auf und förderten in bewährter Weise Landwirtschaft, Handel, Kultur und Wissenschaft. Die Residenzen Täbriz und Sultaniyya entwickelten sich zu Umschlagplätzen des Fernhandels zwischen China und Europa. Die Il-Khane legitimierten sich über ihre Abkunft von Dschingis Khan und verstanden sich zugleich als Erben der großen iranischen und türkischen Herrscher wie Mahmud von Ghazna. Wichtigste Sprache von Wissenschaft und Kultur war und blieb das Persische. In ihr schrieben auch die Autoren der großen Weltgeschichten, die zu dieser Zeit verfaßt wurden, keine Schreibtischgelehrten im übrigen, sondern Männer des Hofes und der Verwaltung mit viel politischer Erfahrung: Ala ad-Din Ata Malik Juwaini (1226–1283) gehörte einer einflußreichen iranischen Bürokratenfamilie an und hatte früher im Dienst der Khwarezm Shahs gestanden. Der Arzt und Wesir Rashid ad-Din (um 1247–1318) war ein vom Judentum zum sunnitischen Islam konvertierter Iraner, dessen Werk in Prachthandschriften im ganzen Reich verteilt wurde. Beide nutzten für ihre Forschungen auch die ismalitische Bibliothek von Alamut.

Wie die meisten Mongolen waren die Il-Khane religiös eher indifferent und paßten sich den vorherrschenden Vorstellungen relativ leicht an. Hülägü selbst blieb Schamanist mit buddhistischen Neigungen; seine Mutter wie seine starke Frau Tokuz Khatun waren nestorianische Christinnen, die ihre Glaubensbrüder förderten. Ihr Enkel Arghun (reg. 1284–1291) scheiterte bei dem Versuch, unter seinen muslimischen Untertanen den Buddhismus durchzusetzen. Dessen Sohn Ghazan (reg. 1295–1304) trat nach dem Tod Khubilais (1294) zum Islam über. Sein Bruder mit dem wahrhaft kosmopolitischen arabisch-persisch-mongolischen Namen Ghiyath ad-Din Muhammad Khudabanda Öljeitü (auch Üljäitü, reg. 1304–1316/17) begann wohl als Schamanist, wurde als nestorianischer Christ getauft, wandte sich dem Buddhismus zu, folgte dann Ghazans Bekehrung zum sunnitischen Islam und konvertierte schließlich, wenn auch möglicherweise nicht definitiv, zur Schia (womit er unter anderem in Isfahan Unruhen auslöste). Die Grenzen zwischen Sunna,

Schia und verschiedenen Formen des Sufismus waren allerdings nicht scharf gezogen; die allgemeine Verehrung der Prophetenfamilie kam dem genealogischen Denken der Mongolen entgegen. Öljeitüs Sohn Abu Saʿid (reg. 1316/17–1335) kehrte zur sunnitischen Islam zurück. Nach ihrem Übertritt zum Islam schränkten die Il-Khane den Handlungsspielraum anderer Religionsgemeinschaften zunehmend ein. Leidtragende waren neben den Schamanisten, Buddhisten, Manichäern und Jakobiten die Nestorianer, die nun dramatisch an Boden verloren.

Der «Mongolensturm» ist in seinen vielfältigen Wirkungen nicht leicht zu bewerten: Im islamischen Osten verursachten Dschingis Khan und seine Nachfolger vor allem in den abbasidischen Stammlanden von Khurasan bis Irak furchtbare Zerstörungen, von denen sich zumindest der ländliche Irak nicht mehr erholen sollte. Syrien war hiervon weniger betroffen, der islamische Westen zwischen Ägypten, dem Maghreb und der Iberischen Halbinsel allenfalls indirekt. Die systematische Zerstörung ganzer Städte und großer ländlicher Gebiete einschließlich der Bewässerungsanlagen hatte tiefgreifende demographische und sozioökonomische Folgen: Immer neue Verbände türkischer und turko-mongolischer Nomaden drangen von Innerasien nach Nordiran und Ostanatolien vor; nicht wenige Bauern flüchteten sich in eine nomadische Lebensweise; weite Flächen wurden in Weideland umgewandelt; das Verhältnis zwischen Seßhaften, Nomaden und Halbnomaden verschob sich nachhaltig zu Gunsten letzterer. Die Verwüstungen brachten selbst den neuen Herren Schaden, bedeuteten hohe Bevölkerungsverluste doch Steuerausfälle und Versorgungsprobleme nicht nur für die Städte, sondern auch die mongolischen Armeen. Die mongolische Herrschaft ließ sich jedoch ohne die Kollaboration lokaler Eliten nicht aufrechterhalten; damit war auf unterer Ebene, namentlich in den Städten, die keinen Widerstand geleistet hatten, fast überall ein gewisses Maß an Kontinuität gegeben. Im Osten eröffnete die mongolische Herrschaft ganz neue Räume: Im Schatten der *pax mongolica* erstreckte sich der Handels- und Kulturaustausch über alle politischen Grenzen hinweg erstmals seit Jahrhunderten vom Mittelmeerraum und den eurasischen Steppen bis nach China, das Kunst und Wissenschaft im islamischen Osten erkennbar beeinflußte. Während Güter und Ideen über riesige Distanzen befördert wurden, bewegten sich die Menschen in der Regel in engeren Kreisen. Den weitesten Radius hatten ohne Zweifel Seefahrer und Fernhändler, deren Zahl freilich nicht allzu groß gewesen sein dürfte, daneben Sufis und Missionare der unterschiedlichen Religionsgemeinschaften. Literaten und Künstler bewegten sich weitgehend innerhalb des persischsprachigen Kulturraums zwischen Ostanatolien, Irak und Nordwestindien. Muslimische Religionsgelehrte waren überall dort zu Hause, wo man Arabisch verstand, das heißt auch weit jenseits des mongolischen Machtbereichs. Insgesamt sollte man sich das Ganze als ineinandergreifende Kreise vorstellen, die zwischen Venedig, Sarai (dem Zentrum der Goldenen Horde) und Karakorum, Kairo, Täbriz und Delhi nicht jeden mit jedem in Kontakt brachten.

Zum künstlerischen und intellektuellen Austausch trug die berühmte mongolische Toleranz ihren Teil bei: Religiös nicht uninteressiert, aber ohne tiefere Leidenschaften, ließen die Mongolen die unterschiedlichen Religionsgemeinschaften zunächst recht ungehindert agieren. Hiervon profitierten vor allem Buddhisten, Jakobiten und die Nestorianer, die seit Jahrhunderten sehr erfolgreich entlang der eurasischen Handelswege in Zentralasien, Indien und China missionierten (aus China verschwanden sie allerdings schon um 1200). Diese religiöse Offenheit verbunden mit der Zerschlagung des abbasidischen Kalifats weckte in Europa die Hoffnung auf ein gemeinsames Bündnis gegen den Islam – eine Neuauflage der Legende vom Priesterkönig Johannes. Eine Reihe europäischer Gesandter von Giovanni de Plano Carpini, der als päpstlicher Bote 1246 bei Karakorum die Wahl des neuen Großkhans Küyük miterlebte, über den Flamen Guillaume de Rubrouck, der als französischer Gesandter 1253–1255 das Mongolenreich bereiste, bis zu den Venezianern Niccolo, Matteo und Marco Polo, die 1275–1293 beinahe zwei

Jahrzehnte am Hof Khubilais verbrachten, zeugen von dieser Hoffnung, die weniger an der allmählichen Islamisierung der mongolischen Eliten zerschellte, als vielmehr an deren Realpolitik. Die offenen Handelswege bereiteten freilich auch der Katastrophe den Weg, die in der Mitte des 14. Jahrhunderts das mongolische und das mamlukische Reich heimsuchte: der Pest. Um 1331 in der Mongolei ausgebrochen, erreichte sie 1347 den Mittleren Osten und Nordafrika, wenig später auch Europa. Allein im mamlukischen Syrien und Ägypten, für die wir die genauesten Zahlen haben, fiel der Pandemie rund ein Drittel der Bevölkerung zum Opfer. Zentralasien, Iran und Syrien wurden wenige Jahrzehnte später von Timur verheert; im Osten schotteten nach 1368 die chinesischen Ming (reg. bis 1644)

ihren Machtbereich ab. Zumindest zu Lande brach das Weltsystem in seiner bisherigen Form zusammen.

Timur und die Timuriden

Um 1335 zerfiel das Reich der Il-Khane in lokale Herrschaften in Nordostiran und Afghanistan (Herat), Irak (Bagdad) und Westiran mit der Residenz Schiraz. In Schiraz wirkte im 14. Jahrhundert der große Dichter Hafiz, dessen Diwan in Hammer-Purgstalls 1812–1813 erschienener deutscher Prosaübertragung Goethes West-Östlichen Diwan inspirierte. Neu zusammengefügt wurden diese Gebiete von einem Mann, der sich bewußt in die Nachfolge Dschingis Khans stellte: Timur (pers. Timur-i Leng, «der Lahme», in Europa bekannt als Tamerlan), um 1336 bei Shahr-i Sabz in der Nähe von Samarkand geboren, entstammte dem turko-mongolischen Stamm der Barlas, der sich den Chagatai zurechnete. Zumindest dem Namen nach war er sunnitischer Muslim. Mit Geschick und Skrupellosigkeit setzte Timur sich bis 1370 an die Spitze seines Stammesverbandes und unterwarf ab 1380 Transoxanien, Khurasan, Khwarezm und Iran. Wenig später nahm er den Kampf gegen seinen ehemaligen Schützling Toqtamish auf, den Khan der Goldenen Horde. Toqtamish hatte 1382 Nischni Nowgorod geplündert und Moskau niedergebrannt und forderte nun Timur heraus. 1392 begann eine neue Phase der Eroberungen, die in unglaublich raschem Hin und Her sowohl nach Westen wie nach Osten führten: Im Irak gab Timur sich als Wahrer von Recht und Ordnung, der das Land von lokalen Potentaten und Räuberbanden säuberte. Der Mamlukensultan Barquq jedoch machte im Bündnis mit Toqtamish und den Osmanen gegen Timur mobil, der sich wiederum mit den turkmenischen Aq-Qoyunlu gegen die Qara-Qoyunlu zusammentat, und rückte 1394 bis Damaskus vor. Parallel dazu wurde der Krieg nach Osten getragen: Schon 1392 hatte Timur seinen Enkel Pir Muhammad mit einem Heer nach Nordwestindien entsandt, um das Reich Mahmud von Ghaznas wiederherzustellen. Um dafür den Rücken frei zu haben, zahlte er sogar Tribut an den chinesischen Kaiser Hung-Wu, der 1368 die mongolischen Yüan aus Peking vertrieben hatte. Als der mongolische Vormarsch ins Stocken geriet, übernahm Timur selbst das Kommando, eroberte im Dezember 1398 Delhi, wo seine Truppen eines der furchtbarsten Massaker seiner Karriere anrichteten, und im Januar 1399 Lahore; im April 1399 war er mit reichster Beute, einer Herde Kriegselefanten und zahlreichen indischen Künstlern und Handwerkern wieder in Samarkand. Es folgten neue Kampagnen im Westen: 1401 verwüstete Timurs Heer Aleppo, Damaskus und noch einmal Bagdad, die Bevölkerung wurde mit Ausnahme einiger Gelehrter, Literaten, Künstler und Handwerker niedergemacht. Zu den in Damaskus Verschonten gehörte auch Ibn Khaldun, den Timur überaus gnädig empfing und von dem er sich – was diesen hätte beunruhigen müssen – eine Beschreibung des Maghreb geben ließ. Die Kämpfe verlagerten sich im folgenden auf Anatolien, wo Mamluken und Osmanen sich zu Lasten lokaler Kleinfürsten ausbreiteten, die in Timur nach bewährtem Muster einen möglichen Schutzherrn erblickten. Bei Ankara erlitt der osmanische Sultan Bayezid 1402 eine schwere Niederlage und geriet in Gefangenschaft. Byzanz und die europäischen Mächte waren erleichtert; der König von Kastilien und Leon schickte 1403 eine Gesandtschaft unter Ruy Gonzalez de Clavijo nach Samarkand, dem wir eine wertvolle Schilderung Timurs und seines Hofes verdanken. Auf einem Feldzug nach China starb Timur im Februar 1405 bei Utrar; sein Leichnam wurde nach Samarkand überführt und zu Füßen seines Scheichs Mir Sayyid Baraka (Berke) in der Grabanlage seines verstorbenen Enkels Pir Muhammad bestattet.

Mit seiner ungeheuren, ebenso rücksichtslosen wie erfolgreichen Energie machte Timur tiefen Eindruck auf seine Zeitgenossen. Er selbst inszenierte sich ganz gezielt und unter Nutzung turko-mongolischer wie spezifisch islamischer Stilmittel als vom Schicksal begünstigter Weltenherrscher («der Herr der Glückskonstellation», *sahib al-qiran*), Friedensfürst und Wahrer von Recht und Ordnung. Der Schaffung dieses Mythos dienten das höfische Zeremoniell, das Timur in seinen Zeltstädten entfaltete, herrscherliche Bauten in seinen Residenzen Samarkand und Shahr-i Sabz sowie die timuridische Hofgeschichtsschreibung. Als Vorbild dienten Dschingis Khan und andere turko-mongolische Herrscher wie Mahmud von Ghazna. Selbst als die Mongolen außerhalb Chinas sich mehrheitlich zum Islam bekehrt hatten, galt die Abstammung von Dschingis Khan noch lange als wichtigste Grundlage der Herrschaftslegitimation – nicht die Abstammung vom Propheten oder die Anerkennung durch den (Schatten-)Kalifen. Timur besaß als Angehöriger der Barlas zwar gemeinsame Vorfahren mit Dschingis Khan, stammte aber nicht von diesem ab; er selbst sowie mehrere seiner Söhne und Enkel ehelichten dschingisidische Frauen, um die Blutsbande zwischen

Kopie der Schrift *at-Tuhfa ash-Shahiyya* (Geschenk an den Schah) des iranischen Juristen, Arztes und Astronomen Qutb ad-Din Shirazi (1236–1311), eines Schülers Nasir ad-Din Tusis; in roter Farbe die korrigierten Berechnungen des Ptolemaeus. Dem Manuskript später hinzugefügte menschliche Figuren halten die Umlaufbahnen der Gestirne. Iran, 16./17. Jahrhundert.

ihren Häusern zu stärken. Folgerichtig hielt Timur sich nicht, wie die Mamluken und später die Osmanen, einen Schattenkalifen, sondern einen Marionettenkhan aus dem Hause Chagatai. Seine Lebensführung blieb von turko-mongolischen Traditionen geprägt, die Dschingis Khan in Gestalt der Yasa festgehalten hatte. Im Mittelpunkt standen der Krieg und die Jagd, Trinkgelage zementierten Freundschaften und Allianzen, das Schachspiel diente der Entspannung. Ein Analphabet, aber keineswegs ungebildet, beherrschte Timur neben Türki (Chagataisch) auch Persisch; in dieser Sprache ließ er sich auch historische und religiöse Werke vorlesen.

Die Urteile der Zeitgenossen wie der Nachwelt blieben gespalten: Der kalkulierte Einsatz von Terror und Massenmord, mit dem Timur wie vor ihm Dschingis, Batu oder Hülägü Angst und Schrecken verbreitete (durchaus vergleichbar mit der modernen Strategie des *awe and strike*, «Einschüchtern und Zuschlagen»), ruinierte seinen

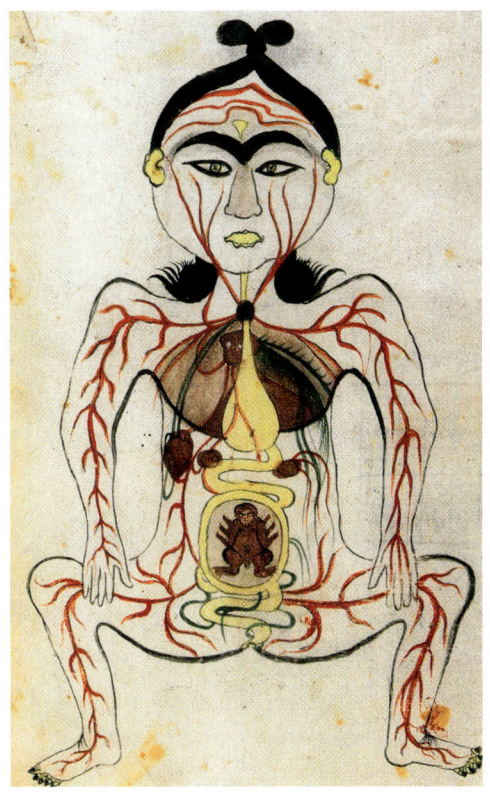

Die «Anatomie» des Mansur b. Muhammad b. Ilyas, 1396 in persischer Sprache für den timuridischen Fürsten von Fars verfaßt, zeigt den menschlichen Foetus im Mutterleib. Hier eine Kopie des 17. Jahrhunderts.

Ruf im muslimischen Westen. Der weitgereiste Ibn Arabshah (1392–1450), den Timur mit seiner Familie 1401 aus Damaskus nach Samarkand verschleppt hatte und der später am osmanischen und am mamlukischen Hof lebte, zeichnete das Bild eines sittenlosen, wenn auch führungsstarken Tyrannen. In Europa trug gerade der Sieg über die muslimischen Fürsten von Bayezid über die Mamluken und die Goldene Horde bis zum Sultan von Delhi zu einer positiveren Bewertung Timurs bei, der als willensstarker Tatmensch bewundert wurde. Im turko-mongolischen Herrschaftsbereich wurde Timur bald zur Gründerfigur stilisiert, im modernen Usbekistan (obgleich selbst bekanntlich kein Usbeke) gar zum Vater der Nation.

Timur errichtete eine Gewaltherrschaft, die an seine Person und physische Präsenz gebunden blieb. Eigenständige Kräfte zerschlug er, schuf aber keine tragfähigen neuen Strukturen. Obgleich er die

Bau des Palastes von Khawarnaq, wie erkennbar, ein klassischer Lehmziegelbau. Illustration zu Nizamis «Die Abenteuer des Königs Bahram und seiner sieben Prinzessinnen», Herat, 1494/1495.

Nachfolge unter seinen Söhnen regelte, überlebte das Reich im ständigen Kampf gegen alte und neue Feinde nicht lange, zumal die verschiedenen Familienzweige in vertrauter Weise um das Erbe stritten. In Ostiran und Transoxanien setzte sich Timurs Sohn Shah Rukh (reg. 1407–1447) gegen mehrere Verwandte durch und wirkte in Herat als muslimischer Fürst und Mäzen der Wissenschaften und der schönen Künste. Kurz nur herrschte sein Sohn Muhammad Taragai, genannt Ulugh Beg (Groß-Bey) – ein bedeutender Astronom und Mathematiker und großer Förderer der Dichtung, Architektur und der empirischen Wissenschaften, der seit 1409 als Gouverneur in Samarkand residierte – über das timuridische Großreich, bis einer seiner Söhne ihn 1449 stürzte und wenig später ermorden ließ. Im weiten Raum zwischen Ostanatolien, dem Kaukasus und Westiran setzten sich Turkmenen fest, wie die islamisierten türkischen Oghuz-Stämme mittlerweile genannt wurden. Zu ihnen zählten die aggressiv expandierenden Osmanen und die Stammesföderationen der Aq- und der Qara-Qoyunlu (Weiße und Schwarze Widder, so benannt wohl nach ihren Feldzeichen), wobei unter Uzun Hasan (1425–1478) rund fünfzig Jahre lang die Aq-Qoyunlu dominierten. Ab 1450 bedrängten turko-mongolische Nomaden unter Führung der dschingisidischen Sh(a)ibaniden, die in dieser Zeit als Usbeken (Özbegen) bekannt wurden, die Timuriden in Zentralasien. In diesen unruhigen Zeiten erlebte das timuridische Herat unter Sultan Husain Baiqara (reg. 1470–1506) noch einmal eine kulturelle Blüte. Neben Malerei, Kalligraphie und Musik entfaltete sich die persische wie die türkische (chagataische) Dichtung, erstere repräsentiert durch den gelehrten Mystiker und Dichter Jami (1414–1492), letztere durch seinen Freund Mir Ali Shir Nawa'i (1441–1501), einen einflußreichen Höfling und Förderer der Wissenschaften und der schönen Künste, der mit seiner Poesie auch auf die osmanische Dichtung großen Einfluß ausübte. Innerdynastische Kämpfe und äußerer Druck fügten der Wirtschaft und Gesellschaft des Landes jedoch schwere Schäden zu. Wenig später erlag es den usbekischen Shibaniden. Der Timuride Babur, der die Usbeken zurückzudrängen suchte, mußte 1511 nach Nordindien ausweichen, wo er das letzte mongolische Großreich der Geschichte gründete.

Neuland I: Die europäische koloniale Expansion

Nicht nur die muslimischen Reichsbildungen nach 1500, von denen weiter unten die Rede sein wird, sondern auch die Ausbreitung des Islam in Südostasien und im subsaharischen Afrika sind Teil der Entstehung der frühmodernen Welt, die zeitlich mit der europäischen kolonialen Expansion zusammenfällt, ohne mit dieser ursächlich verbunden zu sein. Der Kolonialismus als globale Epoche läßt sich in kleinere Einheiten unterteilen: 1500–1830 (koloniale Expansion), 1830–1880 (Freihandelsimperialismus), 1880–1918 (Hochimperialismus, als 50 Prozent der Landmasse und 40 Prozent der Weltbevölkerung unter kolonialer Herrschaft standen) und schließlich 1918–1945, als im Gefolge des Ersten Weltkriegs auch die arabischen Provinzen des untergegangenen Osmanischen Reiches unter europäische Vormundschaft gerieten. Koloniale Herrschaft ist nicht immer trennscharf von anderen Formen der Fremdherrschaft zu unterscheiden, wie sie etwa die Mongolen in ihren mittelöstlichen Territorien oder die Osmanen in Südosteu-

Ungeachtet der Entdeckungsreisen waren die Vorstellungen vom Orient im frühen 15. Jahrhundert noch recht vage. Die Künstler am Hof des Herzogs von Burgund, die Marco Polos Reisebericht illustrierten, konnten sich unter «Wüste» nur eine («wüste») Einöde vorstellen. Die aber herrschte in Europa im Wald. Daher erscheint hier die iranische Wüste zwischen Kerman und Kuhbonan als waldige Landschaft mit Löwe, Bär und Einsiedler. Marco Polo, *Le Livre des merveilles du monde,* in Auftrag gegeben von Johann dem Furchtlosen (Jean sans Peur), Herzog von Burgund, 1410–1412.

ropa und den arabischen Provinzen ausübten. Als Merkmale der spezifisch kolonialen Situation gelten generell drei Elemente: Fremdherrschaft, Ausbeutung und Kulturkonflikt, bei dem sich der Kolonisator als Träger eines zivilisatorischen Auftrags versteht (die *mission civilisatrice* der Franzosen, die «Bürde des weißen Mannes» der Briten), der ihn zur Herrschaft über die Kolonisierten berechtigt und zivilisatorisch deutlich von diesen abhebt. Erst im 19. Jahrhundert war dieses Selbstverständnis in Gestalt von Sozialdarwinismus und Rassismus voll entfaltet. Kolonialisierung ist ein überaus vielschichtiger und vielgestaltiger Prozeß, der weder geradlinig noch einförmig verlief. In der Regel war es ein langer Weg von der Entdeckung und der Gründung erster europäischer Niederlassungen über die Durchdringung (Penetration) städtischer und/oder küstennaher Regionen bis zur Kontrolle des Hinterlandes, die neue Abhängigkeiten zwischen Zentrum und Peripherie(n) schuf, und zwar sowohl gegenüber dem «Mutterland» als auch innerhalb der kolonisierten Gebiete selbst.

Von Westeuropa ausgehend, lassen sich in den zweieinhalb Jahrhunderten zwischen 1500 und 1750 zwei parallele, ganz unterschiedlich angelegte, jedoch in vielfältiger Weise ineinander verwobene Projekte ausmachen (dabei bleibt die russische Kolonisierung Sibiriens ausgeklammert, die 1558 mit der Übergabe der Besitzurkunde an die Kaufmannsfamilie Stroganow einsetzte): Das eine umfaßte die Eroberung, Besiedlung und Missionierung der beiden Amerika sowie der Karibik und zielte auf eine Herrschaft über den Boden und die dort lebende Bevölkerung ab. Nordamerika fing im folgenden die überschüssige europäische Bevölkerung auf, Mittel- und Südamerika sowie die Karibik lieferten Bodenschätze und tropische Agrargüter, darunter Silber, Zucker und Tabak. Das andere Projekt bestand in dem bewaffneten Handel entlang der Küsten Afrikas und des Indischen Ozeans bis hin nach China, Japan und Korea, der auf alten Handelsrouten und -netzen aufbaute, diese aber in Teilen zerstörte. Hier war das Ziel im Prinzip nicht Landnahme, Besiedlung und Missionierung, sondern die Kontrolle des lukrativen Handels mit Luxus- und Massengütern von Textilien, Seide, Porzellan und Waffen

über Pfeffer, Ingwer, Zimt und andere Gewürze (Gewürznelken und Muskat vor allem), etwas später auch Kaffee und Tee, bis zu Edelhölzern, Reis und sonstigen Lebensmitteln. Getragen wurde er von nationalen, meist privaten Handelsgesellschaften (*chartered companies*), denen ihre Regierungen das Recht erteilten, sich zu bewaffnen, militärische Gewalt auszuüben und mit fremden Mächten Verträge abzuschließen.

Verknüpft waren beide Projekte über die gehandelten Waren, die auf unterschiedlichen Wegen erworben wurden – durch Kauf, Raub oder eigenen An- und Abbau auf gekauftem oder besetztem Land: Edelmetalle (vor allem Silber), die von Mittel- und Südamerika über Europa nach Iran, Indien und Südostasien abflossen; Gewürze, Edelhölzer, Tabak, Zucker und andere tropische Agrargüter, die von Südostasien, Indien, Mittel- und Südamerika und/oder der Karibik nach Europa gelangten; Textilien, die vor allem in Indien und Iran erworben und nach Europa wie Amerika verkauft wurden – und afrikanische Sklaven, die entweder in die Neue oder die islamische Welt verbracht wurden. Auch der Sklavenhandel fußte auf alten Netzwerken und Praktiken, nahm mit der Kolonisierung Amerikas jedoch ungeahnte Ausmaße an. Schätzungen zufolge wurden bis ins 19. Jahrhundert etwa 11 Millionen Afrikaner in die Neue Welt verschleppt und sehr viel mehr in Afrika gejagt, geraubt und verkauft, die auf dem Transport ums Leben kamen. Involviert waren neben den Europäern und Amerikanern auch Afrikaner, die ihre Nachbarn, Feinde oder Untertanen versklavten und verkauften, ein wichtiger Aspekt der Kriege und Fehden, die schon damals einen «Gewaltmarkt» schufen. Beteiligt waren daneben muslimische (vor allem arabische und berberische) Sklavenhändler, die sich nicht immer an das islamische Gesetz hielten, demzufolge Muslime von Muslimen nicht versklavt werden dürfen. Die klassischen Sklavenrouten führten vom *bilad as-sudan*, dem «Land der Schwarzen» der muslimischen Geographen, das die gesamte Sahelzone vom heutigen Westsudan über Tschad, Niger, Nordnigeria und Mali bis nach Mauretanien und Senegal umfaßte, nach Nordafrika und in den islamischen Osten. Getrennte Handelswege verbanden die ostafrikanische Küste mit den Sklavenmärkten im Vorderen Orient, Iran und Indien. Anders als in den europäischen Kolonien in Amerika, der Karibik und in Afrika selbst, wurden Sklaven im islamischen Raum vor allem im Haushalt, im Harem oder als herrscherliche Leibgarde und Soldaten eingesetzt; Plantagenarbeit, wie sie die ostafrikanischen Zanj im Südirak verrichten mußten, war wohl die Ausnahme; verbreiteter war die Arbeit in den Bergwerken. Im 16. Jahrhundert wurde dieses gewissermaßen klassische Handelsnetz um zwei Dimensionen erweitert: den von Europäern beherrschten transatlantischen und den mediterranen Sklavenhandel, der aufs engste mit Krieg und Piraterie im Mittelmeer verbunden war. Dabei müssen allein die nordafrikanischen Korsaren zwischen 1500 und 1800 Hunderttausende von Europäern und Amerikanern gefangen, gegen Lösegeld freigelassen oder in die Sklaverei verkauft haben (Robinson 2004: 61–65). Auch hier handelte es sich mithin um ein Massenphänomen.

Den Beginn der kolonialen Expansion, deren Vorläufer zumindest bis ins 14. Jahrhundert zurückreichen, markieren die Umrundung des Kaps der Guten Hoffnung durch Bartolomeu Dias im Jahr 1488, die «Entdeckung» Amerikas durch Christoph Columbus 1492 und die «Entdeckung» des Seewegs nach Indien durch Vasco da Gama 1498, den chinesische, malaiische, indische, persische und arabische Seeleute zumindest abschnittweise längst kannten. 1519–1521 gelang Fernao de Magalhaes (Magellan) die erste Weltumsegelung. Europa brachte die Entdeckung der Neuen Welt und des Seewegs nach Indien nicht nur ein neues Weltbild, sondern eine folgenschwere Verschiebung von Handel, Gewerbe und Bevölkerung vom Mittelmeer und der Ostsee an die Atlantikküste. Die Wirkungen auf die islamische Welt blieben zunächst begrenzter: Portugal errichtete bis 1520 entlang der ostafrikanischen Küste, am Persischen Golf und entlang der maritimen Handelsstraße nach Ostindien eine Kette befestigter wie unbefestigter Handelsstützpunkte, die von Sofala, Mombasa, Sokotra, Hormuz, Goa und Cochin bis Malakka reichte, und machte den muslimischen Händlern in dem besonders einträglichen Fernhandelsgeschäft mit Indien und Ostindien scharfe Konkurrenz. Der Estado da India war ein vom König gefördertes Unternehmen, das seine Aktivitäten als Teil des christlichen Kreuzzugs gegen den Islam verstand und seine Erfolge vor allem der Tatsache verdankte, daß seine Handelsschiffe im Gegensatz zu denen der Konkurrenz schwer bewaffnet waren und systematisch militärische Gewalt einsetzten. Osmanische Flottenexpeditionen unter Piri Re'is (1465–1554), die der portugiesischen Expansion im Indischen Ozean Einhalt gebieten sollten, verfehlten ihr Ziel. Kurz nach 1600 traten die britische East India Company und die niederländische Vereenigde Oost-Indische Compagnie (VOC) auf den Plan, die sich 1605 auf den Molukken, den eigentlichen Gewürzinseln, festsetzte und 1609 die Portugiesen aus Ceylon verdrängte. 1617/18 errichteten Briten und Niederländer ihre ersten Faktoreien (Warenlager) im westindischen Surat. Nach 1660 kamen Franzosen, Dänen, Schweden und andere Europäer hinzu.

Zwischen 1750 und 1830, dem Zeitalter der Aufklärung, wandelte sich allmählich der Charakter der europäischen Kolonisation in Asien und entlang der afrikanischen Küsten. Auslöser waren der Niedergang der karibischen Plantagenökonomie verbunden mit der politischen Emanzipation der Vereinigten Staaten von Amerika (1775–1783) und Haitis (1804/06). In der Monroe-Doktrin verkündeten die USA 1823 das Verbot europäischer Einmischung in die amerikanischen Angelegenheiten («Amerika den Amerikanern!»); Kanada und die karibischen West Indies blieben allerdings britisch. Der Wiener Kongreß, der nach den napoleonischen Kriegen 1815 die Macht in Europa neu ordnete, leitete einen neuerlichen Richtungswechsel der europäischen Expansion vom Atlantik auf das Mittelmeer und den Indischen Ozean ein, wobei der Bevölkerungsexport nach Amerika ungebrochen weiterlief. Den maritimen Wettlauf um strategische Kontrolle und Prestige gewann im Zeichen der beginnenden Industriellen Revolution Großbritannien; die East India Company etablierte sich faktisch als Kolonialmacht im ostindischen Bengalen; Portugal und Spanien hielten ihre starken Stellungen entlang der afrikanischen Küsten von Melilla, Ceuta und Tanger bis Moçambique, büßten ihre frühere Dominanz im Ostindienhandel aber ein; Frankreich verlor in Nordamerika und Indien erheblich an Boden; in Ostindien (dem heutigen Malaysia und Indonesien) etablierte sich die niederländische VOC als regionale Vormacht.

Neuland II: Der Islam in Südostasien

Auf dem Seeweg gelangte auch der Islam nach Südostasien, wo er im 13. Jahrhundert zunächst in einigen Häfen an der Nordküste Sumatras Fuß faßte und von dort aus im 14. Jahrhundert nach Trengganu im heutigen Malaysia, Brunei an der Westküste Borneos (heute Kalimantan), Jolo und Mindanao als Teil der südlichen Philippinen sowie nach Ostjava gelangte. Da es an zeitgenössischen Quellen mangelt, ist der Prozeß im einzelnen nicht nachzuverfolgen. Die Hofchroniken des 17. Jahrhunderts, die von der wundersamen Bekehrung einzelner Fürsten und dem Wirken von neun javanischen Heiligen (*wali* oder javan. *sunan*) berichten, sowie verschiedene Reiseberichte von Marco Polo (1292) über den maghrebinischen Reisenden Ibn Battuta (1345/46) und den chinesischen Muslim Ma Huan (1416) bis hin zu dem portugiesischen Apotheker Tomé Pires (1512–1515) bieten wenige verläßliche Daten. Die wichtigsten Hinweise auf die Präsenz von Muslimen (meist ungeklärter Herkunft) geben Grabsteine, die natürlich keine Geschichte im landläufigen Sinn erzählen. Wahrscheinlich waren hier wie im subsaharischen Afrika drei Elitegruppen die frühesten Träger und Multiplikatoren der islamischen Mission: muslimische Händler (anfänglich indischer, arabischer und chinesischer, später auch malaiischer und javanischer Herkunft); heilige Männer (Sufis im weitesten Sinn, zu dieser Zeit aber noch keine organisierten Sufi-Bruderschaften), die kraft ihres esoterischen Wissens und magischer Praktiken vor allem in der hochgradig stratifizierten Kultur und Gesellschaft Javas mehr Wirkung erzielt haben dürften als die sozial niedriger eingestuften fremden Händler; schließlich lokale Fürsten und Adlige, die das Prestige der islamischen Schriftreligion mit den damit verknüpften magischen Kräften nutzten, um ihre eigene Position gegenüber Gegnern und Konkurrenten zu stärken. Unter diesen Gegnern spielte das hindu-buddhistische Königreich von Majapahit eine besondere Rolle, dessen Macht und kulturelles Prestige von Ostjava bis an die

Ostküste Sumatras ausstrahlte. Im städtischen und höfischen Milieu trat der Islam neben die lokalen hinduistischen und hindu-buddhistischen Kulte, Kosmologien und Praktiken, die er im Laufe der Zeit bestenfalls überformte und überlagerte, aber nicht gänzlich verdrängte. Als formale Zeichen der Islamisierung der (männlichen) Eliten nennen die malaiischen Quellen das Glaubensbekenntnis in arabischer Sprache, die Annahme arabischer Namen und die Beschneidung; ein sichtbares Zeichen setzte in dieser so stark vom Ahnenkult geprägten Gesellschaft auch ein islamisches Begräbnis.

Im 15. Jahrhundert verbreitete sich der Islam in mehreren Regionen, die besonders eng in den internationalen Seehandel eingebunden waren: im Handelszentrum Malakka, das um 1400 die gleichnamige Meerenge zwischen der malaiischen Halbinsel und Sumatra beherrschte und dessen hindu-buddhistischer Herrscher um 1413 zum Islam konvertierte, auf der malaiischen Halbinsel, an der Ostküste Sumatras und der javanischen Nordostküste bis Surabaya, in Brunei, auf den Molukken (von arab. *jazirat al-muluk*, Insel der Könige) und auf den südphilippinischen Sulu-Inseln. Als die Portugiesen unter Afonso de Albuquerque 1511 Malakka eroberten, zerstörten sie, sehr zum eigenen Nachteil, dessen bisherige Schlüsselstellung im Indien- und Ostasienhandel, der sich, auf verschiedene Zentren verteilt, neu organisierte. Ein Nutznießer dieser Neuverteilung war das muslimische Fürstentum von Aceh an der Nordspitze Sumatras, das in Konkurrenz mit den Portugiesen und dem muslimischen Sultanat von Johor (im heutigen Malaysia) militärisch expandierte. Damit erweiterte sich zugleich der islamische Herrschaftsbereich auf Sumatra. Etwa gleichzeitig entstand in Demak an der nordjavanischen Küste ein neues muslimisches Handelszentrum, das um 1527 (dem Jahr 1400 des javanischen Kalenders) mit Unterstützung des kämpferischen «Heiligen» Sunan Kudus (von arab. *al-quds*) das Königreich von Majapahit vernichtete. Bis 1550 brachte Demak die wichtigsten javanischen Städte von Malang im Osten bis Cirebon und Banten im Westen unter seine Kontrolle. Nach dem Fall des letzten größeren hindu-buddhistischen Fürstentums konvertierte um 1580 die westjavanische Elite zum Islam. In Westsumatra bekehrte sich zur gleichen Zeit die Oberschicht der Minangkabau, hielt allerdings am matrilinearen Erb- und Familienrecht fest, das in deutlichem Gegensatz zum patrilinearen Grundprinzip der Scharia stand und steht. Von Sumatra und Java aus gelangten auf friedlichem und militärischem Weg Lombok,

Den regionalen Stil zeigt die Moschee von Lubuk Bauk (Westsumatra) im Gebiet der Minangkabau, deren traditionelle Langhäuser Schiffskielen gleichen. Die ursprüngliche Dachbedeckung mit Reet wurde durch Wellblech ersetzt.

Südsulawesi, Ost- und Südostborneo unter islamischen Einfluß; einzig Bali blieb hindu-buddhistisch.

Nach 1600 wurde die niederländische Ostindien-Gesellschaft auf den Molukken, auf Ambon und in Westsumatra aktiv, wo sie mit brutalen Methoden ein Monopol über den Gewürz- und Pfefferhandel durchsetzte. 1619 eroberte sie Jayakerta, das in Batavia umbenannt wurde (heute ein Teil Jakartas). Schon zuvor waren im ostjavanischen Binnenland mit Pajang und Mataram (heute Surakarta/ Solo und Yogyakarta) neue muslimische Machtzentren entstanden, deren Fürsten sich genealogisch über die hindu-buddhistische Dynastie von Majapahit legitimierten, deren sakrales Prestige sich entfernt mit der Bedeutung der dschingisidischen Abstammung für die turko-mongolischen Dynastien Zentralasiens vergleichen läßt. Sultan Agung («der große Sultan», reg. 1613–1646) von Mataram unterwarf in langen und zerstörerischen Kriegen ganz Zentral- und Ostjava; eigenständig blieben unter anderem Banten, ein Zentrum

Wie im Schattenspiel werden auch im javanischen Puppenspiel in erster Linie die großen indischen Epen dargestellt. Diese Figur aber ist der Onkel des Propheten, Hamza b. Abd al-Muttalib, der der Überlieferung zufolge als Kämpfer für den Islam unzählige Feinde besiegte und/oder zum Islam bekehrte. Hamza ist hier wie ein javanischer Adliger mit einem Batikrock bekleidet und trägt, an seinem Rücken schwach erkennbar, den magischen Dolch (kris). Nordostjava (wahrscheinlich Probolinggo), 1850–1905.

des Pfefferhandels, und Batavia im Westteil der Insel. Java war zu dieser Zeit dank Reisanbau und Holzwirtschaft agrarisch reich, aber nur dünn besiedelt: Die Bevölkerungszahl betrug 1600 vielleicht 4 Millionen Menschen, 1800 5 Millionen (Ricklefs 1993: 15; im Jahr 2005 waren es etwa 125 Millionen). Die einzelnen Zentren von Landwirtschaft, Handel und Gewerbe lagen weit auseinander und waren selbst in der trockenen Jahreszeit – Java liegt in der tropischen Monsunzone – über Land nur schwer zu erreichen. Sultan Agungs aggressive Expansionspolitik war politisch zwar recht erfolgreich, fügte Landwirtschaft und Handel vor allem in der Küstenregion aber schwere Schäden zu. Ebenso aggressiv expandierte zur gleichen Zeit auf den Molukken, in Südsulawesi und auf Java die VOC, die 1641 auch das portugiesische Malakka eingenommen hatte.

Sultan Agungs Sohn und Nachfolger Amangkurat I. (reg. 1646–1677) scheiterte bei dem Versuch, sein Reich zu zentralisieren, sämtliche Ressourcen in die Hand zu bekommen und alle autonomen Kräfte zu zerschlagen. Zahlreiche Mitglieder des hohen Adels ließ er ermorden; als sich 1647 auch muslimische Führer gegen ihn erhoben, wurden sie mitsamt ihren Familien umgebracht, ein holländischer Bericht spricht allein hier von 5000–6000 Toten. 1655 schloß Amangkurat die Häfen an der javanischen Nordküste für den Außenhandel und ruinierte damit die örtliche Wirtschaft; die von seinem Vater unterworfenen Territorien machten sich selbständig; eine Rebellion brachte ihn schließlich zu Fall. In den nachfolgenden Wirren verbündete sich der Kronprinz und neue König Amangkurat II. (reg. 1677–1703) mit der VOC. Das Königshaus teilte sich schließlich in zwei Linien, die eine mit Residenz in Surakarta (heute Solo), die andere in Yogyakarta. Im 18. Jahrhundert erlebten sie noch einmal einen ökonomischen und demographischen Aufschwung und entfalteten neue politische und militärische Macht. 1811 aber fiel Batavia an eine britische Flotte unter Thomas Stanford Raffles, 1812 eroberten die Briten mit Hilfe indischer Sepoys (europäisch gedrillten einheimischen Infanterieeinheiten) Yogyakarta. 1815 stellte der Wiener Kongreß nach den napoleonischen Kriegen die niederländische Oberhoheit über Java wieder her; Raffles gründete 1819 Singapur. Der Zusammenbruch eines großen javanischen Aufstands unter Prinz Diponegara, in dessen Verlauf sich 1825–1830 viele Adlige auf die Seite der Niederländer geschlagen hatten, festigte die koloniale Ordnung. Ähnlich wie die Briten in Indien, brachten die Niederländer im Bündnis mit Teilen der einheimischen Aristokratie einschließlich des Königshauses Wirtschaft und Außenhandel des Landes unter ihre Kontrolle. Gewinn machten angesichts der hohen Kosten kolonialer Besatzung allerdings nur einzelne Sektoren wie Kaffee, Zucker und Tee, die im 19. Jahrhundert an die Stelle von Gewürzen, Pfeffer und Textilien als Haupthandelsgüter des Inselreiches traten.

Ähnlich wie auf dem Indischen Subkontinent entwickelten sich im ethnisch, sprachlich und religiös so vielgestaltigen malaiisch-indonesischen Archipel unterschiedliche Formen eines in der einen oder anderen Weise mystisch geprägten Islam. In der Regel trat er an die Seite lokaler Traditionen und Kulte, die weiterhin die kulturellen Standards setzten (man denke an Majapahit und die javanische Hofkultur allgemein), paßte sich in jedem Fall erkennbar an diese lokalen Kulte und Traditionen an oder formte sie in spezifischer Weise um. Nicht immer war das Ergebnis für Muslime der mittelöstlichen Kernlande als Islam identifizierbar, nicht immer war es synkretistisch. Zur Verbreitung einer neuen, spezifisch malaiischen islamischen Kultur trug die Literatur in malaiischer Sprache bei, die meist in arabischer Schrift geschrieben wurde und zwischen Sumatra und Ambon als Verkehrs- und Handelssprache diente. Schon früh wurden mystische, juristische und theologische Texte aus dem Persischen und Arabischen übersetzt. Im 16. und 17. Jahrhundert entstand in Malakka, Aceh und an anderen Orten eine neue islamische Literatur in malaiischer Sprache, die aber auch die hinduistischen Klassiker einschließlich der großen Epen Mahabharata und Ramayana bewahrte. Noch stärker erhielt sich das hinduistisch-buddhistische Erbe in der (alt)javanischen Literatur und Kunst. Zur literarischen kam hier wie dort die materielle und visuelle Kultur: Der zeremonielle Dolch (*kris*), Batik und Architektur sowie Tanz, Musik und das Schattenspiel (*wayang*) besaßen eine sakrale Dimension und Bedeutung, die der Islam nicht aufhob. Wie in Iran und Indien wurde so neben der (adaptierten) islamischen Hoch- und Volkskultur ein nicht-islamisches Repertoire als integraler Teil der eigenen kulturellen Identität gepflegt.

Im 17. und 18. Jahrhundert breitete sich der Islam langsam auch im Inneren der einzelnen Inseln aus. Um 1800 waren Sumatra, Java und verschiedene Regionen Malaysias fast vollständig islamisiert. Neben den mystischen Varianten etablierte sich ein stärker an der Scharia orientierter Schriftislam, und zu den Sunniten schafiitischer und hanafitischer Richtung kamen Schiiten, die alle nicht immer friedlich koexistierten. Mittelpunkt islamischer Lehre und islamischen Lebens waren jenseits der Höfe die Schulen (*pesantren*) einzelner Lehrer und Gelehrter, die dort ihre Schüler (*santri*) um sich scharten. Damit grenzten sie sich zugleich von den (aus ihrer Sicht nur nominellen) Muslimen ab, die keine islamische Unterweisung erfahren hatten und sich in erster Linie an lokalen Traditionen orientierten (von den 1860er Jahren an wurden sie im Gegensatz zu den islamisch gebildeten «weißen» Santri, javan. *putihan*, häufig als «Rote», *abangan*, bezeichnet). An den Küsten Sumatras und Javas, die über den Fernhandel in engerem Kontakt mit der muslimischen Ökumene standen, waren schariakonforme Vorstellungen weiter verbreitet und fester verankert als im häufig recht abgeschiedenen Binnenland. Es kann daher nicht erstaunen, daß dort auch die islamischen Reformbewegungen des 18., 19. und 20. Jahrhunderts den stärksten Rückhalt fanden.

Neuland III: Der Islam im subsaharischen Afrika

Auch im subsaharischen Afrika breitete sich der Islam in einem langsamen Prozeß entlang der großen Handelswege aus, wobei sich Westafrika und die Sahelzone (von arab. *sahil*, Küste, gemeint ist hier der südliche Rand der Sahara) deutlich anders entwickelten als Ostafrika (Nubien, Äthiopien, das Horn von Afrika und die ostafrikanische Küste). Nach Westafrika wurde der Islam zunächst von zwei Gruppen getragen: zugereisten muslimischen Kaufleuten (hier vor allem Berbern), die mit ihren Waren, Erfahrungen und Kenntnissen (Lesen, Schreiben, Rechnen) auf die lokale Elite Eindruck machten, und «heiligen», manchmal auch gelehrten Männern, die mit heilenden und magischen Fähigkeiten auf sich aufmerksam machten. Aufgenommen wurde der Islam zuerst von lokalen Eliten, die sich der prestigeträchtigen, magisch aufgeladenen Schriftreligion und ihrer Träger zur Stärkung der eigenen Macht bedienten. Ihre Unterstützung wiederum verlieh der neuen Religion zusätzlich Ansehen und Durchsetzungskraft, zumal sie die einheimischen Kulte zunächst eher ergänzte, als sie zu verdrängen. Von kaufmännischen Enklaven und städtischen Zentren ausgehend verbreitete sich der Islam ganz allmählich in der ländlichen Gesellschaft. Dabei spielten zwar einzelne Sufis eine wichtige Rolle, nicht aber hierarchisch verfaßte Sufi-Bruderschaften, die im subsaharischen Afrika erst im 18. und 19. Jahrhundert aktiv wurden.

Im westafrikanischen Königreich von Mali waren im 12. und 13. Jahrhundert zumindest der König und sein Hof muslimisch; in der alten Karawanenstadt Timbuktu etablierte sich eine autonome Gemeinschaft von Religions- und Rechtsgelehrten, die wie im nördlich angrenzenden Maghreb der malikitischen Rechtsschule angehörten. König Mansa Musa (reg. 1312–1337) erlangte mit seiner aufwendigen Pilgerfahrt nach Mekka, die ihn 1324 auch durch Kairo führte, einige Berühmtheit. Um 1400 hatte Mali seinen Höhepunkt jedoch überschritten. Am großen Nigerbogen weitete Mitte des 15. Jahrhunderts Sonni Ali (reg. 1464–1492) das Reich der Songhai mit der Hauptstadt Gao aus, geriet mit seinem brutalen Vorgehen jedoch in Konflikt mit den Gelehrten von Timbuktu. Der aus Tlemcen stammende militante Rechtsgelehrte Muhammad b. Abd al-Karim al-Maghili (ca. 1440–1504), der sich zu dieser Zeit in Songhai aufhielt, erklärte ihn daraufhin zum Ungläubigen (sogenannter *takfir*).

Die Große Moschee von Djenné, Mali, wurde 1905 in traditioneller Lehmbauweise errichtet; photographiert um 1990.

Erst der Usurpator Askiya (ein königlicher Titel) Muhammad Ture (reg. 1493–1528) betrieb, gestützt auf al-Maghili und die muslimischen Gelehrten von Djenné und Timbuktu, die forcierte Islamisierung seines Reiches – möglicherweise auch, aber sicher nicht primär, um der portugiesischen Expansion entlang der westafrikanischen Küste entgegenzutreten. Die Eroberung Songhais durch die marokkanischen Sultane im Jahr 1591, die einen Teil der einheimischen Elite einschließlich des großen malikitischen Gelehrten Ahmad Baba (1556–1627) nach Marrakesch verschleppten, markierte keinen tiefen Einschnitt in der Islamisierung Westafrikas. Sie trat erst mit den Jihad-Bewegungen des 18. Jahrhunderts in eine neue Phase ein. Muslimisch war seit dem späten 11. Jahrhundert auch die Oberschicht des Reiches von Kanem und Bornu südöstlich und nördlich des Tschad-Sees, das seit dem 9. Jahrhundert eine wichtige Rolle im Sklavenhandel mit dem Maghreb spielte. Östlich davon entstanden im 16. Jahrhundert neue Staaten wie Wadai und Baghirmi im heutigen Tschad und Darfur im Westsudan, in denen wiederum zumindest die Oberschicht den Islam annahm.

Weitgehend islamisiert waren um 1500 der Nordsudan sowie der ostafrikanische Küstenstreifen bis auf die Höhe von Madagaskar und dem heutigen Moçambique (Sofala), wo der Islam deutlich andere soziokulturelle Milieus vorfand als in Westafrika. Indem die

Mamluken im 14. Jahrhundert das koptische Königreich von Nubien zerschlugen, ermöglichten sie die weitere Zuwanderung arabischer Stämme, die den Nordsudan arabisierten und islamisierten. In der sudanesischen Jazira hingegen, dem Gebiet zwischen Weißem und Blauem Nil, errichteten die aus den südlichen Nuba-Bergen und dem äthiopischen Grenzland stammenden muslimischen Funj um 1500 ein eigenes Reich mit Zentrum Sinnar (Sennar), das bis ins 18. Jahrhundert die matrilineare Erbfolge bewahrte, einen florierenden Handel mit Ägypten und dem Roten Meer betrieb und erst nach 1775, durch innere Auseinandersetzungen geschwächt, zerfiel. 1821 erlag es dem osmanischen Gouverneur von Ägypten, Muhammad Ali. Die afrikanische Ostküste wurde von Ägypten und der Arabischen Halbinsel aus islamisiert und wandte sich daher entweder der schafiitischen Rechtsschule zu oder (südlich des Horns von Afrika) der in Oman verwurzelten kharijitischen Ibadiyya. Vom 10./11. Jahrhundert an entstanden am Horn von Afrika – dem Gebiet der heutigen Staaten Äthiopien, Eritrea, Djibouti und Somalia – indigene muslimische Gemeinschaften und Kleinkönigreiche, die kollektiv als *jabarti* bekannt wurden. Im 14. und 15. Jahrhundert weitete der Negus von Äthiopien seine Herrschaft auf das küstennahe Tiefland aus, um 1517 expandierten die Osmanen von Ägypten aus im Roten Meer. Unter diesen Vorzeichen verschärften sich auch die Auseinandersetzungen zwischen lokalen Christen und Muslimen. Der Jihad, den Ahmed Gran (amhar. wohl der «Linkshänder») 1527–1543 gegen die christlichen Äthiopier führte, gehört in diesen Zusammenhang. Während die Äthiopier über den Hafen Masawa portugiesische Hilfe erhielten, bezogen die Muslime über den osmanischen Gouverneur von Zabid im Nordjemen Waffen und Musketiere. Grans Krieger verwüsteten zwar Aksum, unterlagen aber schließlich dem Heer des Negus. Im ausgehenden 18. Jahrhundert verdichteten sich erneut die kommerziellen und kulturellen Beziehungen zur Arabischen Halbinsel und nach Ägypten, wobei wiederum der Sklavenhandel eine wichtige Rolle spielte. Im gleichen Zug breitete sich aber, maßgeblich getragen von Sufi-Scheichs und Bruderschaften, allmählich der Islam unter den seßhaften und nomadischen Stämmen des Hinterlandes aus. Das setzte der Sklavenjagd immer engere Grenzen, durften Muslime andere Muslime doch nicht versklaven.

Wiederum einen eigenen Charakter trug der Islam an dem rund 3000 Kilometer langen Küstenstreifen südlich des Horns von Afrika und auf den vorgelagerten Inseln Sansibar, Madagaskar und den Komoren, wohin er nach 1150 von arabischen Händlern aus Hadramaut gebracht wurde. Hier war die muslimische Kultur und Gesellschaft ganz und gar städtisch. Die einzelnen Hafen- und Handelsstädte waren politisch autonom, über die gemeinsame Sprache Suaheli (wiederum von arab. *sahil,* Küste) und den sunnitischen Islam kulturell jedoch eng verbunden. Ab 1500 unterwarfen die Portugiesen die ostafrikanischen Küstenstädte von Sofala über Kilwa und Mombasa bis Mogadischu; bis 1650 beherrschten sie auch die Küste von Oman. Von dort aber vertrieb sie die Lokaldynastie der Ya'rubiden, die 1698 mit Mombasa auch den letzten portugiesischen Stützpunkt in Ostafrika eroberten und damit zur neuen regionalen Vormacht aufstiegen. 1750–1850 verlegte die Dynastie der Bu Sa'id, die nach inneren Wirren in Oman die Macht ergriffen hatte, ihre Hauptstadt nach Sansibar. Hauptinteresse der Omanis war der Handel, insbesondere der Handel mit Sklaven, die in dem noch nicht islamisierten ostafrikanischen Hinterland eingefangen wurden. Die Bedeutung des Sklavenhandels ging erst zurück, als dieses Hinterland im 19. Jahrhundert von muslimischen Lehrern, Predigern und Sufis islamisiert wurde. Ab 1800 wurde das durch arabische Lehnwörter angereicherte Suaheli auch in einer adaptierten arabischen Schrift geschrieben, so daß den ostafrikanischen Muslimen nun eine eigene Schriftsprache zur Vermittlung religiösen wie nicht-religiösen Wissens zur Verfügung stand. (Ähnlich setzte sich in Indien etwa um die gleiche Zeit Urdu als Schrift- und Umgangssprache der nordindischen Muslime durch.) Die Islamisierung Afrikas setzte sich unter kolonialem und postkolonialem Vorzeichen fort: Zu Beginn des 21. Jahrhunderts war etwa die Hälfte aller Afrikaner muslimischen Glaubens (Robinson 2004: 27).

Auf einem Hoffest aus Anlaß einer Prinzenbeschneidung trägt die Zunft der Architekten ein Modell der Süleimaniyye-Moschee durch das Hippodrom in Istanbul. Links neben dem Sultan im sogenannten Paradekiosk zwei Vertreter seiner Janitscharen-Leibgarde. Miniatur aus einem osmanischen *Sur-name* (Buch der Feste), um 1582.

Reichsgründungen VII

Um 1500 bildeten sich drei Großreiche, die über Jahrhunderte Geschichte und Kultur der islamischen Welt prägen sollten. Alle drei wurden von Eroberern türkischer oder turko-mongolischer Abstammung gegründet und von der irano-islamischen Kultur persischer Sprache geprägt: Am ältesten, stärksten und langlebigsten war das Osmanische Reich, das zeitweise vom Balkan über Anatolien bis in den Kaukasus und vom Jemen über den Hijaz bis nach Algerien reichte; jünger, kurzlebiger und territorial begrenzter das Safawidenreich in Iran und das Reich der Großmoghuln in Indien, das seine Nachbarn freilich an Bevölkerungszahl weit überragte. Den Osmanen und Safawiden boten im 15. und 16. Jahrhundert Turkmenen und Usbeken Paroli. Begrenzter war der politische und kulturelle Einfluß muslimischer Dynastien an der Süd- und Ostküste der Arabischen Halbinsel, wo Oman im 17. und 18. Jahrhundert expandierte, während der Jemen zeitweise unter osmanische Herrschaft geriet. Im Maghreb deckten die Herrschaftsgebiete der Sa'diten, Ziyaniden und Hafsiden recht genau die nördliche, küstennahe Zone der heutigen Staaten Marokko, Algerien und Tunesien ab, wobei letztere nach 1550 gleichfalls in den osmanischen Macht- und Einflußbereich einbezogen wurden.

Das Osmanische Reich

Zu den turkmenischen Kleinfürstentümern, die sich im 13. Jahrhundert zwischen dem byzantinischen und dem rum-seldschukischen Machtbereich etablierten, den sich nach 1243 die Il-Khane einverleibten, gehörte auch das des Osman oder Ataman (st. um 1326), der sich mit seinem Anhang in Nordwestanatolien (Bithynien) festsetzte und wohl noch die Eroberung des wichtigen Handelszentrums Bursa erlebte. Seine Erfolge zogen immer neue Gruppen turkmenischer Nomaden an, die weitgehend autonom unter eigenen Anführern und Sufi-Scheichs als Grenzkämpfer (Ghazis) von der Beute und den Abgaben der unterworfenen Bevölkerung lebten. Osmans Sohn Orhan (st. 1362) ließ bereits eigene Münzen prägen, nahm 1337 Iznik (Nicaea) und wandte sich dann nach Thrakien – und zwar an der Seite des byzantinischen Kaisers Johannes VI. Kantakuzenos, den er in den Thronwirren der 1340er Jahre gegen seine inneren und äußeren

Feinde unterstützte und dessen Tochter Theodora er heiratete. Die Osmanen waren Teil einer komplizierten politischen Konstellation, in der taktische und strategische Bündnisse einmal mehr die religiösen Grenzen überschritten: Potentielle Gegner und Partner waren die anatolischen Fürstentümer mit den Zentren Sivas, Konya, Aydin, Menteshe oder Birgi sowie das Königreich von Kleinarmenien. Dazu kamen Byzanz, das sich 1261 von der lateinischen Oberherrschaft befreit hatte, nun aber von Thronkämpfen erschüttert und von Serben, Bulgaren, Ungarn, Turkmenen und Mongolen bedroht wurde; die konkurrierenden Seerepubliken Genua und Venedig; die Mamluken in Ägypten und Syrien, die als Protektoren der turkmenischen Karamaniden in Konya auftraten; die Aq- und die Qara-Qoyunlu; die Il-Khane, die Goldene Horde und schließlich ab 1400 Timur und die Timuriden. Wie zu Zeiten der Kreuzzüge stand hier im Prinzip jeder gegen jeden. Ungeachtet ihrer tribalen Basis und ihres Selbstverständnisses als muslimische (entschieden sunnitische) Grenzkämpfer verkörperten die Osmanen keine religiös-politische Bewegung wie später die Safawiden, die ebenfalls dem tribal geprägten Milieu Anatoliens entstammten; sie ähnelten vom Typus her viel eher den Seldschuken. Ihre Truppen umfaßten zu dieser Zeit große christliche Kontingente, die sich ihnen freiwillig oder unfreiwillig anschlossen; die Sultane selbst waren häufig genug Söhne christlicher Mütter und Gatten christlicher Ehefrauen und Konkubinen, und zwar sowohl freier Prinzessinnen wie versklavter Gefangener.

Unter Orhans Sohn aus der Ehe mit der Byzantinerin Nilüfer, Murad I. Khudavendigar (reg. 1362–1389), eroberten die Osmanen die byzantinischen Territorien westlich von Konstantinopel einschließlich des strategisch wichtigen und gut befestigten Handelszentrums Adrianopel (türk. Edirne), das Murad zur Hauptstadt seiner europäischen Besitzungen (Rumelien, abgeleitet von *rum*, Rom/Byzanz) machte; der byzantinische Kaiser wurde tributpflichtig. Auf dem Amselfeld (südslaw. Kosovo Polje) wurde Murad 1389 von einem Serben ermordet – und doch errangen die Osmanen unter seinem Sohn Bayezid I. Yildirim («der Blitz», geb. 1354, reg. 1389–1402) einen glänzenden Sieg über ein serbisch-bosnisches Heer und zogen dann in neuen Kampagnen durch Serbien, Bulgarien und die Walachei, die dem Reich als Provinzen oder tributpflichtige Fürstentümer eingegliedert wurden. Die Belagerung Konstantinopels hingegen mußten sie 1401 nach sechs langen Jahren aufgeben. Bayezids Eroberungen weckten in Europa tiefe Ängste. In der islamischen Welt mehrten sie seinen Ruhm. Timur aber bereitete seinem Höhenflug ein Ende: Er trat als Verteidiger der anatolischen Fürsten auf, besiegte das osmanische Heer 1402 bei Ankara, nahm Bayezid gefangen, verwüstete Bursa und bestätigte die turkmenischen Beys als seine Vasallen in ihren Besitzungen. Unter Bayezids Söhnen brachen sofort Nachfolgekämpfe aus, in denen sich Mehmed I. (reg. 1413–1421) durchsetzte; eine religiös-soziale Aufstandsbewegung unter Scheich Bedr ed-Din schlug er blutig nieder. Sein Sohn Murad II. (reg. 1421–1451) erkämpfte in Anatolien die alte Vorherrschaft zurück, arrangierte sich für gewisse Zeit mit Venedig und führte im Bündnis mit Genua erneut Krieg auf dem Balkan. Dort war mittlerweile Ungarn sein stärkster Gegner, das nach großen Siegen (1442 Hermannstadt) auch schwere Niederlagen erlitt (1444 Varna, 1448 zweite Schlacht auf dem Amselfeld). Die Führer der Ungarn, Serben und Albaner von Janos Hunyadi über Stefan Lazarević bis Georg Kastriota, genannt Skanderbeg, die sich den osmanischen Invasoren in den Weg stellten, sollten im 19. Jahrhundert als Nationalhelden gefeiert werden – ihre eigene Zeit kannte nationale Ideen und Identitäten noch nicht.

Unter Mehmed II. «dem Eroberer» (Fatih Mehmed, geb. 1432, reg. 1444–1446 und 1451–1481) nahmen die Osmanen 1453 schließlich Konstantinopel ein und machten es unter dem neuen Namen Istanbul (auch Islambul, «vom Islam erfüllt»; auf den Münzen stand bis in die Neuzeit Qustantiniyya) zur dritten Hauptstadt des unaufhaltsam expandierenden Reiches. Mehmed unterwarf fast ganz Südosteuropa mit seinen reichen Ressourcen, darunter wertvollen Gold- und Silberminen, sowie die unter venezianischer Herrschaft stehenden ägäischen Inseln mit Ausnahme von Rhodos, das der Johanniter-Orden erfolgreich verteidigte. Das Khanat der Krimtataren wurde tributpflichtig; mit dem Fall des byzantinischen Restreiches von Trapezunt 1461 und des Fürstentums der Karamaniden 1475 wurde der größte Teil Anatoliens osmanisch. Damit erstreckte sich das Osmanische Reich von der Donau bis an den Euphrat, kontrollierte die nördliche Ägäis, den Bosporus und die Dardanellen und beherrschte das Schwarze Meer, das es für fremde Schiffe schloß.

Die klassische Ära, 1450–1600

Das osmanische Heer hatte sich von seinen Anfängen mittlerweile weit entfernt, und mit der Heeresverfassung wandelten sich auch

Knabenlese: Ein Schreiber trägt die Namen der ausgewählten Knaben in eine Liste ein, ein anderer zählt den Beitrag der Dorfbewohner zu den Reisekosten. Die Knaben sind zur besseren Identifikation in Rot gekleidet. Sie schultern reisefertig bereits ihr Bündel, während die Eltern (man beachte die protestierenden Mütter) noch mit dem aufsichtführenden Janitscharenoffizier verhandeln, der an seiner charakteristischen hohen Kopfbedeckung zu erkennen ist. Miniatur aus dem *Süleiman-name*, 1588.

Herrschaft und Verwaltung. Der osmanische Staat war schon jetzt etwas deutlich anderes als die Familienunternehmen türkischen und turko-mongolischen Zuschnitts, wie man sie bislang kannte: An die Stelle der schwer zu kontrollierenden turkmenischen Stammesverbände und diverser Freiwilligentrupps war eine Armee von Berittenen und Fußsoldaten getreten, die im 15. und 16. Jahrhundert bis zu 200 000 Mann umfaßte. Nach Größe, Ausbildung und Bewaffnung war sie allen Konkurrenten überlegen; selbst im 17. Jahrhundert mobilisierte nur Frankreich zeitweise noch größere Heere. Innovativ waren die Osmanen vor allem auf dem Gebiet von Recht und Verwaltung: Mehmed II. war der erste osmanische, möglicherweise sogar der erste islamische Herrscher, der neben die (verschriftlichte, aber nicht kodifizierte) Scharia eigene Gesetzessammlungen (Sg. *kanun-name*) zu Fragen des Bodenrechts, der Organisation von Herr-

Miniatur von Istanbul und Galata, der ursprünglich genuesischen Siedlung am nördlichen Ufer des Goldenen Horns, um 1537 gemalt von Matraki Nasuh.

schaft und Verwaltung sowie Teilbereichen des Strafrechts stellte, zu deren Anwendung die Richter und sonstigen Staatsbeamten verpflichtet wurden. Zwar wurde ein sultanisches *kanun* nur rechtskräftig, wenn ein Rechtsgutachten (eine Fatwa) seine Übereinstimmung mit der Scharia bestätigte – faktisch aber ergaben sich gelegentlich unübersehbare Widersprüche. Mehmed verfügte unter anderem, daß mit Ausnahme von Stiftungsgut (*waqf*) sowie von Gärten, Wohnhäusern und Gewerbebauten, über die ihre Besitzer als privates Eigentum (*mulk*) frei verfügen konnten, der gesamte Grund und Boden als Staatseigentum (*miri*, von arab. *amiri*, dem Fürsten gehörend) zu gelten habe. Ein Teil war Krongut im Besitz des Sultans und seiner Familie, ein großer Teil wurde anstelle von Sold oder Salär als widerrufbare Pfründe (*timar*, türk. Zuwendung, vergleichbar dem seldschukischen *iqtaʿ*) an Militärs und Bürokraten vergeben, gelegentlich auch an Religions- und Rechtsgelehrte einschließlich hoher nichtmuslimischer Kleriker. In einen klaren Widerspruch zur Scharia begab sich Mehmed, als er in großem Umfang Privat- und Stiftungsland enteignete, um damit die von ihm begünstigten alten und neuen Eliten zu belehnen. Sein Nachfolger nahm die Enteignungen rasch zurück.

Timars wurden in der Regel an Reiter vergeben (*sipahi* von pers. *sipah*, Armee; hiervon abgeleitet später Sepoy als Bezeichnung für die einheimische Infanterie im britischen und französischen Indien), die auf eigene Kosten Pferd, Panzer, Waffen und Ausrüstung zu stellen hatten, je nach Größe des *timar* auch weitere Bewaffnete. Sie wurden für die einzelnen Feldzüge aufgeboten und nach deren Beendigung wieder dorthin entlassen, wo ihr *timar* lag, in der Regel also in die Provinz. Zu den Sipahis, die sich in mehrere Klassen gliederten, zählten neben den osmanischen Eroberern auch ihre zur Heerfolge verpflichteten Vasallen auf dem Balkan, der Krim und in Anatolien, und zwar Muslime wie Christen; dementsprechend war auch die schwere Reiterei, die im 16. und 17. Jahrhundert 70000–80000 Mann ins Feld schicken konnte, nicht rein muslimisch. Eine Lehnsherrschaft entstand damit so wenig wie in früheren Zeiten, da die *timars* nach Möglichkeit räumlich gestreut wurden, um eine allzu große territoriale Konzentration zu vermeiden. Zugleich blieben sie an den kostspieligen militärischen Dienst geknüpft, der vielfach lange Abwesenheiten erforderte; daher auch die Unbeliebtheit großer Feldzüge in ferne Gegenden. Schließlich übten die Empfänger der Pfründe (Timarioten) zwar die lokale Verwaltung aus, die (schollenpflichtigen) Bauern hatten aber Zugang zu den von der Zentralregierung eingesetzten Kadi-Gerichten und in letzter Instanz sogar zum Sultan, waren ihren Herren also nicht auf Gedeih und Verderb ausgeliefert.

Die turkmenischen Stammesverbände der frühen Jahre, die gepanzerten Reiter, irregulären Hilfstruppen und leicht bewaffneten Einheiten, die auf den Kriegsschiffen oder als Bogenschützen dienten, wurden in der Regel nur für einzelne Feldzüge mobilisiert. Als Gegengewicht schuf der Großwesir Murads I., Jandarlı Khair ad-Din Pascha, nach der Einnahme Adrianopels aus christlichen Kriegsgefangenen eine stehende, besoldete Truppe von Fußsoldaten, die allein dem Sultan ergeben war und ihm jederzeit zur Verfügung stand: die «junge Truppe» (türk. *yeni çeri*), in Europa als Janitscharen bekannt. Bis ins frühe 15. Jahrhundert entwickelte sich daraus die «Knaben-

Sultan Mehmed II. erscheint im Schneidersitz, in der Linken ein Taschentuch als traditionelles Herrschaftsattribut, in der Rechten eine Rose. Das Gemälde Sinan Beys verrät den Einfluß des italienischen Malers Gentile Bellini, der im 15. Jahrhundert verschiedene osmanische Herrscher porträtierte. Osmanisches Palastalbum, 1475.

lese» (türk. *devşirme*, Einsammeln), bei der in Rumelien und in geringerem Umfang später auch in Anatolien körperlich und geistig geeignet scheinende Söhne christlicher Bauern im Alter zwischen 13 und 19 Jahren als Tribut eingezogen, im Türkischen unterrichtet und zum Islam konvertiert wurden, um dem Sultan nach sorgfältiger Ausbildung am Hof, in der Armee oder der Verwaltung zu dienen. Die Knabenlese war islamrechtlich problematisch, waren die nichtmuslimischen Untertanen des Sultans als Dhimmis doch vor Versklavung geschützt. Legitimiert wurde sie mit dem Recht des Herrschers auf das Beutefünftel, das in Anlehnung an Koran 8,41 denjenigen auferlegt wurde, die sich den muslimischen Eroberern nicht freiwillig ergeben hatten und daher mit Gewalt unterworfen wurden (ein Rückgriff also auf die Unterscheidung zwischen *sulh* und ʿ*anwa*, über die schon in abbasidischer Zeit gestritten wurde). Rechtlich gesehen waren die Janitscharen, wie vor ihnen die Militärsklaven (*ghulam*) der Samaniden, Aghlabiden, Abbasiden oder

Ayyubiden, Sklaven des Herrschers (im osmanischen Fall «Sklaven der Pforte», *kapı kulları*), der vollkommen frei über sie verfügen konnte und sie nach ihrem Tod beerbte. Faktisch bestätigte sich jedoch einmal mehr das Prinzip, wonach sich die Stellung des Einzelnen nicht allein aus seinem Rechtsstatus als Freier, Freigelassener oder Sklave ergab, sondern aus seiner persönlichen Bindung an einen Herrn oder Patron (in frühislamischer Zeit *wala'*).

Als Sklaven des Sultans waren die Janitscharen Teil der militärischen und administrativen Elite des Osmanischen Reiches mit weitreichender Befehlsgewalt auch über freie männliche Muslime. Ein wichtiger Unterschied zu den *ghulam* früherer Zeiten und den zeitgenössischen Mamluken lag darin, daß die Janitscharen nicht «im Ausland» geraubt oder gekauft, sondern aus dem Kreis der eigenen nichtmuslimischen Untertanen rekrutiert wurden. Das machte es für sie leichter, die Verbindung zu ihren Herkunftsorten und Familien zu wahren und gegebenenfalls eigene regional verankerte Patronagenetze aufzubauen. Früh entwickelte sich eine besonders enge Verbindung zwischen den Janitscharen und dem – so gar nicht orthodoxen – Bektashi-Orden, der dem ländlichen, tendenziell synkretistischen Milieu Anatoliens entstammte. Bis ins 16. Jahrhundert bildeten die Janitscharen nur kleine Einheiten, die zunächst vor allem bei der Belagerung von Festungen eingesetzt und erst nach 1450 mit Feldartillerie und weitere fünfzig Jahre später mit Feuerwaffen (Musketen, später Gewehren) ausgerüstet wurden. Ihre Stärke gewannen sie aus der Nähe zum Sultan und einem ausgeprägten Corpsgeist, den sie ungleich leichter aufrechterhalten konnten als andere Einheiten, da sie in Istanbul und den Provinzgarnisonen in eigenen Kasernen stationiert und exzellent organisiert waren. Die Janitscharen begannen unter Murad I. und II. mit bescheidenen 2000–3000 Mann; Mehmed II. verdoppelte ihre Zahl von 5000 auf 10000, Süleiman verfügte über 12000–13000 Mann.

An der Spitze der gewaltigen Kriegsmaschine stand der Sultan, der, wie die osmanische Elite insgesamt, mit dem endgültigen Sieg über Byzanz weiter an Macht und Selbstbewußtsein gewonnen hatte, sich nun zum Erben Roms erklärte und daraus entsprechende territoriale Ansprüche ableitete. Nicht anders als die europäischen Könige seiner Zeit sah sich Mehmed als Herrscher von Gottes Gnaden. Wie stets kamen ein hohes Selbstgefühl und imperiale Ambitionen in Architektur, Kunst und Kultur zum Ausdruck. Mehmed ließ das schwer zerstörte und entvölkerte Konstantinopel (Istanbul) wieder aufbauen und aus Rumelien und Anatolien neben muslimischen Türken zahlreiche Juden, Slawen und Griechen (sogenannte Phanarioten) in die Hauptstadt umsiedeln. Wie in den europäischen Reichsteilen generell war somit auch in Istanbul ein großer Teil der Bevölkerung christlich. 1477 betrug die Einwohnerzahl wohl 80000–90000, siebzig Jahre später war es bereits mehr als eine halbe Million. In seiner neuen Kapitale ließ der Sultan die Festung Yedikule und eine weiträumige Palastanlage mit großen Gärten bauen (erst Eski, später Topkapı Sarayı/Serail), einen überdachten Basar und ein großes Bad anlegen und zum Zeichen seines Triumphes die Hagia Sophia in eine Moschee umwandeln.

Der neuralgische Punkt in dem so gut organisierten, freilich ganz auf den Sultan als autokratischen Herrscher zugeschnittenen System war die Thronfolge: Wie bei den Umayyaden, Abbasiden und Seldschuken waren im Prinzip alle Söhne des regierenden Sultans erbberechtigt, gleichgültig ob von einer freien Frau oder einer Sklavin geboren. Erst im 17. Jahrhundert wurde das Seniorat eingeführt, bei dem das älteste männliche Mitglied der Familie den Thron bestieg. Anders als die Umayyaden und die Abbasiden aber konnte der regierende Sultan seinen Nachfolger nicht ohne weiteres bestimmen – er mußte sich aus eigener Kraft durchsetzen und wurde erst dann von den Großen des Reiches (bzw. des Hofes) anerkannt. Jeder Tod eines Sultans löste daher eine Krise aus, in der die Prinzen, die bis ins 17. Jahrhundert als Gouverneure in den Provinzen politisch-militärische Erfahrung sammelten, um die Nachfolge kämpften. Um Staat und Gesellschaft weiteres Blutvergießen zu ersparen, sanktionierte Mehmed eine besondere Praxis der Konfliktvermeidung: den Brudermord. Der neue Sultan ließ seine Brüder und deren Söhne umbringen (in der Regel wurden sie mit einer Seidenschnur erdrosselt, damit kein königliches Blut floß) und bestattete sie dann ehrenvoll an der Seite des Vaters. Mehmeds Sohn Bayezid II. (reg. 1481–1512) und sein Enkel Selim I. Yawuz («der Gestrenge», reg. 1512–1520) gelangten auf diese Weise auf den Thron, wobei in beiden Fällen die Janitscharen eine maßgebliche Rolle spielten.

Im Osten mit neuen Gegnern konfrontiert, wandte sich Selim zunächst von Europa ab: In Anatolien wurden die turkmenischen Qizilbash blutig ausgeschaltet, die 1501 die Safawiden an die Macht gebracht hatten, die nun von Iran aus die osmanischen Territorien bedrohten; 1514 wurde der charismatische Safawiden-Schah Ismail

Die osmanische Armee mit Reitern (Sipahis) und Fußsoldaten kehrt 1566 mit dem Leichnam Sultan Süleimans von einem Feldzug gegen Szeged zurück; gut zu erkennen die Feldzeichen, Heeresbanner und charakteristischen Kopfbedeckungen der unterschiedlichen Einheiten (die Janitscharen-Infanterie marschiert vor dem weißen Pferd im rechten Bildabschnitt). Osmanische Miniatur aus der Fortsetzung des *Süleiman-name* durch Lokman (1579–1580).

bei Chaldiran am Van-See vernichtend geschlagen. Ostanatolien und Nordmesopotamien einschließlich des heutigen Kurdistan gelangten dauerhaft in osmanische Hand. Die Safawiden überstanden das Debakel und blieben neben den Usbeken, die von Transoxanien und Ostiran aus nach Süden und Westen vorstießen, der wichtigste Gegner der Osmanen im Osten, wobei der Kampf im wesentlichen im

Irak und im Kaukasus ausgetragen wurde. Im Zuge der militärischen Auseinandersetzung betonten beide Seiten ihre konfessionelle Identität: zwölferschiitisch die iranisierten Safawiden, sunnitisch hanafitischer Prägung die türkischen Osmanen. Die Mamluken hingegen, die sich ungeachtet ihrer aufwendigen Rekrutierungspraxis mehr als zweieinhalb Jahrhunderte an der Macht gehalten hatten, verloren ihre Unabhängigkeit: Als Sieger der Schlacht von Marj Dabiq bei Aleppo annektierte Selim 1516 Syrien und 1517 Ägypten bis auf die Höhe von Kairo. Unter osmanischer Oberhoheit wahrten die mamlukischen Häuser in Ägypten allerdings bis ins frühe 19. Jahrhundert ihre Stellung («Neo-Mamluken»). In den folgenden Jahrzehnten unterwarfen sich auch ihre ehemaligen Vasallen dem neuen Souverän, unter ihnen die Lokalfürsten im Jemen, der Drusenemir im Libanongebirge und der Scherif von Mekka. Der osmanische Sultan wurde damit Schutzherr der heiligen Stätten in Mekka und Medina und verantwortlich für die Pilgerfahrt, die aus fast allen Richtungen über sein Territorium führte. Das Ende der Mamluken als unabhängige Macht bedeutete auch das Ende des abbasidischen Schattenkalifats. Der Sultan trat in gewisser Weise das Erbe des arabischen Kalifats an, nahm den Kalifentitel jedoch für lange Zeit nicht in aller Form in Anspruch. Die Eroberungen arabischer Gebiete waren nicht nur materiell höchst einträglich, sie verstärkten auch den muslimischen Bevölkerungsanteil an einem Reich, dessen Untertanen bislang mehrheitlich christlich gewesen waren. Neben Istanbul, Edirne, Saloniki und Bursa traten nun Damaskus, Kairo und Aleppo mit ihrer kosmopolitischen Wirtschaft und Gesellschaft und ihrem reichen kulturellen Leben als neue Metropolen in das Imperium ein.

Selims Sohn Süleiman, im Osmanischen Reich bekannt als Kanuni, «der Gesetzgeber», in Europa als «der Prächtige» (reg. 1520–1566), bestieg den Thron unter günstigen Vorzeichen. Die Osmanen hatten in Ost und West triumphiert, und als einziger Sohn seines Vaters mußte er um den Thron nicht kämpfen. Über Jahrzehnte führte Süleiman Krieg an allen Fronten, wobei neben dem Heer die Flotte immer wichtiger wurde. Auf dem Balkan und im Mittelmeerraum waren nun Habsburg und Venedig die großen Gegenspieler. Die Reformation und die Rivalität zwischen Frankreich und den Habsburgern in Spanien, den Niederlanden und Österreich zogen neue Gräben in Europa und schufen damit zugleich neue Koalitionen. Von dem Habsburger Karl V. 1525 bei Pavia besiegt, schloß

Franz I. von Frankreich ein Bündnis mit dem Sultan, das militärisch allerdings nur zur See wirksam wurde und sich vor allem in einem Kapitulationsvertrag niederschlug, der den französischen Levantehandel begünstigte. 1521 nahmen die Osmanen Belgrad ein, 1529 standen sie erstmals vor Wien, das sie allerdings vergeblich belagerten, 1547 gehörte ihnen schließlich der größte Teil Ungarns. Die Feldzüge zu Lande wurden begleitet vom Kampf um das Mittelmeer und den Seeweg nach Indien: Die ehemals venezianischen Besitzungen in Albanien, Griechenland und der Ägäis waren bereits in osmanischer Hand, 1522 fiel auch Rhodos, worauf der Johanniter-Orden seinen Hauptsitz nach Malta verlegte (daher später Malteser-Orden). Nun bemühte sich Karl V. um verstärkte Präsenz im Mittelmeer und nahm 1528 den genuesischen Kapitän Andrea Doria in seine Dienste. Die Osmanen rekrutierten (nicht anders als die Engländer, Spanier und Portugiesen) verstärkt Korsaren und Freibeuter wie Khair ad-Din Barbarossa (um 1466–1546), der mit seinem Bruder Algier beherrschte, nun als Großadmiral die osmanische Flotte befehligte und im losen Verbund mit Frankreich das westliche Mittelmeer unsicher machte. Die osmanische Flotte eroberte eine Reihe nordafrikanischer Häfen, darunter vor allem Tunis, scheiterte vor Malta (1565), nahm Zypern (1570), unterlag 1571 bei Lepanto einer vereinigten spanisch-päpstlich-venezianischen Flotte unter Don Juan d'Austria – und verteidigte mit neuen Schiffen schon 1574 Tunis vor einem neuerlichen Angriff der Spanier. 1580 schloß Philipp II. von Spanien einen Waffenstillstand, der die Grenzen zum Osmanischen Reich bis in die Neuzeit festlegte. Piraterie und Sklavenhandel, die beide Seiten im großem Stil betrieben, die muslimische freilich mit noch größerer Energie, nahmen damit allerdings kein Ende.

Weniger erfolgreich waren die Versuche, mit dem Ausbau von Flottenstützpunkten in Suez, am Roten Meer und am Persischen Golf die portugiesische Expansion entlang der Ostindienroute aufzuhalten. Eine Flottenexpedition nach Hormuz scheiterte 1552. In Ostafrika (erinnert sei an den Jihad des Ahmed Gran), Indien und auf dem malaiischen Archipel unterstützten die Osmanen lokale muslimische Kräfte eher indirekt mit Feuerwaffen und Artilleriefachleuten. Das Interesse der Osmanen an diesen fernen Regionen blieb indessen gering; die Weltkarte, die der berühmte Kapitän Piri Re'is (st. 1553/54), ein Neffe des Korsaren Kemal Re'is, 1513 anfertigte, blieb lange Zeit unbeachtet. Strategischer wie kommerzieller

Auf einem Fest aus Anlaß einer Prinzenbeschneidung zeigt die Gilde der Kaffeehausbetreiber im Istanbuler Hippodrom das Modell eines Kaffeehauses. Auf den Schultern getragene oder auf Wagen gezogene «lebende Bilder» waren typisch für diese Art der festlichen Handwerkerprozession (vgl. auch S. 202). Gut zu sehen ist der Janitschare neben der römischen Säule des Hippodroms. Miniatur aus einem osmanischen *Sur-name* (Buch der Feste), um 1582.

Natur waren die langen Kriege um die Gebiete nordwestlich des Schwarzen Meers und zwischen Schwarzem und Kaspischem Meer, in denen die Osmanen den Russen, Polen und Kosaken gegenüberstanden. Siebenbürgen und das Khanat der Krimtataren wurden zwar dem Sultan tributpflichtig, doch nahmen die Russen die Khanate von Kazan und Astrakhan ein und kontrollierten damit die für den Handel so wichtige untere Wolga.

In seinen frühen Jahren entfaltete Süleiman außerordentlichen Glanz und Luxus, der Besucher und Diplomaten aus aller Welt tief beeindruckte – und beeindrucken sollte, denn wie immer war höfischer Prunk zu einem guten Teil gezielte Inszenierung herrscherlicher Größe; in seinen späteren Jahren wandte sich Süleiman einem strengeren, ja puritanischen Leben zu. Dichter wie Beki (1526–1600) und Fuduli (um 1480–1556, ein irakischer Schiit mit sufischen Neigungen) verherrlichten den Sultan, das Haus Osman und die Großen des Reiches in türkischer, persischer und arabischer Sprache. Herrscherchroniken verewigten ihren Ruhm. Eindruck machte auch Süleimans Gattin Hürrem (st. 1558), im Osmanischen Reich bekannt unter ihrem Titel Khasseki Sultan, in Europa als Roxelane, eine freigelassene Sklavin polnischer oder ruthenischer Herkunft. Murad II. (reg. 1421–1451) war der erste osmanische Sultan, der sich ernsthaft für Kunst und Kultur interessierte, wobei neben ihm die Wesirsfamilie der Sokollu als große Gönner der Künste und der Wissenschaften auftrat. Noch unter Mehmed II. galten die timuridischen Höfe in Samarkand und Herat, wo sein Zeitgenosse Husain Baiqara einen glänzenden Kreis von Dichtern, Malern, Musikern und Wissenschaftlern um sich versammelte, mit ihrer persisch-türkischen Kultur als Inbegriff höfischer Verfeinerung. Zeichen dieser Faszination waren die zahlreichen Übersetzungen aus dem Arabischen und Persischen ins Osmanische, das sich zu dieser Zeit aus dem Westtürkischen entwickelte. Auch die Hofwerkstätten standen zunächst unter dem Einfluß iranischer Künstler und Handwerker, die – freiwillig oder gezwungen – aus Schiraz, Täbriz und Herat nach Istanbul, Edirne oder Bursa kamen. Das 16. Jahrhundert wandte sich verstärkt der eigenen, zeitgenössischen Gesellschaft zu und zeichnete dabei nicht nur das Hofleben, sondern auch Szenen des Alltags. Wie immer war die Architektur

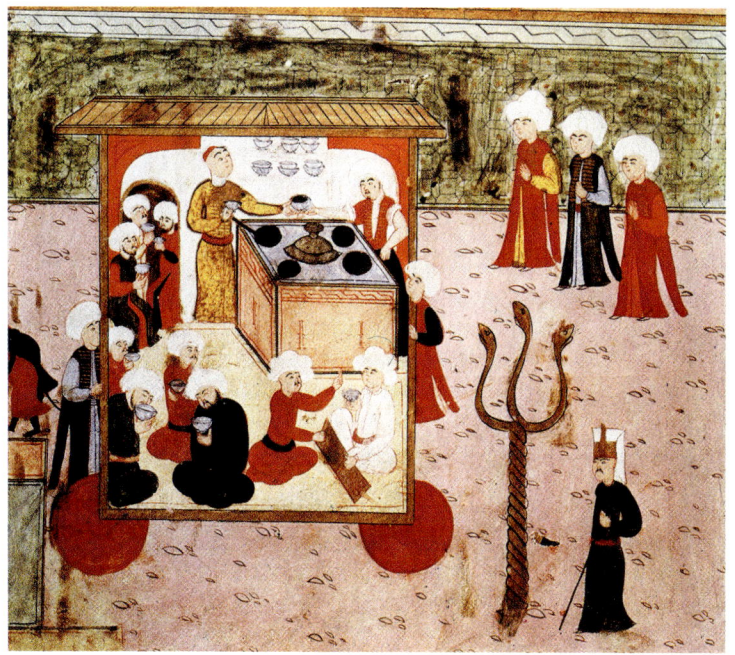

das Mittel dynastischer Repräsentation mit der größten Breitenwirkung und Dauer. Sie verbindet sich aufs engste mit dem Namen Sinans (1490–1588), der, über die Knabenlese rekrutiert, als Süleimans Hofarchitekt über ein halbes Jahrhundert hinweg beinahe fünfhundert Bauwerke schuf, darunter die berühmten Moscheekomplexe der Shehzade, Süleimaniyye und Selimiyye in Istanbul und Edirne oder die Mausoleen für Khasseki Sultan, Khair ad-Din Barbarossa und nicht zuletzt, Zeichen seines außergewöhnlichen Ranges, für sich selbst. Die Übergänge zwischen der Kultur des Hofes, der muslimischen städtischen Eliten und der sogenannten türkischen Volkskultur waren gleitend; schärfer waren die Grenzen in manchen (aber keineswegs in allen) Punkten gegenüber den christlichen und jüdischen Gemeinschaften gezogen, zumal wenn diese ihre eigenen Umgangssprachen bewahrten. Das Kaffeehaus als neuer Ort der Geselligkeit und Unterhaltung (in dem nicht immer nur Kaffee getrunken wurde) breitete sich nach der Eroberung Ägyptens, das den Kaffeehandel mit dem Jemen beherrschte, in allen Teilen des Reiches und allen gesellschaftlichen Schichten aus, heftig kritisiert von muslimischen wie von nichtmuslimischen Religionsgelehrten, die das Kaffeehaus als Hort von Müßiggang und Unmoral verdammten. Wer immer Türkisch verstand, hörte die populären Balladen und Erzählungen oder sah sie sich als Schattenspiel (Karagöz) an.

Auch im Osmanischen Reich wurden die Gräber und Schreine muslimischer, christlicher und jüdischer Heiliger als Quelle des Segens (*baraka*) von allen gesellschaftlichen Schichten und allen religiösen Gemeinschaften besucht; der Heiligenkult schuf somit Gemeinsamkeiten über die konfessionellen Grenzen hinweg. Wie in früheren und in späteren Zeiten wurden gerade diese grenzüberschreitenden Vorstellungen und Praktiken in frommen Kreisen kritisiert, die sich selbst als Reformer verstanden. Unvermindert wurde über die Zulässigkeit sufischer Vorstellungen und Praktiken vom Tanz bis zur Musik gestritten. Der von Rumis Sohn Sultan Walad (Veled, st. 1312) begründete Mevlevi-Orden, der für seinen Drehtanz berühmt wurde («Tanzende Derwische»), fand jedoch ungeachtet der Kritik strengdenkender Ulama unter den städtischen Eliten bis hin zum Sultan großen Anklang. Der Bektashi-Orden, dessen «Begründer» Hajji Bektash (st. um 1297) auch von den antinomistischen Qalandari-Derwischen verehrt wurde, stand ungeachtet seiner Nähe zu den safawidischen Qizilbash in enger Beziehung zu den Janitscharen. Internationaler, aber am wenigsten anstößig war die als besonders nüchtern geltende Naqshbandi-Bruderschaft, die sich auf den bukharischen Sufi-Meister Baha' ad-Din Naqshband (1318–1389) zurückführte, und der auch Sultan Süleiman nahestand. Der Kampf gegen Sufi- und andere sogenannte Volksbräuche, gegen Kaffee und den Tabakgenuß, der sich nach 1600 im Osmanischen Reich ausbreitete, nahm im 17. Jahrhundert an Schärfe zu, als er unter anderem von der Bewegung des Kadizade Mehmed Efendi (st. 1635) getragen wurde.

Das Osmanische Reich war in seiner «klassischen Zeit» zwischen 1450 und 1600 die bedeutendste muslimische Macht der Welt mit einer florierenden, auf Landwirtschaft, Handel und Handwerk beruhenden Wirtschaft, einer wachsenden Bevölkerung und einer vergleichsweise starken Zentralverwaltung. Die Gesamtbevölkerung des Reiches wurde um 1600 auf etwa 18–20 Millionen Menschen geschätzt, von denen reichsweit rund 85 Prozent auf dem Land lebten, etwa 15 Prozent in den Städten (in Anatolien waren es weniger als 10 Prozent; Kreiser 2002: 16). Mit rund 600 000 Einwohnern war Istanbul 1550 eine der größten Städte der Welt, deren Versorgung und Kontrolle zu den wichtigsten Aufgaben der Zentralregierung zählten. In Istanbul und den anderen großen Städten der rumelischen und anatolischen Kernprovinzen griffen die staatlichen Maßnahmen zur Regulierung von Handel, Handwerk und Gewerbe über feste Preis- und Qualitätsvorgaben, Gilden und Zünfte; in den arabischen Provinzen spielten sie eine geringere Rolle. Die Osmanen setzten die Tradition patrimonialer Herrschaft in exemplarischer Weise fort: Der Sultan war Herr seines Haushalts wie der Reichsverwaltung mit ihrem umfangreichen Schriftverkehr, für den ab etwa 1550 das Osmanisch-Türkische als Amtssprache galt. Die osmanischen Archive stellen alles in den Schatten, was in der islamischen Welt bislang an Dokumenten gesammelt und aufbewahrt worden war. Als Inhaber der ungeteilten Befehlsgewalt – die allerdings der Scharia unterstand und in der Praxis durch organisierte, konfliktfähige Gruppen wie die Janitscharen eingeschränkt wurde – delegierte der Sultan wichtige Hoheitsfunktionen an Männer seines Vertrauens, wobei die Machtfülle hoher Amtsträger vom Großwesir über den Kommandeur (Agha) der Janitscharen bis zum Obereunuchen, dem die Überwachung des herrscherlichen Harems oblag, je nach deren Persönlichkeit und der Stärke ihrer Klientel- und Patronagenetze erheblich variierte. Oberstes Beratungsgremium war der Diwan, der auch Urteile der Kadi-Gerichte aufheben konnte. Vom Sultan wurde im 16. Jahrhundert noch erwartet, daß er sein Heer persönlich ins Feld führte; bei Mißerfolgen hatte er gegebenenfalls mit Konsequenzen zu rechnen. Im 16. und 17. Jahrhundert wurden mehrere Sultane nach schweren Niederlagen von Vertretern der zivilen, religiösen und militärischen Elite abgesetzt. So mächtig die osmanische Armee nach außen auftrat, besaß sie im Innern doch nicht überall das Gewaltmonopol. Das bestimmte auch das Verhältnis der Obrigkeit zu ihren Untertanen.

Rechtlich gesehen bestand eine klare Trennung zwischen Herrschenden und Beherrschten, die in einer militärischen Terminologie zum Ausdruck kam: Eine unabhängig von ihren tatsächlichen Aufgaben als «Militärs» oder «Krieger» bezeichnete Elite (*askeri*) herrschte über die «Herde» (*reaya*, von arab. *ra'iyya*) der Untertanen. Zur Elite zählten neben dem Sultan, seinem Haushalt, dem Militär, der zivilen Verwaltung und den sunnitischen Religions- und Rechtsgelehrten zumindest prinzipiell auch die Nachkommen der Familie des Propheten (Sayyids, *ashraf*), die damit ihren Status als eine Art Erbadel ohne rechtliche und/oder politische Befugnisse wahrten; zu ihr zählten auch der hohe christliche Klerus, die Rabbi-

ner der großen jüdischen Gemeinden und in den europäischen Provinzen christliche Lokalfürsten. Dem Sultan stand es frei, einzelne Personen in diesen Stand zu erheben. *Askeri* war somit nicht identisch mit dem Militär, dem Sklavenstatus oder dem Islam, wenngleich die große Mehrheit der Staatsdiener durch Geburt oder Konversion sunnitische Muslime waren. Der *askeri*-Status bedeutete in erster Linie rechtliche Privilegien, namentlich die Befreiung von den meisten Steuern. Besteuert wurden lediglich die Untertanen, soweit man ihrer habhaft wurde: Das galt für seßhafte Bauern, Handwerker und Händler, in der Regel jedoch nicht für Nomaden und Halbnomaden, die von der Obrigkeit daher nicht umsonst als Störfaktor wahrgenommen und, soweit möglich, seßhaft gemacht wurden. Nach den großen Eroberungen bemühte sich die Zentralverwaltung um eine möglichst vollständige Erfassung der natürlichen und menschlichen Ressourcen der jeweiligen Territorien, das heißt sowohl des Grundbesitzes als auch der steuer- und

Herrscherurkunde (Ferman) mit dem Namensemblem, *tughra*, Sultan Mehmeds III., datiert 1600. Sie dokumentiert die Schenkung von Ländereien in Unterägypten an den Großwesir Ibrahim Pascha. Die Tughra, der schwungvolle Schriftzug am Kopf des Dokumentes, enthält in stilisierter Form den Namen des Sultans.

Zu den klassischen Einrichtungen einer Stadt gehört das Brunnenhaus, in der Regel die Stiftung einer wohlhabenden Privatperson oder eines Herrschers. Brunnenhaus des Großwesirs Ahmed III., Nevshehirli Damad Ibrahim Pascha («Ibrahim aus Nevshehir, Schwiegersohn, *damad*, des Sultans»), im Istanbuler Stadtteil Üsküdar, erstes Drittel des 18. Jahrhunderts.

dienstpflichtigen Untertanen, wobei der Zensus (*tahrir*) entsprechend dieser Zielsetzung nicht die Gesamtbevölkerung einschließlich der Frauen und Kinder erfaßte, sondern nur die erwachsenen steuerpflichtigen Männer («Haushalte»). Den sozialen und demographischen Bedingungen entsprechend machten die Bodensteuer und die auf Nichtmuslime erhobene Kopfsteuer (Jizya) den größten Anteil an den Steuereinnahmen aus. So sehr sich die Vertreter der Staatsgewalt um die Aufrechterhaltung der sozialen und rechtlichen Grenzen bemühten, die auch in der offiziellen Literatur als Norm dargestellt wurden, waren die sozialen Schranken doch durchlässiger als im ständisch geordneten Europa, ohne daß man das Osmanische Reich nun zum Ort des frei verhandelten sozialen Status verklären sollte, wie es eine kolonialismus- und europakritische Literatur gelegentlich tut.

Im Gegensatz zum modernen Nationalstaat beschränkte sich der osmanische Staat auf einige zentrale Aufgaben: die Wahrung des Rechts, weitgehend gleichgesetzt mit der Durchsetzung der Scharia und des sultanischen *kanun*, die innere Sicherheit, die Verteidigung und Ausweitung der Grenzen durch den Jihad und als Voraussetzung hierfür den Einzug von Steuern und Abgaben. Der Staat versuchte nicht, jenseits zentraler Städte die Wirtschaft umfassend zu reglementieren, und er bot seinen Untertanen kein Netz sozialer Sicherung, von den wohltätigen Stiftungen des Sultans, seiner Familie und der osmanischen Elite einmal abgesehen. In den Provinzen war die Zentralgewalt durch den vom Sultan entsandten Gouverneur (Pascha), Richter (Kadi) und/oder Mufti sowie eine bestimmte Zahl von Soldaten und Schreibern vertreten, die in ihrem jeweiligen Kompetenzbereich weitgehend eigenständig handelten. Eine osmanische Besonderheit lag in dem Versuch, die sunnitischen Religions- und Rechtsgelehrten, soweit sie als Richter reichsweit amten wollten, in einer Hierarchie mit festgelegter Kariere zu organisieren (*ilmiyye*, von arab. *'ilm*, religiös relevantes Wissen). In Istanbul, Bursa und Edirne ausgebildet – also nicht in den arabischen Provinzen mit ihrer langen einschlägigen Bildungstradition –, hatten die Richter neben dem hanafitischen Recht auch den sultanischen *kanun* anzuwenden. Das ging über die Kontrolle des Rechtswesens und der vom Fürsten gestifteten Moscheen, Madrasen, Sufi-Konvente und Schreine hinaus, die muslimische Herrscher von den Abbasiden bis zu den Mamluken ausgeübt hatten. Die Richter, die in osmanischer Zeit eine große Zahl notarieller und quasi standesamtlicher Aufgaben wahrnahmen, und der oberste Mufti des Reiches, der vom 16. Jahrhundert an den Titel eines *shaikh al-islam* trug, unterstanden dem Sultan. Anders als bei den rechtlich gesehen unfreien Staatsdienern (*kapı kulları*), fiel ihr Vermögen im Todesfall jedoch nicht an den Sultan, sondern an ihre schariarechtlichen Erben. Persönlichkeiten wie Ebu s-Suud Efendi, der 1545–1574 als Mufti von Istanbul an der Spitze der sunnitischen Hierarchie stand, spielten in der osmanischen Politik und Gesellschaft eine bedeutende Rolle – und dennoch entwickelte sich im Osmanischen Reich kein Klerus, wie er sich unter safawidischer Herrschaft im benachbarten Iran herausbildete. Die obrigkeitlichen Kontrollversuche erfaßten im übrigen nie alle sunnitischen Religions- und Rechtsgelehrten. Kontrollieren ließen sich auch nicht alle Sufi-Orden. Von einer Einheit von Religion und Staat konnte somit selbst in den Glanzzeiten des osmanischen Imperiums keine Rede sein.

Die «Herde» der Untertanen gliederte sich in unzählige lokale Gemeinschaften unterschiedlicher Sprache, Ethnie und Religion, die ihre Autonomie sehr ernst nahmen. Solidarität und Identifikation bezogen sich auf Familie, Clan und soweit relevant den Stamm und darüber hinausgehend auf die eigene Religionsgemeinschaft, Zunft und/oder den Wohnort (Dorf, Stadtviertel oder Stadt). Vertikale Bindungen hatten im allgemeinen Vorrang vor horizontalen. Das Dorf konnten auch die osmanischen Bürokraten nicht ohne weiteres durchdringen. Auch sie blieben auf die Kooperation lokaler Eliten – Grundbesitzer, Dorfälteste, Sufi- und Stammesscheichs, Großhändler und Ulama – angewiesen, die ihrerseits über ein gewisses Droh- und Gewaltpotential verfügten, so daß die Beziehungen zur Zentralregierung immer wieder ausgehandelt werden mußten. Herrschaft wurde somit auch im 16. Jahrhundert in der einen oder anderen Weise vermittelt ausgeübt.

Unter den Nichtmuslimen bildete die griechisch-orthodoxe Kirche mit Abstand die größte Gemeinschaft, gefolgt von den Armeniern; in Ägypten und Sudan hielten sich die Kopten als wichtige Minderheit, in Syrien die Jakobiten, im Irak die Nestorianer; neu entstanden im 16. und 17. Jahrhundert verschiedene mit Rom unierte Kirchen (die libanesischen Maroniten hatten sich bereits im ausgehenden 12. Jahrhundert der römischen Kirche angeschlossen). Der Balkan blieb mehrheitlich christlich. Die Orthodoxe Kirche, nun nicht länger mit dem politischen Rivalen Byzanz identifiziert, wurde ins System integriert und in ihren Rechten geschützt. Dem Zensus von 1520–1530 zufolge waren etwa 19 Prozent der Bevölkerung auf dem Balkan Muslime (in Bosnien betrug ihr Anteil 45 Prozent) und 81 Prozent Christen (Lapidus 1988: 309). Eine Minderheit blieben überall die Juden, deren Zahl, Einfluß und Vermögen durch den Zustrom von Sepharden (von hebr. *sefarad*, Westen) vermehrt wurde, die nach ihrer Vertreibung aus Spanien und Portugal in Nordafrika und dem Osmanischen Reich Aufnahme fanden. Bald dominierten sie dort die einheimischen («orientalischen», romaniotischen oder aschkenasischen) Gemeinden. Die Nichtmuslime genossen einen hohen Grad an Autonomie innerhalb einer hierarchischen, von den Sunniten beherrschten Ordnung, die allerdings erst im 19. Jahrhundert in Gestalt des Millet-Systems (*millet* von arab. *milla*, Gruppe, Gemeinschaft) stärker vereinheitlicht wurde. Den Schiiten, Drusen, Aleviten und anderen muslimischen oder von der muslimischen Umma her kommenden Gruppierungen wurde diese Autonomie theoretisch nicht zugestanden, faktisch aber von ihnen ausgeübt. Das Zusammenleben von Muslimen, Christen und Juden war und blieb vielschichtig: Gerade den nichtmuslimischen

Die Umwandlung der 532–537 unter Kaiser Justinian erbauten Hagia Sophia in eine Moschee machte der Anbau von vier Minaretten weithin sichtbar. Blick von der Südseite.

Kirchen und Gemeinden mußte zum Zweck des Selbsterhalts an einer gewissen Abgrenzung gegenüber den sunnitischen Muslimen gelegen sein, am deutlichsten zu sehen im Bereich von Ehe und Familie und der einschlägigen Rechtsprechung. Wie in vielen vormodernen (und modernen) Gesellschaften lebten Mitglieder einer Konfession häufig konzentriert in einem Dorfteil, Stadtviertel oder Straßenabschnitt. Eine strikte räumliche Trennung war jedoch die Ausnahme, zu einer Ghettobildung kam es selbst unter den in der Regel stärker segregierten Juden nicht. Die Berufe standen im Prinzip allen offen, wobei religiöse Vorbehalte und/oder rituelle Reinheitsvorschriften gewisse Sparten zur Domäne bestimmter Gruppen werden ließen. Dem Militär gehörten im Prinzip nur sunnitische Muslime an, doch wurde auch dieser Grundsatz in den europäischen und arabischen Provinzen durchbrochen, in denen

Die Gebetsnische (*mihrab*) der Moschee des Admirals Piyale Pascha in Istanbul, von Sinan entworfen, um 1573 gebaut. Der Keramikfliesendekor mit Blumenmuster ist typisch für die osmanische Architektur dieser Zeit.

einflußreiche Christen oder auch Drusen als Sipahis mit *timars* belehnt wurden.

Imperialer Niedergang, 1600–1800

Unbestritten hatte das Osmanische Reich um 1600 seinen Zenit überschritten, wenngleich es seine Grenzen bis ins ausgehende 18. Jahrhundert erfolgreich verteidigte. Nicht umsonst aber steht hier «verteidigte»: Kriege wurden an allen Fronten weiter geführt, aber die Expansion kam zum Stillstand, und die Kriege kosteten mehr, als sie an Beute, Steuern und Abgaben einbrachten. Hier zeigte sich, wie sehr das Reich ungeachtet seiner vergleichsweise entwickelten Verwaltung auf den Krieg gebaut war. Nach 1600 traten auch für die Zeitgenossen die Schwächen des Systems deutlicher hervor. Sie wurden und werden meist unter dem Vorzeichen des Niedergangs analysiert und auf die Unfähigkeit der Herrschenden, an ihrer Spitze der Sultane selbst, zurückgeführt. Die Stichworte lauten Harems*wirtschaft* und Janitscharen*herrschaft*: Die Söhne des Sultans wurden nicht länger zur Vorbereitung auf ihre künftige Aufgabe in die Provinz geschickt, um dort praktische Erfahrung zu sammeln, sondern verbrachten ihr Leben im Harem. Dort standen sie zwangsläufig unter dem Einfluß ihrer Mütter, Frauen, Konkubinen und der Eunuchen, die in der Regel auch nach ihrer Thronbesteigung einen starken Einfluß auf die Staatsgeschäfte ausübten, indem sie den Zugang zum Herrscher kontrollierten und damit zugleich die Vergabe der wichtigsten Ämter und Einkünfte; das führte zu Günstlingswirtschaft, Nepotismus, Ämterkauf und damit unweigerlich zu Korruption. War für viele Beobachter – unter ihnen nicht zuletzt die Historiker des 19. und 20. Jahrhunderts – die bloße Tatsache, daß die Frauen des Harems *Frauen* waren (Stichwort Weiberherrschaft), Anlaß ihrer Kritik, ist doch richtig, daß sie (wie die von ihnen beeinflußten Prinzen und Sultane) in der Regel die Realitäten jenseits des Harems nicht kannten, jedenfalls nicht aus eigener Anschauung. Das galt nicht unbedingt für die Eunuchen, die im osmanischen Staat höchste militärische und zivile Positionen bekleiden konnten; erkennbar blieben sie an dem Titel *khadim*, Diener. Tatsächlich hielten sich im 17. und 18. Jahrhundert viele Sultane aus der Politik heraus, zogen selbst auch nicht länger an der Spitze des Heeres ins Feld und überließen das Regieren hohen Militärs und Bürokraten, die überwiegend über die Knabenlese an den Hof gelangten, solange diese noch regelmäßig durchgeführt wurde (nachweislich bis 1705). Unter den Wesiren des 17. Jahrhunderts befanden sich – man denke an die aus Albanien stammende Familie der Köprülü – jedoch viele, die nicht weniger fähig waren als ihre Vorgänger des 15. und 16. Jahrhunderts. Die staatlichen Institutionen funktionierten ganz offensichtlich auch ohne starke Herrscher.

Über die Mißstände bei Hofe hinaus sind strukturelle Faktoren bekannt, die nicht alle durch die osmanische Regierung beeinflußt werden konnten und die einzeln und in der Summe zur Schwächung der osmanischen Wirtschaft, Armee und Verwaltung beitrugen: In den 1580er Jahren führte der vermehrte Zufluß von Silber aus Mittel- und Südamerika zu einer raschen Entwertung der einheimischen (Silber-)Währung. Der Preisanstieg traf breite Bevölkerungsschichten, unter ihnen die Sipahis, denen es schwerer fiel als zuvor, die kostspieligen – und eben nicht länger so beutereichen – Feldzüge zu bestreiten. Immer kostspieliger wurde zugleich der Unterhalt der Janitscharen, deren Zahl enorm anstieg (1595 waren es bereits 25000, 1660 rund 54000), während zugleich ihre militärische Leistungskraft deutlich zurückging. Zum einen wandten sie sich mehr und mehr einträglicheren Geschäften in Handel und Gewerbe zu und vernachlässigten die militärische Ausbildung, zum anderen rüsteten die europäischen Mächte ihrerseits auf und um. Staatliche Sparmaßnahmen verschärften die Krise: Unbezahlte oder entlassene Offiziere und Soldaten sowie Madrasa-Absolventen (*softas*), die keine Anstellung in der staatlichen Verwaltung fanden, schlossen sich zu bewaffneten Banden zusammen, die das flache Land unsicher machten. Die Krise wirkte sich vor allem in Anatolien aus, dessen bäuerliche Wirtschaft die Belastungen nicht verkraftete, zumal in den 1580er Jahren nach lang anhaltender Dürre die Pest wütete. Die Krise kam 1590–1620 in den sogenannten Jelali-Aufständen (*jelali*, türk. Brigand) zum Ausbruch, die – vereint mit den Folgen von Dürre und Pest – Anatolien entvölkerten.

Zug um Zug verlor die Zentralregierung gegenüber den lokalen Eliten an Boden: Um den erhöhten staatlichen Finanzbedarf zu decken, wurde das *timar*-System schrittweise durch die Vergabe von Steuerpachten (Sg. *iltizam*) abgelöst, die meistbietend versteigert wurden. Das führte vielerorts zu einer intensiveren Ausbeutung der Steuerzahler durch die Steuerpächter (Sg. *multazim*), und zwar gerade der bäuerlichen Familienhöfe, deren Schutz der osmanische Staat sich auf seine Fahnen geschrieben hatte. Da die Steuerpachten aber nicht an den *askeri*-Status gebunden waren, verschafften sie zugleich vermögenden Angehörigen der Untertanenbevölkerung erstmals Zugang zu staatlichen Einkünften. Den *askeri* blieb die 1695 eingeführte lebenslange Steuerpacht (*malikane*) vorbehalten, die finanzkräftigen Personen einen hohen Grad an Autonomie gegenüber der staatlichen Zentralverwaltung versprach. Wie nicht anders zu erwarten, zeigte sich der Trend zur Dezentralisierung am frühesten an der schon zuvor halb-autonomen Peripherie: im Maghreb (Algier, Tunis, Tripoli), wo Korsaren, lokale Janitscharenregimenter und Berberstämme ab 1600 unter eigenen Beys und Deys die Macht übernahmen, im Kaukasus und auf der Krim sowie in den Donaufürstentümern Moldau, Walachei und Siebenbürgen, wo der lokale Adel der Bojaren auf seinen Ländereien die Leibeigenschaft wieder einführte, die es im Osmanischen Reich ansonsten nicht gab.

Die Keramik von Iznik zählte im 16. Jahrhundert zu den bedeutendsten Erzeugnissen des osmanischen Kunsthandwerks. Die abgebildeten Tulpen sollten zu Beginn des 18. Jahrhunderts der kurzen «Tulpenära» ihren Namen geben.

Nach 1750 zeichnete sich der Aufstieg lokaler Notabelnfamilien in Anatolien, Südosteuropa und den arabischen Provinzen deutlich ab, Vorbote regionaler Autonomie- und Unabhängigkeitsbestrebungen, die im 19. Jahrhundert einen Strukturwandel herbeiführen sollten. Für den Zentralstaat bedeutete das selbstverständlich einen Verlust an Einnahmen, Prestige und Kontrolle; für die lokale Bevölkerung hingegen hatte es nur dann negative Folgen, wenn Dezentralisierung sich mit mangelnder Sicherheit verband, nicht aber, wenn die lokalen Machthaber aus Eigeninteresse die lokale Wirtschaft und Kultur förderten.

Die osmanische Belagerung Wiens im Jahr 1683 führte zu einer neuen antiosmanischen Frontbildung in Europa, die neben Habsburg erstmals auch Rußland und Polen einbezog («Heilige Liga»); Gegner der Habsburger und damit zumindest potentiell Verbündete der Osmanen blieben Frankreich und Schweden; England und die Niederlande hielten sich weitgehend zurück. In den Friedensverträgen von Karlowitz 1699, Passarowitz 1718 und Belgrad 1739 mußten die Osmanen auf europäischem Boden bedeutende Gebietsverluste hinnehmen (Ungarn, Siebenbürgen), wie sie im 15. und 16. Jahrhundert an der östlichen Front (Irak, Aserbaidschan, Kaukasus) gang und gäbe gewesen waren, ohne daß dies allzu große Unruhe ausgelöst hätte. Bis ins ausgehende 18. Jahrhundert blieb das Reich in seinen

Wie die europäischen Fürsten feierten auch die Osmanen glänzende Hoffeste, sehr gern an den Wassern des Bosporus. Der Sultan lauscht Musik und Tanz in einem Pavillon, links hinter den Prinzen die schwarzen Eunuchen. Osmanisches *Sur-name* (Buch der Feste), um 1720.

Kernprovinzen unangetastet, im Osten konnte es auf Kosten des untergehenden Safawidenreiches 1723–1730 sogar erneut expandieren. Im Frieden von Küçük Kainarca allerdings gewann 1774 Rußland die Krim und damit den lange gesuchten Zugang zum Schwarzen Meer. Mit ihrem gewachsenen Gewicht konnten die europäischen Mächte stärker als zuvor die Interventionsrechte zur Geltung bringen, die ihnen die Kapitulationsverträge einräumten. Dazu zählte der Schutz nichtmuslimischer Religionsgemeinschaften wie der Katholiken, den seit 1740 Frankreich beanspruchte, und, weit dramatischer, der Orthodoxen Kirche, den ab 1774 der Zar wahrnahm. Im 18. Jahrhundert konnten Verträge nicht länger als Zugeständnisse an die unterlegenen Europäer betrachtet werden, sondern nur noch als Verträge zwischen Gleichen.

All das wurde von Angehörigen der osmanischen Intelligenz aufmerksam zur Kenntnis genommen und kommentiert, erschütterte bis auf weiteres jedoch nicht den Glauben an die eigene Überlegenheit. Ein Teil der osmanischen Elite erkannte die wachsende Bedeutung Europas, nur wenige jedoch gewannen wie Evliya Chelebi (1614–1684?) durch Reisen nach Europa eine klarere Vorstellung von den dortigen Verhältnissen (über Wien gelangte auch er nicht hinaus). Während in Europa die Türkenfurcht allmählich der Türkenmode wich – man denke an die höfischen Feste, an Musik und Literatur –, wirkten europäisches Barock und Rokoko auf die osmanische Architektur, Malerei, auf Dekor und Inneneinrichtung. In diesen Zusammenhang eines wachsenden Interesses für europäische Entwicklungen gehört auch die Druckerpresse, die der ungarische Konvertit und Diplomat Ibrahim Müteferriqa (um 1670–1745), ein energischer Befürworter militärischer Reformen, 1724 mit Unterstützung höchster sunnitischer Kreise einschließlich des *shaikh al-islam* in Istanbul einrichtete. Sie verbreitete vornehmlich wissenschaftliche Literatur unter Ausschluß religiöser Texte (sephardische Juden hatten sich der Druckerpresse im übrigen schon um 1500 bedient). Die «Tulpenära» unter Ahmed III. (reg. 1703–1730) und seinem Großwesir Nevshehirli Damad Ibrahim Pascha spiegelte für kurze Zeit die neue, von europäischem Geschmack beeinflußte Stimmung empfindsamer Sinnenfreude, die in glänzenden Hoffesten gefeiert und von dem Dichter Ahmed Nedim besungen wurde. Der höfische Luxus in Nachahmung europäischer Sitten verbunden mit neuerlichen Gebietsverlusten im Osten riefen unter der städtischen Bevölkerung jedoch heftigen Protest hervor (Aufstand des Patrona

Khalil), der den Sultan den Thron kostete, den Großwesir, den Dichter und nicht zuletzt die Führer der Aufständischen aber das Leben.

Iran unter den Safawiden

Die Anfänge der Safawiden gehen auf die Wirren des Mongolensturms zurück, als sich im weiten Raum zwischen Ostanatolien, Nordsyrien, Armenien, Kurdistan und Westiran unter Bauern, Städtern und Nomaden ein maßgeblich von Sufi-Scheichs und Bruderschaften getragener Islam verbreitete, der vielfach ausgesprochen unorthodoxe, «extrem»-schiitische Formen annahm. Dazu zählten sektenartige Gruppierungen, die in endzeitlicher Erwartung eigenen Führern folgten, die als Mahdi oder gar als Inkarnation Gottes auftraten: die Drusen und die Nusairier (Alawiten, nicht zu verwechseln mit den anatolischen Aleviten), die aus Sicht der meisten Sunniten und Zwölferschiiten nicht als Muslime gelten konnten; die Hurufiyya, eine gnostisch-kabbalistische Sekte, die ihren Namen von ihrer Buchstabenmystik (*huruf* heißt auf arab. Buchstaben) erhielt, deren Meister Fadlallah Astarabadi (1340–1394) als Manifestation Gottes auftrat und von seinen Anhängern als Gott verehrt wurde; die Nurbakhshiyya, die Muhammad b. Abdallah Nurbakhsh («Lichtgeschenk», 1392–1464) als Mahdi folgte, oder die Musha'sha', deren Führer Muhammad b. Falah (st. um 1465/66) sich als «Hülle» (das heißt Inkarnation) des Mahdi präsentierte und als solcher den Jihad führte; sein Sohn Ali begründete eine eigene Dynastie im westiranischen Khuzistan. Ohne daß sich direkte Verbindungslinien nachweisen ließen, erinnert doch manches an die messianischen und chiliastischen Bewegungen des 8. bis 10. Jahrhunderts. In diesem unruhigen, in viele Richtungen offenen, religiös durchaus kreativen Milieu wirkte um 1300 Scheich Safi ad-Din als Meister einer Sufi-Bruderschaft im aserbaidschanischen Ardabil, rund 200 Kilometer östlich von Täbriz. Die Familie stammte wohl aus Kurdistan und lebte seit dem 11. Jahrhundert in Ardabil, das mittlerweile unter il-khanidischer Herrschaft stand. Typisch für seine Zeit, verband Safi ad-Din das Selbstverständnis als Sunnit mit der besonderen Verehrung Alis und der Imame, die auch die Dschingisiden und Timuriden an den Tag gelegt hatten.

Der Übergang zur Schia war gleitend. Schon sein Sohn Sadr ad-Din, der ab 1334 fast sechzig Jahre an der Spitze des Ordens stand,

Nadir Shah (reg. 1736–1747) trägt die von Junaid oder Haidar eingeführte rote Mütze der Qizilbash (*qızıl bash,* Rotkopf oder rote Mütze), deren Zwickel auf die zwölf Imame verweisen. Seine Kleidung verrät indische Einflüsse. Gemälde, um 1740.

scheint seinen Stammbaum auf Musa al-Kazim, den 799 verstorbenen 7. zwölferschiitischen Imam, zurückgeführt zu haben. Scheich Junaid wandelte die Bruderschaft Mitte des 15. Jahrhunderts in eine militante religiös-politische Bewegung um, wie sie – zu anderer Zeit, an anderem Ort und mit ganz anderer religiöser Ausrichtung – auch die Fatimiden, Almoraviden und Almohaden gebildet hatten: Von den Qara-Qoyunlu aus Ardabil vertrieben, fand Junaid nach jahrelangem Umherziehen, während dessen die Safawiyya unter den turkmenischen Stämmen Ostanatoliens und Nordsyriens breiteren Rückhalt fand, 1456 im anatolischen Diyarbakir bei Uzun Hasan

Zuflucht, dem bedeutendsten Fürsten der (sunnitischen) Aq-Qoyunlu und Rivalen der Qara-Qoyunlu, Osmanen und Timuriden, Verbündeter des byzantinischen Reststaates von Trapezunt und später auch Venedigs. Heiratsallianzen vermitteln einen Eindruck von der Komplexität der Verhältnisse: Junaid heiratete eine Schwester Uzun Hasans, ihr gemeinsamer Sohn Haidar ehelichte seine Cousine Martha (Alamshah Begum), eine Tochter Uzun Hasans aus dessen Verbindung mit der byzantinischen Prinzessin Katharina Komnena von Trapezunt (Despina Khatun). Nach Uzun Hasans Tod 1478 geriet die Safawiyya jedoch in die dynastischen Auseinandersetzungen, bei denen Haidar und sein ältester Sohn Ali ums Leben kamen. Sein jüngerer Sohn Ismail (aus der Ehe mit Martha/Alamshah Begum) flüchtete sich in die kaspische Grenzprovinz Gilan, die zu dieser Zeit als Iraq-i Ajam, Persischer Irak, bekannt wurde.

Als Ismail 1499 an die Spitze der Qizilbash trat, war er etwa zwölf Jahre alt. Ungeachtet seiner Jugend erwies er sich als charismatischer Führer ungewöhnlichen Formats und Anspruchs, den er unter dem Namen Khata'i in eigenen Gedichten in azeri-türkischer Sprache unterstrich. Sein Islamverständnis bewegte sich deutlich jenseits akzeptierter islamischer Doktrinen, gleichgültig ob sunnitisch oder schiitisch, jedoch im Einklang mit den endzeitlichen Erwartungen und messianischen Verheißungen seines Ursprungsmilieus: Wie vor ihm möglicherweise schon Junaid und Haidar, trat Ismail als der Verborgene Imam und Mahdi auf und zugleich als Inkarnation («Hülle») Gottes bzw. des göttlichen Lichts, das sich zuvor in Ali, den Propheten und den Imamen manifestiert hatte; seine Anhänger verehrten ihn als göttlich, unsterblich und unverwundbar. Charisma muß sich bekanntlich bewähren. Ismail kehrte nach Ardabil zurück, sammelte seine turkmenischen Qizilbash um sich und rückte mit etwa 7000 Mann nach Osten vor. Nach einem Sieg über die Aq-Qoyunlu zog er 1501 in Täbriz ein, wo er den Titel eines Großkönigs (*shahanshah* oder *pad-i shah*) annahm. In Täbriz ließ er die Freitagspredigt im Namen der zwölf Imame halten und die ersten drei Kalifen verfluchen und bedrohte zugleich alle mit dem Tod, die diese Verfluchung verweigerten – ein Akt, der in der Literatur häufig als Einführung der Schia als iranische Staatsreligion dargestellt wird. Iran aber war zu diesem Zeitpunkt noch gar nicht erobert, die Safawiyya stand bestenfalls am Rande der breiten schiitischen Strömung, und das Konzept einer «Staatsreligion» ist im islamischen Kontext alles andere als klar definiert. Bis 1512 eroberten die Qizilbash West- und

Zentraliran sowie weite Teile Afghanistans, den Irak einschließlich Bagdads und der schiitischen Schreine von Najaf, Kerbela und Kazimain sowie Khurasan. Ihr Stammland Anatolien hingegen blieb in osmanischer Hand: Der in Nachfolgekämpfe verwickelte Selim I. ging mit größter Brutalität gegen die dortigen Qizilbash-Stämme vor und fügte Ismail 1514 in der Schlacht von Chaldiran eine vernichtende Niederlage bei, die seinen Nimbus der Unbesiegbarkeit beschädigte – die Etablierung der safawidischen Dynastie aber nicht verhinderte.

Die Niederlage von Chaldiran begünstigte letztlich die Iranisierung der Safawiyya, die zugleich ein Musterbeispiel für die Veralltäglichung von Charisma darstellt: Die Wandlung der militant-heterodoxen Bewegung, die sich auf die nomadisierenden (nicht-iranischen!) türkischsprachigen Qizilbash-Stämme stützte, ja mit diesen identisch war, in die seßhafte, persischsprachige, auf iranische Bürokraten und Gelehrte gestützte, zwölferschiitische Dynastie der Safawiden ist eines der ungewöhnlichsten Experimente der islamischen Geschichte. Die Wandlung zeigte sich in der schrittweisen Abkehr von der extremen Schia, der Verdrängung ihrer bisherigen Träger und dem Aufbau neuer, an den Herrscher gebundener Gruppen und Institutionen in Armee, Verwaltung und nicht zuletzt dem religiösen Establishment. Sie erfolgte unter Ismails Sohn Tahmasp I. (reg. 1524–1576) und dessen Enkel Abbas I. (reg. 1587/88–1629) und wurde gegen große Widerstände im wesentlichen von oben erzwungen. Aber sie gelang. Die Konsolidierung im Innern ging mit langanhaltenden Kämpfen an zwei Fronten einher: Im Nordosten kämpften die Safawiden gegen die Usbeken um Khurasan und Transoxanien, das klassische Einfallstor nomadischer Stämme aus «Turan» nach «Iran»; während sie Transoxanien verloren, konnten sie Khurasan dauerhaft für sich gewinnen. Im Westen führten sie Krieg gegen die Osmanen um Ostanatolien, Aserbaidschan, den Kaukasus und Irak, wobei der Frieden von Amasya 1555 eine längere Kampfpause schuf; erst unter Abbas' schwächerem Nachfolger Safi I. fiel der Irak mit den schiitischen Schreinen 1638/39 endgültig an die Osmanen. Im Zuge dieser Kämpfe wanderte die herrscherliche Residenz schrittweise in die iranischen Kernlande: Tahmasp verlegte sie 1548 von Täbriz nach Qazwin, Abbas machte Isfahan zu seiner Hauptstadt.

Unter Ismail war die Safawiyya wenig mehr als eine der fragilen turkmenischen Föderationen, wie sie die Aq- und die Qara-Qoyunlu bildeten; von einem einheitlichen, zentral regierten Staat mit zwölferschiitischer Staatsreligion konnte keine Rede sein. Die Schwierigkeiten lagen nicht nur in den Eigenheiten der Safawiyya bzw. der Qizilbash begründet, sondern auch in der Geographie Irans, dessen einzelne Kulturlandschaften durch Gebirge und Wüsten getrennt und durch keinerlei schiffbare Flüsse verbunden wurden. Als Folge der steten Zu- und Abwanderung nomadischer und halbnomadischer Stämme türkischer, turkmenischer und turko-mongolischer Herkunft war der Anteil der von der Zentralregierung kaum zu kontrollierenden und zu besteuernden Nomaden seit dem 11. Jahrhundert auf rund ein Drittel der Gesamtbevölkerung angestiegen. Die Politik der Herrscher mußte zwangsläufig auf eine Zähmung der tribalen Verbände und ihrer Führer abzielen, die durch die Übertragung riesiger Weideflächen und der Verwaltung ganzer Provinzen ein hohes Maß an Eigenständigkeit erlangt hatten. Dem gespannten Verhältnis zwischen der herrschenden Minderheit der heterodoxen turkmenischen Qizilbash und der Mehrheit der sunnitischen Iraner (von den Qizilbash abschätzig Tadschiken genannt) mit ihren angestammten ländlichen und städtischen Eliten fügte Tahmasp ein drittes Element hinzu: Im Gefolge seiner kaukasischen Feldzüge nahm er verstärkt Georgier, Armenier und Tscherkessen als Militärsklaven (*ghulam*) in die Armee auf; zugleich gewannen freie und versklavte Kaukasierinnen im herrscherlichen Harem an Einfluß. Aserbaidschan und der Kaukasus wurden rücksichtslos ausgebeutet, Zehntausende nach Iran zwangsumgesiedelt. Die kaukasischen *ghulam* spielten bald eine den Janitscharen vergleichbare Rolle: Viele von ihnen waren freigelassene (christliche) Gefangene, die zum Islam konvertiert und für den Hofdienst, die Verwaltung oder die Armee ausgebildet wurden; anders als die Qizilbash unterstanden sie dem Herrscher persönlich.

Nach einer Periode innerer Wirren und territorialer Verluste an die Osmanen und Usbeken setzte sich ein Enkel Tahmasps mit äußerster Härte gegen alle Rivalen durch. Die vierzigjährige Regierungszeit Abbas' I. des Großen (1587/88–1629) gilt allgemein als Höhepunkt safawidischer Kultur und Herrschaft. Im Innern setzte Abbas die Zentralisierungspolitik seines Großvaters konsequent und recht erfolgreich fort, was vornehmlich zu Lasten der Qizilbash ging, deren tribalen Zusammenhalt Abbas durch Umsiedlung und Enteignung zu brechen suchte. Ein Hauptelement der Zentralisierungspolitik war der Aufbau eines stehenden Heeres mit Kavallerie, Infanterie und Artillerie nach osmanischem Vorbild, das unter ostiranischen Bauern, Qizilbash und Kaukasiern rekrutiert wurde. Aus

Die safawidische Miniatur zeigt Schah Ismail und seine «Rotmützen» (Qizilbash), nur mit Schwert, Bogen und Lanze bewaffnet, im kühnen Angriff auf die Osmanen, die sich hinter ihren Kanonen und Musketen verschanzen; Sultan Selim I. kämpft nicht selbst, sondern blickt von oben links besorgt auf das Geschehen. Die Handschrift ist Teil safawidischer Propaganda: In Chaldiran siegten die Osmanen. Anon. Geschichte Schah Ismails, Illustrationen von Muin Musavvir, Isfahan, nach 1675.

Auch in Iran lernte man im 16./17. Jahrhundert die Kunst des Kanonengießens, die die Osmanen schon länger beherrschten. Kopie einer Handschrift, vermutlich Isfahan, um 1650–1660.

den Reihen der Kaukasier ernannte Abbas verstärkt Offiziere und Provinzgouverneure, die, anders als die Qizilbash, keine ländlichen Pfründen erhielten, sondern Kronland, das Abbas mittels Umverteilung und Enteignung systematisch erweiterte. Mit seiner reformierten Armee führte er erfolgreich Krieg gegen die Moghuln, Usbeken und Osmanen, wobei einige der Eroberungen (namentlich Irak und Bahrain, die arabische Golfküste) unter seinen Nachfolgern allerdings wieder verlorengingen.

Wie seine osmanischen Rivalen und die europäischen Fürsten seiner Zeit (wir befinden uns im Zeitalter des Merkantilismus) bemühte sich Abbas um die gezielte Förderung von Handwerk, Handel und Gewerbe. Dazu zählten Reformen des Pacht- und Steuersystems ebenso wie eine stärkere Vereinheitlichung des Münzwesens. Der Ausbau der Infrastruktur – Straßen, Brücken, Brunnen, Kanäle, Dämme und Karawansereien – kam dem Binnen- und dem Fernhandel zugute. Abbas beanspruchte ein Monopol auf den lukrativen Seidenhandel und versuchte generell die Produktion von Luxusgütern zu kontrollieren. Die königlichen Werkstätten beschäftigten zu seiner Zeit rund 5000 Handwerker, die nicht nur für den eigenen Bedarf produzierten, sondern auch für den Export nach Indien, auf die Krim, ins Zarenreich und nach Europa. Teppiche – darunter die sogenannten Polenteppiche, die vor allem in Indien nachgefragt wurden – spielten noch eine geringe Rolle; den europäischen Markt bedienten zu dieser Zeit die Osmanen. Ausgeweitet wurde mit chinesischer Hilfe dagegen die eigene Keramikproduktion. In diesem merkantilen Zusammenhang ist die Politik gegenüber den europäischen Mächten und den lokalen nichtmuslimischen Minderheiten zu sehen: Die alten Karawanenwege nach Anatolien und Syrien (über Isfahan, Basra, Bagdad und Aleppo zum Mittelmeer, über Täbriz und Trapezunt zum Schwarzen Meer und von dort wiederum zum Mittelmeer) waren durch die ständigen Kriege mit den Osmanen gefährdet und auch in ruhigen Zeiten mit hohen Transitzöllen belastet, so daß es nahelag, den maritimen Handel über den Indischen Ozean zu fördern. Den aber beherrschten die Portugiesen, die 1515 die Insel Hormuz am Eingang des Persischen Golfs besetzt hatten. Um hier ein Gegengewicht zu schaffen, gewährte Abbas 1616 der britischen Ostindien-Kompanie weitreichende Privilegien, die vor allem den Handel mit Seide betrafen. Mit britischer Hilfe vertrieben die Iraner (die 1601 Bahrain annektiert hatten) 1622 die Portugiesen aus Hormuz; der Handel verlagerte sich auf den persischen

Hafen Bandar Abbas. Um 1650 verdrängten die Niederländer die Briten aus dem Persischen Golf.

Der Wirtschafts- und Handelsförderung diente auch die selektive Toleranz gegenüber nichtmuslimischen Kaufleuten – Armeniern, Juden, Zoroastriern und Hindus –, die eine bedeutende Rolle im iranischen Fernhandel spielten. In unmittelbarer Nähe Isfahans ließ Abbas für etwa 3000 armenische Familien, die aus ihrer Heimatstadt Julfa zwangsumgesiedelt wurden, die Stadt Neu-Julfa errichten und stattete sie mit weitreichenden Steuer- und Zollprivilegien sowie dem Recht auf freie Kultausübung aus. Für mehr als ein Jahrhundert spielten die iranischen Armenier im Dienste des Schahs eine beherrschende Rolle im Handel mit Seide und Silber sowie, damit eng verbunden, dem Kredit- und Bankwesen. Die herrscherlichen Ambitionen zeigten sich besonders deutlich in Isfahan selbst, einer typischen Oasenstadt, die unter den Seldschuken schon einmal herrscherliche Residenz gewesen war und nun gezielt zu einer der größten und schönsten Städte ihrer Zeit ausgebaut wurde, die um 1630 angeblich 400000 Einwohner zählte. Ihr Zentrum bildete der große, von Arkaden und Regierungsgebäuden umgebene «Schah-Platz» (Maidan-i Shah) – also kein Palast wie etwa in Bagdad oder Samarra –, an dem das Hoforchester häufige Konzerte gab.

Ihre Bedeutung erhielt die safawidische Ära durch die staatliche Förderung der Zwölferschia, die Iran nach dem Reich der ismailitischen Fatimiden zum einzigen bedeutenden schiitischen Staat der islamischen Geschichte machte. Das war alles andere als selbstverständlich. Der Grundsatz *cuius regio, eius religio*, der im Europa der Religionskriege Ruhe und Ordnung schaffen sollte, indem er den Untertanen unter Verletzung der Religions- und Gewissensfreiheit die Konfession ihrer Herrscher aufzwang, war in der islamischen Welt gerade *nicht* die Regel. Die Durchsetzung der Schia hatte offenkundige politische Hintergründe, half sie doch, das Safawidenreich deutlich gegen seine betont sunnitischen Nachbarn abzugrenzen. Aber sie erforderte einen mehrfachen Annäherungsprozeß: Als Anhänger einer extrem-schiitischen Randgruppe mußten die Safawiden zunächst einmal überhaupt als Zwölferschiiten anerkannt werden; ein größeres Problem war die Durchsetzung der Schia in der sunnitischen Bevölkerung Irans. Beides stellte die Frage der religiösen Autorität neu und mit besonderer Schärfe, die schon die Abbasiden beschäftigt hatte: Ismail war mit göttlichem Anspruch aufgetreten, seine Anhänger verehrten ihn als Gott. Das war für

Die Radierung des französischen Architekten Pascal Coste (1798–1879), der 1839–1842 in Iran weilte, zeigt den Maidan-i Shah von der Südseite her: In der Mitte die Schah-Moschee, rechts der Eingang («Hohes Tor», *ali qapu*) des Palastes. Pascal Coste, Monuments modernes de la Perse, um 1867.

Sunniten wie für Zwölferschiiten vollkommen inakzeptabel – und verschwand auffällig schnell aus dem offiziellen Sprachgebrauch. Nach Chaldiran trat Ismail nurmehr als Stellvertreter und Sachwalter des Verborgenen Imam auf. Das blieb problematisch genug, denn in weiten Teilen der Zwölferschia hatte sich mittlerweile die Auffassung durchgesetzt, bis zur Wiederkehr des 12. Imam sei menschliche Herrschaft illegitim (es sei denn, sie sei vom Verborgenen Imam autorisiert und diene der Durchsetzung von Recht und Gerechtigkeit – beides natürlich ausgesprochen auslegungsbedürftige Annahmen). Zentrale Aufgaben des Imam wie die Erhebung der rechtmäßigen Steuern, die Freitagspredigt, die Vollstreckung der kanonischen Körperstrafen (*hudud*) und der Jihad hätten bis zu seiner Wiederkunft zu ruhen. Wer aber führte bis dahin die Gemeinde? Eine Gruppe von Gelehrten, Vertreter der sogenannten rationalistischen Schule (Usuliyya) von Hilla, die Allama al-Hilli («der Hochgelehrte aus Hilla», 1250–1325) repräsentierte, ging davon aus, die Leitung der Gemeinde liege in den Händen qualifizierter Religions- und Rechtsgelehrter, namentlich der zur eigenständigen Rechtsfindung (Ijtihad) befähigten Mujtahids.

Als die Qizilbash Iran eroberten, gab es dort jenseits der nordwestlichen und südkaspischen Randgebiete nur an wenigen Orten wie Qum (Ghom), Rayy, Mashhad, Kashan oder Isfahan zwölferschiitische Gemeinden und nur wenige ausgewiesene Kenner der schiitischen Lehren; die zwölferschiitische Literatur in arabischer oder persischer Sprache war selbst an diesen Orten rar. Tahmasp ließ die wichtigsten theologischen und juristischen Schriften beschaffen und ins Persische übersetzen. Auch kompetente Gelehrte mußten erst noch gefunden werden: Eine wichtige Rolle spielten dabei Ulama aus den schiitischen Zentren des Irak, der arabischen Golfküste und Libanons (Jabal Amil und Bekaa-Ebene) wie Ali al-Karaki (um 1465–1534), ein Vertreter der Schule von Hilla, der von Najaf aus mehrfach nach Iran kam, um dessen Schiitisierung voranzutreiben. Tahmasp delegierte die Aufgaben des Stellvertreters des Verborgenen Imam (na'ib al-imam), die Ismail noch für sich reklamiert hatte und auch Abbas wieder beanspruchen sollte, an Karaki und übertrug ihm die Leitung aller religiösen Angelegenheiten einschließlich der Ein- und Absetzung des Personals an den Moscheen, Schreinen und Madrasen des Landes. Karaki nutzte diese Befugnisse, um systematisch sunnitische durch schiitische Ulama zu ersetzen. Die allerdings mußten erst noch in größerer Zahl ausgebildet werden, denn nicht alle sunnitischen Ulama konvertierten unverzüglich und ohne Murren, und die es taten, waren nicht alle gleich versiert in den anspruchsvolleren Aspekten der schiitischen Lehre, selbst wenn sie den schiitischen Gebetsruf, die spezielle Form des Gebets und der rituellen Waschung, die Lobesformeln auf die Imame und die Verfluchung der ersten drei Kalifen rasch genug erlernten. Unter Abbas bildete sich eine an den Schah gebundene schiitische Hierarchie heraus. An ihrer Spitze stand der aus timuridischer und turkmenischer Zeit bekannte *sadr* (arab. Spitze, Oberhaupt), dem der Schah einen großen Teil seiner religiösen Kompetenzen übertrug, die er als Vertreter des Verborgenen Imam, Abkömmling des 7. Imam und Meister des Safawidenordens grundsätzlich weiterhin für sich in Anspruch nahm. Die Unterstützung für die Safawiden war in zwölferschiitischen Kreisen, wo über die Kompetenzen der Rechtsgelehrten in Abwesenheit des Verborgenen Imam ebenso heftig gestritten wurde wie über die Prätentionen der Safawiden, freilich alles andere als einhellig, vor allem Karaki wurde für seine Kollaboration scharf kritisiert. Der Konflikt setzte sich in den folgenden Generationen fort.

Die Umwandlung Irans in eine mehrheitlich schiitische Gesellschaft war weitgehend das Ergebnis herrscherlicher Patronage und Zwangsgewalt: Sunnitische Gelehrte und Amtsträger wurden konsequent bedrängt, verfolgt und marginalisiert, schiitische systematisch gefördert. Eine zentrale Rolle spielte die Vergabe von Stellen und Einkünften, die Einrichtung religiöser Stiftungen und die Übertragung bedeutender Immobilien und Ländereien an Gelehrte, vielfach auch an ganze Gelehrtenfamilien. Zugleich übernahmen die safawidischen Ulama nicht nur bestimmte Aufgaben des Verborgenen Imam wie die Leitung des Freitagsgebets und die Freitagspredigt. Sie verwalteten nicht nur die religiösen Stiftungen, sondern sie zogen auch den «Anteil des Imam» (sahm-i imam) an den Abgaben der Gläubigen (khums) an sich, der als schiitische Ausformung der Zakat gelten kann, die hier also nicht dem Staat oder einem selbst bestimmten wohltätigen Zweck zufloß, sondern einem vom einzelnen Gläubigen im Prinzip frei gewählten Gelehrten (in späterer Zeit in der Regel ein Mujtahid). Erst die Aneignung von Funktionen und Einkünften schuf einen schiitischen Klerus, der diesen Namen im Gegensatz zu den sunnitischen Ulama verdiente, dessen Hierarchie sich allerdings erst im 19. Jahrhundert verfestigte – ohne je eine kirchenähnliche Institution herauszubilden. Der Status eines Gelehrten (in Iran meist Mullah oder Molla, wohl von arab. *maula*) war und blieb an die Anerkennung durch andere Gelehrte gebunden, nicht an ein staatliches Diplom oder die Ernennung durch eine oberste religiöse oder weltliche Instanz. Das Verhältnis zwischen Schah und Ulama blieb wechselhaft und störanfällig: Im Gegensatz zu ihren innerschiitischen Widersachern, den Akhbaris, die als autoritativ allein die Überlieferung gelten ließen, das Recht der Juristen auf eigenständige Rechtsfindung (Ijtihad) ablehnten und die Stellvertreterschaft des Verborgenen Imam durch die Mujtahids oder den Schah bestritten, kooperierten die Usulis, die für eine dynamische Entwicklung des islamischen Rechts durch die Mujtahids eintraten und deren Aufgaben großzügig definierten, mit den Safawiden. Aber auch die Usulis betonten den Vorrang der durch ihr Wissen und ihren Lebenswandel legitimierten Mujtahids gegenüber einem Herrscher, der seine Stellvertreterschaft ohne Nachweis dieses Wissens und eines entsprechenden Lebenswandels allein genealogisch rechtfertigte. Ein Musterbeispiel für diese Einstellung bietet Muhammad Baqir Majlisi (1627–1697/98). Der große Sammler schiitischer Hadithe (sein Werk Bihar al-anwar, Lichtermeere, umfaßt über hundert Bände) erlangte unter Abbas' schwächeren Nachfolgern Sulaiman und Husain enormen Einfluß auf Staat und Gesellschaft.

Gefördert vom Herrscher und den schiitischen Mullahs setzte sich die Schia im Laufe eines Jahrhunderts als herrschendes Bekenntnis der iranischen Bevölkerung durch. Einen positiven Ansatzpunkt bildete die Verehrung des Propheten und seiner Familie einschließlich Alis und der Nachkommen der Imame (pers. Sg. *imamzadeh*) sowie heiliger Männer generell, die ja keine schiitische Besonderheit darstellte und nun durch spezifisch schiitische Motive und Praktiken ergänzt wurde. Feste und Passionsspiele zentriert um Husains Martyrium in Kerbela (Ashura, *taʿziya*) sprachen die Gefühle und Leidenschaften nicht nur des einfachen Volkes an. Erwartungsgemäß förderten die Schahs den Schreinkult. Wie vor ihm die sunnitischen Timuriden tat sich vor allem Abbas als Förderer des Schreins Ali ar-Ridas im khurasanischen Mashhad hervor (der von den Usbeken mehrfach ausgeplündert worden war) sowie des Mausoleums von Alis Schwester Fatima al-Maʿsuma in Qum (das die Mongolen zerstört hatten). Damit feierte eine Dynastie, die sich ja auf den 7. Imam zurückführte, indirekt immer auch sich selbst. Noch deutlicher wurde das dynastische Interesse am Schrein Scheich Safi ad-Dins in Ardabil, zu dem Abbas gleichermaßen demütig wie demonstrativ pilgerte. In Qum und anderswo errichteten die Safawiden große Stiftungen zu Gunsten der Armen, der Rechts- und Religionsgelehrten, der Prophetennachkommen und religiöser Zwecke allgemein. Das verband sich mit der Verfolgung Andersdenkender und Andersgläubiger von den Sunniten bis zu den Juden und von den Hindus bis zu Sufis. Im Falle der Sunniten und Sufis (wobei mit «Sufi» nicht selten die Qizilbash gemeint waren, die ursprünglich ja dem Sufi-Orden der Safawiyya angehörten), hatte das offenkundige politische Hintergründe, im Falle der Juden und Hindus nicht. Dabei waren nicht alle schiitischen Mullahs engherzige Eiferer: In der Umgebung des Hofes wirkten hoch gebildete Gelehrte wie Mir Damad (st. 1630) und Bahaʾ ad-Din al-Amili (1547–1621), der aus dem libanesischen Baalbek nach Iran gekommen war und neben einer Sammlung schiitischen Rechts in persischer Sprache (Jamiʿ-i Abbasi) auch persische Gedichte schrieb. Ihr Schüler Mulla Sadra (um 1571–1640) und dessen Adepten begründeten die theosophische Schule von Isfahan, bei der sich gnostische, neuplatonische und sufische Elemente zu einer neuen Denkrichtung verbanden, die im 19. Jahrhundert wiederbelebt werden sollte. Unter dem Einfluß Muhammad Baqir Majlisis wandte sich Husain I. (reg. 1694–1722, weithin bespöttelt als «Molla Hossein») allerdings erneut gegen die Mystiker und Philosophen und verfolgte mit rabiaten Zwangsbekehrungen Sunniten, Juden, Christen und Zoroastrier; am besten erging es lange Zeit den Armeniern. In Zeiten wirtschaftlicher Not und/oder politischer Repression blieb den Dichtern, Künstlern und Gelehrten immer noch die Möglichkeit, entweder nach Westen, zu den Osmanen, oder aber an die muslimischen Höfe Indiens und des malaiischen Archipels auszuwandern, die über alle politischen Differenzen hinweg eine gemeinsame persischsprachige Hochkultur pflegten.

Der Rückgang wirtschaftlicher Prosperität im späten 17. Jahrhundert hatte verschiedene Gründe: die Verlagerung der Handelswege, die namentlich dem iranischen Seidenhandel schadete; die Unfähigkeit der im Harem aufgewachsenen und von einer Hofkamarilla gelenkten Schahs; den Aufstieg lokaler Herren zu Lasten der Zentralregierung, der das Steueraufkommen minderte und zu einer noch rücksichtsloseren Ausbeutung der verbliebenen Steuerzahler führte. Nicht zuletzt wegen der Unterdrückung der Sunniten durch die Safawiden rebellierte zu Beginn des 18. Jahrhunderts der afghanische Stamm der Ghalzai, der unter Führung von Mahmud b. Mir Wais 1722 Isfahan eroberte. Mahmud übernahm als neuer Schah die Macht und ließ den abgesetzten Safawiden hinrichten. In dem allgemeinen Chaos teilten sich die Russen und Osmanen den Nordwesten des Landes. Schon 1729 aber vertrieb Nadir Shah (reg. 1736–1747) vom turkmenischen Stamm der Afsharen im Namen des Safawidenprinzen Tahmasp die Afghanen und Osmanen aus Iran. Tahmasp blieb nicht lange auf dem Thron. 1736 ließ sich Nadir Shah von einer Versammlung der Großen des Reiches zum Schah wählen. Seine Bedingung war die Annahme der Sunna an Stelle der «häretischen» Schia, deren bisherige Anhänger der islamischen Gemeinschaft als fünfte (ja'faritische) Rechtsschule beitreten sollten. Frisch gekürt, begab er sich auf Expansionskurs, in kleinem Maßstab Timur vergleichbar, dem er in der Tat nacheiferte: Seine Truppen überrannten Afghanistan und Nordindien, wo sie 1739 bei der Plünderung Delhis reichste Beute machten und neben dem Kohinoor-Diamanten auch den berühmten Pfauenthron erbeuteten. Nach der Einnahme Transoxaniens und Daghestans wandten sie sich gegen die Osmanen. Ungeachtet der militärischen Erfolge war das alles höchst kostspielig, die Ausbeutung hart, die Unzufriedenheit groß. Als Nadir Shah 1747 mit seinen Söhnen ermordet wurde, brach das gerade eroberte Reich sofort auseinander. In Afghanistan schwang sich Ahmad Shah

Der Schrein der Fatima al-Ma'suma (Hazrat-i Ma'suma) in Qum ist von einem großen Friedhof, einem begehrten Bestattungsort, umgeben. Die Frauen tragen den schwarzen Tschador. Photographie um 1885.

Durrani zum Herrscher auf (reg. 1747–1773), der nach dem Vorbild Nadir Shahs Transoxanien und Nordindien verwüstete, dessen Reich aber nach seinem Tod ebenso zerfiel. Wenig anders erging es Muhammad Karim Khan (reg. 1758–1779) vom lurischen Stamm der Zand, der nicht als Schah, sondern als Regent eines safawidischen Schattenherrschers auftrat, West- und Zentraliran kontrollierte und dort eine Insel der Prosperität schuf, von der vor allem Schiraz profitierte. Seine Söhne unterlagen kaum zwei Jahrzehnte später der neuen Macht der Qajaren.

Das muslimische Indien

Auf dem Indischen Subkontinent fanden die Muslime in kultureller, religiöser und nicht zuletzt auch in klimatischer Hinsicht ganz andere Verhältnisse vor, als sie sie aus dem Mittleren Osten und dem mediterranen Europa kannten. Die muslimischen Geographen unterschieden zwischen Sind (Industal und Punjab im heutigen Pakistan) und Hind oder Hindustan, den östlich davon gelegenen Territorien bis hin nach Indonesien, die im Bereich des Monsuns liegen. Über Jahrhunderte konzentrierte sich die muslimische Präsenz und Herrschaft auf das nördliche Tiefland mit den drei großen Flüssen Indus, Ganges und Brahmaputra: Der Indus entspringt im Himalaya, vereinigt sich am Ausgang des Fünfstromlandes (Punjab von pers. *panj*, fünf) mit anderen Flüssen und mündet in den Indischen Ozean; der Ganges durchquert Nordindien in westöstlicher Richtung und erweitert sich, verstärkt durch den von Nordosten zuströmenden Brahmaputra, am Golf von Bengalen zu einem riesigen Delta. Das Hochland des Dekkan mit seinen westlichen Steilküsten (Ghats), der Süden (die Malabar-Küste im Westen, die Koromandel-Küste im Osten), der äußerste Nordwesten (Kaschmir) und das Gangesdelta (Bengalen) bewahrten lange ihre Eigenständigkeit. Kennzeichnend war die große religiöse Vielfalt von lokalen über die Hindu-Kulte, unterschiedliche Ausprägungen des Buddhismus bis zum Jainismus, denen die meisten Muslime hier zum ersten Mal begegneten und für deren Behandlung Koran und Sunna ihnen keine expliziten Hinweise gaben: Sie waren dem Augenschein nach Heiden – aber das besagte noch nicht allzu viel.

Das Sultanat von Delhi

Unter Muhammad b. al-Qasim ath-Thaqafi, einem Neffen des gefürchteten Hajjaj b. Yusuf, stießen Muslime 712–714 im Industal bis auf die Höhe von Multan im südlichen Punjab vor; an verschiedenen Orten gewährten sie den besiegten Hindus und Buddhisten ungeachtet ihres religiösen Status als Heiden Rechtsschutz, behandelten sie also wie die Angehörigen der anerkannten Buchreligionen als Dhimmis. In abbasidischer Zeit stand die Provinz Sind mit der Hauptstadt Mansura aber bestenfalls unter lockerer kalifaler Oberhoheit. Während die buddhistische Minderheit im 10. Jahrhundert verschwunden war, blieb die Mehrheit der Untertanen hinduistisch. In den wichtigsten Hafenstädten siedelten sich die ersten muslimischen Kaufleute an. Ab 1000 mehrten sich die muslimischen Vorstöße, die nun aus Zentralasien und Afghanistan kamen und neue, turko-iranische Einflüsse nach Indien trugen: Mahmud von Ghazna (reg. 998–1030) unternahm zahlreiche Raubzüge in das als sagenhaft reich geltende Indien, seine Nachkommen verlegten unter seldschukischem Druck ihre Residenz nach Lahore im Punjab. Der ghaznawidische Hof wirkte für mehr als ein Jahrhundert als Zentrum islamischer Bildung und turko-iranischer Kultur auf den Nordwesten Indiens. 1175–1192 expandierten die afghanischen Ghuriden, die Ghazna unterworfen hatten, gegen den erbitterten Widerstand lokaler Fürsten wie der Rajputen («Königssöhne») über Delhi hinaus bis nach Bengalen und bereiteten dabei auch dem ismailitischen Fürstentum von Multan ein Ende, das sich um 960 in Sind etabliert hatte und schon einmal von Mahmud unterworfen worden war.

Im Schatten des Mongolensturms übernahmen am Ghuridenhof (noch vor den ungleich berühmteren Mamluken in Ägypten) türkische Militärsklaven die Macht, angefangen mit Iletmish (auch Iltutmish), der sich 1229 vom Abbasidenkalifen al-Mustansir als Sultan bestätigen ließ. Eine Folge von fünf Dynastien – konkurrierende afghanische und türkische Militäreliten, die kollektiv als «Sultanat von Delhi» bezeichnet werden (1206–1526) – dehnte den islamischen Machtbereich erstmals weit in den reichen Süden des Subkontinents aus. Die türkischen Khalji (1290–1320) und der gleichfalls türkische Muhammad b. Ghiyath ad-Din Tughluq (reg. 1325–1351) unterwarfen Gujarat, Rajasthan sowie Teile des Dekkan, wobei die zentrale Herrschaft jedoch nicht lange aufrechterhalten blieb. Formal unterschied sich ihre Herrschaft nicht wesentlich von der anderer indischer Fürsten. Ob die Delhi-Sultane die Kopfsteuer (Jizya) von ihren nichtmuslimischen Untertanen erhoben oder einfach Tribut, ist nicht klar, da Jizya auf dem Subkontinent häufig alle Arten von Abgaben mit Ausnahme der Bodensteuer bezeichnete. Auch für Indien bedeutete der Einfall Timurs 1398/99 einen Einschnitt: Bei seinen Eroberungen machte Timur keinen Unterschied zwischen Muslimen, Hindus, Jainas oder Buddhisten. Delhi wurde geplündert und einmal mehr zerstört, eine riesige Zahl an Menschen auf die Sklavenmärkte von Samarkand verschleppt. Der islamische Machtbereich zerfiel in kleinere Territorien. Das bedeutete zwar eine Schwächung Delhis und vielerorts auch endlose innere Kämpfe; es ermöglichte zugleich aber eine frühe Blüte indoislamischer Kunst und Kultur in Regionen, die sich im 15. Jahrhundert schrittweise islamisierten. Sind, Multan und Kaschmir agierten seit langem eigenständig. Nun etablierten sich von Delhi unabhängige muslimische Dynastien auch im reichen Gujarat, im Dekkan und in Bengalen, wo sich in den lokalen Sprachen je eigene Ausdrucksformen indomuslimischer Kultur entfalteten.

Charakteristisch und bestimmend für Kultur und Gesellschaft des Subkontinents blieb das Neben-, Mit- und Gegeneinander unter-

Um die drei zentralen Figuren – Derwisch, Musiker und Soldat – sind am Bildrand Asketen, Sufis, Heilige und gelehrte Männer gruppiert, von annähernd nackt bis voll bekleidet. Sogenanntes Spätes Shah Jahan-Album, dem Maler Govardhan zugeschrieben, um 1625–1630.

schiedlicher sprachlicher, ethnischer und religiöser Gruppen, die auch in sich vielfach aufgefächert waren. Wie in anderen Teilen der islamischen Welt war Eroberung nicht identisch mit Islamisierung. Bei der Verbreitung des Islam spielte militärische Gewalt dennoch eine wichtige Rolle. Das gilt auch für einzelne Sufi-Scheichs und Orden, die sich im Schatten der Eroberungen auf dem Subkontinent ausbreiteten und in ganz unterschiedlicher Weise an die lokalen Kulturen anpaßten. Besonders wichtig war dabei, wie in Anatolien, Afrika und Südostasien, der Gebrauch lokaler Sprachen. In Gestalt von Urdu, das sich aus dem durch zahlreiche persische und arabische Vokabeln angereicherten Dialekt von Delhi entwickelte, entstand dabei sogar eine neue indomuslimische Sprache, die allerdings erst im 17. und 18. Jahrhundert größere Bedeutung erlangte. So unterschiedlich die Prozesse in den einzelnen Regionen und sozialen Milieus auch abliefen, scheint die Islamisierung in Hind alles in allem die Städte stärker erfaßt zu haben als das flache Land; in Bengalen hingegen war sie eng mit der Urbarmachung des Sumpflandes durch muslimische Sufis und Heilige verknüpft. Ob der Islam mit seinen aus dem Koran ableitbaren egalitären Idealen auf die Angehörigen unterprivilegierter Status- und Berufsgruppen (den Begriff der Kaste sollte man für die Zeit vor dem 19. Jahrhundert zurückhaltend gebrauchen) besonders anziehend wirkte, ist unklar; daß muslimische Lehrer und Heilige den Gleichheitsgedanken predigten, ist nicht belegt; in der Realität waren muslimische Gesellschaften von frühester Stunde an stratifiziert – verbanden sozialen Rang aber nicht mit religiösem Verdienst und ließen in der Regel ein beachtliches Maß an sozialer Mobilität über die Grenzen von Stand, Ethnie und Hautfarbe (die auch vormoderne Muslime sehr wohl zur Kenntnis nahmen) zu. Auf jeden Fall ging die islamische «Mission» häufig von Moscheen und Sufi-Konventen (*khanqas*) aus, um deren Gelehrte und/oder Sufis sich lokale Konvertiten scharten.

Anders als im Mittleren Osten blieben die Muslime bis in die Neuzeit jedoch eine Minderheit, wenngleich bis ins 18. Jahrhundert die politisch dominierende; Ende des 18. Jahrhunderts war etwa ein Viertel der Bevölkerung Britisch-Indiens muslimisch (Metcalf und Metcalf 2002: 7). Die Gründe sind nicht allein darin zu suchen, daß hier keine massive Zuwanderung von Muslimen stattfand und keine Kolonisierung; dazu kam es auch im späteren Malaysia und Indonesien

DAS MUSLIMISCHE INDIEN 249

nicht, die sich nach 1800 fast vollständig islamisierten. Wichtiger war, daß die nichtmuslimische Bevölkerung über hinreichend starke und intakte politische, ökonomische und kulturelle Ressourcen und Strukturen verfügte. Die Muslime wurden so Teil einer differenzierten Gesellschaft mit kompliziertem ethnischem, sprachlichem und sozialem Gefüge. Der beständige, ebenso fruchtbare wie spannungsreiche Austausch auf allen Ebenen verlieh Kultur und Gesellschaft auf dem Indischen Subkontinent ein ganz eigenes Gepräge.

In Indien zeigte sich einmal mehr die große Vielfalt sufischen Denkens und sufischer Praktiken, und zwar nicht nur im Vergleich zwischen den einzelnen Orden, sondern auch zwischen den Vertretern ein- und derselben Bruderschaft. Sie unterschieden sich in ihren Praktiken (Formen des *dhikr*, Zulassung von Musik und Tanz, Stellenwert von Poesie, Lehrer-Schüler-Beziehungen), ihrem Verhältnis zum Gesetzesislam auf der einen Seite, illuministischen, monistischen und pantheistischen Ideen auf der anderen und in ihrem Verhältnis zu den Herrschenden, soweit es über die Annahme herrscherlicher Patronage hinausging. Unterschiedlich waren sie in ihrem Verhältnis zu Hindus, Jainas und Buddhisten: Bei den einen reichte es bis zu synkretistischen Vorstellungen und Praktiken, die auf die Gemeinsamkeiten spiritueller Erfahrung abhoben und sich konsequent für andere Erfahrungen öffneten; so bedienten sie sich zum Beispiel der Praktiken hinduistischer Yogis und studierten hinduistische Schriften. Andere riefen zum Kampf gegen die Heiden auf, störten deren Riten und vernichteten oder überbauten ihre Tempel. Die Abgrenzung ging allerdings keineswegs nur von den Muslimen aus, sondern (wie im Fall der Juden und der Zoroastrier) auch von den auf rituelle Reinheit bedachten hochrangigen Hindus.

Zwei der größten muslimischen Orden, die Suhrawardiyya und die Chishtiyya, gelangten im 13. Jahrhundert nach Indien. Erstere führte sich auf Shihab ad-Din Abu Hafs Umar as-Suhrawardi zurück (1145–1234), den Vertrauten des abbasidischen Kalifen an-Nasir, der als energischer Kämpfer gegen die rationalistische Philosophie und Theologie begann und später gnostische und neuplatonische Elemente in sein Denken aufnahm. Sein Hauptwerk «Gaben des Wissens» (ʿawarif al-maʿarif) zählte über Jahrhunderte zu den meistgelesenen Werken des indischen Sufismus. Im Sultanat von Delhi pflegte die Suhrawardiyya enge Kontakte zum Hof, propagierte das Hadith-Studium und den Kampf gegen die Hindus. In der Folgezeit lagen ihre regionalen Schwerpunkte in Sind, Multan und Kaschmir im Nordwesten und Bengalen im Nordosten, wo sie zum Teil auch eigene Strategien und Konzepte entwickelte. Über ganz Indien (Hind) verbreitete sich die Chishtiyya, benannt nach dem Ort Chisht in der Nähe von Herat und nicht nach ihrem «Gründervater», Muʿin ad-Din Hasan Chishti (auch Jashti; 1141/42–1236), einem aus dem ostiranischen Sistan stammenden, weit gereisten Meister, der Suhrawardi gut kannte und sich im nordwestindischen Ajmer niederließ, das zum wichtigsten Zentrum des Ordens werden sollte. Ihr bedeutendster früher Vertreter, Nizam ad-Din Auliya' (1243/44–1325), dessen Großvater vor den Mongolen aus Bukhara nach Indien geflohen war, entfaltete als Sufi-Meister und gelehrter Hadith-Kenner von Delhi aus ungeheure Wirkung. Die frühe Chishtiyya vertrat im Grundsatz eine ganz andere Linie als die Suhrawardiyya – obgleich auch sie Suhrawardis Hauptwerk benutzte: Sie forderte Armut, Askese und die tätige Hilfe für die Armen und Schwachen, mied den Umgang mit den Höfen, nahm herrscherliche Patronage allerdings an (Muhammad b. Tughluq errichtete über Nizam ad-Dins Grab eine schöne Kuppel), machte geringen Gebrauch von sufischer Dichtung, verbreitete die auf Ibn Arabi zurückgeführte monistische Lehre der Einheit des Seins (*wahdat al-wujud*), adaptierte auch hinduistische Praktiken und erlaubte Nichtmuslimen die Teilnahme an ihren Zirkeln und Übungen. Andere Sufis, viele Ulama und nicht zuletzt die Delhi-Sultane sahen das mit Mißbilligung und förderten ihrerseits «orthodoxe», auf Hadith und Recht konzentrierte Studien und Gelehrte. Im 14. Jahrhundert vollzogen auch die Meister der Chishtiyya eine Wende und suchten nun – teils freiwillig, teils gezwungen – die Nähe des Hofes. Ungeachtet der Unterschiede zwischen Chishtiyya und Suhrawardiyya ließen sich zahlreiche Muslime in beide Orden initiieren, so daß die Gräben zwischen beiden nicht allzu tief gewesen sein können.

Die Zeit der Großmoghuln

Die «mongolische» Ära ist eine der großen Epochen islamischer Macht und Kultur, hervorgegangen aus bescheidenen, nicht allzu verheißungsvollen Anfängen und begründet von einem Mann, der gar nicht nach Indien wollte: Zahir ad-Din Muhammad, genannt Babur («der Tiger»; geb. 1483/84). Ein Nachkomme Dschingis Khans und Timurs, erbte Babur 1494 gerade elfjährig das Fürstentum von Ferghana in Transoxanien, wurde von den Usbeken unter Sh(a)ibani Khan verdrängt, nahm Kabul und Kandahar und zog, als die Rückeroberung seiner Heimat scheiterte, nach Nordindien, das einst zum Reich des bewunderten Timur gehört hatte. 1526 besiegte er in der Schlacht von Panipat mit Hilfe seiner Artillerie das zahlenmäßig überlegene Heer des Sultans von Delhi und ein Jahr später das des

Die Illustrationen der Moghulzeit waren von einer Freizügigkeit, die im muslimischen Mittleren Osten zu dieser Zeit undenkbar waren. Hier umarmt Kaiser Jahangir (reg. 1605-1627) in einem Garten seines Palastes seine Frau Nur Jahan. Gemalt von Govardhan, um 1620.

Rajputen-Fürsten von Mewar. Als Babur 1530 starb, reichte seine Macht von Kabul über den Punjab und die Gangesebene bis nach Bengalen – aber sie war schwach verankert und beschränkte sich im wesentlichen auf eine Kette von Garnisonen. Wie viele seiner timuridischen Vorfahren und wie die italienischen Renaissancefürsten seiner Zeit gleichermaßen kriegerisch wie kultiviert, hinterließ er Lebenserinnerungen in Gestalt des «Babur-Buchs» (Babur-nama), dem wir eine lebhafte Schilderung von Flora und Fauna, Sitten und Gebräuchen des ungeliebten Indien verdanken. Baburs Sohn Humayun mußte 1544 vor seinen Rivalen noch ins iranische Exil flüchten. Humayuns Sohn Akbar, genannt der Große (geb. 1543, reg. 1556–1605), aber führte in seiner fünfzigjährigen Regierungszeit Dynastie und Reich zu höchster Blüte. Jahrelange, sehr erfolgreiche

In dieser erkennbar von europäischen Konventionen beeinflußten Darstellung besiegt Kaiser Jahangir mit Pfeil und Bogen den schwarzen Dämonen der Armut. Jahangir zu Füßen liegen Löwe und Lamm friedlich beieinander, unter ihnen (auf dem Bild leider abgeschnitten) der Weltfisch als Hinweis auf islamische kosmologische Vorstellungen; über dem Fürsten Putten mit einer (europäischen) Krone, oben links hält ein Engel eine Girlande, die von einem Ehrenmal bis in den Himmel reicht.

Feldzüge, kombiniert mit einer umsichtigen Geschenk- und Heiratspolitik, schufen ein Reich, das um 1600 ganz Nordindien von Kaschmir bis Bengalen, dazu Rajasthan, Gujarat, Bihar, Teile des Dekkan sowie Kabul und Kandahar umfaßte; als seine Hauptstadt wählte Akbar zunächst Agra, in dessen Nähe er die Residenz Fatehpur Sikri erbauen ließ, ab 1584 dann Lahore.

Schätzungen über die Gesamtbevölkerung des Indischen Subkontinents in der Moghulzeit gehen weit auseinander: Sie reichen von 100 Millionen im Jahr 1700 bis 120–145 Millionen um 1600 (Metcalf und Metcalf 2002: 1; EI2, Art. Mughals: 323). Gleichgültig, welche Zahl näher an der Realität liegt, übertraf die indische Bevölkerung die osmanische und die safawidische um ein Vielfaches. Wie im Osmanischen Reich lebten etwa 85 Prozent auf dem Land. So unterschiedlich die religiösen und sozialen Strukturen zwischen Moghul-Indien und dem Osmanischen Reich auch waren, zeigten sie doch gewisse Gemeinsamkeiten: Grundlage von Wirtschaft und (extrem ungleich verteiltem) gesellschaftlichem Reichtum waren Landwirtschaft, Handwerk und Gewerbe. Die Bauern waren im Prinzip schollenpflichtig, besaßen jedoch, da kein Mangel an kultivierbarem Land bestand, Möglichkeiten, allzu harter Unterdrückung durch Flucht und Abwanderung zu entkommen; die sogenannten Unberührbaren (*dalit*, bei Gandhi *harijan*) waren vom Grundbesitz ausgeschlossen und dienten daher als riesiges Reservoir billiger Arbeitskräfte. In der Regel bildete auch in Indien das Dorf die Lebens-, Wirtschafts- und Steuereinheit der ländlichen Bevölkerung. Zur Subsistenzwirtschaft kamen hochwertige Bodenschätze, Export- und Luxusgüter: Pfeffer und Ingwer an der Malabarküste und im südlichen Dekkan, Perlen und Korallen an den Küsten, Diamanten und Edelsteine im Dekkan, dazu Holz (vor allem Teak und Sandel), Salz, Eisen- und Kupferminen. Sie bildeten die Grundlage des unerhörten Luxus der indischen Höfe. Gold und Silber, die unter anderem für die Münzprägung benötigt wurden, mußten hingegen importiert werden, Gold vor allem aus China, Silber aus Japan. Das indische Textilgewerbe war für seine Baumwoll-, Brokat- und Seidenstoffe berühmt, daneben florierte die Leder-, Lack- und Metallverarbeitung. Hoch entwickelt war auch das Handels- und Kreditwesen. Wie überall förderten die Höfe Handwerk und Handel auf vielerlei Weise, namentlich durch Ausbau, Schutz und Erhalt der Infrastruktur. Der Fernhandel führte zu Lande über den südlichen Zweig der Seidenstraße von Kaschgar und Kaschmir nach Kabul und Kandahar, zur See über die Häfen an der Westküste (Gujarat und Bijapur) sowie, in beschränkterem Umfang, in Sind und Bengalen.

Regieren ließ sich das Reich nur, solange die Gegensätze zwischen den zahlreichen Religions- und Sprachgruppen, die sich nicht auf die Konstellation Muslime gegen Hindus verkürzen lassen, unter Kontrolle blieben. Unter Akbars erstmals weitgehend zentralisierter patrimonialer Herrschaft umfaßten die höfischen und die Provinzeliten Turko-Mongolen, Afghanen, Iraner, Usbeken, Rajputen und Marathen (Grundbesitzer und Dorfälteste des nordwestlichen Dekkan), deren Loyalität sich Akbar durch die Vergabe von hohen Ämtern, Ländereien und Geschenken sowie durch Heiratsbündnisse selbst über die religiösen Grenzen hinweg zu sichern suchte. Auch die osmanische und die safawidische Elite waren in ethnischer und konfessioneller Hinsicht nicht monochrom – die Moghulhöfe aber repräsentierten die einheimischen Eliten in ungleich breiterer Weise. Grundlage hierfür war nicht die Religion, sondern die Loyalität zum Herrscher, was allerdings auch dessen singuläre Stellung unterstrich. Einen wichtigen Hinweis auf die besondere Situation Indiens bietet einmal mehr die Heiratspolitik: Anders als die Osmanen ehelichten die Moghulprinzen und Kaiser auch freie Frauen, und sie zwangen sie nicht zur Konversion: Akbars Nachfolger Jahangir und Shah Jahan waren Söhne rajputischer Prinzessinnen, die auch als kaiserliche Gattinnen Hindus blieben. Zur Elite gehörten neben den Militärs hohe Bürokraten, in ihrer großen Mehrheit Hindus exklusiver Statusgruppen, sowie ausgewählte Sufis und muslimische Religionsgelehrte. Ähnlich wie im Osmanischen Reich erhielten sie vom Herrscher bestimmte Ränge (*mansab*; daher *mansabdar* für deren Empfänger), die mit Einkünften in Form widerrufbarer Landzuweisungen verbunden waren (*jagir*; vergleichbar dem osmanischen *timar*), die in der Regel festgelegte Leistungen beinhalteten (Heerfolge, Truppen und/oder Abgaben) und spätestens im Todesfall an den Herrscher zurückfielen. Die Rechtsprechung lag im Prinzip bei staatlich eingesetzten Richtern. Wiederum kann also von einer ausgebildeten Feudalordnung nicht gesprochen werden. Eine stärkere Stellung besaßen zum einen die Zamindare, lokale Grundbesitzer, Familien- und Stammesoberhäupter, zum anderen abhängige Fürsten und Machthaber wie die Rajputen, die Landpfründen in unterschiedlichen Teilen des Reiches erhielten und in ihren angestammten Territorien, solange sie den vereinbarten Tribut entrichteten, weitgehend unbehelligt blieben. Die von der Zentralregierung bezahlten Gouverneure mußten ihre eigenen Truppen ausrüsten; daneben stand dem Herrscher ein kleines stehendes Heer zur Verfügung, das hauptsächlich aus der Reiterei bestand, die ihre Pferde aus Iran importierte.

Akbars Zentralisierungspolitik, die ihn selbst zum alleinigen Mittelpunkt des Geschehens machen sollte, erstreckte sich auch auf das Feld der Religion: Er schaffte die Kopfsteuer für die Nichtmuslime ab, nahm neben den muslimischen Festen und dem persischen Neujahr auch Feiertage der hinduistischen Rajputen in den Festkalender auf, erlaubte den Nichtmuslimen die öffentliche Ausübung ihrer Riten und die Renovierung, ja sogar den Neubau von Tempeln. Persönlich zeigte er ungewöhnliches Interesse an den verschiedensten

Religionen, ließ Religionsdispute abhalten und die großen hinduistischen Epen vom Mahabharata bis zum Ramayana ins Persische übersetzen, die damit Eingang in die indomuslimische Hochkultur fanden. Akbars Bibliothek enthielt Werke auf Persisch, Hindi, Kaschmiri, Griechisch und Arabisch. Seine Toleranz galt auch den Vertretern fremder Religionen und Mächte: So erreichte 1580 eine erste jesuitische Delegation den Hof, die, sehr zum Unmut muslimischer Kreise, sogar die Erlaubnis zur Mission erhielt. Hochgebildete Männer wie der Hofhistoriker und Religionsgelehrte Abu l-Fazl Allami und dessen jüngerer Bruder, der Arzt und Dichter Faidi, hatten wesentlichen Anteil an diesem künstlerisch so offenen Klima. Offenheit war allerdings auch zu dieser Zeit nicht identisch mit Liberalität: Widerstand gegen diesen Kurs wurde rücksichtslos unterdrückt. Auch die Moghuln nutzten in einem bewußt imperialen Stil Kunst und Architektur zur Inszenierung ihrer Macht, auch sie feierten prunkvolle Feste zur Verbreitung höfischen Glanzes. Der erste Bau Akbars war bezeichnenderweise keine Moschee und kein Heiligenschrein, sondern ein Grabmal für seinen Vater Humayun. Akbar ließ sich nicht nur in vertrauter Weise von Dichtern, Musikern und Hofhistorikern verherrlichen und von Malern porträtieren. 1582 – am Ende des ersten Jahrtausends islamischer Zeitrechnung – begründete er in kleinem Kreis eine eigene Universalreligion (Göttliche Religion, *din-i ilahi*), in der die Licht-, Sonnen- und Feuermetaphorik zoroastrischer, hinduistischer und sufischer Prägung eine zentrale Rolle spielte. In ihrem Mittelpunkt stand er selbst als der «vollkommene Mensch» (*al-insan al-kamil*) der sufischen Tradition. Die politische Bedeutung dieser Idee, die weit über das hinausging, was der Abbasidenkalif an-Nasir entwickelt hatte, um sich selbst an die Spitze einer universellen (aber doch rein islamischen) Bewegung zu setzen, war unübersehbar.

Langfristig bedeutsamer als Akbars hoch elitärer Kult waren die Reaktionen in Kreisen der Ulama und Sufis, die seine Göttliche Religion als Häresie verdammten, an ihrer Spitze Abd al-Qadir Bada'uni (1540–1615) und Abd al-Haqq Dihlawi (1551–1642). Die stärkste Wirkung hatte der Naqshbandi-Scheich Ahmad Sirhindi (1564–1624), den seine Anhänger als «Erneuerer (*mujaddid*) des 2. Jahrtausends» sahen und der sich selbst als den «Pol» (*qutb*) bezeichnete, von dessen Wirken die Welt abhing; dieses sufische Konzept stand erkennbar in Konkurrenz zu Akbars Prätentionen. Die Naqshbandiyya war erst vor kurzem aus Bukhara nach Indien ge-

Taj Mahal: Shah Jahan ließ das Mausoleum 1632–1643 an einer Biegung des Yamuna in der Nähe von Agra für seine zweite Frau Mumtaz Mahal («Die Auserwählte des Palastes») errichten, die 1631 bei der Geburt ihres vierzehnten Kindes gestorben war. Das strahlend weiße, mit wunderbaren Stuck- und Einlegearbeiten geschmückte Grabmal selbst steht, von zwei rötlichen Flügelbauten – einer Moschee und einem Versammlungshaus – flankiert und von hohen Mauern umgeben, in einer weitläufigen Gartenanlage, die mit ihrer klassischen Vierteilung (čahar bagh) an den Paradiesgarten erinnern soll. Sowohl der weiße Marmor des Mausoleums als auch der rote Sandstein der Flügelbauten sind nur Verkleidung – die gesamte Anlage ist aus Ziegeln gebaut.

langt, wo sie sich politisch und gesellschaftlich rasch etablierte. Sirhindi verstand sich selbst als Erneuerer des (sunnitischen) Islam. Bestimmte Grundzüge islamischer Reform wie die strikte Abgrenzung gegenüber «abweichlerischen» oder häretischen Ideen und Praktiken lassen sich bei ihm deutlich erkennen. Er wandte sich vor allem

Jahangir blickt auf ein lebensnahes Porträt seines Vaters Akbar, das er zugleich dem Betrachter zeigt, Akbar hält die Weltkugel in Händen, beider Häupter umgibt der in persischen und indischen Darstellungen übliche Glorienschein: dynastische Inszenierung par excellence. Um 1614, unterzeichnet von Abu l-Hasan Nadir az-Zaman und Hashim.

gegen die Schia, die zu dieser Zeit von schiitischen Fürsten in Kaschmir und im Dekkan protegiert wurde und unter Akbars Sohn und Nachfolger Jahangir (reg. 1605–1627) und dessen einflußreicher Gattin Nur Jahan, die selbst Zwölferschiitin war, sogar am Moghulhof Eingang fand. Mit Blick auf die Hindus forderte Sirhindi, Nichtmuslime aus öffentlichen Ämtern zu entfernen, die Kopfsteuer zu erheben, Kühe zu schlachten und dergleichen mehr.

Jahangirs Sohn Khurram mit dem Thronnamen Shah Jahan (geb. 1592, reg. 1627–1658) dehnte das Reich im Kampf gegen Usbeken, Marathen und schiitische Fürsten weiter nach Süden und Nordwesten (Kandahar) aus, konnte seinen Traum von der Rückeroberung der timuridischen Stammlande in Zentralasien aber nicht verwirklichen. Im Innern nahm Shah Jahan Akbars religionspolitischen Kurs zurück, betonte den islamischen Charakter des Reiches und untersagte anderen Religionsgemeinschaften die Mission. Sein erster Bau

Als Herrscher der Zeit auf dem Stundenglas sitzend, gibt Jahangir einem Sufischeich, der ihm ein Werk überreicht, den Vorzug vor den Fürsten der Welt, unter ihnen der osmanische Sultan, ein europäischer (portugiesischer?) König und ein indischer Prinz. Der Einfluß europäischer Malerei ist nicht nur wegen der Putten unübersehbar. Gezeichnet von Bichitr, um 1615–1618.

war auch nicht ein Grabmal für seinen Vater, sondern eine Moschee am Schrein des Muʿin ad-Din Chishti bei Ajmer. Bleibenden Ruhm aber verschaffte ihm der Taj Mahal, den er als Mausoleum für seine verstorbene Gattin Mumtaz Mahal (eine Nichte Nur Jahans) errichten ließ. Shah Jahans Sohn aus der Ehe mit Mumtaz Mahal, Aurangzeb mit dem Herrschernamen Alamgir («der die Welt ergreift», geb. 1618, reg. 1658–1707), bemächtigte sich des Thrones mit Gewalt und setzte in langen, ruinösen Feldzügen die Eroberungspolitik seiner Vorfahren auf dem Subkontinent fort. Dabei wurde vor allem der Dekkan verwüstet, in dem die hinduistischen Marathen – aus ländlichen Grundbesitzern und Dorfältesten sowie deren Gefolgschaft zusammengesetzte Verbände und bewaffnete Banden – erbittert um ihren Platz in der Moghulordnung kämpften. Je stärker die Zentralregierung durch die Kriege belastet wurde, desto weniger war sie in der Lage, die Empfänger von Pfründen (*mansabdars*) und lokale Machthaber (Zamindare) zu kontrollieren, die sich – wiederum zu Lasten der Staatskasse – weitgehend selbständig machten.

Bedeutsam war Aurangzebs Herrschaft auch für die Religions- und Kulturpolitik: Um Shah Jahans Nachfolge kämpften noch zu dessen Lebzeiten vier seiner Söhne, unter ihnen Dara Shukoh (1615–1658), der Älteste und Favorit seines Vaters. Dara Shukoh war wie seine Brüder Gouverneur und militärisch erfahren, wenn auch nicht sonderlich erfolgreich. Aber er stand zugleich in engem Kontakt mit muslimischen und hinduistischen Gelehrten, Asketen und Heiligen, verfaßte mystische Werke, übersetzte die Upanischaden, die damit erstmals einem muslimischen Publikum zugänglich wurden, und versuchte die beiden großen Religionen Indiens über das Konzept der Einheit des Seins zusammenzuführen. Nachdem er ihn militärisch besiegt hatte, ließ Aurangzeb seinen Bruder als Häretiker hinrichten, um eine eher rigide religionspolitische Linie zu verfolgen: Nach und nach verbot er Alkohol, Glücksspiel, Prostitution, Drogen und *sati*, die traditionelle Witwenverbrennung, ließ hinduistische Tempel zerstören, führte die Kopfsteuer wieder ein – für die Kriegsführung brauchte er Geld – und gab den Auftrag zur Erstellung eines hanafitischen Rechtskompendiums, das nach ihm *Fatawa-yi Alamgiri(yya)* benannt wurde.

Nach Aurangzebs Tod 1707 zerfiel das Reich, das immer stärker von den Rajputen in Rajasthan, den Marathen im Dekkan (Zentrum Poona) sowie den Sikhs im Punjab und in Kaschmir bedrängt wurde, erneut in kleinere Teilstaaten. Für den ursprünglichen Machtbereich der Moghuln bedeutete das den Niedergang: Delhi und Umgebung wurden 1739 von Nadir Shah verwüstet und in den folgenden fünfzig Jahren von Ahmad Shah Durrani und anderen Invasoren mehrfach ausgeraubt. Die Aufstände der Jats, der lokalen Grundherren (Zamindaren), erschütterten die Region zwischen Delhi und Agra. Aber das war nicht kennzeichnend für den Subkontinent als Ganzen: Der Prozeß der Autonomisierung läßt sich in vielem mit dem des Abbasidenreiches nach 800 vergleichen, der das Kalifat schwächte, den einzelnen Provinzen aber durchaus Vorteile brachte. In weiten Teilen Indiens wuchs im 18. Jahrhundert die Bevölkerung, der Handel und das Städtewesen blühten. Regionale Dynastien konsolidierten ihre Macht durch den Aufbau leistungsfähiger Armeen und Bürokratien und zogen jene Künstler, Literaten, Sufis und Gelehrte an, die vorher in kaiserlichen Diensten gestanden hatten. Nennen ließe sich das schiitische Awadh mit den Zentren Lucknow (nordöstlich von Agra) und Faizabad. Der Zusammenbruch der Zentralgewalt in Nordindien begünstigte zugleich die britische Ostindien-Kompanie, die sich vermehrt in die Auseinandersetzungen der indischen Fürsten einmischte. Seit 1617 mit einer ersten Faktorei, einem Warenlager, im westindischen Surat präsent, hatte sie sich bis 1700 mit Madras, Bombay und Kalkutta drei Stützpunkte an der Ostküste und in Bengalen geschaffen, von denen aus sie ihren Einfluß auf das Binnenland ausdehnte. In Bengalen besiegten britische Truppen unter Robert Clive das Heer des Nawabs, wie der Titel des bengalischen Fürsten lautete (1757 Schlacht von Plassey, 1764 Buxar), und setzten einen Mann ihrer Wahl auf den Thron. Nach weiteren Kriegen in wechselnden Allianzen galt Großbritannien 1818 als «Vormacht» (*paramount power*), die eine «Befriedung» des Subkontinents anstrebte.

Auf dem Gemälde präsentiert sich Nasir ad-Din Shah (reg. 1848–1896) als moderner, an europäischen Konventionen orientierter Herrscher: Er trägt, anders als seine qajarischen Vorgänger (vgl. S. 280), keinen Vollbart, sondern lediglich einen Schnurrbart (den er sich auf der Photographie unten nachschwärzen läßt; Nasir ad-Din war selbst begeisterter Photograph); er trägt Hose und Uniformrock und damit «europäische» Kleidung (wenn auch nicht die Mode der zweiten Hälfte des 19. Jahrhunderts), und er sitzt nicht im Schneidersitz auf dem Boden, sondern auf einem Stuhl – in den Wolken.

Reform, Aufbruch, Umbruch   VIII

Reform

Das 19. und 20. Jahrhundert sind Zeiten des Umbruchs und des Neuanfangs, die in unterschiedlichen Teilen der islamischen Welt unterschiedlich intensiv verliefen. Ein Stichwort lautete Reform, sei es eine Reform des Islam (und damit natürlich auch der Kultur und Gesellschaft generell), sei es die von Armee, Staat, Recht und Verwaltung, die wiederum auf Kultur und Gesellschaft ausstrahlen mußte. Die Reform des Islam war ein altes Thema und keineswegs nur Reflex auf die konfliktreiche Begegnung mit Europa. Den Hintergrund der kolonialen Expansion und der Herausbildung einer von Europa dominierten Weltwirtschaft kann man natürlich nicht ausblenden – aber bis ins ausgehende 19. Jahrhundert war er in den meisten Fällen genau das: Hintergrund, nicht Kern der Auseinandersetzung. Religiöse Reformer hatte es in der islamischen Welt von früher Stunde an gegeben: Sie wollten den Islam durch eine Rückkehr zur ursprünglichen und, so ihre Überzeugung, einzig authentischen Praxis des Propheten und der frühen Gemeinde von allen Ideen und Praktiken reinigen, die ihm über die Jahre zugewachsen waren, ihn entstellt, überwuchert und regelrecht zugeschüttet hatten. In Mekka und Medina glaubten sie die Einheit von Religion, Recht und Moral verwirklicht, die das Leben des einzelnen und der Gemeinschaft ganz dem Geist und Gebot des Islam unterstellte. Mit dem Bild der reinen, vom Islam beseelten Urgemeinde verband sich in der Regel das Ideal frommer Schlichtheit, für das Muhammad, Ali, Fatima, Umar oder der Prophetengefährte Abu Dharr al-Ghifari die Vorbilder abgaben und das so scharf mit dem Lebenswandel der Herrschenden und der Ungerechtigkeit in der eigenen Gesellschaft kontrastierte. Ausdrücklich ging es den Reformern nicht darum, Neues zu schaffen – ganz im Gegenteil sollten Neuerungen beseitigt und ihre Träger ausgeschaltet, zum Schweigen oder zur Besinnung gebracht werden.

Das Ziel der Reinigung verband sich unausweichlich mit einer schärferen Grenzziehung gegenüber all denen, die als Verursacher unzulässiger Neuerungen galten. Je nach Lage konnten das Philosophen sein oder rationalistische Theologen, Sufis, «Übertreiber» oder allzu laxe Gläubige. Für diese Tendenz lassen sich Namen aus der islamischen Religions- und Geistesgeschichte nennen, die nicht selten erhebliche politische Wirkung entfalteten: Ibn Tumart, der im 12. Jahrhundert die militante Erneuerungsbewegung der Almohaden begründete und den Jihad gegen die (muslimischen) Almoraviden führte; Ibn Taimiyya, der im frühen 14. Jahrhundert zum Jihad gegen die pseudo-muslimischen Mongolen aufrief und zugleich gegen «unauthentische» Sufi-Praktiken und den Gräber- und Heiligenkult agitierte; Ahmad Sirhindi, der im späten 16. Jahrhundert schärfere Maßnahmen gegen Schiiten, Hindus und bestimmte Sufi-Praktiken forderte; Muhammad al-Maghili, der etwa zur selben Zeit wider die Juden von Touat und die «abtrünnigen» Muslime von Songhai eiferte. Auch die Bewegung des Kadizade Mehmed läßt sich hier einreihen, der im Istanbul des 17. Jahrhunderts mit Berufung auf den authentisch-reinen Islam der Urgemeinde gegen all das mobil machte, was er als unzulässige Neuerung ansah, vom Prunk und Luxus der besitzenden Klassen über den Genuß von Kaffee und Tabak bis zu den lebendigeren Ausdrucksformen des Sufismus wie Musik und Tanz. Hier trat die puritanische, gleichermaßen religiös wie sozial begründete Protesthaltung gegen Ungerechtigkeit, Verweltlichung und «Entfremdung» hervor, die so unterschiedliche Kräfte wie die frühen muslimischen Asketen, die Kharijiten oder islamische Aktivisten der Moderne bewegte. Reform konnte aber auch darauf abzielen, die Gräben zwischen den einzelnen Schulen einzuebnen, die Gegensätze abzuschwächen, um so die imaginierte Einheit der frühen Gemeinde zurückzugewinnen, die sich in so viele Gruppen aufgespaltet hatte. Der indische Gelehrte und Naqshbandi-Scheich Shah Wali Allah (Wali'ullah, 1703–1762), einer der einflußreichsten muslimischen Reformer überhaupt, läßt sich hier nennen; Wali'ullah übersetzte den Koran ins Persische, seine Söhne übertrugen ihn ins Urdu, um ihn auch den einfachen Gläubigen näherzubringen. Während die einen im Namen einer Reform und Erneuerung des Islam gegen die Abweichler im Innern vorgingen, bemühten sich andere in gleicher Absicht um einen Ausgleich zwischen den divergierenden Strömungen. Umso schärfer fiel in der Regel die Abgrenzung nach außen aus, gegenüber jeglicher Form des Synkretismus (was immer das im einzelnen sein mochte) und gegenüber den Nichtmuslimen, denen die überlegene Größe des wahren Islam vor Augen geführt werden sollte.

Die Erneuerung von Religion und Gesellschaft durch eine Rückkehr zu den Quellen hat grundsätzlich ein gewisses reflexives, ja kritisches Potential. Im einzelnen lagen die Akzente allerdings unterschiedlich: Im 18. und 19. Jahrhundert beobachten wir eine starke Orientierung am lebendigen Vorbild des Propheten, die in der Tradition islamischer Wissenschaft und Frömmigkeit steht. Für die Mystik hat man von einer «Neo-Sufik» gesprochen, einer bewußten Neuausrichtung am «prophetischen Pfad» (*tariqa muhammadiyya*). Damit verband sich in unterschiedlicher Weise der Ruf nach einer «Rückkehr zur Scharia»: Gemeint war ein normativer, an Koran und Sunna ausgerichteter Schriftislam anstelle lokaler Sitten und Gebräuche, die islamischem Leben in Mali, Kaschmir, Kerman oder Java sein spezifisches Gesicht gaben. Im ausgehenden 19. und frühen 20. Jahrhundert trat vielerorts die Ausrichtung am Koran in den Vordergrund. Für die Verbreitung der Reformideen spielten Mekka und Medina eine wichtige Rolle, wo Pilger, Gelehrte und Studierende aus allen Teilen der islamischen Welt zusammenkamen und von dort aus die neuen Gedanken in ihre Heimat trugen.

Das 18. Jahrhundert war reich an Reformern und Reformbewegungen unterschiedlichen Stils; sie waren im städtischen wie im ländlichen Milieu verankert und häufig stark sufisch geprägt. Zu diesen Reform- und Erneuerungsbewegungen zählt die Wahhabiyya, die für ihre Zeit allerdings gerade nicht typisch ist. Muhammad b. Abd al-Wahhab (1703–1792), Sohn eines hanbalitischen Richters aus der Stadt Uyaina im zentralarabischen Najd, sagte sich als junger Mann von seiner Umgebung los, die er nicht länger als islamisch anerkannte, und predigte die kompromißlose Ausrichtung am *tauhid*, der Lehre von der Einheit Gottes, zu Lasten der herrschenden Konventionen und ihrer Träger einschließlich der Ulama. Ibn Abd al-Wahhab war ein Nonkonformist: Er verdammte die Sufis, die Schiiten und jegliche «volksreligiöse» Praktik, die nach Mittlern zwischen den Gläubigen und dem allmächtigen, transzendenten Gott suchte, als Zeichen von Unglauben und Vielgötterei (*kufr* und *shirk*); er verbot nicht nur Musik und Tanz, sondern auch Kaffee und Tabak, da der Prophet sie nicht gekannt hatte und sie daher als unerlaubte Neuerung (*bidʿa*) zu gelten hätten. Diejenigen, die seiner puritanisch-strengen Auffassung nicht folgten, erklärte er zu Ungläubigen (sogenannter *takfir*, «für ungläubig erklären», mit Exkommunikation nicht ganz korrekt übersetzt), gegen die der Jihad zu führen sei. Die Berufung auf den *tauhid* gab der Bewegung ihren Namen, die sich selbst *al-muwahhidun* nannte und nur von ihren Gegnern als «Wahhabiten» bezeichnet wurde. Die Parallelen zu den

Almohaden fallen ins Auge, aber auch der entscheidende Unterschied: Ibn Tumart hatte seine Anhänger selbst in den Jihad geführt. Muhammad b. Abd al-Wahhab hingegen verbündete sich 1745 mit dem Emir der kleinen Oasenstadt Dirʿiyya nahe dem heutigen Riyad, Muhammad b. Suʿud (Saud), der als Imam (hier ohne spirituelle Überhöhung im Sinne schiitischer Vorstellungen) den Jihad führte. Gestützt auf beduinische Stämme und die Nachkommen des Scheichs (*Al ash-shaikh*, gemeint ist Muhammad b. Abd al-Wahhab) weitete die saudisch-wahhabitische Bewegung ihre Macht über den Najd hinaus aus. 1802/03 eroberte sie nicht nur das schiitische Kerbela, sondern auch den Hijaz mit Mekka und Medina, wo sie systematisch die Kuppeln, Schreine und Gräber Muhammads, seiner Familie, Gefährten und der Imame zerstörte. Muhammad b. Abd al-Wahhab hatte von Beginn an Anstoß erregt, die Gewalttakte der Wahhabiten steigerten die Ablehnung; weithin wurden sie als Häretiker und als Kharijiten verurteilt. Der osmanische Sultan beauftragte seinen ägyptischen Gouverneur, Muhammad Ali, mit der Beseitigung der Gefahr, der 1811–1818 den ersten saudischen Staat zerschlug. Nach langen Kämpfen gelang es erst Abd al-Aziz b. Suʿud (Ibn Saud) zu Beginn des 20. Jahrhunderts, unter mittlerweile grundlegend veränderten Rahmenbedingungen die Herrschaft seiner Familie wiederherzustellen.

Weitgehend unabhängig von dieser dynastischen, machtpolitischen Komponente wirkte die Wahhabiyya mit ihrer puritanischen Militanz inspirierend auf Muslime, die von der Notwendigkeit einer radikalen Säuberung der eigenen, «pseudo-islamischen» Gesellschaft überzeugt waren, ohne damit bloße Ableger der Wahhabiten zu sein. Ein Beispiel hierfür ist die Padri-Bewegung, gegründet von Männern, die von dem nordsumatrischen Hafen Pedir aus die Pilgerfahrt nach Mekka unternahmen und den Eifer der wahhabitischen Eroberer von Nahem erlebten. 1803/04 kehrten sie nach Sumatra zurück und führten unter den Minangkabau den Jihad für ihr Ideal eines reinen, authentischen, allein an der Scharia orientierten Islam, der von Kaufleuten und zumindest anfangs auch von Sufi-Lehrern des Shattariyya-Ordens unterstützt wurde. Nur in zweiter Linie ging es dabei gegen die Niederländer, mit denen sich ihre Widersacher verbündeten, im wesentlichen die grundbesitzende Oberschicht, die im Zuge der Einbindung Sumatras in den Weltmarkt im Wortsinn an Boden verlor. Im sogenannten Padri-Krieg erlagen die «Reformer» 1821–1838 schließlich den militärisch überlegenen

Niederländern. Zu antikolonialen Kämpfern wurden die Padris erst deutlich später stilisiert; heute gilt ihr Anführer Imam Bonjol (1772–1864) in Indonesien als Nationalheld.

Die koloniale Expansion Europas:
Vom Freihandels- zum Hochimperialismus

In den Jahren 1830–1880 setzte sich die europäische Expansion ungebrochen fort. Sie war von *einem*, dem spezifisch kolonialen Geist getragen und nahm zwei Formen an: die direkte Beherrschung und die informelle Durchdringung formal unabhängiger Territorien. Die islamische Welt war in jedem Fall nur Teil des großen kolonialen Projektes, das sich in der zweiten Hälfte des 19. Jahrhunderts bis China, Japan und Korea erstreckte. Den Freihandelsimperialismus («Politik der offenen Tür») praktizierten in der reinsten Form die Briten, die dank ihrer maritimen Überlegenheit ihre ökonomischen und strategischen Interessen vielerorts auch ohne eine aufwendige Militärpräsenz verwirklichen konnten; eine zeitlich und räumlich begrenzte Gewaltanwendung schloß das nicht aus. Ein Freihandelsvertrag (Vertrag von Balta Liman) «öffnete» 1838 das Osmanische Reich für die friedliche ökonomische und kulturelle Durchdringung. Damit wurde das Schwarze Meer nach mehreren Jahrhunderten wieder für europäische Schiffe zugänglich und die Möglichkeit staatlicher Monopolbildung im Prinzip unterbunden. Schwerpunkte europäischer Präsenz und Einflußnahme waren das Kredit- und Finanzwesen sowie der Ausbau der Infrastruktur, an dem neben der osmanischen Regierung auch einheimische Wirtschaftskreise großes Interesse hatten. Sichtbarstes Zeichen dieser Politik war die Eröffnung des Suezkanals im Jahr 1869.

Auch die Beherrschung nahm unterschiedliche Formen an, wie überhaupt beide Typen in verschiedener Weise miteinander verknüpft sein konnten oder zeitlich ineinander übergingen: In Indien hegten die Briten zunächst weder Eroberungs- noch Missionierungspläne, sondern bauten auf die Kooperation mit einheimischen Fürsten wie dem Nawab von Bengalen. Erst von den 1830er Jahren an griffen sie entschiedener in die lokale Rechts- und Wirtschaftsordnung ein, ohne die indischen Eliten förmlich zu entmachten. Der Sepoy-Aufstand *(Great Mutiny),* der nur mit massiver militärischer Gewalt niedergeschlagen werden konnte, leitete 1857 eine Wende ein: 1858 übertrug das britische Parlament alle Rechte der Ost-

Gefangene Sepoys werden von den Briten, an Kanonenrohre gekettet, exekutiert.

indien-Kompanie auf die Krone. Der letzte Moghulkaiser Bahadur wurde nach Burma verbannt, Britisch-Indien in ein Vizekönigreich («the Raj») umgewandelt. 1877 nahm Königin Victoria den Titel einer Kaiserin von Indien an (Kaiser-i Hind). Es blieb aber eine Beherrschung ohne Siedlung, die sich auf bestimmte Kernelemente konzentrierte: Handelsmonopole, den Aufbau einer Kolonialverwaltung und die Erhebung von Steuern, verbunden mit der (allerdings nie ganz gelungenen) Entwaffnung der einheimischen Bevölkerung. In Indonesien gingen die Niederländer im Prinzip ähnlich vor. Anders die Franzosen in Algerien: Von 1830 an weiteten sie ihre Herrschaft planmäßig und gegen großen Widerstand (1832–1847 Jihad des Emirs Abd al-Qadir) auf das Hinterland aus. 1848 wurde Algerien in Form mehrerer Departements in das Mutterland eingegliedert, neuerlicher Widerstand, der in verschiedenen Landesteilen ausbrach, blutig unterdrückt. Hier war – die große Ausnahme bei der Kolonisierung muslimischer Territorien – Herrschaft mit extensiver Landnahme und Besiedlung verknüpft. Ähnlich wurden später nur Tunesien und Libyen behandelt.

In die späten 1870er Jahre fiel die Phase des Hochimperialismus, der die Welt in europäische «Einflußsphären» aufteilte. Die Grundprinzipien des europäischen «Gleichgewichts der Kräfte» blieben in Kraft: Konkret bedeutete dies, daß innereuropäische Konflikte durch die Verteilung außereuropäischer Territorien beigelegt wurden, wobei allerdings keine europäische Macht einseitig und zu Lasten ihrer europäischen Mitspieler territoriale Gewinne erzielen sollte. Die «Aufteilung der Welt» erfaßte zunächst Afrika: 1881 marschierten französische Truppen in Tunesien ein, 1882 besetzten die Briten Ägypten und errichteten nach der Niederschlagung des Mahdi-Aufstandes 1898 das anglo-ägyptische Kondominium im Sudan. 1904 verständigten sich London und Paris über die Aufteilung der nordafrikanischen Territorien, 1912 wurde Marokko französisches Protektorat. Als Nachzügler besetzte Italien 1911 den Küstenstreifen der osmanischen Provinzen Tripolitanien und Cyrenaika; das Hinterland eroberte es erst nach dem Ersten Weltkrieg.

Staatliche Reformen: Muhammad Ali und die Tanzimat

Staatliche Reformen lassen sich exemplarisch am ägyptischen und am osmanischen Beispiel zeigen. Sultan Selim III., der den Thron 1789 im Jahr der Französischen Revolution bestieg, als Österreich und Rußland sich Zug um Zug osmanischer Territorien bemächtigten, ging den Weg der defensiven, technischen Modernisierung: Er versuchte seine Armee durch eine neue Infanterieeinheit zu stärken, die nicht länger unter zwangskonvertierten Nichtmuslimen ausgehoben wurde, sondern unter den eigenen muslimischen Untertanen: Die 1792/93 geschaffene «neue Ordnung» (*nizam-i jedid* – hier fiel bereits das Wort «neu»), zählte 1806 etwa 23000 Mann. Nach europäischem Muster ausgebildet und in neue, westlich anmutende Uniformen gekleidet, machten sie vor allem den Janitscharen Konkurrenz, die ihre frühere Schlagkraft freilich längst eingebüßt hatten. Um die neue Truppe zu finanzieren, griff Selim zu den vertrauten (aber nicht unbedingt bewährten) Mitteln: Er konfiszierte *timars* und führte neue Steuern ein. Ein Aufstand zwang ihn 1807 zur Abdankung, wenig später wurde er von seinem Nachfolger hingerichtet.

Währenddessen etablierte sich in der ägyptischen Provinz ein Mann, der aus dem osmanischen Herrschaftsapparat selbst stammte und seinen Souverän schließlich offen herausforderte: Muhammad

(Mehmed) Ali wurde in den späten 1760er Jahren im mazedonischen Kavala geboren und kam 1801 mit einer albanischen Einheit nach Ägypten (ob er selbst albanischer Herkunft war, ist fraglich), um nach der französischen Besetzung des Landes (1798–1801) Ruhe und Ordnung wiederherzustellen. In dem komplizierten Gefüge von mamlukischen Beys und ihren «Häusern», städtischen Ulama und Vertretern der osmanischen Zentralregierung setzte er sich überlegt und völlig skrupellos gegen alle Widersacher durch. 1805 bestätigte ihn der Sultan als Gouverneur. Bis zu diesem Punkt ergaben sich interessante Parallelen zu den Autonomisierungsprozessen in abbasidischer Zeit. Inhaltlich aber ging Muhammad Ali weit über sie hinaus. Er unternahm den ersten Versuch einer autoritären Modernisierung von Armee, Wirtschaft und Verwaltung, der sich erklärtermaßen an europäischen, genauer gesagt französischen Vorbildern orientierte. Gewalt spielte dabei eine große Rolle: 1811 lud Muhammad Ali die Oberhäupter der großen mamlukischen Häuser auf die Zitadelle von Kairo, ließ sie dort ermorden und machte dann Jagd auf die Mamluken in Oberägypten. Das war das Ende der Mamluken als eigenständigem Machtfaktor in der ägyptischen Politik und Gesellschaft. Zur Festigung seiner Macht kombinierte der Pascha flexibel altbekannte und neue Instrumente: Nicht neu war im Grundsatz der Versuch, den gesamten Grund und Boden präzise vermessen und besteuern zu lassen und die Vergabe von Steuerpachten zu kontrollieren bzw. durch direkte Formen der Steuereinziehung zu ersetzen. Weiter als Mehmed II., Abbas der Große oder Nadir Shah ging er in dem Bestreben, Stiftungsland nicht nur zu enteignen, sondern es normal zu besteuern. Nicht neu war der Ausbau der Infrastruktur, insbesondere der Bewässerungsanlagen, zu dem die bäuerliche Bevölkerung zwangsverpflichtet wurde (*corvée*). Dasselbe gilt für die Bildung «staatlicher» Monopole beim Anbau und bei der Vermarktung agrarischer Güter, darunter seit 1821 auch die langfaserige Baumwolle.

Neu war dagegen die Einführung einer selektiven Wehrpflicht für die ländliche (muslimische) Bevölkerung, der sich die Bauern mit allen Mitteln zu entziehen versuchten. Anders als zur gleichen Zeit in Europa war sie mit keinerlei politischen Rechten verbunden: Die ägyptischen Fellachen blieben dem Pascha untertan; «Bürger» wurden sie nicht. Neu waren die Ansätze einer Industrialisierung in den Bereichen Nahrungsmittelverarbeitung, Textilien und kriegswichtige Güter. Neu waren schließlich der gezielte Erwerb «nützlichen

Wissens» durch die Entsendung von Studiengruppen nach Frankreich, unter ihnen Scheich Tahtawi, der einen berühmten Bericht über seine Eindrücke und Erfahrungen verfaßte, sowie die Gründung polytechnischer Schulen für Armee und Verwaltung und einer staatlichen Presse in Bulaq (heute ein Stadtteil Kairos). Seine zeitweise bis zu 100000 Mann starke Armee und Flotte stellte Muhammad Ali in den Dienst des Sultans (1811–1818 Arabische Halbinsel, 1824–1828 Griechenland), eroberte auf eigene Rechnung 1820–1822 aber auch Nubien, Sinnar und Kordofan, um dort Sklaventruppen auszuheben (das Experiment scheiterte), und nahm schließlich den Kampf gegen den Sultan auf: 1831 rückte die ägyptische Armee in Palästina und Syrien ein, 1832 stand sie in Anatolien. Den Rückzug erzwang 1840 nicht der Sultan, sondern eine europäische Allianz, die einen Zerfall des Osmanischen Reiches zu verhindern suchte. Der Friede von London sah 1840 eine Begrenzung der ägyptischen Armee auf 18000 Mann vor, bekräftigte das Freihandelsprinzip und bereitete damit der staatlichen Monopolpolitik ein Ende. Der Sultan bestätigte Muhammad Ali 1841 als erblichen Gouverneur von Ägypten.

Sultan Mahmud II. (reg. 1808–1839) nahm sich seinen Gouverneur zum Vorbild: Auch er versuchte nach sorgsamer Konsolidierung der eigenen Macht, Armee und Verwaltung zu modernisieren. Am spektakulärsten war ohne Zweifel die Ausschaltung der Janitscharen als organisierte Einheit. Die Liquidierung von 6000–7000 Istanbuler Janitscharen ging als «wohltätiges Ereignis» (*vaqʿa-yi hayriyye*) in die osmanischen Annalen ein. 1827 wurde der Bektashi-Orden verboten und das *timar*-System abgeschafft. Die Realpolitik ergänzten symbolische Gesten: 1829 erließ Mahmud Kleidervorschriften für seine Beamten, die als sichtbares Zeichen ihrer osmanischen Identität und Loyalität von nun an den Fez zu tragen hatten. Das war zwar nicht gänzlich neu – schon die Abbasidenkalifen hatten das höfische Schwarz eingeführt. Aber es setzte ein Beispiel, dem im 19. und 20. Jahrhundert all diejenigen folgten, die Fez, Hut oder Schleier entweder von Staats wegen vorschrieben oder verboten. Mahmud hatte nicht nur innere Widerstände zu überwinden, sondern auch äußere Bedrohungen. Besonders unruhig zeigte sich der Balkan: Mit Unterstützung der europäischen Staaten, namentlich Englands und Rußlands, machte sich Griechenland unabhängig, dann Serbien und die Donaufürstentümer. Das bedeutete neben Steuerausfällen auch die Flucht und Vertreibung muslimischer Bevölkerungsgruppen, die auf osmanisches Territorium umgesiedelt werden mußten. Der gefährlichste Gegner war mittlerweile das Russische Reich, das sich dreier Instrumente bediente: militärischer Gewalt, der Unterstützung nationaler slawischer Bestrebungen in Südosteuropa (Panslawismus) und der Schutzrechte über die Orthodoxe Kirche innerhalb des Osmanischen Reiches, die es nach dem Frieden von Küçük Kainarca (1774) systematisch ausweitete. Der Zar war somit nicht einfach der äußere Feind – er mischte in den innerosmanischen Angelegenheiten mit. Österreich-Ungarn hingegen, als Vielvölkerstaat ähnlichen Herausforderungen gegenübergestellt wie die Osmanen, verhielt sich eher abwartend, zögerte allerdings nie, osmanische Nöte für territoriale Gewinne zu nutzen.

Das osmanische Reformprogramm, das sich bislang auf Militär und Verwaltung beschränkt hatte, erfaßte im Zuge der sogenannten Tanzimat (wörtlich Anordnungen, Regelungen) der Jahre 1839–1876 auch Verfassung, Recht und Bildungswesen. Dabei wandelten sich nicht nur Träger und Reichweite der Reformbemühungen, sondern auch der Geist und die Sprache, in der sie formuliert wurden. Zentrale Ziele der Reformen waren und blieben Sicherheit, Ordnung und Effizienz. Als Instrumente ihrer Umsetzung dienten die genaue Erfassung aller verfügbaren Ressourcen – Grund und Boden sowie steuerpflichtige Bevölkerung – mittels Kataster und Zensus, ebenso wie die Einführung einer selektiven, faktisch auf Muslime beschränkten Wehrpflicht, die direkte Steuereinziehung an Stelle von *timar* und Steuerpacht sowie die Schaffung neuer politischer Beratungsgremien zur Einbindung lokaler ziviler Eliten. Die Reformen zielten zunächst auf eine Stärkung des Staatsapparates ab, nicht auf eine Liberalisierung von Staat und Gesellschaft. Erst in der zweiten Hälfte des 19. Jahrhunderts wurden konstitutionelle, in manchen Fällen sogar liberale Ideen vorgetragen. Die Reformmaßnahmen waren in sich umfangreich genug. Nicht zufällig fielen sie mit der Einbindung des Osmanischen Reiches in den von Europa beherrschten Weltmarkt zusammen. Das machte ihre Wirkungen noch schwerer berechenbar.

Die treibende Kraft der Neuordnung war nicht länger der Sultan, sondern ein Kreis hoher Bürokraten, die Europa auf Grund langjähriger Aufenthalte aus eigener Anschauung kannten (interessanterweise eher London als Paris) und sich an europäischen – insbesondere französischen – Vorbildern orientierten. Zu ihnen zählten Mustafa Reshid Pascha (1800–1858) und zwei seiner Protégés, Ali

Der Laden in der Kairoer Altstadt (Gamaliyya) bietet seinen männlichen Kunden den Fez, den weiblichen eine modernisierte Version des Schleiers (*hijab*). Im Gegensatz zum Fez, den heute nur noch Kellner und Hotelangestellte tragen, ist der Hijab in weiten Kreisen beliebt.

Pascha (1815–1871) und Fuad Pascha (1815–1869). Die Reformen waren in dieser Phase nicht konfrontativ angelegt. Sie schafften die alten Institutionen in der Regel nicht ab, sondern drängten sie zurück und ergänzten sie durch neue, deren Durchsetzungskraft nicht von vornherein abzusehen war. Das Reformdekret von 1839 (*hatt-ı sherif* von Gülhane) war im Geist des klassischen Reformgedankens formuliert: Es erklärte den Willen des Sultans, durch geeignete Maßnahmen die schariagemäße Ordnung wiederherzustellen, und bestätigte in diesem Sinne das Recht aller Untertanen auf Leib, Leben und Eigentum. Das bedeutete nicht zwingend ihre rechtliche Gleichstellung. Der Erklärung folgten praktische Schritte, mit denen die Bürokratie ausgeweitet, die Korruption bekämpft, das Bildungswesen verbessert und das Steuersystem reformiert werden sollten. Der Mangel an Personal und Geld verhinderte aber tiefere Eingriffe in die bestehende Ordnung; die Steuerpachten ließen sich nicht abschaffen, das Schulwesen nicht landesweit ausbauen. Der Wandel in der zweiten Jahrhunderthälfte ist im Zusammenhang mit dem Krimkrieg (1854–1856) zu sehen, der damit begann, daß der Zar ultimativ die Schutzrechte über die rund acht Millionen orthodoxen Untertanen des Sultans forderte, und damit endete, daß Rußland durch eine osmanisch-britisch-französische Koalition von der Krim vertrieben wurde und Österreich-Ungarn die Donaufürstentümer Moldau und Walachei besetzte.

Das imperiale Dekret (*hatt-ı hümayun*) von 1856, das unter anderem den Gleichheitsgrundsatz verkündete, sprach eine neue Sprache, und es hatte greifbare Folgen. Dazu zählten ab 1858 weitere Novellierungen des Strafrechts, die sich am Code Napoléon orientierten; 1858 die Revision des Bodenrechts, die erstmals Privateigentum an unbebautem Land zuließ; 1864 die Neuordnung der Provinzverwaltung durch die Einrichtung von Stadt- und Provinzräten, die den Provinzeliten neue Möglichkeiten der Mitsprache eröffneten, zumal diese Räte über die Vergabe von Steuerpachten entschieden; 1876 das Zivilgesetz der Mecelle (von arab. *majalla*, Zeitschrift, hier Gesetzeskodex), das, formal modern gegliedert, inhaltlich zentrale Bestandteile des islamischen Ehe- und Familienrechts beibehielt. Hinzu kam die Einrichtung staatlicher (in diesem Sinn säkularer) Gerichte (Sg. *nizamiyye*) neben den Scharia-Gerichten, die schrittweise auf das (reformierte) Ehe- und Familienrecht zurückgedrängt wurden. So gering die Erfolge der osmanischen Armee bei der Verteidigung des eigenen Territoriums an seinen Rändern auch waren, gelang es in den zentraler gelegenen Provinzen doch, autonome bewaffnete Kräfte – von lokalen Kriegsherren über nomadisierende Stämme bis zu ländlichen Banditen – weitgehend auszuschalten und so Recht und Gesetz durchzusetzen. 1876 schließlich schien der Weg zu einer konstitutionellen, in Ansätzen liberalen Ordnung gebahnt, als eine Verfassung verabschiedet und ein Abgeordnetenhaus gewählt wurde.

Im russisch-türkischen Krieg von 1877/78, in dem die reformierte osmanische Armee zunächst erfolgreich kämpfte, verlor das Reich große Teile seiner rumelischen Provinzen sowie die Insel Zypern. 1856 hatte sich äußerer Druck positiv auf die inneren Reformen ausgewirkt, 1878 war das anders: In Reaktion auf die Niederlage hob Sultan Abdülhamid II. (reg. 1876–1909) die Verfassung wieder auf, suspendierte das Parlament und setzte, ausgestattet mit den modernisierten Mitteln staatlicher Repression und Kontrolle, das Programm autoritärer «Anordnungen» fort. Insofern ergab sich kein echter Bruch zu den Tanzimat. Der Ausbau der Infrastruktur, insbesondere der Telegraphenleitungen und Eisenbahnlinien (Orient-Expreß, Bagdad- und Hijaz-Bahn), verstärkte den Zugriff der Zentralregierung auf entlegene Regionen in Ostanatolien und den arabischen Provinzen. Aber er war begleitet von einer intensiveren europäischen Durchdringung: Die Reformen erforderten Mittel, die über Steuern nicht aufzubringen waren, zumal das Reich stetig an Territorium verlor. Um die Armee und den Schuldendienst zu finanzieren, nahm die Regierung europäische Anleihen auf. 1875/76 war sie zahlungsunfähig, ab 1881 stand das Reich unter internationaler Finanzkontrolle – die letzten Schulden waren erst 1954 getilgt.

Die Auswirkungen der Reformen blieben insgesamt zwiespältig: Die Tatsache, daß die westeuropäischen Mächte, auf deren Wohlwollen die Hohe Pforte angesichts der Übergriffe Rußlands und der Autonomiebestrebungen in Südosteuropa, Ägypten und auf der Arabischen Halbinsel angewiesen war, Reformen verlangten, mußte diese von vornherein belasten. Die Reformen drängten bewaffnete und religiöse Eliten zurück und stärkten tendenziell zivile, städtische Eliten. Im Rechts- und Erziehungswesen schufen sie einen Dualismus religiöser und nicht-religiöser Institutionen, die beide immer stärker von europäischen Standards beeinflußt wurden. Die rechtliche Gleichstellung der Nichtmuslime, von den europäischen Mächten, die sich als deren Beschützer gaben, zum Prüfstein osmanischer «Zivilisiertheit» erhoben, verschärfte an verschiedenen Orten die Spannungen (1860 Massaker an Christen in Libanon). Nichtmuslime wurden als tatsächliche oder vermutete Protégés der Europäer dem Generalverdacht der Illoyalität ausgesetzt. Steuerreformen und ein geändertes Bodenrecht schufen eine neue Schicht von Großgrundbesitzern, die über weite Flächen bisher unbebauten Landes verfügten. Der Freihandel erleichterte die ökonomische Durchdringung der Provinzen mit europäischem Kapital und den Aufstieg lokaler Kaufleute, Bankiers und Unternehmer, von denen nicht wenige Nichtmuslime waren. Dementsprechend gemischt war die Auf-

nahme der Reformen in der Bevölkerung: Der großen Mehrheit gingen sie zu weit in Richtung Verwestlichung, selbst wenn der Sultan seine Rolle als Verteidiger der Muslime – aller Muslime dieser Welt – und seinen Rang als Kalif im Zeichen des Osmanismus und des «Panislamismus» stärker herausstrich als zuvor. Allerdings fehlten auch hier die Mittel und Instrumente für eine wirksame Umsetzung panislamischer Ideen und Ansprüche.

Es gab aber auch eine liberal-konstitutionelle Minderheit hoher Beamter und unabhängiger Intellektueller, unter ihnen Männer wie der erfahrene Provinzgouverneur und mehrfache Großwesir Midhat Pascha (1822–1884), die sich gerade von der Verbindung des (reformierten) islamischen Erbes mit liberalen Ideen und Institutionen eine Stärkung von Staat und Gesellschaft versprachen. 1889 konstituierte sich in Istanbul eine oppositionelle Studentengruppe, die mit der seit den 1860er Jahren im Ausland wirkenden Gruppe der «Jungosmanen» um Namık Kemal, Ziya Pascha und Ali Suavi in Verbindung trat (Namık Kemal selbst war 1888 verstorben) und sich «Komitee für Einheit und Fortschritt» nannte. Parallel dazu formierten sich 1906 unter aktiven Offizieren erste Zellen, die wichtigste in Saloniki, um der offensichtlichen Unfähigkeit des Sultans, das Reich gegen seine Feinde zu verteidigen, entgegenzutreten. Im Juli 1908 zwangen die «Jungtürken» – eine Gruppe von 40–50 Offizieren mittleren Ranges um Enver, Talʿat und Jemal Pascha – Sultan Abdülhamid, die Verfassung wieder in Kraft zu setzen und das Parlament einzuberufen; nach einem gescheiterten Umsturzversuch setzten sie den Sultan 1909 ab. Kurzfristig blühte das Presse- und Vereinswesen auf. Zu einer politischen Liberalisierung kam es dennoch nicht. Europäische Mächte bedrohten das Reich an seinen Rändern: 1908/09 annektierte Österreich-Ungarn Bosnien und die Herzegowina, 1911 griff Italien das libysche Tripoli an und bedrohte den Dodekanes, worauf Istanbul die Dardanellen sperrte und damit die internationale Schiffahrt im Schwarzen Meer zum Erliegen brachte. Im 1. und 2. Balkankrieg verlor das Osmanische Reich 1912/13 große Gebiete in Südosteuropa sowie die ägäischen Inseln. Die Kämpfe waren verbunden mit Massakern an der muslimischen und der nichtmuslimischen Zivilbevölkerung, Vertreibungen und Umsiedlungen, die im Ersten Weltkrieg ihre Fortsetzung finden sollten. Im Innern errichteten die Jungtürken eine autoritäre Militärherrschaft. Sie wandten sich zwar nicht in aller Form von dem islamisch geprägten Osmanismus Abdülhamids ab, der alle ethnischen und religiösen Gruppen des Vielvölkerstaates in ihrer Loyalität zum Sultan vereinen sollte. Die Ausweitung zentraler Kontrolle wurde jedoch gerade in den arabischen Provinzen als Versuch einer forcierten Turkifizierung wahrgenommen, da sie sich mit der Durchsetzung der türkischen Sprache in Schule, Rechtswesen und Verwaltung verband.

Die Figur des türkischen Schattenspiels (Karagöz) aus dem frühen 20. Jahrhundert zeigt einen osmanischen Dandy mit eleganten Schuhen, Anzug, Gehstock und Fez.

Iran unter den Qajaren

Aufschlußreich ist der Vergleich mit den Entwicklungen in Iran, wo in den 1790er Jahren erneut ein turkmenischer Qizilbash-Stamm die Macht ergriff, die Qajaren, die Schah Abbas an der Nordgrenze des Landes angesiedelt hatte und die nun neben Khurasan, Aserbaidschan, Armenien und Georgien auch den Süden Irans unter ihre Kontrolle brachten. Ihr Anführer, Agha Muhammad, erklärte sich 1796 zum Großkönig und verlegte seine Residenz in die Provinzstadt Teheran nahe Rayy, auf das sich die reale Macht der Qajaren die längste Zeit beschränkte. Iran unterschied sich in mehrfacher Hinsicht vom Osmanischen Reich: Intern durch die größere Eigenständigkeit einzelner Regionen, den hohen Anteil von Nomaden an der Bevölkerung vor allem in den nordwestlichen Landesteilen, die starke Stellung von Großgrundbesitzern und die soziale und kulturelle Bedeutung der Religions- und Rechtsgelehrten. Zur gleichen Zeit war Iran starkem Druck von Seiten Rußlands ausgesetzt, das im Kaukasus expandierte, und von Seiten Englands, das auf die Sicherung des Landwegs nach Indien bedacht war, Afghanistan als unverzichtbaren Puffer betrachtete und sich der aggressiven russischen Expansionspolitik entgegenstellte. Ungeachtet der tiefverwurzelten monarchischen Tradition des Landes war die Macht des Schahs insgesamt deutlich schwächer als die des osmanischen Sultans und der Hohen Pforte. Daran sollte sich bis in die zweite Hälfte des 20. Jahrhunderts nichts ändern. Die Qajaren selbst bekannten sich zur Schia, förderten sie besonders unter Fath Ali Shah (reg. 1797–1834) auch nachhaltig, doch fehlte ihnen jede religiöse Ambition und Aura. Staat und religiöses Establishment waren daher klarer voneinander getrennt als unter den Safawiden. Als 1848 (unmittelbar nach Muhammad Ali) Nasir ad-Din Shah den Thron bestieg, umfaßte sein stehendes Heer 3000 Mann. Zu seinem Ausbau fehlten die Mittel. Die 1879 geschaffene, von russischen Offizieren befehligte und mit russischen Waffen ausgerüstete Kosakenbrigade – über lange Zeit die schlagkräftigste Einheit des iranischen Heeres – zählte nie mehr als 2000–3000 Mann (Cleveland 1994: 106f). Bescheiden blieben auch die Ansätze administrativer Reform: Öffentliche «Ämter» vom Provinzgouverneur bis zum Zollpächter wurden auf Auktionen meistbietend versteigert, die lukrativsten Posten gingen an qajarische Prinzen und tribale Führer, die in ihrem Bereich weitgehend frei agierten. Eine unabhängige, an feste Regeln gebundene Bürokratie konnte sich unter diesen Bedingungen nicht entwickeln. Das Schul-, Bildungs- und Rechtswesen blieben weitestgehend in der Hand der Ulama. Das 1851 in Teheran gegründete Polytechnikum (Dar al-Funun) war die einzige höhere Lehranstalt des Landes, die ein nicht am religiösen Kanon ausgerichtetes Wissen vermittelte.

Auf wirtschaftlichem Gebiet hätte der Kontrast zu Muhammad Ali nicht größer sein können: Dieser richtete staatliche Monopole ein, Nasir ad-Din verkaufte sie an europäische Kapitalisten. Die 1872 gewährte Konzession an den britischen Baron Julius de Reuter für den Bau von Eisenbahnen, Kanälen, Dämmen sowie Vorrechte in Bergbau und Landwirtschaft mußte der Schah 1873 auf Druck der Russen und der eigenen Bevölkerung zurückziehen. Ende der 1880er Jahre konnte de Reuter die Imperial Bank of Persia gründen, die ungeachtet ihres Namens unter britischer Kontrolle stand; wenig später eröffneten die Russen eine eigene Kreditbank. Dramatischere Folgen hatte das Tabakmonopol, das Nasir ad-Din 1890 an ein britisches Konsortium vergab, angesichts massiver Proteste aber 1892 annullieren mußte. Hier bewies zum ersten Mal die Allianz aus städtischem Handel und Handwerk (den sogenannten Basaris), kritischer Intelligenz und schiitischen Ulama ihre politische Kraft. Ihr stärkstes Element waren die Ulama, die durch Heirat und Verwandtschaft sowohl den städtischen Basaris wie den ländlichen Grundbesitzern eng verbunden waren. Die Verwaltung von Stiftungsgütern und des «Anteils des Imam» an den Abgaben der Gläubigen sowie Gebühren aus notariellen und quasi-standesamtlichen Aufgaben verschafften ihnen beträchtliche Einkünfte. Im Falle ernsthafter Gefährdung konnten sie in die schiitischen Schreine von Najaf, Kerbela, Kazimain und Samarra ausweichen, die unter osmanischer Herrschaft standen. Die Bindung ihrer Anhänger an ihre Rechtsgutachten (Fatwas), die mehr waren als die im Grundsatz unverbindlichen Empfehlungen ihrer sunnitischen Kollegen, verlieh ihnen Autorität in rechtlichen und politischen Fragen. Im 18. Jahrhundert hatte in Kerbela die Usuli-Schule, an ihrer Spitze Muhammad Baqir Bihbihani (1703–1793, ein Zeitgenosse Shah Wali'ullahs und Muhammad b. Abd al-Wahhabs), die Akhbaris ausgeschaltet – ein Sieg, der nicht nur auf der Kraft der Argumente beruhte, sondern auch auf physischer Gewalt und Einschüchterung. Bihbihani zögerte ebensowenig wie Ibn Abd al-Wahhab, seine Widersacher – seien es Akhbaris, Sufis oder andere mißliebige Elemente – für ungläubig zu erklären.

Nach dem Sieg der Usulis verfestigte sich im 19. Jahrhundert unter den schiitischen Religions- und Rechtsgelehrten eine klarere, wenngleich weiterhin nicht kirchlich verfaßte Hierarchie. Nun galt die Annahme, einer oder mehrere der qualifiziertesten Mujtahids seien als «Quelle der Nachahmung» (marja' at-taqlid) Stellvertreter des Verborgenen Imam, denen die Gläubigen in religiösen und rechtlichen Dingen zu folgen hätten. (Gerade die «Nachahmung» kritisierten die sunnitischen Reformer, die ihrerseits aber das Prinzip der rationalen Rechtsfindung, Ijtihad, neu legitimieren mußten, die integraler Teil der Usuli-Tradition war.) Ein politischer Herrschaftsanspruch verband sich damit nicht, doch verstanden sich die Ulama als Beschützer des Volkes vor einer räuberischen Obrigkeit, deren Modernisierungspolitik und den auswärtigen Mächten – eine Beschützerrolle, die nach traditionellen Vorstellungen eigentlich dem Schah hätte zukommen sollen. Sozial konservativ und wirtschaftlich am Erhalt der bestehenden Besitzverhältnisse interessiert, traten die Ulama als Verteidiger ihres Landes gegen den nationalen Ausverkauf auf. Die panislamische Idee, die nicht nur der osmanische Sultan, sondern auch der islamische Aktivist Jamal ad-Din al-Afghani (1839–1897) verbreitete, der bei seinen Aufenthalten zwischen 1887 und 1891 auf die iranischen Reformer Eindruck machte, öffnete vie-

Das Gemälde steht in der Tradition qajarischer Herrscherporträts: Fath Ali Shah (reg. 1797–1834) sitzt, wie die indischen Fürsten seiner Zeit mit Juwelen übersäht, im Schneidersitz auf dem Boden; der schwarze Vollbart betont seine Männlichkeit. Auf dem Haupt ist unter dem schwarzen Turban die rote Mütze der Qizilbash erkennbar, vor ihm auf dem Boden liegt eine juwelenbesetzte Uhr.

len die Augen für Entwicklungen jenseits des eigenen, iranischen Umfelds. Ein Sieg des vor kurzem militärisch noch rückständigen Japan über Rußland und die russische Februarrevolution von 1905 wirkten beflügelnd. Der klassische Ruf nach Gerechtigkeit mündete in eine breite Verfassungsbewegung, die dem Schah Wahlen zu einem Parlament (*majlis*) abtrotzte, das 1906 erstmals zusammentrat; zwei Jahre später sollten die Jungtürken die Wiedereinsetzung der osmanischen Verfassung erzwingen. Ein Grundgesetz nach dem Muster der belgischen Verfassung (die nach dem Ersten Weltkrieg auch in Ägypten adaptiert wurde) verwandelte Iran in eine konstitutionelle Monarchie; ein Verfassungszusatz verfügte 1907, daß alle Gesetze durch eine Kommission von fünf Ulama auf ihre Übereinstimmung mit der Scharia hin überprüft werden mußten. Wie in Istanbul führte äußerer Druck jedoch zum raschen Abbruch des

In Afghanistan, das im 19. Jahrhundert nicht unter europäische Kolonialherrschaft fiel, trug der Hof um 1900 zumindest bei offiziellen Anlässen europäische Kleidung; die Frauen zeigten sich unverschleiert. Hier die Hochzeit des ältesten Sohnes von Emir Habibullah, Sardar Enayatullah; Kabul, 1909.

konstitutionellen Experiments: Großbritannien und Rußland vereinbarten 1907 die Aufteilung Irans in drei Interessenssphären; nach einem gescheiterten Attentat ließ der Schah 1908 das Parlament beschießen und hob die Pressefreiheit auf; Unruhen zwangen ihn zur Abdankung. Die Regierung beauftragte einen amerikanischen Fachmann, William Morgan Shuster, mit der Sanierung der Staatsfinanzen, Briten und Russen protestierten gegen diesen Schritt. Schließlich besetzten russische Truppen Nordiran, der Regent, der für den minderjährigen Schah die Amtsgeschäfte führte, löste das Parlament auf und suspendierte die Verfassung.

Islamische Neubesinnung

Das 19. Jahrhundert brachte eine Vielzahl intellektueller und religiöser Strömungen hervor, die zum Teil an bestehende Traditionen anknüpften, sie neu belebten und umgestalteten, zum Teil aber auch in ganz neuartiger Weise auf die europäische Herausforderung reagierten. Die Zwölferschia blieb kreativ und unruhig: Der aus der ostarabischen Oase al-Ahsa (auch: Hasa) stammende Scheich Ahmad al-Ahsa'i (1754–1826) nahm eine alte Traditionslinie wieder auf, indem er angab, mit Muhammad und den Imamen in Verbindung zu stehen, die sich ihm in Träumen mitteilten. Das wertete die Buchgelehrsamkeit der Ulama und deren Anspruch auf die kollektive Vertretung des Verborgenen Imam ab. Die «Shaikhiyya» konnte sich als eigene Gruppierung auch über den Tod ihres Gründers hinaus in Kerbela behaupten. 1844 – nach Mondjahren gezählt genau ein Jahrtausend nach der Entrückung des 12. Imam – trat erneut eine chiliastische Bewegung hervor, wie sie die Qarmaten, die Nizari-Ismailiten und die frühen Safawiden gebildet hatten: Ein junger Mann alidischer Herkunft, Ali Muhammad, kündigte das «Hervortreten» des Verborgenen Imam in Kerbela an und erklärte sich selbst zu dessen «Pforte» oder «Tor» (*bab*). Von einem Gericht zum Widerruf gezwungen und in Haft genommen, machte er 1847 den nächsten Schritt, erklärte sich selbst zum Verborgenen Imam und hob als Mahdi-Qa'im die Scharia auf, da nun der letzte, nachislamische Zyklus angebrochen sei. Ähnlich waren Mitte des 12. Jahrhunderts die Oberhäupter der Nizari-Ismailiten in Alamut vorgegangen, die ebenfalls als Vertreter des Verborgenen Imam begonnen hatten (in diesem Fall als *hujja*, Beweis), um dann selbst dessen Rolle zu übernehmen. Obgleich der Bab nach einer Disputation erneut widerrief, breitete sich die Babi-Bewegung rasch aus. Als seine Anhänger in Nordiran den Aufstand wagten, wurde er 1850 hingerichtet. Die Mehrheit seiner Anhänger folgte daraufhin Mirza Husain Ali Nuri Baha'ullah («der Glanz Gottes», st. 1892), der sich in der Tradition der «Übertreiber» des 14. und 15. Jahrhunderts von Fadlallah Astarabadi über Muhammad Nurbakhsh bis Schah Ismail 1863 als «göttliche Manifestation» zu erkennen gab. Anders als diese, anders aber auch als der Moghulkaiser Akbar, trat Baha'ullah als Prophet auf, der eine eigene universalistische Religion begründete. Die Baha'i lösten sich von ihrem islamischen Ursprungsmilieu, um weltweit sehr erfolgreich zu missionieren, blieben in der islamischen Welt aber als «Apostaten» scharfer Verfolgung ausgesetzt. Der Weg einer völligen Loslösung wurde in der islamischen Geschichte äußerst selten beschritten. Die Ahmadiyya (nach dem Geburtsort ihres Gründers auch Qadyaniyya) beispielsweise, die sich 1889 im Punjab um Mirza Ghulam Ahmad (st. 1908) bildete, der als von Gott gesandter Prophet, Mahdi und Messias auftrat, verstand sich selbst immer als muslimische Erneuerungsbewegung. Die Mehrheit der Muslime grenzt sie bis in die Gegenwart als Apostaten aus.

Muhammad Abduh (1849–1905) 1885 mit Freunden in Beirut. Abduh, in der Mitte mit aufgeschlagenem Buch sitzend, trägt die Kleidung des ägyptischen Religions- und Rechtsgelehrten, der Mann hinter ihm die eines osmanischen Beamten.

Dort, wo der europäische Kolonialismus bereits tief in Politik, Wirtschaft und Gesellschaft eingriff, wandelten sich auch Form und Ziel islamischer Erneuerung. Auch wenn die Beteiligten selbst dies nicht unterstrichen, handelte es sich im wesentlichen doch um Entwicklungen innerhalb des sunnitischen Islam. In Indien entstand eine meist als «islamischer Modernismus» bezeichnete Strömung, die angesichts der britischen Übermacht *das* Thema in den Vordergrund rückte, das im zeitgenössischen Europa als Kernstück gesellschaftlicher Veränderung galt, bei früheren muslimischen Reformern jedoch kaum eine Rolle gespielt hatte: die Reform (Moder-

Die traditionelle Islamschule (*pesantren*) im ländlichen Westsumatra zählt über 6000 Schüler; untergebracht sind sie jeweils zu zweit oder dritt in den an der Straße gelegenen Hütten, der Unterricht findet in modernen, wenn auch sehr schlichten Gebäuden rund um die Moschee (s. die grüne Kuppel) statt.

nisierung) des Bildungs- und Erziehungswesens. Am einen Ende eines breiten Spektrums reformerischer Ansätze stand das 1867 gegründete Dar al-Ulum in Deoband, das den Hadith-orientierten Ansatz Shah Wali'ullahs weiterführte, als Bollwerk sufisch geprägter sunnitischer Orthodoxie auftrat und nach dem Ersten Weltkrieg eng mit der einflußreichen Vereinigung indischer Ulama (Jam'iyatul Ulama-i Hind) zusammenarbeitete. Am anderen stand Sir Sayyid Ahmad Khan (1817–1898), der sich gleichfalls auf Shah Wali'ullah berief und 1875 in Aligarh nach dem Vorbild von Oxford und Cambridge das Muhammedan Anglo-Oriental College (später Aligarh Muslim University) gründete. Zwischen beiden Polen bewegte sich die 1893 gegründete Nadwat al-Ulama in Lucknow.

Ähnliche Ziele verfolgte zur gleichen Zeit die arabische Salafiyya-Bewegung, abgeleitet von dem Verweis auf die *salaf salih*, die «frommen Altvorderen», das heißt die frühe Gemeinde. Sie wurde maßgeblich von dem Iraner Jamal ad-Din al-Afghani (1839–1897), dem Ägypter Muhammad Abduh (1849–1905) und dem Syrer Rashid Rida (1865–1935) geprägt. Im einzelnen vertraten sie zwar

unterschiedliche Konzepte, teilten aber gewisse Kernanliegen: die
Erneuerung des Islam durch die selektive Aneignung moderner
Ideen und Institutionen; eine Modernisierung islamischer Bildung
und Erziehung und eine überlegte Anpassung des islamischen
Rechts an die Anforderungen der Moderne. Die Salafiyya war ein
informeller Zirkel von Ulama und Intellektuellen, die mit Hilfe der
gerade aufkommenden arabischen Printmedien zwischen Marokko
und Indonesien interessierte Leser fanden; am wichtigsten war die
Zeitschrift al-Manar, der Leuchtturm. Mekka und Medina spielten
weiterhin ihre Rolle bei der Vermittlung islamischer Reformideen.
Die ersten Massenorganisationen, die sich von dieser Leitidee inspirieren ließen, entstanden nicht im Nahen Osten, sondern in Indonesien. Der aus Westsumatra, aus dem Gebiet der Minangkabau stammende und in Mekka lehrende Ahmad Khatib (um 1855/60–1916)
unterstützte die Grundgedanken der Salafiyya; Minangkabau-Pilger
und Ulama eröffneten 1909 die erste Islamschule (*pesantren*) mit
modernisiertem Lehrplan. Parallel dazu entstanden auf Java die
ersten islamischen Reformschulen, Zeitschriften und Vereinigungen. In Yogyakarta gründete ein Schüler Ahmad Khatibs, Haji
Ahmad Dahlan, 1912 die Vereinigung der Muhammadiyya, die sich,
nicht zuletzt um der christlichen Mission auf Java entgegenzutreten, einer Verbesserung von Bildung, Wohlfahrt und Gesundheit
der einfachen Bevölkerung verschrieb. 1917 bildete sie einen eigenen Frauenzweig, Aisyiyah, benannt nach Muhammads Ehefrau
Aisha; 1938 zählte sie bereits 250000 Mitglieder in ganz Indonesien. Vor allem in Ostjava regte sich unter den «orthodoxen» schafiitischen Islamschulen und Lehrern aber auch Widerstand gegen
die Modernisierer, die viele mit den Wahhabiten gleichsetzten. Sie
schlossen sich 1926 in der Nadhlatul Ulama (NU, arab. *nahdat al-
'ulama'*) zusammen, die sich im Verlauf mehrerer Jahrzehnte
gleichfalls zu einer Massenorganisation mit Millionen von Mitgliedern entwickelte.

Der Erste Weltkrieg und seine Folgen

Der Erste Weltkrieg kann als eine Zäsur in der Geschichte des Nahen Ostens gelten, nicht allerdings der islamischen Welt generell.
Ungeachtet der traumatischen Wirkungen des Kriegs auf die europäische Kultur und Gesellschaft war die Zwischenkriegszeit die

Hoch-Zeit des Imperialismus: Erst jetzt erreichten die europäischen Kolonialreiche ihre größte Ausdehnung. Zugleich kam es in den nahöstlichen Territorialstaaten, die sich als Nationalstaaten gaben, zu neuen Experimenten autoritärer Reform; neuartige nationale wie islamische Massenbewegungen verwandelten Form und Inhalt der innergesellschaftlichen Auseinandersetzung.

Nationalstaat und autoritäre Modernisierung: Das Beispiel Türkei

1914–1918 führte das Osmanische Reich an der Seite des Deutschen Reiches und Österreich-Ungarns einen Mehrfrontenkrieg. Während das Deutsche Reich die Niederlage überstand, brachen die Vielvölkerstaaten der Habsburger und Osmanen auseinander: 1914 annektierte Großbritannien Zypern, Ägypten und Kuwait. Im Kaukasus endete die osmanische Winteroffensive 1914/15 in einer Katastrophe. Mit der Begründung, die Armenier könnten mit den vorrückenden Russen gemeinsame Sache machen, ordnete die Istanbuler Regierung eine Zwangsumsiedlung von Armeniern aus unterschiedlichen Landesteilen an, die in einen Massenmord umschlug, der einem Genozid gleichkam: An vielen Orten wurden die Männer zusammengetrieben und getötet, Frauen und Kinder auf einen Todesmarsch durch die syrische Wüste geschickt. Schätzungen über die Zahl der Opfer bewegen sich zwischen 600 000 und 1,5 Millionen. Wenn Vertreibungen, Zwangsumsiedlungen und Massentötungen auch seit Jahrtausenden zum Gewaltrepertoire regionaler Imperien gehört hatten und von den Osmanen keineswegs erfunden wurden, war damit doch eine Dimension des Massenmords erreicht, die im Mittleren Osten einzigartig bleiben sollte. Nicht so bekanntlich in Europa. Rußland schied nach der Februarrevolution 1918 aus dem Krieg aus. Währenddessen besetzten die Briten unter General Allenby – unterstützt von dem «Arabischen Aufstand» des Scherifen von Mekka, den der britische Agent T. E. Lawrence heroisch überhöhen sollte – 1917/18 Palästina, Syrien und den Irak. Im November 1918 trat in Mudros ein Waffenstillstand in Kraft, die jungtürkischen Führer flohen auf deutschen U-Booten außer Landes. Britische, französische, italienische und griechische Truppen besetzten Istanbul und Anatolien. Dagegen formierte sich unter Mustafa Kemal (1881–1938), dem späteren Atatürk («Vater der Türken»), eine nationale Bewegung, die mit militärischer Gewalt Istanbul und

Atatürk, der «Vater der Türken», lehrt, umgeben von türkischen Fahnen, auf dem Marktplatz von Sivas sein Volk das lateinische Alphabet.

das anatolische Kernland befreite. Als der Sultan ihre Führer in Abwesenheit zum Tode verurteilen ließ, trat in Ankara eine Große Nationalversammlung zusammen, die im November 1922 das Sultanat abschaffte und einen neuen Kalifen wählte. Der Vertrag von Lausanne erfüllte im Juli 1923 die Forderungen der türkischen Nationalisten: Souveränität der türkischen Sprach- und Siedlungsgebiete, Abschaffung der Kapitulationen und Verzicht auf Reparationen. Ein sogenannter Bevölkerungsaustausch von Griechen und Türken besiegelte das Prinzip der ethnischen Trennung (und Säuberung), Vorbote der ebenso dramatischen Separierung von Muslimen und Hindus in Indien nach 1947.

Gestärkt durch diese Erfolge wandte sich die türkische Regierung den inneren Angelegenheiten zu, die innerhalb eines Jahrzehnts radikal umgestaltet wurden: Im Oktober 1923 rief die Große Nationalversammlung in der neuen Hauptstadt Ankara die Türkische Republik aus; im März 1924 erklärte sie den Kalifen für abgesetzt und verbannte alle Angehörigen des Hauses Osman außer Landes; im April 1924 verkündete sie eine neue republikanische Verfassung. Atatürk war der Überzeugung, nur die entschlossene Abwendung von der islamisch geprägten Tradition könne den Türken den Anschluß an Europa und damit an die Moderne ermöglichen. Zug um Zug wurden die religiösen Stiftungen konfisziert, die Scharia-Gerichte abgeschafft und die Scharia durch westliche Zivil-, Straf- und Handelscodizes ersetzt, die religiösen Schulen von Muslimen und Nichtmuslimen geschlossen, die Sufi-Bruderschaften verboten und schließlich 1928 die Verfassungsbestimmung aufgehoben, die den Islam zur Staatsreligion bestimmte. Symbolträchtige Maßnahmen ergänzten das Programm, darunter das Verbot des Fez, den Sultan Mahmud II. fast ein Jahrhundert zuvor den osmanischen Beamten vorgeschrieben hatte, sowie die Einführung des gregorianischen anstelle des islamischen Kalenders und des lateinischen anstelle des arabischen Alphabets. Der jungen Generation wurde damit der Zugang zu den in arabischer Schrift verfaßten Texten der islamisch-osmanischen Tradition abgeschnitten. Atatürks brachiale Säkularisierung belastete die Idee des Säkularismus in der gesamten islamischen Welt. Der Widerstand, der sich in politischen und religiösen Kreisen (namentlich den Sufi-Bruderschaften) sowie unter ethnischen Minderheiten (vor allem Armeniern und Kurden) regte, wurde niedergeschlagen. 1931 legte Mustafa Kemal die «Sechs fundamentalen und unabänderlichen Prinzipien» der «kemalistischen» Ordnung vor: Republikanismus, Nationalismus, Populismus, Etatismus, Laizismus und revolutionäres Prinzip. In einem radikalen Bruch mit dem imperialen, panislamisch gefärbten Erbe des Osmanischen Reiches behauptete sich die Türkische Republik über die schwierigen Jahre der Weltwirtschaftskrise hinweg als westlich orientierter, laizistischer Nationalstaat, der seine traditionellen Bindungen an die islamische Welt in den folgenden Jahrzehnten ganz den strategischen Beziehungen zu Westeuropa, der Sowjetunion und den USA unterordnete. Es war ein Bruch mit der Vergangenheit («dem Erbe»), wie ihn keine Regierung einer muslimischen Mehrheitsgesellschaft je gewagt hatte – und kaum eine wagen sollte. Am nächsten kam dem türkischen Beispiel Iran, wo sich 1925 der vormalige Kommandeur der Kosakenbrigade, Reza Khan (1878–1944), zum Schah krönen ließ und die Dynastie der Pahlavi begründete. Die sozialen, politischen und kulturellen Folgen seiner autoritären Modernisierungspolitik sollten erst zwei Generationen später hervortreten.

Die Neuordnung der nahöstlichen Staatenwelt

Noch vor Kriegsende hatte der amerikanische Präsident Woodrow Wilson im Januar 1918 in einer 14-Punkte-Erklärung die Grundsätze der Nachkriegsordnung verkündet, darunter die Öffnung der Meerengen und das Selbstbestimmungsrecht der nicht-türkischen Völker des Osmanischen Reiches. Briten, Franzosen und Russen hatten mit arabischer Unterstützung die osmanischen Heere besiegt. Nun teilten sie mit Blick auf ihre strategischen und wirtschaftlichen Interessen – die Kontrolle der internationalen See- und Handelswege, die Verfügung über das kriegswichtige Erdöl, Einfluß, Prestige und Vetomacht – die arabischen Provinzen ohne allzu große Rücksicht auf bestehende Abmachungen untereinander auf. Zu diesen Abmachungen zählten der Schriftwechsel des britischen Hochkommissars von Ägypten, Henry McMahon, mit dem Scherifen Husain von Mekka aus den Jahren 1915–1916; das britisch-französische Sykes-Picot-Abkommen vom Mai 1916 und das Versprechen des britischen Außenministers Lord Balfour vom November 1917, in Palästina die Schaffung einer «nationalen Heimstätte» für das jüdische Volk zu unterstützen (Balfour-Erklärung). In diesem Gestrüpp widersprüchlicher und zum Teil bewußt undeutlich formulierter Zusagen und Vereinbarungen waren die künftigen Konflikte bereits angelegt – vor allem die zwischen Arabern und Juden (korrekt müßte es heißen «Zionisten», doch verwischten beide Seiten die Grenze zwischen Juden und Zionisten). Die Konferenz von San Remo legte im April 1920 die Einflußsphären Großbritanniens und Frankreichs als der künftigen «Mandatsmächte» der arabischen Gebiete fest, im September 1923 trat die Mandatsordnung, vom neu gegründeten Völkerbund bestätigt, in Kraft. Nur auf der Arabischen Halbinsel behaupteten sich unabhängige Dynastien.

Die Aufteilung gewachsener Wirtschafts- und Kulturräume in Mandate, Protektorate und unabhängige Staaten wurde mit Gewalt erzwungen; nicht überall aber schuf sie «künstliche» Staaten: Marokko, Algerien und Tunesien gingen auf Gründungen des 13. Jahrhunderts zurück, als lokale Dynastien die Oberhoheit der Almohaden abschüttelten. Ägypten blickte auf eine jahrtausendealte

Die berühmte Granitplastik von Mahmud Mukhtar aus der Zeit nach dem Ersten Weltkrieg symbolisiert das Erwachen Ägyptens: Die herrisch aufgerichtete Sphinx verweist auf das pharaonische Erbe, die stehende Frau nimmt den Schleier vom Gesicht; beide symbolisieren sie Ägypten. Wie in vielen Ländern des Vorderen Orients besannen sich im Ägypten der Zwischenkriegszeit nationalistische Künstler und Intellektuelle auf die vorislamische Geschichte, auf die später auch Mohammed Reza Shah und Saddam Husain zurückgreifen sollten.

Geschichte und staatliche Tradition zurück. Saudi-Arabien war das Produkt militärischer Eroberungen durch die mit den Wahhabiten verbündeten Al Suʿud, die mit britischer Unterstützung bis 1932 ein Königreich schufen. Das zaiditische Imamat im Jemen und das Sultanat Oman besaßen eine jahrhundertealte Tradition. Selbst das Emirat Kuwait ließ sich nicht ausschließlich als britische Schöpfung betrachten. Die im engeren Sinne «künstlichen» Staaten der Levante entstanden entweder durch die Aufteilung gewachsener Einheiten (Syrien, Transjordanien, Palästina, später Israel) oder die Zusammenfügung ursprünglich nicht verbundener Gebiete (Irak, ähnlich in Nordafrika Libyen); für Libanon traf beides zu. Die Probleme der Grenzziehung, Staats- und Nationenbildung traten in der Zwischenkriegszeit deutlich hervor, am schärfsten in Palästina, das unter osmanischer Herrschaft keine politische oder administrative Einheit gebildet hatte und nun sowohl von arabischen wie von jüdischen Palästinensern (so die offizielle Sprachregelung) exklusiv in Anspruch genommen wurde.

Das neue Instrument der Völkerbundsmandate sollte dazu dienen, ausgewählten Kolonialvölkern, die als nicht ausreichend «reif» für die Unabhängigkeit galten, einen schrittweisen Übergang in die politische Selbstbestimmung zu ermöglichen. Dabei griffen die Briten auf die in Indien erprobten Praktiken der *indirect rule* zurück. Zumal auf lokaler Ebene überließen sie die sichtbare Machtausübung den angestammten Eliten und tasteten das Sozialgefüge, die Rechtsordnung und den religiösen Bereich nicht offen an. Damit kontrastierte die französische Kolonialpolitik in Marokko und Tunesien, die im 19. Jahrhundert noch in das lokale Rechts- und Bildungswesen interveniert hatte, nach dem Ersten Weltkrieg jedoch zurückhaltender vorging und auf eine spätere «Assoziierung» der derzeitigen Protektorate bei weitgehender Wahrung der bestehenden Sozialstrukturen hinwirkte. Algerien hatte Frankreich in aller Form in den französischen Staat eingegliedert, ohne seinen muslimischen Bewohnern die französischen Bürgerrechte zu gewähren, sofern sie nicht auf die Scharia verzichteten. Die Zurückhaltung in innenpolitischen Belangen wurde kompensiert durch die weitgehende Kontrolle der Wirtschafts-, Außen- und Sicherheitspolitik, vor allem der internationalen See- und Handelswege (Seeweg nach Indien, Suezkanal, Persischer Golf).

Mit Blick auf Ägypten und die Levante sind die Jahre bis 1939 als «liberale Ära» bezeichnet worden (Hourani). In der Zwischenkriegszeit waren die Gesellschaften des Mittleren Ostens noch überwiegend agrarisch geprägt; Nomaden lebten in großer Zahl nur im Innern der Arabischen Halbinsel, in Teilen des Nordirak, Irans, Afghanistans und des südlichen Maghreb. Zahlenmäßig dominierten Kleinbauern und mittlere Grundbesitzer. Großgrundbesitzer fanden sich vor allem in Iran, Irak, Ägypten und Syrien, wo sie Politik und Gesellschaft dominierten. Liberal war die Zwischenkriegszeit mit Blick auf die Wirtschaftspolitik und, verglichen mit den autoritären Systemen der Zeit nach dem Zweiten Weltkrieg, auch in politischer Hinsicht. Die politische Ordnung definiert man am besten als Notabelnherrschaft (wiederum Hourani), die über Patronage und Klientelbeziehungen ihre Interessen sowohl gegenüber den städtischen und ländlichen Mittel- und Unterschichten wie gegenüber den Mandatsmächten verteidigten. Der Kampf um politische Unabhängigkeit und wirtschaftliche Eigenständigkeit verlief im wesentlichen unblutig; eine Ausnahme machte 1936–1939 der Arabische Aufstand in Palästina, der sich vor allem gegen die zionistischen Absichten richtete, in Palästina einen jüdischen Staat aufzubauen. Die lokalen Eliten suchten ihre Ziele über Verhandlungen zu erreichen. National-liberal (nicht unbedingt säkularistisch) waren die städtischen Eliten auch in intellektueller Hinsicht. Im Maghreb, aber auch in Ägypten und im Fruchtbaren Halbmond spielte der Islam eine wichtige Rolle für die Bestimmung nationaler Identität und gesellschaftlicher Ordnung. Die Bereitschaft zur Beteiligung an einem von den europäischen Kolonialmächten gestalteten System kompromittierte allerdings selbst die Nationalisten; darunter litten auch die liberal-konstitutionellen Ideen und Institutionen, die mit westlicher Einflußnahme identifiziert und daher immer häufiger als «unauthentisch» abgelehnt wurden. In der zweiten Hälfte der 1930er Jahre veränderte sich im Schatten der europäischen Faschismen auch in Nah- und Mittelost das politische Klima.

Der Zweite Weltkrieg und seine Folgen

Der Zweite Weltkrieg bedeutete für die islamische Welt eine tiefere historische Zäsur als der Erste: Erst jetzt zogen sich die Kolonialmächte, freiwillig oder unfreiwillig, rasch oder verzögert, aus ihren Kolonien zurück. Ägypten und Irak waren schon seit den 1930er Jahren nominell unabhängig. 1947 erlebte die traumatische Teilung Indiens und die Gründung Pakistans – des ersten Staates der Moderne, der von Muslimen für Muslime gegründet wurde. Bis in die ausgehenden 1970er Jahre war Pakistan jedoch nicht in besonderer Weise islamisch verfaßt, wenn man dies daran mißt, ob der Islam Staatsreligion, die Scharia Grundlage von Gesetzgebung und Rechtsprechung und die vorherrschende Ideologie in der einen oder anderen Weise islami(sti)sch geprägt ist. Auch der Nahe Osten erlangte nun seine politische Unabhängigkeit. Hier aber verband sich das Kriegsende mit der Gründung des Staates Israel im Mai 1948 und der Niederlage der arabischen Armeen im ersten arabisch-israelischen Krieg von 1948/49 – eine Hypothek, an der die jungen Regime Jahrzehnte trugen. Als letzter Staat des nördlichen Afrika erlangte 1962 Algerien nach langem und blutigem Befreiungskampf seine Unabhängigkeit. «Östlich von Suez» war der britische Rückzug 1972 abgeschlossen, als die bisherigen Trucial States als Vereinigte Arabische Emirate unabhängig wurden.

Die Niederlage gegen Israel löste in der arabischen Welt eine Welle von Militärputschen aus, die 1949 in Syrien begann und 1969 in Libyen ein vorläufiges Ende fand. Die größte Breitenwirkung er-

Faisal II. (1939–1958) war ein Enkel
des haschemitischen Scherifen von
Mekka, Husain b. Ali, dessen Söhne
den «Arabischen Aufstand» von 1916
führten. Seinen Vater Faisal I. setzten
die Briten 1921 auf den Thron ihres
Mandatsgebietes Irak, nachdem die
Franzosen ihn aus Syrien vertrieben
hatten. Faisal II. wurde 1958 gestürzt
und mit dem ehemaligen Regenten
Abd al-Ilah ermordet. Nur in Jordanien hielten sich die Haschemiten (die
Dynastie führt sich wie die haschemi-
tisch-abbasidische Bewegung des 8.
Jahrhunderts auf die Familie des Propheten zurück) bis ins 21. Jahrhundert.

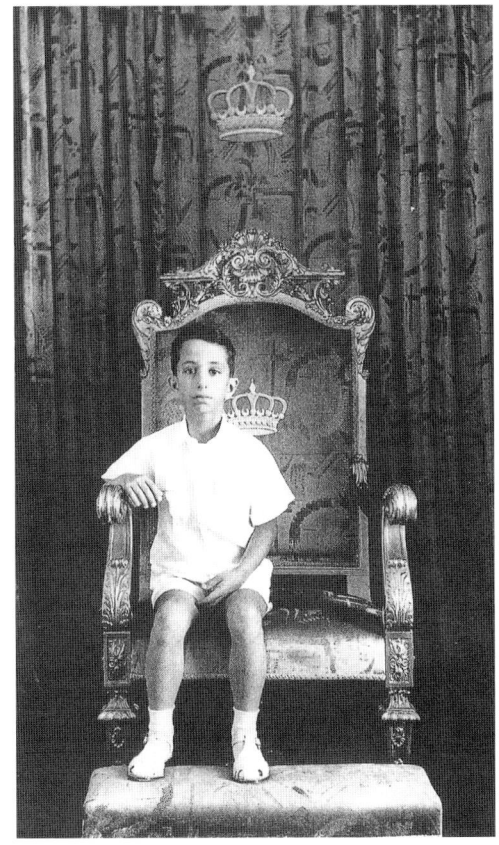

zielte dabei die «Revolution» der Freien Offiziere in Ägypten vom
Juli 1952, die mit Jamal Abd an-Nasir (Nasser, 1918–1970) einen der
großen Vorkämpfer des arabischen Nationalismus an die Macht
brachte, der, ungeachtet der schweren Niederlage der arabischen Armeen im Junikrieg von 1967 («Sechs-Tage-Krieg»), seine magneti-
sche Wirkung auf die arabische Jugend bis zu seinem Tod nicht ein-
büßte. Zum Zeitpunkt der Unabhängigkeit bildete das Militär in den
jungen Staaten der Region den einzigen vergleichsweise modern
und gut organisierten Apparat. Das Ansehen der früheren Polizei-
und Sicherheitstruppen der Kolonialherren war allerdings nicht
allzu hoch, ihre Kampferfahrung gering. Kampferfahrung besaßen
lediglich die von den Briten (Glubb Pasha) gegründete und befehligte Arabische Legion in Jordanien und bestimmte Einheiten der damals noch kleinen Armeen Syriens, Iraks und Ägyptens, die 1948

Israel unterlegen waren; durch nationale Verdienste legitimiert und kampferfahren war allein die algerische Armee. Von diesem Sonderfall abgesehen verfügten die Offiziere zum Zeitpunkt ihrer Machtübernahme weder über eine breite Verankerung im Volk noch über hohes Prestige; ideologisch vertraten sie die eine oder andere Variante des arabischen Nationalismus, der stärker säkular oder islamisch ausgerichtet sein konnte, auf einen arabischen Sozialismus hin orientiert oder eine staatlich gelenkte Marktwirtschaft. Die Stichworte lauteten Freiheit von kolonialer Bevormundung, ausgedrückt im Abzug aller ausländischen Truppen und einer Politik der Blockfreiheit, und Gerechtigkeit durch wirtschaftliche Entwicklung, Industrialisierung und die Überwindung von Armut, Hunger, Analphabetismus und der sozialen Gegensätze allgemein. Soziologisch gesehen handelte es sich, wie zwei Generationen zuvor bei den Jungtürken, zumeist um jüngere Offiziere mittleren Ranges, die der ländlichen Mittel- oder der städtischen unteren Mittelschicht entstammten. Gemeinsam waren ihnen die nationale Gesinnung und der Wille, sich gegen alle Widerstände durchzusetzen, der schon Atatürk und Reza Shah ausgezeichnet hatten. Unabhängig von ihrer Ideologie etablierten sie autoritäre, «neopatrimoniale» Regime, in denen die Staatsführung den Versuch unternahm, die Gesellschaft nach eigenen Vorstellungen umzugestalten. Dabei stützten sie sich auf die rasch ausgeweitete Armee, Bürokratie und Sicherheitsdienste, eine Einheitspartei und Massenorganisationen. Begünstigt wurde die Entwicklung durch die Einnahmen («Renten») aus natürlichen Ressourcen, vor allem Erdöl, der strategischen Lage und/oder außenpolitischem Handeln, die den Regimen zuflossen. Sie erlaubten ihnen, sich von ihren eigenen Gesellschaften weitgehend unabhängig zu machen und deren Zustimmung durch soziale und andere Leistungen zu gewinnen oder aber Widerspruch zu unterdrücken («Rentierstaat»). Das eine schloß das andere nicht aus.

Ähnliche Entwicklungen ließen sich in den erdölproduzierenden Golfmonarchien beobachten, in denen die Armee allerdings eine geringere Rolle in Staat und Gesellschaft spielte als in den Präsidialrepubliken. Der in den 1970er Jahren einsetzende Ölboom führte zu einem tiefgreifenden Wandel ihrer materiellen Infrastruktur – nicht zwingend aber der sozialen und noch weniger der politischen Strukturen. Die Massenmigration aus der arabischen und der islamischen Welt von Ägypten über Palästina und Jemen bis Indien und Südostasien, verbunden mit der gezielten Förderung islamischer Einrich-

Im Sultanat Oman leitete Sultan Qabus in den 1970er Jahren eine Politik der Öffnung ein, die das Land modernisieren sollte, ohne seine kulturellen und sozialen Traditionen zu zerstören. Ein Zeichen dieses Bemühens um Authentizität ist die traditionelle Kleidung, die alle omanischen Staatsangestellten im Dienst tragen müssen. So weit sind diese Knaben noch nicht.

tungen durch die reichen, sozial und religiös streng konservativen Golfstaaten trug viel zur islamischen Wende der 1970er und 1980er Jahre bei. Das Stichwort «Petro-Islam» greift allerdings zu kurz, weil es den Akzent ganz auf die materiellen Anreize legt und die Islamisierung in den nicht-erdölproduzierenden Ländern im Kern als Ergebnis äußerer Einwirkung kennzeichnet und sie so als etwas Fremdes erscheinen läßt. Das wiederum ist nicht unwichtig in einem ideologischen Kontext, in dem die Islamisten als die einzig legitimen Vertreter kollektiver Identität auftraten und auftreten, die für sich beanspruchen, «das Eigene» gegen «das Fremde» zu verteidigen. Gerade diesen Anspruch weist der Begriff des «Petro-Islam» zurück.

Die islamische Wende

Ungeachtet ihrer «Künstlichkeit» hatten die von den Kolonialmächten gezogenen Grenzen von Marokko bis Malaysia über Jahrzehnte Bestand. Daß sich die postkolonialen Staaten festigen konnten, sagt freilich wenig über die Legitimität ihrer Regierungen aus. Die Defizite an Legitimität und Leistung lassen sich nicht nur an offenem Protest und Widerstand messen (Streiks, Boykotte, Brotunruhen), sondern ebenso an der allgemeinen Gleichgültigkeit, an dem weit verbreiteten Zynismus und dem Rückzug in familiäre und tribale Patronage- und Beziehungsnetze, die selbst in den Staaten beobachtet wurden, die sich einer forcierten Modernisierung ihrer Gesellschaft verschrieben. Die Niederlage von 1967 stellte die Frage ihrer Legitimation und Leistung mit neuer Schärfe. Vielerorts war vom «Scheitern» des arabischen Sozialismus wie aller vom Westen übernommener Ideologien (Liberalismus, Kommunismus, Demokratie) die Rede. Die Regime sahen sich einem stetig wachsenden Leistungs- und Erwartungsdruck ausgesetzt, den sie mit ihrer hochfliegenden Rhetorik selbst erzeugt hatten: Ein hohes Bevölkerungswachstum («Bevölkerungsbombe»), das vor allem den Anteil junger Menschen dramatisch ansteigen ließ, Landflucht und Urbanisierung, steigende Ansprüche an Qualität und Umfang staatlicher Dienstleistungen von der Versorgung mit Nahrung, Wasser und Wohnraum bis zum Schul- und Gesundheitswesen verschärften den Legitimations- und Leistungsdruck auf die Regime. Verlangt wurden nicht nur politische Unabhängigkeit, wirtschaftliche Entwicklung und soziale Gerechtigkeit, sondern auch kulturelle Authentizität. Die aber wurde in den 1970er und 1980er Jahre vornehmlich mit Bezug auf den Islam definiert. Von Marokko über Sudan, Ägypten, Zentralasien und Indien bis Südostasien bewahrten Sufi-Bruderschaften ihren Einfluß auf Kultur und Gesellschaft. In den Vordergrund aber schoben sich Bewegungen, die mit Berufung auf Koran und Sunna eine grundlegende Reform von Staat und Gesellschaft forderten und dabei unmittelbar in die Politik eingriffen.

Ihre intellektuellen Wurzeln lagen in der Salafiyya-Bewegung des ausgehenden 19. und frühen 20. Jahrhunderts. Die Abschaffung des Kalifats im Jahr 1924 löste, obgleich der osmanische Sultan diese Rolle nicht allzu lang gespielt hatte und das klassische Kalifat seit rund 700 Jahren ruhte, vor allem in Indien ein heftiges Echo aus, das freilich nicht allzu lang nachhallte. Die islamische Reformbewegung im Maghreb blieb ohne merkliche Ausstrahlung auf den islamischen Osten. Dort ging die größte Wirkung von der Muslimbruderschaft aus, die 1928 im ägyptischen Ismailiyya, dem Hauptquartier der Suezkanal-Gesellschaft, von dem jungen Lehrer Hasan al-Banna (1906–1949) gegründet wurde und sich rasch in der arabischen Welt ausbreitete. Ideologisch bot sie nicht allzu viel Neues: Ihr Ziel war eine Reform der ägyptischen Gesellschaft an Haupt und Gliedern, die sie in eine auf Koran, Sunna und die Scharia gestützte, starke und einige Gesellschaft umwandeln sollte, die ihren inneren und äußeren Feinden (Säkularisten, Linke, Briten und Zionisten) widerstehen würde. Neu war ihre Organisation – die Verbindung «islamischer», mit dem Sufismus assoziierter Titel und Begriffe (*murshid* für den Führer der Vereinigung, das Vokabular der Familie für die innere Ordnung) mit modernen Verbandsstrukturen wie Zellen, Leitungsbüros und dergleichen mehr. Neu war zugleich die Kombination engagierter Sozialarbeit mit dem Kampf um die politische Macht bis hin zur Gründung einer militärischen Geheimorganisation in den frühen 1940er Jahren. Bis zum Zweiten Weltkrieg verfocht die Muslimbruderschaft eine Reformstrategie, die primär auf Mission (*daʿwa*) und Erziehung setzte, vor Einschüchterung und Gewalt nicht zurückschreckte, eine islamische Revolution aber nicht ins Auge faßte. Selbst nach der Ermordung ihres charismatischen Führers galt sie als die stärkste Massenbewegung Ägyptens mit etwa einer Million Mitgliedern und Sympathisanten.

Dennoch wurde ihre Organisation nach dem Putsch der Freien Offiziere 1954 und 1965 in zwei großen Wellen zerschlagen: Nicht umsonst ist diese Erfahrung als «Heimsuchung» (*mihna*) bekannt, was auf die *mihna* des Abbasidenkalifen al-Ma'mun verweist, in der aufrechte Vertreter des Islam einem tyrannischen Herrscher gegenübergestanden hatten. Die staatliche Repression, die Tausende ins Gefängnis brachte oder ins Exil trieb, Verfolgung, Haft und Folter radikalisierten weite Teile der islamischen Bewegung, gerade unter der jüngeren Generation. Sie fanden Anleitung bei Sayyid Qutb (1906–1966), einem früheren Literaten und Lehrer, der sich erst spät der Muslimbruderschaft angeschlossen hatte, 1954 erstmals verhaftet und 1966 hingerichtet wurde, was ihn nach Hasan al-Banna zum zweiten großen Märtyrer der Bewegung machte. Seine Schrift «Wegmarken» (maʿalim at-tariq), 1964 aus dem Gefängnis heraus verbreitet, wurde zu einem der einflußreichsten Manifeste des radikalen politischen Islam. Im Rückgriff auf Ibn Taimiyya, der den Jihad gegen die nominell muslimischen Mongolen legitimiert hatte, und den Indopakistaner Abu l-Ala Maududi (1903–1979), der in Urdu bereits zentrale Begriffe des modernen Islamismus geprägt hatte, formulierte Qutb das islamistische Credo nun auch in arabischer Sprache: Er propagierte den Jihad einer revolutionären Avant-garde gegen ein tyrannisches Regime, das sich die allein Gott zustehende Souveränität (*hakimiyya*) angemaßt, die Scharia zugunsten menschlicher Gesetze außer Kraft gesetzt hatte (in diesem Zusammenhang gehört der Begriff des *shirk*, der an sich auf Polytheismus verweist) und die eigene, sich selbst (fälschlicherweise) als muslimisch verstehende Gesellschaft damit in die vorislamische Epoche der Jahiliyya zurückgestoßen hatte. Diese war nun jedoch nicht mehr als unverschuldetes Unwissen zu verstehen, sondern als gewollte Leugnung des Islam, die es entsprechend zu behandeln galt. Ob er die gesamte Gesellschaft damit zu Ungläubigen erklärte (*takfir*) oder nur die Herrschenden, ließ Qutb offen, und auch die militanten islamischen Bewegungen zogen später unterschiedliche Schlüsse. Die Kritiker dieser politischen Deutung waren mit ihrer Bewertung schnell bei der Hand: Die Islamisten waren Extremisten, Vertreter «übertriebener» Positionen (*ghulat*), und ebenso rücksichtslos zu bekämpfen wie einst die militanten Kharijiten.

Die bemerkenswerte Widerstandskraft des politischen Islam und seiner Träger zeigte sich in den nahöstlichen Staaten, in denen sie gewaltsam unterdrückt wurden und doch als organisierte Kraft überlebten. Die islamische Revolution in Iran vom Frühjahr 1979 erbrachte den Beweis, daß eine gesellschaftlich breit verankerte, von einer charismatischen Persönlichkeit geführte islamische Bewegung selbst ein so hochgerüstetes, vom westlichen Ausland gestütztes Regime wie das des Schahs hinwegfegen konnte. Getragen von einer breiten Koalition gesellschaftlicher Kräfte, die von der kritischen Intelligenz über Handwerker und Händler (Basaris) und die Einwohner der rasch wachsenden städtischen Slums bis in den schiitischen Klerus reichte, stürzte Ayatollah Ruhollah Khomeini (1902–1989) vom französischen Exil aus Mohammed Reza Shah (1919–1980), dessen «Weiße Revolution» in ihrer Verbindung von Landreform, Industrialisierung und gesellschaftlicher Modernisierung (Ausbau des Bildungswesens, Wahlrecht für Frauen) in manchem an Nassers Modernisierungspolitik erinnerte. In zwei wichtigen Punkten unterschied sie sich jedoch von dieser: Sie war eng an amerikanische Interessen gebunden und knüpfte bewußt an vorislamische Traditionen an, auf die seit den Samaniden und Buyiden schon viele iranische Monarchen zurückgegriffen hatten. Wie Atatürk ersetzte Mohammed Reza Shah den islamischen Kalender durch einen nicht-islamischen; 1976 ließ er die neue Zeitrechnung mit der Thronbesteigung des Achämeniden Cyrus des Großen 550 v. Chr. beginnen. Die Proteste gegen seine repres-

«Jeder Tag ist Ashura, jeder Ort ist Kerbela»: Husain tritt hoch zu Roß als Kämpfer auf, anders als in den eher volkstümlichen Darstellungen üblich, mit verhülltem Antlitz (mit weißem Gesichtsschleier wird üblicherweise auch der Prophet dargestellt; vgl. S. 48 und S. 119). Poster aus der Zeit des irakisch-iranischen Kriegs 1980–1988, ein typisches Produkt der Neudeutung der Schia als kämpferisch-aktivistische Religion: Jeder (schiitische) Gläubige ist aufgerufen, wie einst Husain für den Glauben zu kämpfen und gegebenenfalls auch zu sterben.

sive Modernisierungspolitik begannen unter Madrasa-Studenten in Qum und steigerten sich unter bewußter Nutzung religiöser Symbole im Rhythmus von vierzig Tagen. Am Beginn des neuen islamischen Jahrtausends erreichten sie im Muharram 1399 / Dezember 1978 ihren Höhepunkt. Im Januar 1979 verließ der Schah das Land, am 1. Februar traf Khomeini in Teheran ein.

Ayatollah Khomeini fand Bewunderer in der gesamten islamischen Welt – aber kaum Nachahmer. Die sunnitischen Islamisten erklärten die Verfassung der Islamischen Republik, die – auch nach zwölferschiitischem Verständnis eine problematische Neuerung – den qualifiziertesten Rechtsgelehrten zum Träger der politischen Gewalt erklärte (arab. *wilayat al-faqih*, pers. *velayat-e faqih*), zur schiitischen Besonderheit, die man respektieren, aber nicht auf sunnitische Verhältnisse übertragen konnte. Selbst arabische Schiiten wie die libanesische Hizbollah rückten schrittweise vom iranischen Modell ab. Als militante Islamisten 1981 den ägyptischen Präsidenten Sadat ermordeten, der nach dem Tod Nassers 1970 eine innen- und außenpolitische Wende vollzog («Öffnungspolitik», *infitah*) und in diesem Zusammenhang 1978/79 auch Frieden mit Israel schloß, lösten sie keine Revolution aus, sondern härtere Repression. Ähnliches galt für den Aufstand syrischer Islamisten in Hama 1982, den das Regime blutig niederschlug. Nur im Sudan kam 1989 eine Militärjunta unter Umar Hasan al-Bashir an die Macht, die enge Verbindungen zu der Nationalen Islamischen Front des einflußreichen Islamisten Hasan at-Turabi unterhielt, der aber bald in den Hintergrund trat. Anders lag der Fall in Afghanistan, wo militante islamische Widerständler (Mujahidin oder Taliban, pers. Pl. von *talib*, Koranschüler) 1988 den Abzug der sowjetischen Truppen erzwangen und eine islamische Diktatur errichteten, die erst 2002 durch eine amerikanische Invasion beseitigt wurde: Hier ging es in erster Linie um den Kampf gegen eine fremde Besatzungsmacht, nicht einen muslimischen Widersacher.

Wenn die «islamische Revolution» auch ausblieb, wurden Islamisten unterschiedlicher Couleur und Verankerung in den 1980er und 1990er Jahren doch fast überall in der islamischen Welt zur tonangebenden Kraft. Sie gaben ihren nationalistischen, liberalen oder linken Kritikern die Themen und Motive vor, an denen jene sich abarbeiten mußten («Der Islam ist Religion und Staat», «Der Islam ist die Lösung», «Anwendung der Scharia»). Islamisten veränderten entweder von den Graswurzeln her (Tunesien, Ägypten, Türkei) oder mit Hilfe staatlicher Zwangsgewalt (Iran, Afghanistan, einzelne Provinzen Nigerias und Malaysias) die herrschenden Vorstellungen von Moral und Anstand, korrekter Kleidung, Bart- und Haartracht; für ihre Leitvorstellungen steht exemplarisch der Schleier (Tschador, Burka, *niqab*). Die Regime paßten sich dem Druck an, sofern er ihre Kontrolle über die Säulen staatlicher Macht (Armee, Sicherheitsdienste, Bürokratie) nicht gefährdete. Dabei verwandelte sich nicht nur die politische Sprache und Ikonographie in Richtung auf «islamische» Formen und Inhalte. In vielen Staaten zwischen Malaysia, Pakistan, Sudan, Djibouti und Libyen wurde das Ehe- und Familienrecht konservativen Vorstellungen angepaßt. Eine flächendeckende «Anwendung der Scharia», die auch das Straf- und Wirtschaftsrecht erfaßte, fand jedoch nur in den Staaten statt, die sich ausdrücklich als islamisch definierten – und auch dort in unterschiedlicher Weise, wie ein Vergleich zwischen Saudi-Arabien, Iran, Sudan oder Afghanistan unter den Taliban belegen könnte. Die Versuche, politische Mitsprache, wenn nicht überhaupt die Macht über Kommunal- und Parlamentswahlen zu erringen, zeitigten gleichfalls unterschiedliche Ergebnisse: Das Spektrum reicht vom Verfassungsputsch in Algerien, mit dem die Armee 1992 einen Wahlsieg der Islamischen Heilsfront verhinderte, über die vielen Schattierungen staatlicher Manipulation und Wahlfälschung, für die stellvertretend Tunesien oder Ägypten stehen, bis zur Regierungsbeteiligung, wenn nicht gar Regierungsbildung islamischer bzw. islamisch verankerter konservativer Parteien in Pakistan, Indonesien, Jemen und der Türkei.

Die islamistische Utopie der Reinheit, Einheit und Macht, in der Gerechtigkeit, soziale Eintracht und moralische Eindeutigkeit die allgegenwärtige Korruption und Zersplitterung überwinden, wirkte auf viele anziehend. Den Ruf moralischer Integrität und Ernsthaftigkeit festigte das soziale Engagement vieler Islamisten von reichen Bauunternehmern mit oder ohne erkennbare politische Ambitionen bis zu den militanten Widerstandsbewegungen Hamas und Hizbollah in Palästina und Libanon. Die islamische Strömung beschränkte sich nicht auf marginalisierte Schichten ländlicher Migranten und halbgebildeter arbeitsloser Jugendlicher, unter denen militante Gruppierungen zumindest einen Teil ihrer Mitglieder rekrutierten. Der pragmatische, Gewalt im Prinzip ablehnende Flügel hatte seine Basis in den städtischen Mittelschichten, die sich in Teilen selbst von sozialer Unsicherheit bedroht und mit der Armut und Not ihrer eigenen Gesellschaft konfrontiert sahen. Der Islamismus fand aber auch Rückhalt in Kreisen des gebildeten, gut situierten Mittelstandes (Ärzte, Apotheker, Anwälte, Ingenieure, Lehrer, Professoren, Journalisten), die sich in Berufsverbänden, Bürgerinitiativen und Menschenrechtsorganisationen «zivilgesellschaftlich» engagierten. Selbst die Attentäter des 11. September 2001 und die Anhänger des saudischen Islamisten Usama Bin Ladin, die jede Form der reformerischen Graswurzelarbeit ablehnten und den bewaffneten Jihad zum einzig möglichen und legitimen Mittel des Kampfes «auf dem Wege Gottes» erklärten, entstammten einer vergleichsweise gut gebildeten städtischen Mittelschicht.

Daß der mehr oder weniger politische Islamismus nicht das einzige Vorzeichen ist, unter dem Muslime das Verhältnis von Staat,

Recht, Kultur und Gesellschaft denken und gestalten können, sollte der Blick in die islamische Geschichte gezeigt haben. Die Einheit von Religion und Staat, die Islamisten zur Norm erklären («der Islam ist Religion und Staat»), war selbst zur Zeit des Propheten nicht voll verwirklicht. Typisch sind eher Verbindungen, wie wir sie aus dem europäischen Mittelalter und der frühen Neuzeit kennen, in denen Thron und Altar ja gleichfalls in vielerlei Weisen miteinander verknüpft waren. Der osmanische Sultan war nicht sunnitischer als der französische König – immerhin Seine Allerchristlichste Majestät – katholisch. An zwei Punkten allerdings zeigen sich deutliche Unterschiede: Der eine betrifft die bekannte Tatsache, daß man zu bestimmten Zeiten und an bestimmten Orten zwar mit Fug und Recht von einem islamischen Klerus sprechen kann (namentlich in Iran seit der Safawidenzeit), jedoch nicht von einer islamischen Kirche, die sich nirgends herausgebildet hat. Wie immer man daher Säkularismus und den Prozeß der Säkularisierung definiert – als «Trennung von Kirche und Staat» kann man sie mit Blick auf den Islam nicht bestimmen. Der andere, mit dem ersten eng verbundene Punkt betrifft Charakter und Funktion des islamischen Rechts (Scharia und *fiqh*), das bis ins 19. Jahrhundert zwar nicht kodifiziert wurde, neben dem sich aber auch keine konkurrierenden schriftlichen Rechtsnormen und -quellen etablierten. Das gilt selbst für das Osmanische Reich, in dem die sultanischen Erlasse vom Grundsatz her als Ergänzung schariarechtlicher Bestimmungen galten, nicht als gleichrangige oder gar übergeordnete herrscherliche Satzung. Aus diesem Grund kreisen heutige Debatten um das Verhältnis von Staat, Recht und Gesellschaft oder, anders ausgedrückt, von Identität, Moral und Religion in einer wie auch immer gestalteten «islamischen Ordnung». Hier sind mehr Pfade begehbar, als die Islamisten behaupten und rasch urteilende Kritiker des Islam annehmen: Die Sprache des Islam ist nicht umsonst so reich an Wegmetaphern.

DIE ISLAMISCHE WENDE 303

Ausblick: Mädchen im Wadi Idim, Jemen.

Anhang

Literaturhinweise

a) Historische Übersichtsdarstellungen

Berkey, Jonathan P.: The Formation of Islam. Religion and Society in the Near East, 600–1800, Cambridge 2003.
Egger, Vernon O.: A History of the Muslim World to 1405. The Making of a Civilization, Upper Saddle River 2004.
Feldbauer, Peter: Die islamische Welt 600–1250. Ein Frühfall von Unterentwicklung?, Wien 1995.
Haarmann, Ulrich (Hg.): Geschichte der arabischen Welt, 4., erw. Aufl., München 2001.
Halm, Heinz: Die Araber. Von der vorislamischen Zeit bis zur Gegenwart, München 2004.
–: Der Islam, 5. Aufl., München 2004.
Lapidus, Ira M.: A History of Islamic Societies, Cambridge 1988.

b) Kunst und Kultur im Überblick

Earthly Beauty, Heavenly Art. Art of Islam, hg. von Mikhail B. Piotrovsky und John Vrieze, Amsterdam (2000).
Die Gärten des Islam, hg. von Hermann Forkl u.a., Stuttgart/London 1993.
Islam. Kunst und Architektur, hg. von Markus Hattstein und Peter Delius, Köln 2000.
Robinson, Francis (Hg.): Islamische Welt, Frankfurt a.M./New York 1997.
Sultan, Shah, and Great Mughal. The history and culture of the Islamic world, Kopenhagen 1996.

c) Karten, Handbücher und Enzyklopädien

Bacharach, Jere L.: A Middle East Studies Handbook, Seattle/London 1984.
Encyclopaedia of Islam, New ed. (EI2), 11 Bde., Leiden 1986–2002.
Kettermann, Günter: Atlas zur Geschichte des Islam, Darmstadt 2001.
Tübinger Atlas des Vorderen Orients (TAVO), Wiesbaden.

I. Gebahnte Wege: Von der Tradition zur Religion

a) Arabien um 600

Ammann, Ludwig: Die Geburt des Islam. Historische Innovation durch Offenbarung, Göttingen 2001.
Dostal, Walter: Die Araber in vorislamischer Zeit, in: Der Islam 74 (1997), S. 1–63.
Hawting, Gerald R.: The Idea of Idolatry and the Emergence of Islam. From Polemic to History, Cambridge 1999.

Hoyland, Robert G.: Arabia and the Arabs. From the Bronze Age to the Coming of Islam, London/New York 2001.
Schippmann, Klaus: Geschichte der altsüdarabischen Reiche, Darmstadt 1998.

b) Muhammad und die frühislamische Geschichtsüberlieferung

Bobzin, Hartmut: Mohammed, München 2000.
Peters, F. E.: The Quest of the Historical Muhammad, in: International Journal of Middle East Studies 23 (1991), S. 291–315.
de Prémare, Alfred-Louis: Les Fondations de l'Islam. Entre écriture et histoire, Paris 2002.
Robinson, Chase F.: Islamic Historiography, Cambridge 2003.
Spellberg, Denise A.: Politics, Gender, and the Islamic Past. The Legacy of ʿAʾisha bint Abi Bakr, New York 1994.

II. Eine Gesellschaft in Bewegung

a) Die Nachfolge Muhammads, Imamats- und Kalifatslehren

Crone, Patricia: God's Rule. Government and Islam, New York 2004.
Khalidi, Tarif, The Battle of the Camel. Trauma, reconciliation and memory, in: Angelika Neuwirth, Andreas Pflitsch (Hg.), Crisis and Memory in Islamic Societies, Beirut/Würzburg 2001, S. 153–163.
Madelung, Wilferd: The Succession to Muhammad. A Study of the Early Caliphate, Cambridge 1997.
Marlow, Louise: Hierarchy and Egalitarianism in Islamic Thought, Cambridge 1997.
Noth, Albrecht: Von der medinensischen „Umma" zu einer muslimischen Ökumene, in: ders. und Jürgen Paul (Hg.), Der islamische Orient. Grundzüge seiner Geschichte, Würzburg 1998, S. 81–134.
Pampus, K.-H.: Über die Rolle der Ḥāriǧīya im frühen Islam, Wiesbaden 1980.

b) Die Zeit der Eroberungen

Blankinship, Khalid Yahya: The End of the Jihād State. The Reign of Hishām Ibn ʿAbd al-Malik and the Collapse of the Umayyads, Albany 1994.
Bonner, Michael: Aristocratic Violence and Holy War. Studies in the Jihad and the Arab-Byzantine Frontier, New Haven 1996.
The Cambridge History of Egypt, Bd. 1: Islamic Egypt, 640–1517, hg. von Carl Petry, Cambridge 1998.
Choksy, Jamsheed K.: Conflict and Cooperation. Zoroastrian Subalterns and Muslim Elites in Medieval Iranian Society, New York 1997.
Donner, Fred M.: The Early Islamic Conquests, Princeton 1981.
Kennedy, Hugh: The Armies of the Caliphs. Military and Society in the Early Islamic State, London/New York 2001.
–: The Decline and Fall of the First Muslim Empire, in: Der Islam 81 (2004), S. 3–30.
Morony, Michael G.: Iraq after the Muslim Conquest, Princeton 1984.
Orthmann, Eva: Stamm und Macht. Die arabischen Stämme im 2. und 3. Jahrhundert der Hiǧra, Wiesbaden 2002.

Robinson, Chase F.: Empire and Elites after the Muslim Conquest. The Transformation of Northern Mesopotamia, Cambridge 2000.
Rotter, Gernot: Die Umayyaden und der zweite Bürgerkrieg (680–692), Wiesbaden 1982.

c) Muslime und Nichtmuslime

Bulliet, Richard W.: Conversion to Islam in the Medieval Period. An Essay in Quantitative History, Cambridge/London 1979.
García-Arenal, Mercedes (Hg.) : Conversions islamiques/Islamic Conversions, Paris 2001.
Gervers, M./Bikhazi, R. J. (Hg.): Conversion and Continuity. Indigenous Christian Communities in Islamic Lands. Eighth to Eighteenth Centuries, Toronto 1990.
Hoyland, Robert G.: Seeing Islam as Others Saw It. A Survey and Evaluation of Christian, Jewish and Zoroastrian Writings on Early Islam, Princeton 1997.

III. Goldene Zeiten? Die frühen Abbasiden

a) Die abbasidische Ära

Agha, Saleh Said: The Revolution Which Toppled the Umayyads. Neither Arab nor 'Abbāsid, Leiden/Boston 2003.
Athamina, Khalil: The Black Banners and the Socio-Political Significance of Flags and Slogans in Medieval Islam, in: Arabica 36 (1989), S. 307–326.
Cobb, Paul M.: White Banners. Contention in 'Abbasid Syria, 750–880, Albany 2001.
Daniel, E. L.: The Political and Social History of Khurasan under 'Abbāsid Rule, Minneapolis/Chicago 1979.
Gordon, Matthew S.: The Breaking of a Thousand Swords. A History of the Turkish Military of Samarra (A. H. 200–275/815–889 C. E.), Albany 2001.
Lombard, Maurice: Blütezeit des Islam. Eine Wirtschafts- und Kulturgeschichte, 8.–11. Jahrhundert, Frankfurt a. M. 1992.
Madelung, Wilferd: Religious Trends in Early Islamic Iran, Albany 1988.
Popovic, Alexandre, La Révolte des esclaves en Iraq au IIIe/IXe siècle, Paris 1976.
Zaman, Muhammad Qasim: Religion and Politics under the Early 'Abbasids. The Emergence of the Proto-Sunni Elite, Leiden 1997.

b) Kultur- und Geistesgeschichte

Bloom, Jonathan M.: Paper Before Print. The History and Impact of Paper in the Islamic World, New Haven/London 2001.
Cooperson, Michael: Classical Arabic Biography, Cambridge 2000.
van Ess, Josef, Theologie und Gesellschaft im 2. und 3. Jahrhundert Hidschra. Eine Geschichte des religiösen Denkens im frühen Islam, 6 Bde., Berlin/New York 1991-1997.
Rudolph, Ulrich: Islamische Philosophie, München 2004.
Touati, Houari: L'armoire à sagesse. Bibliothèques et collections en Islam, Paris 2003.

IV. Autonomie und Regionalisierung

a) Buyiden und Seldschuken

Donohue, John J.: The Buwayhid Dynasty in Iraq 334H./995 to 403H./1012. Shaping Institutions for the Future, Leiden/Boston 2003.
Mottahedeh, Roy P.: Loyalty and Leadership in an Early Islamic Society, Princeton 1980.
Scharlipp, Wolfgang Ekkehard: Die frühen Türken in Zentralasien. Eine Einführung in ihre Geschichte und Kultur, Darmstadt 1992.

b) Die Schiiten

Beinhauer-Köhler, Bärbel: Fatima bint Muhammad. Metamorphosen einer frühislamischen Frauengestalt, Wiebaden 2002.
Brett, Michael: The Rise of the Fatimids, Leiden/Boston 2001.
Daftary, Farhad: Kurze Geschichte der Ismailiten. Traditionen einer muslimischen Gemeinschaft, Würzburg 2003.
Halm, Heinz: Die Schia, Darmstadt 1988.
–: Die Schiiten, München 2005.
–: Das Reich des Mahdi, München 1991.
–: Die Kalifen von Kairo, München 2003

V. Grenzziehungen und Grenzüberschreitungen

a) Muslime und Christen am Mittelmeer

Abun-Nasr, Jamil M.: A History of the Maghrib, 2. Aufl., Cambridge 1975.
Brett, Michael/Fentress, Elizabeth: The Berbers, Oxford/Cambridge 1996.
Goitein, S.D.: A Mediterranean Society. The Jewish Communities of the World as Portrayed in the Documents of the Cairo Geniza, 5 Bde., Neuausgabe, Berkeley 1999 (1967).
Harvey, L.P.: Islamic Spain 1250 to 1500, Chicago/London 1990.
Hillenbrand, Carole: The Crusades. Islamic Perspectives, Edinburgh 1999.
Jayyusi, Salma Khadra (Hg.): The Legacy of Muslim Spain, Leiden 1992.
Lewis, Archibald R.: Nomads and Crusaders, A.D. 1000–1368, Bloomington, Indianapolis 1988.
Maalouf, Amin: Der Heilige Krieg der Barbaren. Die Kreuzzüge aus der Sicht der Araber, 3. Aufl., München 2001.
Safran, Janina M.: The Second Umayyad Caliphate, Cambridge/London 2000.
Thorau, Peter: Die Kreuzzüge, München 2004.
Wasserstein, David J.: The Caliphate in the West, Oxford 1993.

b) Ulama und Madrasen

Berkey, Jonathan: The Transmission of Knowledge. A Social History of Islamic Education, Princeton 1992.
Chamberlain, Michael: Knowledge and Social Practice in Medieval Damascus, 1190–1350, Cambridge 1994.
Ephrat, Daphna: A Learned Society in a Period of Transition. The Sunni 'Ulama' of Eleventh-Century Baghdad, Albany 2000.

Grandin, Nicole / Gaborieau, Marc (Hg.): Madrasa. La Transmission du savoir dans le monde musulman, Paris 1997.
Hambly, Gavin G. C. (Hg.): Women in the Medieval Islamic World. Power, Patronage, and Piety, New York 1998.
Hurvitz, Nimrod: The Formation of Hanbalism. Piety into Power, London/New York 2002.

c) Islamische Mystik

Cornell, Vincent J.: Realm of the Saint. Power and Authority in Moroccan Sufism, Austin 1998.
Ernst, Carl W.: The Shambhala Guide to Sufism, Boston/London 1997.
de Jong, Frederick / Radtke, Bernd (Hg.): Islamic Mysticism Contested. Thirteen Centuries of Controversies & Polemics, Leiden 1999.
Karamustafa, Ahmet T.: God's Unruly Friends. Dervish Groups in the Islamic Later Middle Period, 1200–1550, Salt Lake City 1994.
Knysh, Alexander: Islamic Mysticism. A Short History, Leiden usw. 2000.
Schimmel, Annemarie: Sufismus, München 2000.

VI. Neue Horizonte

a) Die Mongolenzeit

Abu-Lughod, Janet L.: Before European Hegemony. The World System A.D. 1250–1350, New York, Oxford 1989.
Dols, Michael: The Black Death in the Middle East, Princeton 1977.
Höllmann, Thomas O.: Die Seidenstraße, München 2004.
Lentz, Thomas W./Lowry, Glenn D.: Timur and the Princely Vision. Persian Art and Culture in the Fifteenth Century, Los Angeles 1989.
Manz, Beatrice Forbes: The Rise and Rule of Tamerlane, Cambridge 1989.
Morgan, David: The Mongols, Oxford 1986.
de Rubrouck, Guillaume: Voyage dans l'Empire Mongol 1253–1255, Paris 1997.

b) Europäische Expansion und Kolonialismus

Adas, Michael (Hg.): Islamic & European Expansion. The Forging of a Global Order, Philadelphia 1993.
Feldbauer, Peter: Estado da India. Die Portugiesen in Asien 1498-1620, Wien 2003.
– /Liedl, Gottfried/Morissey, John (Hg.): Vom Mittelmeer zum Atlantik. Die mittelalterlichen Anfänge der europäischen Expansion, Wien/München 2001.
Osterhammel, Jürgen: Kolonialismus. Geschichte, Formen, Folgen, München 1995.

c) Islam in Südostasien

Reid, Anthony (Hg.): Southeast Asia in the Early Modern Era. Trade, Power, and Belief, Ithaca/London 1993.
Ricklefs, M. C.: A History of Modern Indonesia since c. 1300, 2. Aufl., Stanford 1993.

Risso, Patricia: Merchants & Faith. Muslim Commerce and Culture in the Indian Ocean, Boulder 1995.
Rothermund, Dietmar/Weigelin-Schwierdrzik, Susanne (Hg.): Der Indische Ozean. Das afro-asiatische Mittelmeer als Kultur- und Wirtschaftsraum, Wien 2004.

d) Islam im subsaharischen Afrika

Levtzion, Nehemia/Pouwels, Randall L. (Hg.): The History of Islam in Africa, Athens, Ohio 2000
Robinson, David: Muslim Societies in African History, Cambridge 2004.

VII. Reichsgründungen

a) Das Osmanische Reich

Faroqhi, Suraiya: Geschichte des Osmanischen Reiches, München 2000.
–: Kultur und Alltag im Osmanischen Reich. Vom Mittelalter bis zum Anfang des 20. Jahrhunderts, München 1995.
Hattox, Ralph S.: Coffee and Coffeehouses. The Origins of a Social Beverage in the Medieval Near East, Seattle/London 1985.
Hösch, Edgar: Geschichte der Balkanländer. Von der Frühzeit bis zur Gegenwart, 3. Aufl., München 1995.
Inalcik, Halil u.a.: An Economic and Social History of the Ottoman Empire, 2 Bde., Cambridge 1994.
Kreiser, Klaus: Der Osmanische Staat 1300–1922, München 2001.
– /Neumann, Christoph K.: Kleine Geschichte der Türkei, Stuttgart 2003.
Marcus, Abraham: The Middle East on the Eve of Modernity. Aleppo in the Eighteenth Century, New York 1989.
Peirce, Leslie P.: The Imperial Harem. Women and Sovereignty in the Ottoman Empire, New York/Oxford 1993.
Quataert, Donald: The Ottoman Empire, 1700–1922, Cambridge 2000.
Zilfi, Madeline C. (Hg.): Women in the Ottoman Empire, Leiden 1997.

b) Iran unter den Safawiden

Abisaab, Rula J.: Converting Persia. Religion and Power in the Safavid Empire, London/New York 2004.
Arjomand, Said Amir: The Shadow of God and the Hidden Imam. Religion, Political Order, and Societal Change in Shi'ite Iran from the Beginning to 1890, Chicago/London 1984.
Babayan, Kathryn: Mystics, Monarchs, and Messiahs. Cultural Landscapes of Early Modern Iran, Cambridge/London 2002.
Gronke, Monika: Geschichte Irans. Von der Islamisierung bis zur Gegenwart, München 2003.
Roemer, Hans Robert: Persien auf dem Weg in die Neuzeit. Iranische Geschichte von 1350–1750, unveränderter Nachdruck, Beirut, Würzburg 2003 (1989).

c) Das muslimische Indien

Alam, Muzaffar/Subrahmanyam, Sanjay (Hg.): The Mughal State 1526–1750, Neu Delhi 1998.
Babur, Zahiruddin Muhammad: Die Erinnerungen des ersten Großmoguls von Indien. Das Babur-nama, Zürich 1980.
Jackson, Peter: The Delhi Sultanate, Cambridge 1999.
Metcalf, Barbara D./Metcalf, Thomas R.: A Concise History of India, Cambridge 2002.
Wink, André: Al-Hind. The Making of the Indo-Islamic World, 2 Bde., Leiden 1990.

VIII. Reform, Aufbruch, Umbruch

Cleveland, William L.: A History of the Modern Middle East, Boulder 1994.
Davison, R. H.: Reform in the Ottoman Empire 1856–1876, 2. Aufl., New York 1973.
Gerber, Haim: The Social Origins of the Modern Middle East, Boulder 1987.
Hourani, Albert: Arabic Thought in the Liberal Age, 1798–1939, Oxford 1962.
–: Ottoman reform and the politics of notables, in: W. Polk / R. Chambers (Hg.), The Beginnings of Modernization in the Middle East. The Nineteenth Century, Chicago 1968, S. 41-68.
Hovannisian, Richard G. (Hg.): The Armenian People from Ancient to Modern Times, 2 Bde., New York 1997.
Jankowski, James/Gershoni, Israel (Hg.): Rethinking Nationalism in the Arab Middle East, New York 1997.
Krämer, Gudrun, Geschichte Palästinas. Von der osmanischen Eroberung bis zur Gründung Israels, 4. Aufl., München 2003.
Landau, Jacob M.: The Politics of Pan-Islam. Ideology and Organization, Oxford 1994.
Owen, Roger: The Middle East in the World Economy, 1800–1914, London/New York 1981.
Rivet, Daniel: Le Maghreb à l'épreuve de la colonisation, Paris 2002.
Schulze, Reinhard: Geschichte der islamischen Welt im 20. Jahrhundert, München 1994.
Steinbach, Udo: Geschichte der Türkei, München 2000.
Steinberg, Guido: Saudi-Arabien. Politik, Geschichte, Religion, München 2004.
al-Tahtawi, Rifaʿa: Ein Muslim entdeckt Europa. Bericht über seinen Aufenthalt in Paris 1821–1831, hg. von Karl Stowasser, München 1988.
Toledano, Ehud: Muhammad Ali Pasha, in: EI2, Bd. VII, Leiden 1993, S. 423–431.
Yapp, M. E.: The Making of the Modern Near East 1792-1923, London/New York 1987.
–: The Near East since the First World War, London/New York 1991.
Zürcher, Eric Jan: Turkey. A Modern History, London 1993.

Bildnachweis

Vorderer Vorsatz: Die Weltkarte des Idrisi, 1154, Kopie aus dem Jahre 1553. Photo: British Library, London / Maps. 856.(6) – Im Auftrag König Rogers II. von Sizilien fertigte der wohl in Ceuta geborene Abu Abdallah al-Idrisi 1154 in arabischer Sprache ein umfangreiches Kartenwerk an, das im Abendland als „Roger-Buch" (Charta Rogeriana) bekannt wurde und erheblichen Einfluß auf die europäische Kartographie ausübte. Idrisi stützt sich dabei auf die schon im 8./9. Jahrhundert ins Arabische übersetzten Schriften des Claudius Ptolemaeus (um 90–168 n. Chr.), der um 150 in Alexandria eine Weltkarte erstellte. Idrisi korrigiert Ptolemaeus und andere Geographen wie al-Istakhri (10. Jahrhundert; vgl. S. 142) auf der Grundlage neuerer Messungen, Beobachtungen und Entdeckungen. Die Karte ist, wie die der meisten muslimischen Geographen und Kartographen, gesüdet; heilsgeographische Gesichtspunkte spielen in ihr keine Rolle, Mekka, Medina oder Jerusalem sind nicht besonders hervorgehoben.

Hinterer Vorsatz: © Verlag C. H. Beck, München – Die Karte beruht auf statist. Angaben in: Der Islam in der Gegenwart, hg. von Werner Ende und Udo Steinbach, 5., aktualisierte und erweiterte Auflage, München 2005, S. 128–148.

Karten: S. 30/31, 106/107, 132/133, 180/181: © Verlag C. H. Beck.

S. 8: Photo: Pascal und Maria Maréchaux, Paris   **S. 13:** Musée du Louvre, Paris (AO 1029) / Lauros/Giraudon/Bridgeman, London   **S. 19:** Photo: Abdelaziz Frikhar / Bildarchiv Steffens, Mainz   **S. 23:** The Nasser D. Khalili Collection of Islamic Art, London (Ms. 745.1)   **S. 26:** Photo: Michael Nicholson / Corbis, Düsseldorf   **S. 37:** Bibliothèque Nationale de France, Paris (Collection Asselin de Cherville, Manuscrits orientaux, arabe 350, f. 229v)   **S. 48:** Photo: Pernille Klemp, Ole Woldbye / The David Collection, Kopenhagen (39d/1995)   **S. 55:** Privatsammlung. Aus dem Katalog „Trésors de l'Islam", Genf 1985, S. 372, Nr. 368 und 369   **S. 59:** Unbek. Photograph. Mit freundlicher Genehmigung der Humboldt Univ. zu Berlin, Sammlung hist. Palästinabilder   **S. 65:** Photo: Avraham Hay / Israel Museum, Jerusalem   **S. 68:** Photo: Jean-Louis Nou, Paris   **S. 72:** Österreich. Nationalbibliothek, Wien   **S. 77:** Bodleian Library, Oxford   **S. 80:** Topkapi Serail Museum, Bibliothek, Istanbul / The Art Archive / Dagli Orti, Paris   **S. 87:** Photo: Aerofilms   **S. 90:** Topkapi Serail Museum, Bibliothek, Istanbul (H 3632)   **S. 92:** Topkapi Serail Museum, Bibliothek, Istanbul (Ms. Ahmad III., 2127, f. 1v, 2r)   **S. 93:** Bibliothèque Nationale de France, Paris (Manuscrits orientaux, arabe 5847) / akg-images, Berlin   **S. 96:** Bibliothèque Nationale de France, Paris (Manuscrits orientaux, arabe 5847, f. 21)   **S. 102:** Photo: Françoise Kuntz / akg-images, Berlin   **S. 119:** Poster, Türkei 2003 / Privatbesitz   **S. 123:** Photo: Renate Horak, Wien   **S. 127:** Bibliothèque Nationale de France, Paris (Manuscrit français 2810, f. 17)   **S. 131:** Photo: Jassem Ghazbanpour, Teheran   **S. 135:** Topkapi Serail Museum, Bibliothek, Istanbul / The Art Archive / Dagli Orti, Paris   **S. 138:** Biblioteca Monasterio de El Escorial, Madrid (Ms. j-T-6, f. 64r) / Bridgeman, London   **S. 142:** Zentralbibliothek der Univ. Teheran   **S. 143:** Photo: Natascha Kubisch, Berlin / akg-images, Berlin   **S. 146:** Photo: Markus Bassler / Archiv Monheim, Meerbusch   **S. 147:** Photo: Markus Bassler / Archiv Monheim, Meerbusch / Catedral de Cordoba   **S. 148:** Pamplona, Museo de Navarra © 1990, Photo: Scala, Florenz   **S. 150:** Photo: Markus Bassler / Archiv Monheim, Meerbusch / Arzobispado de Toledo

BILDNACHWEIS 313

S. 151: Biblioteca Monasterio del Escorial, Madrid / Bridgeman, London
S. 155: Koninklijke Bibliotheek, Den Haag   S. 163: Bibliothèque Nationale de France, Paris (Manuscrits orientaux, arabe 5847, f. 152) / akg-images, Berlin
S. 167: The Nasser D. Khalili Collection of Islamic Art, London (inv. no. Ms. 619)   S. 170: Metropolitan Museum of Art, New York   S. 174: Bibliothèque Nationale de France, Paris (Manuscrits orientaux, arabe 6604, f. 7v)
S. 175: Photo: Dietmar Katz / Staatsbibliothek zu Berlin – Preuß. Kulturbesitz, Orientabteilung (Diez A f. 70, S. 5)   S. 177: Golestan Palast, Teheran
S. 184: Reza Abbasi Museum, Teheran   S. 185: Majlis (Parlaments-)Bibliothek, Teheran   S. 186: British Library, London (Or. 6810, f. 154v)
S. 189: Bibliothèque Nationale de France, Paris (Manuscrit français 2810, f. 15v)
S. 194: Photo: Hugh O'Neill / Aga Khan Trust for Culture   S. 195: Photo: John Lee / Nationalmuseum, Jakarta (C. 722)   S. 199: Photo: Sandro Vannini / Corbis, Düsseldorf   S. 202: Topkapi Serail Museum, Bibliothek, Istanbul   S. 206: Topkapi Serail Museum, Bibliothek, Istanbul (Ms. Hazine, 1517, f. 31v) / Bridgeman, London   S. 207: Topkapi Serail Museum, Bibliothek, Istanbul / Bridgeman, London   S. 209: Topkapi Serail Museum, Bibliothek, Istanbul / Giraudon / Bridgeman, London   S. 212 f.: The Trustees of the Chester Beatty Library, Dublin (T. 413, f. 113v, 114r)   S. 217: Topkapi Serail Museum, Bibliothek, Istanbul / Universitätsbibliothek Jena / akg-images, Berlin
S. 220: Photo: Jörg P. Anders / bpk / Museum für islam. Kunst, Staatliche Museen zu Berlin (Inv.-Nr. I 40/68)   S. 221: Photo: Reha Günay, Istanbul
S. 224: Photo: Mengès, Paris / akg-images, Berlin   S. 225: Photo: Erdem Çalıkoğlu / Sipa Press, Istanbul   S. 228: Privatsammlung. Aus dem Katalog „Trésors de l'Islam", Genf 1985, S. 245   S. 229: Topkapi Serail Museum, Bibliothek, Istanbul / Giraudon / Bridgeman, London   S. 232: Victoria and Albert Museum, London, The Stapleton Collection / The British Library London
S. 236: Photo: Pernille Klemp, Ole Woldbye / The David Collection, Kopenhagen (27/1986)   S. 237: Zentralbibliothek der Univ. Teheran   S. 240: Privatsammlung. The Stapleton Collection / Bridgeman, London   S. 245: Freer Gallery of Art and Arthur M. Sackler Gallery Archives, Smithsonian Institution, Myron Bement Smith Collection, Washington D. C.   S. 249: The Trustees of the Chester Beatty Library, Dublin (MS 7, no 26)   S. 252: Photo: LAC Museum / Los Angeles County Museum of Art, Nasli und Alice Heeramaneck (M. 83.1.6.)   S. 253: Photo: LAC Museum / Los Angeles County Museum of Art, Nasli und Alice Heeramaneck (M. 75.4.28)   S. 257: Photo: François Le Diascorn / rapho, Paris   S. 258: Musée Guimet, Paris / akg-images, Berlin   S. 259: Photo: Freer Gallery of Art / Freer Gallery of Art. Smithsonian Institution, Washington D. C. (Inv. 42.15B)   S. 262 oben: Musée du Louvre, Paris   S. 262 unten: Photo: Antoine Sevruguin / Freer Gallery of Art and Arthur M. Sackler Gallery Archives, Smithsonian Institution, Myron Bement Smith Collection, Washington D. C.   S. 268: Königliche Bibliothek, Kopenhagen   S. 273: Photo: Philipp Speiser, Berlin
S. 276: Museum für Völkerkunde, München   S. 280: Privatsammlung Iranian / Bridgeman, London   S. 281: The Khalilullah Enayat Seraj Collection   S. 283: British Library, London   S. 284: Photo: Philipp Speiser, Berlin   S. 287: akg-images, Berlin   S. 290: Photo: Siegfried Bürker, Berlin   S. 293: Photo: Cecil Beaton / Imperial War Museum, London
S. 295: Photo: Alain Chenevière   S. 299: Poster von Kazem Chalipa / Photo: Peter Chelkowski   S. 303: Photo: Pascal und Maria Maréchaux, Paris.

Namenregister

Das Register enthält Namen von Personen, Gottheiten, Dynastien, ethnischen, sozialen und religiösen Gruppen sowie ausgewählte Titel und Institutionen. Kursive Seitenzahlen verweisen auf Bildlegenden.

Abangan 197
Abbas I. d. Große (Safawide) 234 f., 238 f., 241–243, 270, 277
Abbas b. Abd al-Muttalib 74
Abbasiden 33, *64*, 65–67, 69–89, *72*, 98 f., 103–107, 109–113, 115–118, 120–122, 124 f., 127, 129, 134, 137, 139, 141, 143–147, 154, 159 f., 162, 174–176, 179 f., 209, 211, 214, 222, 239, 246 f., 250, 256, 260, 270 f., *293*, 297
Abd al-Aziz b. Suʿud (Ibn Saud) 266
Abd al-Ilah (irak. Regent) *293*
Abd al-Malik (Samanide) 108
Abd al-Malik b. Marwan (Umayyade) 53 f., *55*, 62 f.
Abd al-Muʾmin (Almohade) *143*, 144
Abd an-Nasir, Jamal s. Nasser
Abd al-Qadir (Emir) 268
Abd ar-Rahman II. (span. Umayyade) 145
Abd ar-Rahman III. (span. Umayyade) 146, *146*, 148
Abd ar-Rahman b. Muʿawiya ad-Dakhil (span. Umayyade) 144
Abd ar-Rahman b. Rustam (Rustamide) 110
Abdallah (auch Ubaidallah) al-Mahdi biʾllah (Fatimide) 120 f.
Abdallah b. Ibad al-Murri at-Tamimi 74
Abdallah b. Yasin al-Jazuli 142
Abdallah b. az-Zubair s. Ibn az-Zubair
Abduh, Muhammad *283*, 284
Abdülhamid II. (Osmane) 275–277
Abraha 11
Abraham 15 f., *23*, *23*, 90, 118
Abu Abdallah, «der Schiit» 120 f.
Abu Amr Kaisan 50
Abu Bakr ar-Razi (Rhazes) 130
Abu Bakr b. Abi Quhafa 27–29, 38, 42, 49, 113
Abu Dharr al-Ghifari 165, 263

Abu l-Faraj al-Isfahani 112
Abu Firas al-Hamdani 112
Abu Hanifa 96, 116
Abu Harb al-Mubarqaʾ 73
Abu Madyan 151
Abu Muslim 66 f., 70, 73
Abu l-Qasim b. Abdallah (Fatimide) 121
Abu Saʿid (Il-Khan) 179
Abu Salama al-Khallal 66
Abu Sufyan b. Harb 40
Abu Talib 21, 130
Abu l-Umaitir 73
Abu Yazid an-Nukkari 121 f.
Achämeniden 46, 298
Adam 118
Adnan 54
Adud ad-Daula (Buyide) 129 f.
al-Afdal b. Badr 126
al-Afghani, Jamal ad-Din 279, 284
Afsharen 244
Aga (korrekt: Agha) Khan 114, 126
Agha Muhammad (Qajare) 277
Aghlabiden 104, 110 f., 121, 209
Ahmad, Mirza Ghulam 282
Ahmad Baba 199
Ahmad Khan, Sir Sayyid 284
Ahmad Khatib 285
Ahmad b. Abi Duʾad 100
Ahmad b. Hanbal 96, 100
Ahmad b. Tulun 111
Ahmadiyya (auch Qadyaniyya) 114, 282
Ahmed III. (Osmane) 221, 230 f.
Ahmed Gran 200, 215
Ahmed Nedim 230 f.
al-Ahsaʾi, Ahmad 282
Aisha bint Abi Bakr 28, 37, 39, 49, 285
Aisyiyah 285
Akbar d. Große (Moghul) 252–256, 258, 282
Akhbaris 242, 279

NAMENREGISTER

Alamshah Begum (Martha Komnena) 233
Alawiten (auch Nusairier) 114, 231
de Albuquerque, Afonso 193
Aleviten *118*, 223, 231
Alexander d. Große 76
Alexios I. Komnenos 154
Alfons VI. von Kastilien und Leon 149
Ali al-Karaki 241
Ali Pascha (osman. Reformer) 272 f.
Ali ar-Rida (Ali b. Musa) 85, 114, 116, 243
Ali Suavi 276
Ali b. Abi Talib 27 f., 37–41, 44, *48*, 49 f., 62, 64, 72, 74, 93, 113 f., 117, *118*, 129 f., 165, 231, 233, 243, 263
Ali b. Muhammad (Sahib az-Zanj) 88 f.
Aliden 38, 48–50, 53, 64–66, 72, 74, 76, 82 f., 85, 88, 104, 110, 112–116, 119, 127, 130, 161, 166, 282
Allah 15 f., 20
al-Allama al-Hilli 240
Allami, Abu l-Fazl 256
Allenby, Sir Edmund 286
Almohaden (*al-muwahhidun*) 103, 140–144, 143 f., 150–152, 232, 264, 266, 289
Almoraviden (*al-murabitun*) 96, 103, 140–144, 149–151, 232, 264
Alp Arslan 135 f., 154
Alptigin 108
Amangkurat I. 195 f.
Amangkurat II. 196
al-Amili, Baha' ad-Din 243
al-Amin, Muhammad (Abbaside) 84
al-Amir (Fatimide) 126
amir al-mu'minin 42, 49, 99, 143; *s. auch* Kalif
Ammann, Lukas 16
Amr b. al-As 35, 56
Anjou-Dynastie 140
ansar (medinensische «Helfer») 21, 28, 37
Antonius, der Heilige 165
Aphrodite 16
Aq-Qoyunlu (turkmen. Stammesföderation) 182, 187, 204, 233 f.
Arabische Legion 293
Archimedes 97

Arculf 34
Arghun (Il-Khan) 178
Aristoteles 97, 152
Armenier 126, 223, 235, 239, 242, 244, 286, 288; *s. auch* Armenien
Arsenius 125
Artuqiden *80*
Arwa bint Muhammad (as-Sayyida al-Hurra) 122
Asad b. al-Furat 139
Ashiq Pasha 169
Aski(y)a Muhammad Ture 199
Asma bint Abi Bakr 39
Assassinen *s.* Nizari-Ismailiten
Atabeg 136, 157
Atatürk *s.* Kemal, Mustafa
Attar, Farid ad-Din 168
Auliya', Nizam ad-Din 251
Aurangzeb (Alamgir) (Moghul) 259 f.
d'Austria, Don Juan 215
al-Auza'i 96
Avicenna *s.* Ibn Sina
'ayyarun 104, 131
Ayyubiden 103, 137, 152, 159 f., 163, 175, 210
Azd (Stamm) 83
al-Azhar 124, 162
Azraqiyya 52

Bab, der (Ali Muhammad) 282
Babis 114, 282
Babur, Zahir ad-Din Muhammad (Moghul) 187, 251 f.
Bada'uni, Abd al-Qadir 256
Badr al-Jamali 126, 137
Baha' ad-Daula (Buyide) 128
Bahadur (Moghul) 268
Baha'i 114, 282
Baha'ullah, Mirza Husain Ali Nuri 282
Bahram Chubin 106
Baibars, az-Zahir (Baibars I., Mamluke) 175 f.
bait al-hikma 98, 125
al-Baladhuri 104
Bal'ami (Wesirsfamilie) 107
Balduin IV. von Jerusalem 159
Balfour, Arthur Lord 289
al-Banna, Hasan 296 f.
Baraka (Berke), Mir Sayyid 183

NAMENREGISTER 317

Barlas (Stamm) 182 f.
Barmakiden 78, 82–85
Barquq (Mamluke) 182
Basaris 278, 298
al-Basasiri, Abu l-Harith 134
al-Bashir, Umar Hasan 300
Batu (Goldene Horde) 173, 184
Bayezid I. Yildirim (Osmane) 183, 185, 204 f.
Bayezid II. (Osmane) 211
Bedr ed-Din, Scheich 205
Beduinen 12, 22, 25, 28, 52, 56, 88 f., 158, 266
Beki (al-Baqi) 216
Bektash, Haj(j)i 168, 218
Bektashi-Orden 168, 210, 218, 271
Bellini, Gentile 209
Berber 47, 54 f., 57, 61, 69 f., 103, 109 f., 120–122, 125, 134, 139–145, 148, 150, 151, 198, 227
Bichitr 259
Bihbihani (oft Behbehani), Muhammad Baqir 279
al-Biruni 109
Bistami, Abu Yazid 167
Blankinship, Yahya Khalid 42, 57
Bohoras (auch Bohras) 114, 126
Bojaren 227
Börte 171, 172
Boye (Buweh, Buwaih, Buya) 128
Buddhisten 47, 78, 82 f., 132, 137, 167, 172, 178–180, 192–194, 197, 246 f., 250
al-Bukhari 95
Bu Saʿid-Dynastie 201
Büßer 49
Buyiden (auch Buwaihiden) 69, 103, 108 f., 112, 127–131, 130, 134, 136, 172, 298

Chagatai (Sohn Dschingis Khans) 173
Chagatai (Clan und Dialekt) 173, 182, 184, 187
Chaghri 134 f.
Chishti (auch Jashti), Muʿin ad-Din Hasan 250 f., 259
Chishtiyya-Orden 250 f.
Christen, Christentum 11 f., 16 f., 23, 29, 35, 45, 58, 60, 72 f., 89 f., 90, 97 f., 103, 111 f., 123–126, 137–140, 138,

144–146, 148, 149 f., 150, 152–159, 154, 162, 165, 167, 171, 173, 178, 191, 204, 208 f., 211, 214, 217 f., 223–225, 235, 243, 275, 285
de Clavijo, Ruy Gonzalez 183
Clive, Robert 261
Columbus, Christoph 190
Coste, Pascal 240
Cyrus d. Große 298

Dahlan, Haji Ahmad 285
Dandolo, Enrico 159
Dar al-Funun 278
dar al-hikma 125
dar al-ʿilm 125, 130
Dara Shukoh 260
Darzi 125; s. auch Drusen
Dawud b. Khalaf 96
Deoband 284
Despina Khatun (Katharina Komnena) 233
Dhimmi 60, 84, 209, 246
Dhu n-Nun-Dynastie 149
Dhu Nuwas (König Yusuf) 11, 17
Dias, Bartolomeu 190
Dihlawi, Abd al-Haqq 256
Dihqane 45, 62, 105
Diponegara, Prinz 196
Doria, Andrea 215
Drusen 114, 125, 214, 223, 225, 231
Dschingis Khan 137, 171, 171–173, 178 f., 182–184
Dschingisiden 171, 183, 187, 194, 231, 251
Durrani, Ahmad Shah 244 f., 260

East India Company (auch brit. Ostindien-Kompanie) 191, 238 f., 261, 267 f.
Ebu s-Suud (Abu s-Suʿud) Efendi 222
El Cid (Rodrigo Diaz de Vivar) 149 f.
Enayatullah, Sardar 281
Enver Pascha 276
Estado da India 191
Euklid 97
Eunuchen 111, 219, 226, 229
Eutychius (Saʿid b. Bitrik) 124
Evliya Chelebi 230
Ezra (Uzair) 60

Fadl b. Sahl 85
Fadlallah (auch Fazlallah) Astarabadi 231, 282
Faidi 256
Faisal I. (König von Irak) 293
Faisal II. (König von Irak) 293
al-Farabi 112
Fath Ali Shah 278, *280*
Fatima al-Ma'suma 243, *244*
Fatima bint Muhammad 18, 38, 40, *48, 49, 72*, 263
Fatimiden 103, 108, 110, 112, 114, 118, 120–130, 134, 137, 139–141, 143, 146, 148, 153 f., 156–158, 162, 232, 239
Ferdinand III. der Heilige von Kastilien und Leon 152
Ferdinand V. von Aragon und Kastilien 153
fida'i (Fida'iyyin) 126
Firdausi 109
Franken (latein. Christen) 153, *154*, 158 f.
Franz I. von Frankreich 215
Friedrich I. Barbarossa 159
Friedrich II. von Hohenstaufen 140, 159
Fuad Pascha (osman. Reformer) 273
Fuduli 216
Funj 200
Furat-Familie 117
futuwwa (auch *fityan*, Jungmännerbünde) 37, 85, 131, 161

Galen 97 f.
da Gama, Vasco 190
Geonim 60
Georg, der Heilige *154*
Ghalzai (Stamm) 244
Ghassaniden (Banu Ghassan) 12, 17, 34
al-Ghazali (oft auch Ghazzali), Abu Hamid 136, 151 f.
Ghazan (Il-Khan) 176, 178
Ghaznawiden 108 f., 134, 136, 160, 162, 246 f.
ghulam (Militärsklaven) 86 f., 136, 209 f., 235
ghulat (rel. «Übertreiber», extreme Schia) 72 f., 114 f., 125, 165, 231, 263, 282, 298

Ghuriden 247
Glubb Pasha 293
Goethe, Johann Wolfgang von 182
Goldene Horde 173, 180, 182, 185, 204
Govardhan *248*, *252*
Griechen 12, 47, 91, 97 f., 140, 153, 211, 223; *s. auch* Byzanz, Griechenland

Habibullah, Emir *281*
Habsburg, Habsburger 78, 214, 228, 286
Hafiz 182
Hafsiden 203
Haidar (Safawide) *232*, 233
al-Hajjaj b. Yusuf ath-Thaqafi 53, 62, 246
al-Hakam II. 146, *147*
al-Hakim bi amri'llah 124 f.
al-Hallaj, Husain b. Mansur 167
Hamas 301
Hamdaniden 104, 111 f.
Hammer-Purgstall, Josef von 182
Hamza al-Labbad 125
Hamza b. Abd al-Muttalib *195*
Hanafiten 96, 131, 114, 162, 197, 214, 222, 260
Hanbaliten 96, 100, 114, 131, 162, 166, 265
Hanifa (Stamm, davon abgeleitet al-Hanafi) 29, 50
Hanifen 15 f.
al-Hariri (Maqamen des) 72, 93, *163*
Harun ar-Rashid (Abbaside) 78, 82–85
Hasan II. (Nizari *hujja*) 127
Hasan al-Askari 114, 116 f.
al-Hasan al-Basri 165
Hasan b. Ali 40, *48* , 49 f., 114
Hasan-i Sabbah 126 f.
Haschemiten 17, 65 f., 71, 85, 118 f., *293*
Hashim b. Abd Manaf 17, 65, 74
Hausmeier 82
Heiden *s*. Polytheisten
Heilige Liga 228
Heraclius (Herakleios) 25, 34 f.
Hilal (Stamm) 140 f.
Himyar-Dynastie 11, 105
Hind bint Utba 40

NAMENREGISTER 319

Hindus, auch Hindu-Buddhisten 47, 192–194, 197, 239, 243, 246 f., 250, 255 f., 258–260, 264, 287
Hippokrates 97 f.
Hisham II. (span. Umayyade) 148
Hisham b. Abd al-Malik (Umayyade) 56, 64, 66, 144
Hizbollah (Hizb Allah, «die Partei Gottes») 300 f.
Hohe Pforte 210, 275, 278
Hourani, Albert 291
Hubal 16
Hülägü 174–176, 178, 184
Humayun (Moghul) 252, 256
Hunain b. Ishaq 98
Hung-Wu (chines. Kaiser) 182
Hunyadi, Janos 205
Huris 126
Hurufiyya 231
Husain I. (Safawide) 242 f.
Husain b. Ali *48*, 49 f., 114, 124, 129, *130*, 243, 299
Husain b. Ali, Scherif von Mekka 289, *293*
Husain Baiqara (auch Mirza Sultan Husain) 187, 216

Ibaditen, Ibadiyya 74, 109–111, 114, 122, 200
Ibn Abd al-Wahhab, Muhammad 265 f., 279
Ibn Abi Amr al-Mansur (Almanzor) *148*, 148, 151
Ibn al-Alqami 174
Ibn al-Arabi 167, 251
Ibn Arabshah 185
Ibn al-Ashʿath al-Kindi 54
Ibn al-Awamm 152
Ibn Baboye (Babawayh) 130
Ibn al-Baitar 152
Ibn Bajja (Avempace) 151
Ibn Battuta 192
Ibn Hazm 96
Ibn Hisham 9
Ibn Ishaq 9
Ibn Jubair 152
Ibn Khaldun 140 f., 183
Ibn Rushd (Averroes) 152
Ibn Sina (Avicenna) 130
Ibn Taimiyya, Taqi ad-Din Ahmad 176, 264, 297

Ibn Tash(u)fin 142 f., 149 f.
Ibn Tufail (Abubacer) 151
Ibn Tulun 111
Ibn Tumart *143*, 143 f., 264, 266
Ibn az-Zubair (Abdallah b. az-Zubair) 49 f., 53
Ibrahim b. Abdallah (Alide) 116
Ibrahim b. al-Aghlab (Aghlabide) 86, 110
Ibrahim b. Muhammad, genannt der Imam 66 f.
Ibrahim b. Musa al-Kazim 85
Idris b. Abdallah b. al-Hasan (Alide) 110
Idrisiden 82, 110, 112
Ikhshide, der 111
Ikhshididen 104
Ilek/Ilig Khane s. Qarakhaniden
Iletmish (auch Iltutmish) 247
Il-Khan 173, *175*, 176, 178 f., 182, 203 f., 231
Imad ad-Din Zenki (Zangi) b. Aqsunqur 157 f.
Imam, Imamat 50 f., 53, 65–67, 74, 85, 92, 95, 99, 103, 110, 113–122, *118*, 126 f., 130, 144, 158, 166, 231–233, *232*, 240–243, 266, 279, 282, 290
Imamiten, Imamiyya 53, 92, 95, 114–119, 124
Imam Bonjol 267
Imru l-Qais 12
Isabella von Brienne 159
Isabella von Kastilien und Aragon 152 f.
Islamische Heilsfront (Algerien) 301
Ismail al-Mubarak (Ismail b. Jaʿfar as-Sadiq) 116 f.
Ismail b. Haidar (Safawide) 211, 233 f., *236*, 239–241, 282
Ismailiten, Ismailiyya 109, 112, 114, 116–128, 135, 137, 153 f., 161 f., 178, 239, 247
al-Istakhri *142*

Jabarti 200
Jaʿfar as-Sadiq 96, 114, 116–118
Jaʿfariten (Rechtsschule) 96, 116, 244
Jahangir (Moghul) 252, *253*, 255, 258, *258*, 259
Jaihani (Wesirsfamilie) 107

Jainas 246 f., 250
Jakob, Apostel 149
Jakobiten 17, 179 f., 223
Jalal ad-Din Hasan (Nizari-Ismailit) 161
Jami (pers. Dichter) 187
Jam'iyatul Ulama-i Hind 284
Jandarlı Khair ad-Din Pascha 208
Janitscharen 202, 206, 208–211, 212, 216, 218 f., 226 f., 235, 269, 271
Jats 260
Jauhar 122
Jelali (Aufständische) 227
Jemal Pascha 276
Jesuiten 256
Jesus 60, 118
Jöchi (auch Dschötschi) 172
Johannes VI. Kantakuzenos 203
Johanniter-Orden 205, 215
Juden, Judentum 11, 16 f., 21–25, 34, 45, 58, 58, 60, 72, 90, 99, 111, 123–125, 129, 139 f., 144 f., 152 f., 156, 159, 178, 217 f., 220, 223 f., 230, 239, 243, 250, 264, 289–291
Junaid (Safawide) 232 f.
Jungosmanen 276
Jungtürken 276 f., 280, 286
Justinian 224
Juwaini, Ala ad-Din Ata Malik 178

Kadi Nu'man (al-Qadi an-Nu'man) 121
Kadizade Mehmed Efendi 218, 264
Kafur 111
Kaisaniyya 50
Kalb (Stamm) 140
Kalif (khalifa), Kalifat 27–31, 35–50, 55, 57, 64 f., 69 f., 73 f., 76, 80, 83–88, 90–95, 98–101, 103–106, 109–112, 120 f., 126–131, 134 f., 136 f., 143–149, 154, 158–163, 174–176, 183, 214, 233, 241, 247, 260, 276, 287 f., 296
kapı kulları (Sklaven der Pforte) 210, 222
Karamaniden 204 f.
Karl V. (Habsburger) 214 f.
Kastriota, Georg (Skanderbeg, Iskander/ Alexander Beg) 205
Kemal, Mustafa (Atatürk) 286, 287, 288, 294, 298

Kemal Re'is 215
Khadija bint Khuwailid 18, 21, 28
Khair ad-Din Barbarossa 215, 217
Khaizuran 82
Khalid b. al-Walid 33
Khalji-Dynastie 247
Kharijiten 38, 40, 48–52, 54, 64, 74, 82, 103–105, 109 f., 114, 120–122, 165, 200, 264, 266, 298
Khashshabiyya 50
Khasseki Sultan (Hürrem, auch Roxelane) 216 f.
Khata'i (der Irrende) 233
Khojas 114, 126
Khomeini (al-Khumaini), Ruhollah 130, 298 f.
Khubilai (oft auch Kubilai, Kublai) 174–176, 178, 181
Khurramiyya 73
Khusrau (Chosroes) 76
Khwarezm Shah (dt. auch Choresmier) 137, 154, 160, 178
Kinda 14
Konrad von Montferrat (König von Jerusalem) 126
Köprülü (Wesirsfamilie) 226
Kopten 47, 71, 79, 111, 124, 126, 200, 223
Korsaren 190, 215, 227
Kosaken 216, 278, 288
Kreuzfahrer, Kreuzzüge 103, 124, 127, 137, 141, 150, 153 f., 154, 156–160, 176, 191, 204
Krimtataren 205
al-Kulaini (auch al-Kulini) 130
Kumanen s. Qyichaq
Kutama (oft auch Ketama) 120–122
Küyük (mongol. Großkhan) 180

Lakhmiden (Banu Lakhm) 11 f., 17, 34
al-Lat 16
Lawrence, T. E. 286
Lazarević, Stefan 205

de Magalhaes (Magellan), Fernao 190
al-Maghili, Muhammad b. Abd al-Karim 198, 264
Maghrawa (berber. Stammesgruppe) 143
Magier (*majus*) s. Zoroastrier
Ma Huan 192

Mahdi 50, 72f., 76, 89, 113, 115, 117–121, 127, 144, 147, 231, 233, 269, 282
al-Mahdi (Abbaside) 74, 82f., 115
Mahmud II. (Osmane) 271, 288
Mahmud von Ghazna (Mahmud b. Sebüktigin) 108f., 134, 178, 182f., 246f.
Mahmud b. Mir Wais 244
Maimonides, Moses 152
Majlisi, Muhammad Baqir 242f.
al-Malik al-Adil (Ayyubide) 159
al-Malik al-Kamil (Ayyubide) 159
Malik Shah (Seldschuke) 135–137
Malik b. Anas 96, 116
Malikiten 96f., 111, 114, 121, 140, 142f., 144, 148, 152, 161f., 198f.
Malteser-Orden 215
Mamluken 160, 173–176, *174*, 181–185, 200, 204, 210, 214, 222, 247, 270
al-Ma'mun, Abdallah (Abbaside) 78, 84–86, 98–100, 125, 297
Manat 16
Manichäer (*zandaqa*) 17, 47, 61, 99, 132, 179
Mansa Musa 198
al-Mansur, Abu Ja'far (Abbaside) 69–71, 73f., 116
Mansur b. Muhammad b. Ilyas *185*
Marathen 254, 258–260
Mardawij b. Ziyar 128
Maroniten 223
Marwan II. 66f.
Marwan b. al-Hakam 53
Masmuda (berber. Stammesgruppe) 142–144
Mas'ud von Ghazna (Mas'ud b. Mahmud) 109
al-Mas'udi 104
Maududi, Abu l-Ala 297
maula s. Mawali
Mauren *150*, 152
Mawali (Klienten) 21, 61–63, 65, 78f., 83, 88
Mazdak 17
McMahon, Sir Henry 289
Mehmed I. (Osmane) 205
Mehmed II. Fatih (auch Fatih Mehmed) 205–208, *209*, 210f., 216, 270
Mehmed III. (Osmane) *220*

Melkiten 17, 124
Mevlevi-Orden 168, 218
Midhat Pascha 276
Minangkabau 193, *194*, 266, 285
Ming-Dynastie 181
Mir Damad 243
Moghuln 203, 238, 251–256, *252*, 259f., 268, 282
Möngke (mongol. Großkhan) 174f.
Möngke Timur (Goldene Horde) 173
Mongolen 58, 69, 129, 132, 137, 141, 159–161, 163, *171*, 172–176, 178–187, 194, 203f., 231, 235, 243, 247, 251, 254, 264, 297
Mohammed Reza Shah *290*, 298
Monophysiten 12, 17
Monroe (Doktrin) 191
Moriskos 153
Mose(s) 118
Mozaraber 145
Mu'awiya b. Abi Sufyan 38–41, 43f., 46f., 49, 62
Mudar (Stammesföderation) 54
Mudejar *150*, 152
Muhajirun 21, 24, 28
Muhallabiden 77
Muhammad (Mehmed) Ali 200, 266, 269–271, 278
Muhammad al-Baqir (Imam) 114, 116
Muhammad Karim Khan 245
Muhammad al-Mahdi (Imam) 114, 117, *118*
Muhammad b. Abdallah, der Prophet 9, 11, 14, 16–25, 27–29, 36–39, *48*, 49f., *55*, 64f., 77, 85, 90–95, *103*, 113f., *118*f., 124, 129f., 144, 165, 169, 183, 243, 263, 265f., 282, 285
Muhammad b. Abdallah, an-Nafs az-Zakiyya (die reine Seele) (Alide) 116
Muhammad b. Abd al-Wahhab s. Ibn Abd al-Wahhab
Muhammad b. Ali (Abbaside) 66
Muhammad b. Falah 231
Muhammad b. al-Hanafiyya (Alide) 50
Muhammad b. Ismail (Alide, Ismailit) 118–120
Muhammad b. al-Qasim ath-Thaqafi 246

Muhammad b. Suʿud (Saud) 266
Muhammad b. Tughluq (Delhi Sultanat) 247, 251
Muhammadiyya 285
Muin Musavvir 236
al-Muʿizz (Fatimide) 122
Mujahidin 300
Mujtahid 240, 242, 279
Mukhtar, Mahmud 290
Mukhtar b. Abi Ubaid ath-Thaqafi 49f.
Mulla Sadra 243
Mumtaz Mahal 257, 259
al-Muqannaʿ 73f.
Murad I. Khudavendigar (Osmane) 204, 208, 210
Murad II. (Osmane) 205, 210, 216
Murjiʾa 64
Musa al-Kazim 83, 85, 114, 118, 232
Musa b. Nusair 54
Musailima b. Habib 29
Mushaʿshaʿ 231
Muslim (Traditionarier) 95
Muslimbruderschaft 296f.
Mustafa Reshid Pascha 272
al-Mustaʿli biʾllah (Fatimide) 126
al-Mustansir biʾllah (Fatimide) 125f., 137
al-Mustansir b. az-Zahir (Abbaside) 162, 174f., 247
Mustansiriyya 162
al-Mustaʿsim biʾllah (Abbaside) 174
al-Mutanabbi 111f.
al-Muʿtasim, Abu Ishaq (Abbaside) 86, 88, 100
al-Mutawakkil (Abbaside) 87, 88, 98, 100
Muʿtazila, Muʿtaziliten 100, 111, 129, 131
Müteferriqa, Ibrahim 230
muwallad 145f.
Mystiker s. Sufis

Nabatäer 11
an-Nadir (jüd. Clan) 24
Nadir Shah 232, 244f., 270
Nadhlatul Ulama 285
Nadwat al-Ulama 284
Nafiʿ b. al-Azraq 52, 74
Namik Kemal 276
Napoleon 191, 196, 274

Naqshband, Bahaʾ ad-Din 218
Naqshbandi-Orden 218, 256f., 264
an-Nasir li-diniʾllah (Abbaside) 159–162, 174, 250, 256
Nasir ad-Din Shah 262, 278
Nasir-i Khusrau 122
Nasriden von Granada 152
Nasser (Jamal Abd an-Nasir) 293, 298, 300
Naubakht-Familie 117
Nawab von Bengalen 261, 267
Nawaʾi, Mir Ali Shir 187
Negus (Kaiser) von Äthiopien 200
Nesimi 169
Nestorianer 11, 17, 34, 46, 60, 79, 97f., 129, 132, 137, 165, 178–180, 223
Nevshehirli Damad Ibrahim Pascha 221, 230f.
Nilüfer 204
Nizam al-Mulk (Abu Ali Hasan Ali at-Tusi) 126, 136f., 162
Nizamiyya 162
Nizar b. al-Mustansir 126f.
Nizari-Ismailiten (auch Assassinen) 114, 117, 126f., 137, 154, 157, 160f., 174, 282
Noah 118
Normannen 139f., 144, 153, 156
Nur ad-Din Mahmud (Zengide) 158
Nur ar-Din Muhammad II. (Nizari-Ismailit) 127
Nur Jahan 252, 258f.
Nurbakhsh, Muhammad b. Abdallah 231, 282
Nurbakhshiyya 231
Nusairier s. Alawiten

Ögedei (mongol. Großkhan) 173
Oghuz (auch Ghuzz; türk. Stammesföderation) 134, 154, 186
Öljeitü (auch Üljäitü), Giyath ad-Din Muhammad Khudabanda (Il-Khan) 178f.
Orda (Weiße Horde) 172
Orhan (Osmane) 203f.
Orthodoxe Kirche 153, 173, 223, 230, 272, 274
Osman (Ataman) 203
Osmanen 23, 173, 176, 182–187, 191, 203–230, 211, 233–238, 236, 237,

244, 253, 255, 259, 266f., 269–279, 286, 288–290, 302

Padri-Bewegung 266f.
Pahlavi-Dynastie 288
Papst 98, 149f., 154f., 180, 215
Patrona Khalil 230f.
Perser 11, 25, 33f, 76, 80, 97f., 107–110, 113, 129, 168; s. auch Fars, Iran
Peter von Amiens (Peter der Eremit) 156
Philipp der Schöne, König von Frankreich 159
Philipp II. von Spanien 215
Pir Muhammad (zwei Enkel Timurs) 182f.
Pires, Tomé 192
Piri Re'is 191, 215
Piyale Pascha 225
de Plano Carpini, Giovanni 180
Plato 97, 243, 250
Polo, Marco 126, 180, 188
Polytheisten (auch Heiden) 15f., 22, 33, 58–61, 246, 250, 298
Priesterkönig Johannes (Prester John) 137, 180
Ptolemaeus, Claudius 97, 184

Qabus, Sultan von Oman 295
Qahtan 54
al-Qa'im (bil-haqq) 115, 117f., 127, 282
Qainuqaʿ (jüd. Clan) 24
Qais (Stammeskonföderation) 53f., 71
Qajaren 245, 262, 277f., 280
Qalandari (Kalender-Derwische) 167, 218
Qarakhaniden (auch Ilek/Ilig Khane) 108, 132–134, 136f., 162, 172f.
Qara-Khitai 137
Qara-Qoyunlu (turkmen. Stammesföderation) 182, 187, 204, 232f.
Qarmat, Hamdan 119f.
Qarmaten 103, 112, 117, 120, 127–129, 167
Qipchaq (Kumanen) 173
Qizilbash 211, 218, 232, 233–235, 236, 238, 240, 243, 277, 280
Quda'a (Stammesgruppe) 54

Quraish, Quraishiten 17f., 25, 28, 35, 39, 45, 49, 51, 54, 64f., 78
Quraiza (jüd. Clan) 24
Qurra b. Sharik 53
Qutaiba b. Muslim 56
Qutb, Sayyid 297f.

Rabi'a (Stammesgruppe) 45
Rabi'a al-Adawiyya 165
Raffles, Thomas Stanford 196
ar-Rahman (Rahmanan) 16
Rajputen 247, 252, 254f., 260
Rashid ad-Din 175, 177, 178
Rashid ad-Din Sinan («der Alte vom Berge») 126, 127
Rawandiyya 73
de Reuter, Julius 278
Reyes de Taifas 149
Reza Khan (Shah) 288, 294
Richard Löwenherz, König von England 159
Rida, Rashid 284f.
Robert Guiscard 140
Roderich (Westgote) 55
Roger de Hauteville 140
Roger II. 140
Romanos IV. Diogenes 154
Roxelane (Hürrem, Khasseki Sultan) 216
de Rubrouck, Guillaume 180
Rudaki 108
Rumi, Mevlana Jalal ad-Din 167, 218
Rum-Seldschuken 132, 154, 156, 158–160, 167, 174, 203
Rustamiden 110
Ruqayya bint Muhammad 18, 36

Sabier 60, 98, 129
Sabur b. Ardashir 130
Sa'd b. Abi Waqqas 34
as-Sadat, Anwar 300
Saddam Husain 290
Sa'diten-Dynastie 203
Sadr ad-Din (Safawide) 231f.
Safawiden, Safawiyya 121, 203f., 211, 213f., 218, 222, 230–235, 236, 239, 241–245, 253, 255, 278, 282, 302
as-Saffah, Abu l-Abbas (Abbaside) 67, 69, 83
Saffariden 105

Safi I. (Safawide) 234
Safi ad-Din, Scheich (davon abgeleitet Safawiden) 231, 243
Sahib az-Zanj 88 f.
Sahnun 111
Saif ad-Daula al-Hamdani 112
Sajah (Prophetin) 29
Saladin (Salah ad-Din b. Ayyub, al-Ayyubi) 82, 125, 158 f., 161
Salafiyya-Bewegung 284 f., 296
Samaniden 86, *103*, 103–108, 129, 134, 136, 162, 209, 298
Sana'i, Abd al-Majid 168
Sancho Ramirez, König von Aragon 149
Sanhaja (berber. Stammesgruppe) 121, 141 f.
Sanjar, Sultan (Seldschuke) 137
Santri 197
Sarazenen 12, 152, *154*
Sassaniden 10–12, 17, 25, 30, 32–34, 42 f., 45–47, *55*, 56 f., 60 f., *64*, 70, 73, 95, 97 f., 105 f.
Saudis (Al Su'ud) 266, 290
Sayyid *72*, 219
Schafiiten 96, 131, 162, 197, 200, 285
Schamanisten 132, 137, 178 f.
Scherif von Mekka 122, 125, 286, 289, *293*
Schiiten s. Aliden, Imamiten, Fatimiden, Ismailiten, Nizari-Ismailiten, Qarmaten, Zaiditen, Zwölferschiiten
Schriftbesitzer (auch *ahl ad-dhimma*, Buchreligion) 33, 59 f., 98
Sebüktigin 108
Seldschuken, Großseldschuken 69, 125 f., 131–137, *135*, 141, 153 f., 156 f., 160, 172 f., 204, 207, 211, 239, 246; s. *auch* Rum-Seldschuken
Selim I. Yawuz (Osmane) 211, 214, 234, *236*
Selim III. (Osmane) 269
Sepharden 223, 230
Sepoy 196, 208, 267, *268*
Severus b. al-Muqaffa' 124
ash-Shafi'i 96
Shah Jahan 255, *257*, 258–260
Shah Rukh 186
Sh(a)ibani Khan 251
Sh(a)ibaniden 77, 187

Shaikh al-Mufid 130
Shaikhiyya 282
Sharif al-Murtada 130
Shattariyya-Orden 266
Shawar 158
Shirazi, Qutb ad-Din *184*
Shirkuh b. Ayyub 158
Shuster, William Morgan 281
Sikhs 260
Simeon Stylites 165
Simon Petrus 118
Sinan (osman. Architekt) 217, *225*
Sipahi 208, *212*, 225 f.
Sirhindi, Ahmad 256–258, 264
Sitt al-Mulk 126
Slawen (*saqaliba*, europ. Militärsklaven) 86, 105, 122, 125, 145
Sokollu (Wesirsdynastie) 216
Sonni Ali 198
Stroganow (Kaufmannsfamilie) 188
Sueben 145
Sufis, Sufi-Bruderschaften (auch Mystiker) 37, 93, 99, 114, 134, 161, 164–168, 179 f., 192, 198, 200 f., 203, 216, 218, 222 f., 231, 243, 248, *248*, 250 f., 255 f., *258*, 260, 263–266, 279, 288, 296 f.
Sufyani 72 f.
as-Suhrawardi, Shihab ad-Din Abu Hafs Umar 161, 250 f.
as-Suhrawardi, Shihab ad-Din Yahya al-Maqtul 161
Suhrawardiyya-Orden 250 f.
Sulaihiden-Dynastie 122, *123*
Sulaim (Stamm) 141
Sulaiman I. (Safawide) 242
Süleiman Kanuni (der Prächtige) 82, 210, *212*, 214, 216–218
Sultan, Sultanat 108, 134, 136, 175, 204, 207–211, 214, 216, 218–222, 226, 246 f., 251, *259*, 270–273, 276 f., 279, 287, 290, 302
Sultan Agung 194 f.
Sumayya 62
Sunan Kudus 193
Sunbadh 73
Sung-Dynastie 174
Sunniten 10, 27, 37, 51, 95 f., 98, 106, 108, 112 f., 117, 120, 123 f., 126, 128–132, 136, 143, 153, 158, 160–164, 166, 176–182, 197, 201,

204, 214, 218–224, 231, 233, 235, 239–244, 257, 279, 283, 299f., 302
Sykes-Picot-Abkommen 289

at-Tabari 104
Tadschiken 235
Taghlib (Stamm) 29, 45, 111
Tahir b. al-Husain 84
Tahiriden 78, 88, 104
Tahmasp I. (Safawide) 234f., 241
Tahmasp II. (Safawide) 244
at-Tahtawi, Rifaʿa Rafiʿ 271
Taʾifa-Könige (*muluk at-tawaʾif*, Reyes de Taifas) 149
Talʿat Pascha 276
Talha b. Ubaidallah 39
Taliban 300f.
Tamim (Stamm) 29
Tʾang-Dynastie 56, 131
Tariq b. Ziyad 55
Tataren 173
Tengri 171
Thabit b. Qurra, Abu l-Hasan 98
Thaqif (Stamm, davon abgeleitet al-Thaqafi) 25, 49
Theodora 204
Timur (Timur-i Leng, Tamerlan) 171, 181–186, 204f., 244, 247, 251
Timuriden 171, 183, 185–187, *185*, 204, 216, 231, 233, 241, 243, 251f., 258
Tokuz Khatun 178
Toqtamish (Goldene Horde) 182
Tscherkessen 235
Tuareg 151
Tughril (auch Toghril, Seldschuke) 134f., 154
Tuluniden 104
at-Turabi, Hasan 300
Turanshah (auch Turan Shah) 158
Türken, Turkvölker 61, 74, 77, 86, 88, 103–105, 108, 110f., 125, 129, 131–137, 154, 168f., 171, 173, 176, 178f., 182–187, 194, 203, 206, 211, 216f., 230, 233–235, 247, 277, 287
Turkmenen 182, 186, 203–206, 208, 211, 232–235, 241, 244, 254, 277
at-Tusi, Muhammad b. al-Hasan 130
Tusi, Nasir ad-Din 176, *184*
Tutush 154

Ubaidallah s. Abdallah al-Mahdi biʾllah
Ubaidallah b. Ziyad 44, 49
Ulugh Beg (Muhammad Taragai) 186
Umar b. Abd al-Aziz (Umar II.) 63
Umar b. Hafsun 146
Umar b. al-Khattab 27–29, 34f., 38, 41f., 62, 113, 165, 263
Umayyaden (Banu Umayya b. Abd Shams) 12, *19*, 26, 27, 35f., 43–57, 55, 64–67, *64*, 69–71, 73–76, 82f., 96, 99, 103, 109, 111, 118, 122, 139, 144, 146–148, 150
Umm Kulthum bint Muhammad 18, 36
Uqba b. Nafiʿ 111
Urban II., Papst 150, 156
Usama b. Ladin (Bin Ladin) 301
Usbeken 185, 187, 203, 213, 234f., 238, 243, 251, 254, 258
Usulis, Usuliyya 240, 242, 279
Uthman b. Affan 27f., 35–41, 43, 64, 113f.
Uzun Hasan 187, 232f.
al-Uzza 16

Vereenigte Oost-Indische Compagnie (VOC) 191f., 194–196
Victoria, Kaiserin von Indien 268
Völkerbund 289f.

Wahhabiten, Wahhabiyya 114, 265f., 285, 290
Walad (Veled), Sultan 168, 218
al-Walid I. (b. Abd al-Malik) 53f.
al-Walid II. *64*
Waliʾullah (Shah Wali Allah) 264, 279, 284
al-Waqidi 104
al-Wathiq (Abbaside) 100
Westgoten 55, 145f.
Wilson, Woodrow 289

Yahya al-Antaki 124
Yahya b. Zaid (Alide) 66
Yaman (Stammeskonföderation) 53f., 73
Yaʿqub b. al-Laith as-Saffar 104
Yaʿqub b. Killis 124, 130
Yaqut 104
Yaʿrubiden-Dynastie 201

Yasawiyya-Orden 134
Yazdagird III. 34
Yazid b. Muʿawiya (Umayyade) 47–49, 53
Yogis 250
Yüan-Dynastie 167, 172, 182
Yunus Emre 168

az-Zahir (Fatimide) 125
Zahiriten 96
Zaid b. Ali (Alide) 66
Zaid b. Musa (Musa al-Kazim) 85
Zaiditen (Fünferschia) 66, 112–114, 116, 128 f., 131, 290
Zainab bint Muhammad 18
Zakaroye (Zikrawaih) 120
Zamindar 255, 260
Zanata (berber. Stammesgruppe) 110, 121, 144
Zand (Stamm) 245

Zanj 88 f., 120, 190
Zar von Rußland 230, 272, 274
Zengiden 103, 137, 153, 158, 160
Zionisten 289, 291, 297
Ziriden 125, 141
Ziryab 145
Ziya Pascha 276
Ziyad b. Abihi (Ziyad b. Abi Sufyan) 44, 47, 62
Ziyaniden-Dynastie 203
Zoroastrier 17, 45 f., 60 f., 71, 73 f., 85, 89, 129, 239, 243, 250, 256
Zubaida 84
Zubair b. al-Awamm 39, 49
Zubairiden 50
Zwölferschiiten 96, 112, 114, 116 f., 130 f., 136, 161 f., 214, 231–234, 239–243, 258, 260, 278 f., 281, 298–300; s. auch Imamiten

Geographisches Register

Das Register verzeichnet Städte, Länder, Regionen usw. sowie ausgewählte Bauwerke. Kursive Seitenzahlen verweisen auf Bildlegenden.

Aceh 193, 197
Aden 123
Adhruh 40
Afghanistan 46, 78, 108, 134, 182, 234, 244, 246f., 277, *281*, 291, 300f.
Afrika 10, 69, 88, 187–192, 198–201, 215, 248, 269; s. *auch* Ifriqiya, Nordafrika
Ägäis, ägäische Inseln 83, 205, 215, 277
Ägypten 11, 35–38, 40, 44f., 47, 51, 53, 56–58, 65, 67, 71, 79, 82, 100, 103–105, 111, 116, 122–126, 141, 152f., 158f., 175f., 179, 181, 200, 204, 214, 217, 220, 223, 247, 269–271, 275, 280, 284, 286, 289–294, *290*, 296f., 300f.
Agra 253, *257*, 260f.
al-Ahsa (Hasa, Hofuf) 120, 282
Ain Jalut, Schlacht von 175
Ajmer 251, 259
Akko 126, 159f.
Aksum 11, 17, 200
Alamut 126f., 174, 176, 178, 282
Albanien 205, 215, 226, 270
Aleppo 26, 34, 56, 112, 125, 153, 157f., 183, 214, 238
Alexandria 35, 123f.
Algerien 54, 109f., 121, 141, 144, 151, 203, 268, 289, 291f., 294, 301
Algier 215, 227
Alhambra 152
Aligarh 284
Almeria *146*
Altai-Gebirge 173
Amasya, Friede von 234
Ambon 194, 197
Amerika 188–192, 226, 289, 298, 300
Amselfeld (Kosovo Polje) 204f.
Amu Darya s. Oxus
Anatolien 33, 57, *80*, 103, 132, 134–136, 139, 153f., 156, 158f., 168f., 174, 176, 179f., 183, 186,
203–205, 208–211, 213, 218f., 227f., 231f., 234, 238, 248, 271, 275, 286f.
al-Andalus (Andalusien) 67, 103, 139, 143–145, 150–153; s. *auch* Iberische Halbinsel, Spanien
Ankara 183, 205, 287f.
Antiochia 34, 156
Apulien 140
Aqaba, Abkommen von 21
Aqsa-Moschee 56, *58*, *154*, 159
Arabia deserta 12
Arabia felix 10
Arabien, Arabische Halbinsel (ohne die Ableitung arabisch) 9–15, 29f., 46, 51, 53, 58, 61, 74, 120, 135, 200, 203, 241, 265, 271, 275, 289, 291
Aragon 149, 152f.
Aral-See 134, 137
Ardabil 231–233, 243
Armenien 45, 86, 105, 112, 126, 153f., 158, 204, 231, 235, 239, 244, 277, 286; s. *auch* Armenier
Arran 45
Aserbaidschan 45f., 105, 158, 228, 231, 234f., 277
Ashmunain 124
Asir 10
Askalon 124
Astrakhan 173, 216
Asturien 55, 149
Athen 98
Äthiopien 11, 17f., 137, 198, 200
Atlantik 54, 69, 190f.
Atlas, Hoher *142f.*, 143
Awadh (häufig auch Oudh) 260
Aydin 204

Baalbek 243
Babylon, Festung 35
Badajoz 149
Badr, Schlacht von 24, *48*
Bagdad 44, 70, 75, 78f., 81, 84–89, 93,

96–98, 112, 115, 117, 124, 128–131,
134–136, 145, 158, 161 f., 167, 174,
182 f., 234, 238 f., 275
Baghirmi, Reich von 199
Bahrain 10, 18, 51, 119 f., 238
Bali 194
Balkan 203, 205, 208, 214, 223, 271,
277
Balkh 78, 83, 122, 134
Balta Liman, Vertrag von 267
Bandar Abbas 239
Banten (früher auch Bantam) 193 f.
Bari 139
Basra 34, 36, 39, 42, 45–47, 62, 67,
74, 77, 83, 85, 88 f., 93, 96, 115 f.,
120, 165, 238
Batavia 194–196
Bekaa-Ebene (korrekt Biqaʿ) 241
Belgrad 215, 228
Bengalen 191, 246–248, 250,
252–254, 261, 267
Bihar 253
Bijapur 254
Birgi 204
Bithynien 203
Bombay 261
Borneo (Kalimantan) 192, 194
Bosnien 223, 276
Bosporus 205, 229
Bougie 151
Brahmaputra 246
Brunei 192 f.
Bukhara 55, 86, *103*, 106 f., 130, 218,
251, 256, 258
Bulaq 271
Bulgarien 173, 204
Burgund *126, 188*
Burma 268
Bursa 203, 205, 214, 216, 222
Buxar, Schlacht von 261
Byzanz 10–12, 17, 30, 32–35, 41–43,
45, 53 f., 55, 56 f., 83 f., 97 f. 110, 112,
121–123, 134, 139 f., 153 f.,
156–159, 173, 183, 203–205, 210,
223, 233

Caesarea (in Anatolien, Kaiseri) 154
Caesarea (in Palästina) 35
Cambridge 284
Cartagena 152
Cathay 137

Ceuta 192
Ceylon 191
Chaldiran 213, 234, 236, 240
Chalkedon 17
China 10, 56 f., 79, 82, 131, 134 f., 137,
167, 171 f., 174, *175*, 176, 178–183,
188, 190, 192, 254, 267
Chisht (auch Jasht) 250
Cirebon 193
Clermont-Ferrand 150, 156
Cochin 191
Cordoba *142*, 144 f., *147*, 147 f., 152
Cyrenaika 35, 47, 269

Daghestan 244
Dailam 46, 86, 116, 126, 128 f.
Damaskus 26, 31, 34, 42, 44, 56, 66,
125, 153, 158 f., 161, 167, 182 f., 185,
214
Dänemark 191
Dardanellen 205, 277
Darfur 199
Dekkan 246 f., 253 f., 258, 259 f.
Delhi 180, 182, 185, 244, 246–248,
250 f., 260
Demak 193
Deutsches Reich 286
Dhofar 10
Dirʿiyya 266
Diyarbakir 232
Djenné *199*, 199
Djibouti 200, 300
Dnjepr 171
Dodekanes 277
Donau, Donaufürstentümer 205, 227,
271, 274
Dorylaeum 156

Edessa (ar-Ruha, Urfa) 45, 97, 156 f.
Edirne (Adrianopel) 204, 208, 214,
216 f., 222
Elburz-Gebirge 126
England s. Großbritannien
Eritrea 200
Euphrat 32, 45, 205
Europa 78, 82 f., 86, 129, 137, 139,
141, 149, 152 f., 158 f., 171, 173, 178,
180–183, 185, 187–191, *188*, 196,
204 f., 208, 210 f., 214, 216, 220 f.,
224, 227–230, 229, 238 f., 245, *253*,
259, 262, 263, 267, 269–272,

275–278, *281*, 283, 285 f., 288, 292, 302

Fadak 17
Faizabad 261
Fars (Persis) 45 f., 51 f., 104, 119, 128 f., *185*
Fatehpur Sikri 253
Felsendom 56, *58*, *147*, 152, *154*, 159
Ferghana (-Tal) 56, 111, 132, 251
Fez 110, 151 f.
Flandern 156, 180
Frankreich 140, 153, 156, 159, 180, 188, 191 f., 206, 208, 214 f., 228, 230, 268–271, 274, 286, 289, 291, *293*, 298, 302
Fustat 35, 42, 47, 56, 96, 120

Galata *207*
Galizien (Spanien) 149
Ganges 246, 252
Gao 198
Gaza 11, 18, 35
Genua 153, 173, 204 f.
Georgien 45, *154*, 235, 277
Gerrha 11
Ghadir Khumm s. Teich von Khumm
Ghana 142
Ghazna 108, 134, 168, 183, 246 f.
Gibraltar (Jabal Tariq) 55
Gilan 233
Giralda 152
Goa 191
Golan(höhen) 12, 34
Gondeshapur (auch Jundishapur) 98
Granada 150–152
Griechenland 11, 211, 215, 271 f., 286 f.; *s. auch* Byzanz, orthodoxe Kirche
Großbritannien, England 159, 188, 191, 196, 208, 215, 228, 238 f., 248, 261, 267, *268*, 269, 271, 274, 277 f., 281, 283, 286, 289–293, *293*, 297
Große Syrte 47
Guadalquivir (al-Wadi l-Kabir) 152
Gujarat 109, 122, 126, 247, 253 f.
Gülhane (Rosenkammer, Dekret) 273

Hadramaut 10, 18, 29, 51, 74, 105, 201
Hagia Sophia 211, *224*

Haiti 191
Hama 119, 300
Harran (auch Hellenopolis) 66, 98
Hattin s. Hittin
Heiliges Land 153, *154*, 156, 159
Herat 182, 186 f., 216, 250
Hermannstadt, Schlacht von 205
Herzegowina 276
Hijaz (dt. oft Hedschas, Hedschaz) 23, 67, 74, 85, 103, 132, 158, 176, 203, 266, 275
Hilla 240 f.
Himalaya 246
Hind(ustan) 245, 248, 250; *s. auch* Indien
Hira 11, 18, 33 f., 98
Hira' (Jabal an-Nur) 19
Hittin (häufig auch Hattin) 158
Hormuz 191, 215, 238
Horn von Afrika 198, 200
Hudaibiyya 24
Humaima 65 f., 69

Iberische Halbinsel 55, 103, 150, 152 f., 179; *s. auch* al-Andalus, Spanien
Ifriqiya (Africa) 54, 82, 86, 103–105, 109 f., 121 f., 125, 139–141, 144; *s. auch* Afrika, Maghreb
Indien, Indischer Subkontinent 10, 23, *48*, 69, 108 f., 122, 126, 134, 168, 176, 180, 182 f., 187–192, 196 f., 201, 203, 208, 215, 232, 238, 244–261, 264, 267 f., 277, *280*, 283, 287, 291 f., 294, 296 f.
Indischer Ozean 122, 188, 191, 238, 246
Indonesien 192, 246, 249, 267 f., 285, 301
Indus 46, 55, 245 f.
Innerasien 131–134, 179
Irak 10, 17, 25, 32–34, 38–42, 44–46, 49 f., 53 f., 56–58, 60–63, 67, 70, 74, 77–79, 84, 86, 88, *92*, 103, 108 f., 111 f., 119 f., 128–132, *130*, 135, 153, 160, 162, 174, 178–180, 182, 190, 214, 216, 223, 228, 233 f., 238, 241, 286, 290–293, *293*, 299; *s. auch* Jazira, Mesopotamien
Iran 17, 33 f., 37 f., 43–46, 52, 56 f., 60, 62, *64*, 70, 73, 78–80, 83, 85, 89,

103–105, 108–110, 122, 126, 128–130, *130*, 132, 134 f., 153, 161 f., 168, 174, 176, 178–190, 197, 203, 211, 213, 216, 222, 231–235, 237, 238–247, *240*, 251 f., 255, 277–282, 284, 288, 291, 298–302, *299*
Isfahan 42, 128, 130, 135, 154, 178, 234, *236*, 238 f., 240, 243 f.
Ismailiyya (Ägypten) 296
Israel 290, 292, 294, 300
Istanbul *202*, 205, *207*, 210 f., 214, 216, *216*, 218 f., *221*, 222, 225, 230, 264, 271, 276 f, 280, 286
Italien 110, 122 f., 139, 149, 153, 252, 269, 277, 286
Iznik (Nicaea) 203, *228*

Jabal Amil 241
Jabiya 12, 34
Jakarta 194
Japan 188, 254, 267, 280
Java 192–197, 265, 285
Jaxartes (Syr Darya) 69
Jazira (Nordmesopotamien) 39, 44 f., 57, 70, *80*, 104, 111, 158
Jemen 8, 10 f., 16–18, 25, 29, 51, 54, 69, 74, 82, 85, 103, 105, 112, 116, 119, 122, *123*, 126, 132, 158, 200, 203, 214, 217, 290, 294, 301, *303*
Jerusalem 23, 34, 56, 84, 124–126, 147, 154–159
Jibal 128
Johor 193
Jolo 192
Jordan 34
Jordanien 18, 65, 73, 290, 293, 293
Julfa 239

Kaaba 15 f., 18, *19*, 22 f., *23*, 25, 44, 53, 73, 120
Kabul 251–254
Kairo 72, 122, 124–126, 137, 152, 158, 162, 175, 180, 198, 214, 270 f., *273*
Kairuan 42, 47, 110 f., 141
Kalabrien 140
Kalimantan s. Borneo
Kalkutta 261
Kamelschlacht 39, 49
Kanada 191
Kandahar 251, 253 f., 258

Kanem und Bornu 199
Kap der Guten Hoffnung 190
Karakorum 172, 180
Karibik 188 f., 191
Karlowitz, Frieden von 228
Kaschgar 133, 254
Kaschmir 246 f., 250, 253 f., 258, 260, 265
Kashan 240
Kasimow 173
Kaspisches Meer 34, 46, 82, 173, 216, 233, 240
Kastilien 97, 149, 152 f., 183
Kaukasus 69, 176, 186, 203, 214, 227 f., 234 f., 238, 277, 286
Kavala 270
Kazan 173, 216
Kazimain 176, 234, 279
Kerbela 49, 129 f., *130*, 176, 234, 243, 266, 279, 282, *299*
Kerman 52, 104 f., 128, 136, *188*, 265
Khaibar 17, 25
Khirbat al-Mafjar *64*
Khotan 133
Khumm, Teich (Ghadir) von 113, 129
Khurasan 37, 45 f., 57, 65 f., 70 f., 73 f., 77 f., 82, 84–86, 104–106, 108, 119, 132, 134, 137, 162, 171, 179, 182, 234, 243, 277
Khuzistan 52, 88, 98, 104, 119, 128, 231
Khwarezm 108 f., 134, 137, 173, 182
Kilikien 159
Kilwa 201
Kleinasien 83, 103, 154, 156, 158
Kleine Kabylei 120 f.
Komoren 201
Konstantinopel 154, 156, 159, 204 f., 210
Konya (Iconium) 154, 167, 204
Kordofan 271
Korea 188, 267
Koromandel-Küste 246
Köse Dagh 174
Kreta 139
Krim 173, 205, 208, 216, 227, 230, 238, 274
Ktesiphon (al-Mada'in) 34, 70
Küçük Kainarja, Frieden von 230, 272
Kufa 34, 36 f., 40, 42, 44–47, 49–51, 62, 65–67, 70, 85, 96, 115, 119 f.

Kurdistan 67, 103, 111, 158, 213, 231
Kutubiyya-Moschee 152
Kuwait 286, 290

Lahore 182, 246, 253
Las Navas de Tolosa, Schlacht von 152
Lausanne, Vertrag von 287
Leon 149, 183
Lepanto, Schlacht von 215
Levante 103, 157, 215, 290 f.
Libanon 125, 157, 159, 214, 223, 241, 243, 275, 290, 301
Libyen 35, 110, 268, 277, 290, 292, 300
Liegnitz 173
Lombok 193
London 269, 271 f.
Lucknow 260, 284

Madagaskar 199, 201
Madinat az-Zahra' 148
Madras 261
Maghreb 47, 55, 65, 74, 82, 86, 103 f., 109–111, 122, 140–144, 148, 150–153, 179, 183, 192, 198 f., 203, 227, 291 f., 296; s. *auch* Ifriqiya, Nordafrika
Mahdiyya 121 f.
Majapahit 192–194, 196
Makran 57
Malabar-Küste 246, 254
Malaiischer Archipel, Malaya, Malaysia 168, 190, 192 f., 196, 215, 244, 249, 295, 300
Malakka 191, 193, 195, 197
Malang 193
Mali 190, 198, *199*, 265
Malta 139, 215
al-Mansura (Sind) 246
al-Mansuriyya (Palaststadt) 122
Manzikert (Malazgirt, oft Mantzikert), Schlacht von 154, 158
Maragha 176, *176*
Marib, Staudamm von 11
Marj Dabiq, Schlacht von 214
Marokko 54, 69, 109 f., 112, 116, 141, 143 f., 203, 269, 285, 289, 291, 295 f.
Marrakesch 143 f., 152, 199
Masawa 200
Mashhad 85, 130, 240, 243
Mataram 194
Mauretanien 142, 190

Ma wara' an-nahr s. Transoxanien
Mazedonien 270
Medina 8, 21–25, 23, 28, 31, 37–39, 42, 44, 46, 49 f., 53, 56, 65 f., 70, 91, 96, 115 f., 158, 176, 214, 263, 265 f., 285
Mekka 11, 15–25, *19*, 23, 28 f., 35, 38–40, 44, 49, 53, 57, 66, 70, 84, 86, 99, 120–122, 125, *147*, 158, 176, 198, 214, 263, 265 f., 285 f.
Melilla 192
Menteshe 204
Merw 34, 46 f., 66, 73, 134, 137, 154, 168
Mesopotamien 10–12, 17 f., 33, 45, 60, 158, 213; s. *auch* Irak, Jazira
Messina 140
Mewar 252
Mindanao 192
Mittelmeer 11, 69, 82, 110, 121 f., 139, 153, 157, 179, 190 f., 214 f., 238, 245
Mittlerer Osten 132, 181, 187, 196, 245, 248, 252, 286, 291 f.
Moçambique 192, 199
Mogadischu 201
Moghulistan 173
Moldau 227, 274
Molukken 191, 193–195
Mombasa 191, 201
Mongolei 133, 171 f., 181
Moskau 182
Mosul 45, 153, 157
Mudros, Waffenstillstand von 286
al-Mukhtara 89
Multan 246 f., 250
Murcia 153, 167
Mu'ta, Gefecht von 24
Myriokephalon 158
Mzab 110

Naher Osten 284, 286, 289, 292
Nahr Abi Futrus (Yarkon) 67
Nahrawan, Kanal von 40
Najaf 11, 130, 176, 234, 241, 279
Najd 51, 265 f.
Najran 11, 17
Nakhla 16
Naubahar 83
Navarra 149
Nazareth 175

Niederlande 191, 194, 196, 214, 228, 239, 266–268
Niger 142, 190, 198
Nigeria 190, 300
Nihawand 34
Nil 32, 35, 111, 125, 200
Nischni Nowgorod 182
Nishapur 66, 73, 135
Nisibis (Nasibin) 97
Nordafrika 35, 38, 47, 54, 56, 103, 109, 112, 127, 140, 142, 161, 181, 190, 215, 223, 269, 290, 292
Nubien 158, 200, 271

Oberer Zab 67
Oman 10, 18, 29, 74, 128, 132, 200 f., 203, 290, 295
Österreich 78, 214, 269, 272–274, 276, 286
Ostindien 191 f., 215
Outremer 157
Oxford 284
Oxus (Amu Darya) 32, 46, 69, 173

Pajang 194
Pakistan 48, 55, 245, 292, 297, 300 f.
Palästina 11, 18, 24 f., 29, 35, 54, 60, 125, 154, 156–159, 271, 286, 289–291, 294, 301
Palermo 140
Palmyra 11
Panipat, Schlacht von 251
Paris 269, 272
Passarowitz, Frieden von 228
Pavia 214
Pedir 266
Peking 171 f., 182
Persischer Golf 10 f., 17, 29, 51, 70, 111 f., 122, 191, 215, 238 f., 291, 295
Petra 11
Philippinen 192 f.
Pisa 153
Plassey, Schlacht von 261
Polen 173, 216, 228, 238
Poona 260
Portugal 153, 191–193, 195, 199–201, 215, 223, 238, 259
Punjab 245 f., 252, 260, 282

Qadisiyya 31 f., 34
Qaryat Dhat Kahl (Q. al-Fau) 14

Qazwin 234
Qipchaq-Steppe 173
Qudaid 16
Qum (Ghom) 130, 240, 243, 244, 299

Radwa-Hügel 50
Rajasthan 247, 253, 260
Ramla 120
Raqqa 39, 84
Raqqada 121
Rayy 42, 73, 109, 128, 130, 240, 277
Rheintal 156
Rhodos 205, 215
Riyad 266
Rom, Römisches Reich 11, 57, 88, 110, 147, 153, 204, 210 f., 223
Rotes Meer 111, 122, 139, 200, 215
rum s. Rom, Byzanz
Rumelien 204, 209, 219, 275
Rußland 172 f., 188, 216, 228, 230, 238, 244, 269, 271, 274 f., 277–281, 286, 289

Saba, Königreich von 11, 12
Sahara 109 f., 121, 139, 141 f., 198
Sahelzone 190, 198
Salamiyya 119 f.
Saloniki 214, 276
Samarkand 46, 55 f., 72, 106 f., 182 f., 185 f., 216, 247
Samarra 87, 88 f., 115 f., 239, 279
San Remo, Konferenz von 289
Sansibar 88, 201
Santiago de Compostela 149
Saragossa 151
Sarai 180
Saudi-Arabien 290, 301
Schiraz 128, 182, 216, 245
Schlesien 173
Schwarzes Meer 83, 159, 205, 216, 230, 238, 267, 277
Schweden 191, 228
Seidenstraße 10, 133, 139, 254
Senegal 142, 190
Serbien 204 f., 271
Sevilla 151–153
Shahr-i Sabz 182 f.
Sibirien 173, 188
Siebenbürgen 216, 227 f.
Siffin 39 f., 64, 72, 114

GEOGRAPHISCHES REGISTER

Sijilmasa 110, 120f.
Sind 54f., 104, 109, 116, 119f., 126, 245–247, 250, 254
Singapur 196
Sinnar (Sennar) 200, 271
Sistan (Sijistan) 105, 128, 251
Sivas 204, *287*
Sizilien 110, 122, 139f., 153, 159
Sofala 191, 199, 201
Sogdien 46, 74
Sokotra 191
Solo (Java) 194, 196
Somalia 200
Songhai, Reich von 198f., 264
Sowjetunion 288, 300
Spanien 54f., 57, 67, 69, 71, 96f., 103f., 122, 140f., *142*, 143–153, *150*, 161, 191, 214f., 223; s. auch al-Andalus, Iberische Halbinsel
Sudan 125, 190, 199f., 223, 269, 296, 300f.
Südostasien 10, 187, 189, 192, 248, 294, 296
Suez, Suezkanal 215, 267, 291f., 296
Sulawesi 194f.
Süleimaniyye-Moschee *202*, 217
Sultaniyya 178
Sulu-Inseln 193
Sumatra 192f., *194*, 197, 266, *284*, 285
Surabaya 193
Surakarta 194, 196
Surat 191, 261
Syrakus 140
Syrien 10–12, 17f., 24, 29, 32–36, 38–46, 51, 53f., 56–58, 65, 70f., 73, 82, 84, 92, 96, 100, 103f., 111f., 119, 122, 125–127, 130f., 135f., 139, 152–154, 157–159, 175f., 179, 181, 204, 214, 223, 231f., 238, 271, 284, 286, 290–293, *293*, 300

Tabaristan 57, 73, 112, 128
Täbriz *167*, *175*, 176, 178, 180, 216, 231, 233f., 238
Tahert 110, 121
Ta'if 16, 18, 25, 28, 44, 51, 62
Taima 17, 25
Taj Mahal *69*, 152, *257*, 259
Talas, Schlacht von 79

Tanger 54, 192
Taormina 140
Tarim-Becken 134
Teheran 277f., 299
Thrakien 203
Tiberias 158
Tigris 32, 40, 45, 70
Tihama *123*
Timbuktu 198f.
Tinmal(lal) 143, *143*
Tlemcen 110, 151, 198
Toledo 55, 149, *150*
Topkapı Sarayı (Serail) 211
Totes Meer 24, 65
Touat 264
Transjordanien s. Jordanien
Transoxanien (Ma wara' an-nahr) 46, 54f., 66, 69, 71, 74, 84, 86, 104–106, 108f., 119, 122, 132–135, 137, 162, 168, 171, 182, 186, 213, 234, 244f., 251
Trapezunt 205, 233, 238
Trengganu 192
Tripoli (Libyen) 227, 277
Tripolis (Libanon) 157, 159, 227
Tripolitanien 110, 269
Tschad 190, 199
Tunesien 47, 54, 110, 144, 203, 268f., 289, 291, 300f.
Tunis 215, 227
Turan 234
Turchia 158
Türkei, Türkische Republik *118*, 149, 274, 286–288, 300f.
Turkestan 133, 168, 173
Tus 85, 136
Tyrus 159

Uhud, Schlacht von 24
Ukaz 18
Ukraine 173
Ungarn 156, 173, 204f., 215, 228, 230
Ural 134
USA s. Vereinigte Staaten von Amerika
Usbekistan 111, 185
Utrar 183
Uyaina 265

Valencia 150
Van-See 213

Varna, Schlacht von 205
Venedig 153, 159, 180, 204f., 214, 233
Vereinigte Arabische Emirate 292
Vereinigte Staaten von Amerika 191, 288f., 298, 300
Vorderer Orient 12, 15, 18, 190

Wadai, Reich von 199
Wadi l-Qura 17
Walachei 204, 227, 274
Wargla 110
Wasit 54
Weihrauchstraße 10f., 18
Wien 191, 196, 215, 228, 230
Wolga 134, 216

Yamama 16
Yarmuk 31, 34
Yathrib 8, 16–18, 21, 23; s. auch Medina
Yedikule, Festung 211
Yogyakarta 194, 196, 285

Zabid 200
Zabulistan 57, 108
Zagros-Gebirge 46
Zallaqa (Sagrajas), Schlacht von 149
Zamora, Schlacht von 148
Zamzam-Brunnen 19, 23
Zentralasien 12, 69, 106, 137, 168, 173, 178, 180f., 187, 194, 246, 258, 296
Zypern 215, 275, 286

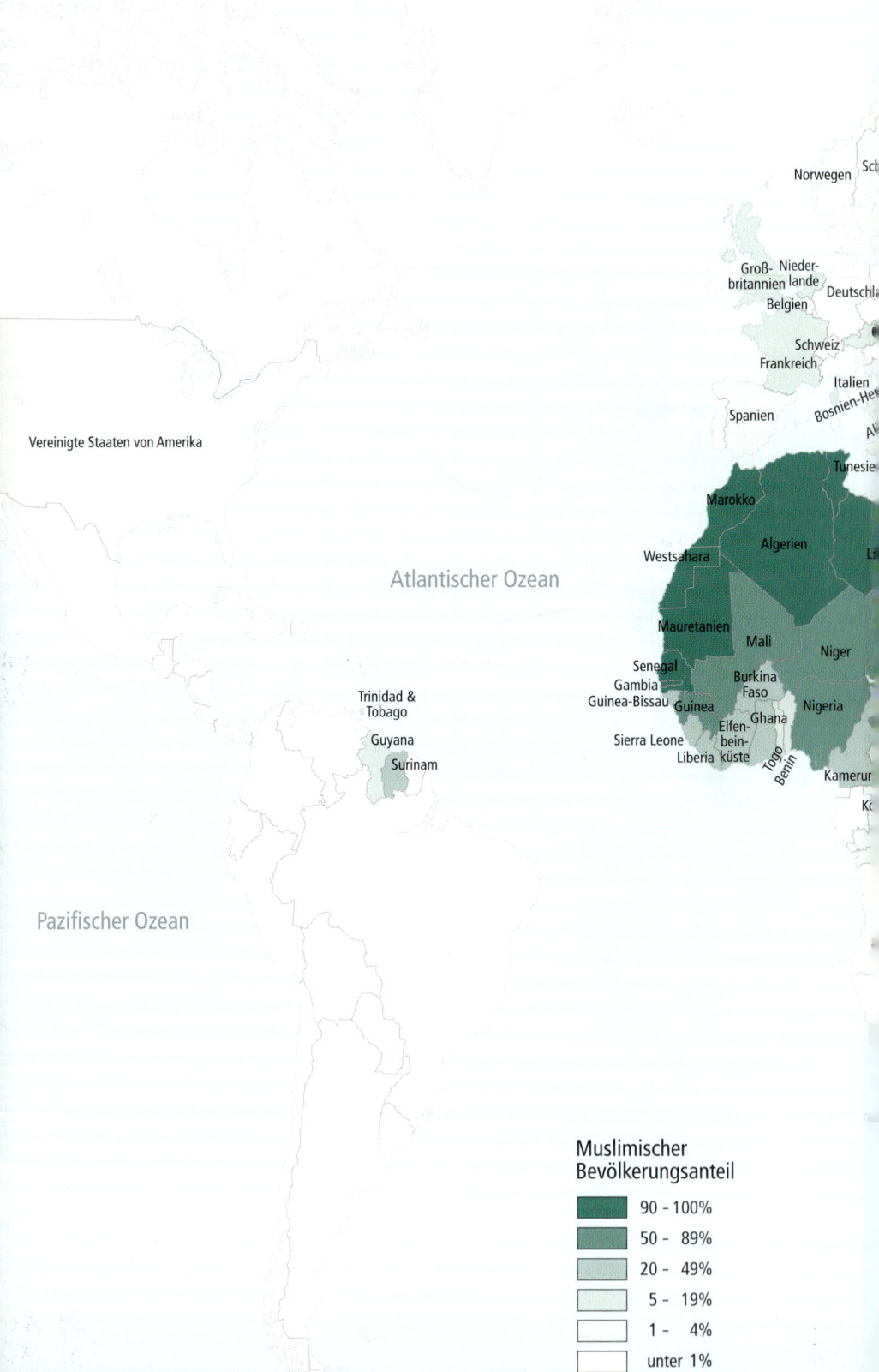